Karin Opelt
Volkshochschule in der SBZ/DDR

D1620402

Forschung

Erziehungswissenshaft

Band 189

Karin Opelt

Volkshochschule in der SBZ/DDR

Historische Quellenanalyse zur Strukturbildung

Springer Fachmedien Wiesbaden GmbH 2004

Gedruckt auf säurefreiem und alterungsbeständigem Papier.

Die Deutsche Bibliothek – CIP-Einheitsaufnahme

ISBN 978-3-8100-3948-4   ISBN 978-3-663-11772-8 (eBook)
DOI 10.1007/978-3-663-11772-8

© 2004 Springer Fachmedien Wiesbaden
Ursprünglich erschienen bei Verlag Leske + Budrich, Opladen 2004

Satz: B. Glaubitz, Redaktion und Satz, Leverkusen

Inhaltsverzeichnis

Verzeichnis der Abkürzungen

Abt.	Abteilung
ABI	Arbeiter- und Bauerninspektion
AWW	Aus- und Weiterbildung der Werktätigen
BAK	Betriebsakademie
BGL	Betriebsgewerkschaftsleitung
BHG	Bäuerliche Handelsgesellschaft
BKK	Braunkohlenkombinat
BRD	Bundesrepublik Deutschland
DDR	Deutsche Demokratische Republik
DFD	Demokratischer Frauenbund Deutschlands
DSF	Deutsch-Sowjetische Freundschaft
DTSB	Deutscher Turn- und Sportbund
DWK	Deutsche Wirtschaftskommission
EB	Erwachsenenbildung
EOS	Erweiterte Oberschule
EQ	Erwachsenenqualifizierung
FDGB	Freier Deutscher Gewerkschaftsbund
FDJ	Freie Deutsche Jugend
FS	Fachschule
GBL	Gesetzblatt
GST	Gesellschaft für Sport und Technik
GwK	Gesellschaft zur Verbreitung wissenschaftlicher Kenntnisse
HS	Hochschule
HU	Humboldt-Universität zu Berlin
KdT	Kammer der Technik
LPG	Landwirtschaftliche Produktionsgenossenschaft
LRS	Landesregierung Sachsen
MAS	Maschinen-Ausleih-Station
MfS	Ministerium für Staatsicherheit
Min. für Volksb.	Ministerium für Volksbildung
MTS	Maschinen-Traktoren-Station
NBI	Neue Berliner Illustrierte
NVA	Nationale Volksarmee
PGH	Produktionsgenossenschaft des Handwerks
Pg's	Parteigenossen (1933-1945)
POS	Polytechnische Oberschule
RM	Reichsmark

Sächs. HStAD	Sächsisches Hauptstaatsarchiv Dresden
SAPMO	Stiftung der Parteien und Massenorganisationen
SBZ	Sowjetische Besatzungszone
SED	Sozialistische Einheitspartei Deutschlands
SMA	Sowjetische Militäradministration
SMAD	Sowjetische Militäradministration Deutschlands
SU	Sowjetunion
TAS	Technikerabendschulen
TBS	Technische Berufsschulen
VdgB	Vereinigung der gegenseitigen Bauernhilfe
VEB	Volkseigener Betrieb
VHS	Volkshochschule
VHSn	Volkshochschulen
VKSK	Verband der Kleingärtner Siedler und Kleintierzüchter
Vobi	Volksbildung
VP	Volkspolizei
VVM	Verfügungen und Mitteilungen
VVN	Verfolgte des Naziregimes
VVB	Vereinigung der Volkseigenen Betriebe
WB	Weiterbildung
wiss./techn.	wissenschaftlich-technisch
ZK	Zentralkomitee (der SED)

1. Einleitung

1.1. Standortbestimmung und methodisches Vorgehen

Während die Erwachsenenbildung in den Westzonen Deutschlands nach dem Ende des Zweiten Weltkriegs an ihre Bildungstradition aus der Weimarer Republik anknüpfen kann, nimmt sie in der Sowjetischen Besatzungszone einen völlig anderen Verlauf. Hier gerät „Aufklärung" nicht zum Epochenbegriff im Sinne von Mündigkeit, Emanzipation und Autonomie. Das Bildungsideal der Neuen Richtung der freien Volksbildung in der Weimarer Republik, „das differenzierte Zueinanderführen des Volkes aus seinen jeweiligen Lebenskreisen zu einem sich selbst organisierenden Gemeinwesen, ... zu einem ‚sich seiner selbst bewussten Menschen', denn nur der zu sich selbst gekommene Mensch vermag auch die gesellschaftlichen Verhältnisse angemessen zu beurteilen"[1], spielt in der Sowjetischen Besatzungszone zu keiner Zeit eine Rolle. Im Gegenteil, hier erfolgt die Unterrichtung des Volkes mittels „Aufklärung" über die sich anbahnenden politischen Verhältnisse nach sowjetischem Vorbild. Eine der vordringlichsten Aufgaben der politischen Führer der Sowjetischen Besatzungszone ist die Schaffung einer „neuen Intelligenz". Mit dem Leitspruch, „Der Sozialismus braucht viele Helfer" (sinngemäß bei Lenin 1959, S. 514), beginnt unter der Führung einer Einheitspartei (SED) ein gewaltiger und komplizierter „Umerziehungsprozess". Für den Aufbau eines leistungsfähigen Wirtschaftssystems kommt auf die Arbeiterschaft eine langfristig angelegte Qualifizierungsoffensive zu. Die Umschichtungen in der Bevölkerung und die Umverteilung der Bildungsprivilegien werden für lange Zeit die neuen Machtverhältnisse sichern.

Nicht allein auf die Erschaffung einer „neuen Intelligenz" hat das Bildungssystem der SBZ/DDR hingewirkt, sondern insbesondere auf die soziale Umwälzung in der Bevölkerung und deren scheinbare Beteiligung an den Machtverhältnissen. Die Um- und Neubewertung von sozialen Milieus sichert der Arbeiterschaft, die sich sukzessive zu einer sogenannten „neuen Intelligenz" qualifiziert, Wissenserwerb, neue Einflusssphären und neue Entscheidungsstrukturen. Die neuen, sogenannten „sozialistischen Menschen"

---

[1] Die Volkshochschule, Handbuch für die Praxis der Leiter und Mitarbeiter. 20. Lieferung. Dez. 1987, S. 80.507.

sind Bedingung zum Aufbau eines ökonomischen Systems des Sozialismus in der SBZ/DDR (Herrschaft der Arbeiter und Bauern und der fortschrittlichen Intelligenz). Das alte Bildungsbürgertum wechselt entweder vor 1961 den Besatzungssektor oder arrangiert sich späterhin im neuen Staat. Die Schaffung eines neuen (sozialistischen) Staates und die Umwälzung der Bevölkerung in der Sowjetischen Besatzungszone sind eng miteinander verzahnt. So ist es nicht verwunderlich, dass der Prozess der Erziehung und Qualifizierung der Arbeiterschaft, der sogenannten Werktätigen, in sämtlichen offiziellen Dokumenten – Befehle der sowjetischen Militäradministration Deutschlands (SMAD), Gesetze, Verordnungs- und Regierungsblätter u.a. – verfügt ist. In den Verlautbarungen geht es immer darum, ökonomische Aufgabenstellungen mit Hilfe von Qualifizierungsmaßnahmen zu erfüllen. Der Auftrag der Erwachsenenbildung in der SBZ/DDR erweckt den Anschein, in erster Linie ökonomisch determiniert zu sein. Zutreffender ist, dass neben den ökonomischen vor allem immer auch die politischen Verhältnisse zu sichern sind. Nur ist dieser Sicherungsauftrag kaum sichtbar, weil ihn offizielle Dokumente nicht ausweisen. Die politische Indoktrination erfolgt subtil, letztlich auch über die Neustrukturierung des Bildungssystems.

Gleichlaufend mit dem Umbau des Bildungssystems entstehen neue Initiativen und Organisationen unter der Kuratel der Einheitspartei (SED). Die neugegründeten sogenannten Massenorganisationen sind gleichgeschaltet und tragen die Ideologie der SED in nahezu alle Bevölkerungsschichten. So engagieren sich in den Organisationen Urania, Kammer der Technik (KdT) und Kulturbund Angehörige der neuen und der alten Intelligenz. Die Pionierorganisation „Ernst Thälmann" und die Freie Deutsche Jugend (FDJ) werden zum Sammelplatz von Kindern und Jugendlichen, Studenten und jungen Erwachsenen bis 25 Jahre. In der Vereinigung der gegenseitigen Bauernhilfe (VdgB) organisieren sich Klein- und Mittelbauern, Teile der Dorfbevölkerung und Kleingärtner. Der Deutsche Turn- und Sportbund (DTSB) vereint die sportlich Aktiven, die Gesellschaft für Sport und Technik (GST) die technisch Interessierten, vorwiegend männliche Jugendliche, die den späteren militärischen Nachwuchs ausmachen. Das Deutsche Rote Kreuz (DRK) ist Sammelplatz von „freiwilligen Helfer/innen" aus allen Bevölkerungskreisen. Dem Demokratischen Frauenbund Deutschlands (DFD) gehören Frauen aus allen sozialen Schichten an. Der Freie Deutsche Gewerkschaftsbund (FDGB) ist die einzige gewerkschaftliche Organisation der Arbeiterschaft. Die Mitgliedschaft in der Gesellschaft Deutsch-Sowjetische Freundschaft (DSF) ist für die meisten, die den sogenannten „Kollektiven der sozialistischen Arbeit" angehören, obligatorisch. Die Volkssolidarität, als Organisation der Treffpunkt vieler Rentner, findet Unterstützung durch Beitragszahlungen ungezählter Mitglieder auch außerhalb des Rentenalters.

Obwohl die Mitgliedschaft in diesen Organisationen auf Freiwilligkeit beruht, sind diejenigen eher benachteiligt, die nicht organisiert sind. Ein großer Teil der Bevölkerung gehört mehreren Organisationen gleichzeitig an, einige jedoch überhaupt keiner. Weil fast jede/r irgendwo Mitglied ist, bleibt die Mitgliedschaft oft rein formal. Die meisten Organisationen bieten für ihre Mitglieder attraktive, vorteilhafte Angebote (Ferienplatz, Kinderferienlager, Fahrerlaubniserwerb zu ermäßigten Preisen, Erste-Hilfe-Ausweis, Kleingartenerwerb; Übungsleiterqualifikation). Aufgrund der staatlichen Mangelwirtschaft ist man häufig darauf angewiesen, die „Zuckerbrote", die eine Vereinsmitgliedschaft abwirft, in Anspruch zu nehmen. So erspart z.B. die Mitgliedschaft in der Freiwilligen Feuerwehr die Teilnahme an betrieblichen Zivilverteidigungsübungen. Bei Mitgliedschaft in der Zivilverteidigung erübrigt sich die Mitgliedschaft in den betrieblichen Kampfgruppen. Die Mitgliedschaft in der betrieblichen Kampfgruppe erspart Reservisten nach dem aktiven Wehrdienst erneute wochenlange Reserveübungen. Eine Mitgliedschaft in der Freiwilligen Feuerwehr schützt allerdings nicht vor dem Zugriff der Armee.

Jede/r DDR-Bürger/in hat den Spielraum zwischen dem kleineren oder dem größeren Übel für sich selbst ausgelotet. Es gibt alltägliche Privilegien als Gegenleistung für das Bekenntnis zum System. Die Anbindung eines Großteils der Bevölkerung an das Gesellschaftssystem der SBZ/DDR erfolgt durch Schulungsprogramme plus Geselligkeit in den Parteien und Massenorganisationen. Die Installierung dieser Schulungssysteme, des Bildungssystems einschließlich des Systems der Erwachsenenbildung, ist Resultat eines gesellschaftlichen Strukturbildungsprozesses, der 1945 in der SBZ begann und in den 70er Jahren des 20. Jahrhunderts in der DDR abgeschlossen war.

Um die Genese der Institution „Volkshochschule" in der SBZ/DDR nachvollziehen zu können, muss man zurückgreifen auf die Konstruktion der neuen Strukturen im Bildungssystem und deren Verflechtungen untereinander. Diese Komplexität ist schwer zu beschreiben, weil der Installierungsprozess dieser neuen Strukturen sowie der Prozess der Schaffung einer „neuen Intelligenz" durch die SED und einzelne Massenorganisationen erfolgt, die nebenher ihre eigenen Schulungssysteme aufbauen. Der Kulturbund, der Freie Deutsche Gewerkschaftsbund und die Gesellschaft zur Verbreitung wissenschaftlicher Kenntnisse haben neben dem Bildungssystem eigene Bildungs- und Erziehungsaufträge zu erfüllen. Sie vor allem leisten unter wechselnden Akzentsetzungen komplementäre Bildungs- und Erziehungsarbeit. Bildhaft kann man sich die Verflechtungen als eine Vielzahl von spiralfederförmig angeordneten Ebenen vorstellen. Jede Fläche symbolisiert eine Institution oder Organisation. An einem Ende der Spirale hängt das ökonomische System, am anderen Ende das Bildungssystem. Beide Enden stehen in einer gewissen Spannung zueinander. Sie bewegen sich aufeinander zu bzw. voneinander weg. Druck- oder Zugkraft veranlassen die jeweils gegenüberliegende Seite zur Reaktion, um die Balance aufrecht zu erhalten, ohne zu erstarren. Wenn entweder die Druckkraft oder die Zugkraft zu hoch wird, folgt ein Zerreißen oder ein Zusammenfallen des Systems, was letztlich dieselben Folgen hat. Die Spiralfeder selbst symbolisiert den bildungspolitischen Auftrag, die „Schaffung sozialistischer Menschen". In den Prozess der Umschichtung der Bevölkerung und in den Prozess der Neuverteilung von Bildungsprivilegien ist die Volkshochschule aktiv einbezogen.

11

Meine wissenschaftliche Annäherung an das Thema dieses Buches begründet sich zum einen darin, dass die Volkshochschule als Institution der DDR insbesondere deswegen faszinierend ist, weil sie ein Gefühl von Freiheitlichkeit, ein Klima partnerschaftlichen Umgangs und demokratischen Arbeitsstils vermitteln konnte. Die sogenannten VolkshochschullehrerInnen treten im Gegensatz zu den LehrerInnen der Polytechnischen Oberschulen und der Berufs- und Fachschulen wenig autoritär in Erscheinung. Die TeilnehmerInnen gelten als mündige Erwachsene und sind als solche geachtet, was in anderen Einrichtungen (Universitäten, Fachschulen, Hochschulen, Betriebsakademien) nicht immer der Fall ist. Zum anderen gibt es so gut wie keine Veröffentlichungen über die Volkshochschule der SBZ/DDR. Sie ist im Gegensatz zur Volkshochschule der alten Bundesrepublik, die die tragende Säule der Erwachsenenbildung darstellt, ein bisher wenig bearbeitetes Feld. In der DDR stand sie nicht im öffentlichen Interesse. Nach dem Ende der DDR 1990 wurden Stimmen laut, die die Volkshochschule als eine Nische im DDR-System bezeichnen. Das stimmt insofern, als „Nische" den selbstbestimmten Zugang zur Volkshochschule meint, den jede/r ganz privat und individuell nutzen konnte, auch ohne die obligate „Delegierung" von der Betriebsleitung. Es trifft jedoch nicht zu, dass die „Institution Volkshochschule" außerhalb des staatlich-administrativen Reglements und Überwachungsapparates existiert hat.

Einen weiteren Anstoß zur Erforschung der Volkshochschule gaben mir die Thesen von Horst Siebert (vgl. Siebert 1970), der den Traditionsverlust aus der Weimarer Zeit an der „SBZ/DDR-Volkshochschule" beschreibt. Das nach 1990 erhobene Quellenmaterial beweist, wie wenig sich die SBZ/DDR-Volkshochschule den Traditionen der Weimarer Republik verpflichtet fühlte. Aus diesen Quellen ist aber auch erkennbar, dass es unmittelbar nach Kriegsende, bereits im Sommer 1945, in der sowjetischen ebenso wie in den westlichen Besatzungszonen Bemühungen gab, an die Weimarer Volkshochschultraditionen anzuknüpfen. Über den Sommer des „ersten Neuanfangs" einzelner Volkshochschulen in der Sowjetischen Besatzungszone ist wenig bekannt, denn erst nach Beendigung meiner hier vorgelegten Volkshochschulforschung vollendete Annette Bruhns (2002) eine Arbeit über die ersten Anfänge der Volkshochschule Leipzig. Die hier vorliegende Arbeit beginnt mit einem „zweiten Neuanfang" der Volkshochschule in der SBZ/DDR am 22.01.1946, als die Volkshochschule mit einem Befehl der Sowjetischen Militäradministration Deutschlands wieder offiziell eröffnet werden durfte.

Anfangs erschien es unmöglich, die Archivalien zu systematisieren. Die erhobenen Quellen sollten den immanenten Weimarer Volksbildungskategorien „Bildungsauffassung", „Professionalisierung", „Erwachsenenpädagogische Theorien" und „Institutionalisierung" zugeordnet werden. Die Systematisierung misslang zunächst, weil diese Kategorien weder sprachlich noch metaphorisch in die Erziehungswissenschaft der SBZ/DDR Eingang gefunden haben. In einem zweiten Ordnungsschritt wurde das Quellenmaterial gegendstandsadäquat nach SBZ/DDR-üblichen Begrifflichkeiten „Gesetze,

Verordnungen, Beschlüsse"; „Struktur"; „Pläne"; „Kooperation"; „Lehrgangsformen"; „Lehrgangsinhalte, Programme"; „Administration, Kontrolle"; „Dozenten/Lehrkräfte"; „Ideologie, Sowjetisierung" abgelegt.

Ein dritter Bearbeitungsschritt ermöglichte es, die SBZ/DDR-üblichen Begrifflichkeiten den Kategorien der Weimarer Volksbildung vermittelt zuzuordnen. Die Quellen mit Betreff „Dozenten/Lehrkräfte" gehören zur Kategorie „Professionalisierung". Nach dem politischen Systemwechsel 1945 waren die meisten nationalsozialistisch bzw. faschistisch belasteten Lehrkräfte und Mitarbeiter des Dritten Reiches aus dem Bildungswesen entfernt worden. Die freien Stellen wurden unter Kontrolle der Staatsorgane der SBZ/DDR mit neuen LehrerInnen und sogenannten „Neulehrern" besetzt, die sich nebenher aus- und weiterbildeten. Die Professionalisierungen im späteren Bildungswesen der SBZ/DDR unterlagen einem streng ideologisch administrativen Reglement. Die Quellen mit Betreff „Gesetze, Verordnungen, Beschlüsse" hätten zwar die Kategorie „Bildungsauffassung" repräsentieren sollen, sind allerdings irrelevant für Bildung, weil der „Bildungsauftrag" in der SBZ/DDR sich allein auf Erziehung und Qualifizierung bezog. Staatlicherseits gab es wenig Freiräume für „Bildung", wenn sie ökonomisch und ideologisch nicht auf Verwertbarkeit hin angelegt war. Zur Kategorie „Erwachsenenpädagogische Theorien" sind keine Quellen auffindbar. Die SBZ/DDR entlieh sich ihre Erziehungstheorie, basierend auf einer marxistisch-leninistischen Weltanschauung, von der Sowjetunion. Bei den in der Sowjetischen Besatzungszone verbliebenen Erwachsenenpädagogen handelte es sich um Akteure aus der Weimarer Republik, deren „fortschrittliche" Auffassungen (Arbeiterbildung) aus der „alten" und der „neuen" Volksbildungsrichtung toleriert wurden, die jedoch in der DDR keinen Zugang mehr zu administrativen Stellen bekamen. Daher blieb den administrativen Stellen in der SBZ/DDR auch der Zugang zu erwachsenenpädagogischen Theorien verschlossen. Aus den Quellen mit Betreff „Lehrprogramme, Lehrgangsformen", „Kooperation", „Struktur" und „Administration, Kontrolle" wird in doppelter Weise die Kategorie „Institutionalisierung" bestimmbar. Erkenntnisstiftend ist hier die Tatsache, dass man Inhalte nicht losgelöst von der sich sukzessive etablierenden Struktur des Erwachsenenbildungssystems dem Kriterium „Institutionalisierung" zuordnen kann. Nicht Inhalte verursachten die Strukturbildungsprozesse in der SBZ/DDR, sondern Inhalte wurden offenkundig thematisiert, um unterschwellig eine neue Struktur zu etablieren. Analog dem Aufbau eines neuen Staatsgefüges wurde auch eine neue Struktur des Bildungswesens errichtet. Das geschah in mehreren Etappen, weil immer auch ökonomische Gegebenheiten zu beachten waren und das Volk nicht vor den Kopf gestoßen werden durfte. Im Gegenteil, die Menschen mussten integriert werden, solange der neue Staat nach außen hin noch nicht gesichert war (Mauerbau und Grenzanlagen 1961). Administrative Stellen lenkten und kontrollierten die „Institutionalisierung" der Erwachsenenbildung, indem sie eine neue Struktur etablierten.

Bei den ersten Arbeitsschritten zur Systematisierung des Quellenmaterials zeigte sich, dass die Dechiffrierung der Archivalien den Zugang zur

Struktur des neuen Gesellschaftssystems SBZ/DDR ermöglichte. Das Quellenmaterial mit unterschiedlichsten DDR-spezifischen bildungspolitischen Anliegen, die im DDR-Kontext eher erziehungspolitisch-qualifikatorisch zu nennen wären, offenbarte zwischen den Zeilen die sich latent vollziehenden Strukturbildungsprozesse im Bildungssystem. Im Nachhinein betrachtet liegt die Schwierigkeit in der ungleichzeitigen Koexistenz von Maßnahme und Struktur, die sich permanent veränderten und erneuerten. Das heißt, die Strukturen wurden bewusst installiert oder zerstört, um Veränderungen im System herbeizuführen. Nicht neue oder veränderte Inhalte bewirken Strukturveränderungen, sondern gesetzlich administrative Eingriffe, wie man am Beispiel der Volkshochschule in der SBZ/DDR sehen kann. Allerdings verbleiben die Strukturen weiterhin im Dunkeln und nur die veränderten Inhalte rücken in den Blick.

Eine strenge Quellenanalyse, ergänzt durch Erkenntnisse aus dem Text „Die Entwicklung des Volksbildungswesens auf dem Gebiet der Deutschen Demokratischen Republik 1946-1949" von K.-H. Günther und G. Uhlig (1962), und die Kenntnis des Praxisfeldes ermöglichten mir einen allgemeinen Zugang zum Strukturwandel im Bildungssystem der DDR. Die Volkshochschule als ein Bestandteil des Bildungssystems war genau wie die allgemeinbildende Schule und die Berufsschule als Institution in das Gesamtsystem integriert. Die bildungspolitischen und gesetzlichen Reglementierungen betrafen neben der allgemeinbildenden Schule immer auch die Volkshochschule und andere Einrichtungen des Bildungssystems. Aus dem Quellenstudium entstand ein deutliches Bild, wie der Austausch der Akteure im Bildungs- und Erziehungsbereich vonstatten ging und wie die Strukturen geschaffen wurden, die den Zugriff der Staats- und Parteiorganisationen auf jeden Einzelnen von Kindesbeinen an sicherten. Dem Bildungssystem der DDR war zu keiner Zeit daran gelegen, dass die einzelnen Menschen sich „ihrer selbst bewusst" werden konnten, denn dann hätten sie die gesellschaftlichen Verhältnisse angemessener beurteilen können. Der Versuch, aus vielen einzelnen „Ichs" ein „Wir" zu konstruieren, dem Einzelnen die Identität zu nehmen, gelang bei vielen Menschen über eine lange Zeit, allerdings nie vollständig und umfassend. Das Patriarchat der Partei- und Staatsführung glaubte, von der Wiege bis zur Bahre alles reglementieren, alle Modalitäten bestimmen zu können. Den Menschen wurde jegliche Art von Verantwortung und Selbstbestimmung in Abrede gestellt. Die Schriftsprache ist beredtes Zeichen für das DDR-Gesellschaftsmodell. Weil weder „Ross noch Reiter" identifizierbar sind, bleibt der Umgang mit den Hilfsverben „werden" und „sollen" durchgängig stereotyp. Die Definitionsmacht verschleiernde Sprachregelung beschreibt der Schriftsteller Jürgen Fuchs, der mit dem DDR-System in Konflikt geriet und unmittelbar nach dessen Ende verstarb, folgendermaßen: „Da wird aus Passiv Aktiv, da wird fast befohlen, der Imperativ ist nah. ‚Soll' möchte Modalverb genannt werden, nicht ‚Hilfsverb', Hilfe, Hilfsbegriff! Die Modalitäten klären wir, verstanden?"(Fuchs 1999, S. 153).

Einem direkt Beteiligten fällt die formale Darstellung des Gesellschaftsmodells der DDR sicher leichter als eine Analyse aus der „fremden" Perspektive. Auch zehn Jahre nach dem Ende der DDR ist eine distanzierte Interpretation des sozialistischen Bildungssystems problematisch, weil die DDR-Realität zwischen Sein und Schein changierte und offensichtlich keinen adäquaten Wortschatz zur Verfügung hatte, der das mephistophelische Muster der SBZ/DDR-Entwicklung aufdecken kann. Die Erkenntnis, dass in offiziellen Verlautbarungen sämtliche Fakten schwarz auf weiß stehen, erschreckt diejenigen, die sie nicht ernst genommen hatten. Und diejenigen, die an die DDR tatsächlich glaubten, gerieten mit ihr in Konflikt, was für die meisten zerstörerisch endete.

Mein Anspruch besteht darin, mit altem, vor 1990 aktuellem, und neuem, nach 1990 erworbenem Wissen, mit Reflexionsfähigkeit, Distanz, Berufs- und Lebenserfahrungen aus zwei unterschiedlichen Gesellschaftssystemen die DDR-Volkshochschule in ihrer Verflechtung mit dem Schulsystem und gleichzeitig als Teil der Erwachsenenbildung innerhalb des Bildungssystems der SBZ/DDR zu analysieren und zu fragen, welchen Anteil am Funktionieren der sozialistischen Gesellschaft die Volkshochschule von 1945 bis 1990 hatte. Dieser Frage nachzugehen, bedeutet für mich auch ein Stück Vergangenheitsbewältigung, weil ich selbst Zeugin des DDR-Bildungswesens war. Mittlerweile habe ich nun den Vorteil, sowohl das ostdeutsche als auch das westdeutsche System zu kennen, in beiden Systemen Wissen angeeignet und Erfahrungen gemacht zu haben. Für meine Forschungsarbeit habe ich sozusagen zwei Schubladen in meinem Kopf. Eine davon ist gefüllt mit allem, was mit der DDR zu tun hat, und in einer zweiten befindet sich alles, was ich an Wissensbeständen aus der Weimarer Republik und der Erwachsenenbildung in der Bundesrepublik Deutschland erarbeitet habe. Es bedurfte einiger Anstrengungen, bis es mir gelang, über die Inhalte beider Schubladen zu verfügen und eine neue, dritte Schublade mit reflektiertem Wissen zu füllen. Befangenheit prägte zeitweise das Schreiben. Distanziertheit und Reflexionsfähigkeit waren über all die Jahre hinweg von emotionalen Befindlichkeiten beeinflusst. Ich betrachte nicht nur die Geschichte selbst, sondern auch meine eigene Perspektive auf die Geschichte aus historischer Dimension und Distanz, so wie es H.-E. Tenorth als zweite genuine Perspektive historischer Bildungsforschung in seiner Eröffnungsrede auf einem Symposium im Jahr 1992 einforderte (vgl. Benner/Schriewer/Tenorth 1993, S. 9).

1.2. Begriffe im DDR-Verständnis

Die folgenden Begriffserläuterungen dienen dem Verständnis des DDR-Kontextes. Die vorliegende Darstellung der Geschichte der Volkshochschule der SBZ/DDR erfolgt mit in der DDR gebräuchlichen Begrifflichkeiten, einschließlich ihres metaphorischen Sinngehaltes. Neue Begrifflichkeiten sind deshalb weitgehend untauglich, weil sie die Kontexte vom Gesellschaftskonzept der DDR abkoppeln. Da das Bildungswesen zwischen strukturellen Anbindungen und inhaltlichen Aufgaben nach Ermessen changiert, wechseln Zuschreibungen und Zuständigkeiten der Volkshochschule vielfach, und dies erschwert eindeutige Demarkationen. Wenn man der DDR ein Begriffsdilemma zuschreiben kann, so findet sich dessen Parallelität auch in der alten Bundesrepublik.

Das *Bildungswesen* der DDR ist einheitlich strukturiert und organisch gegliedert, seine verschiedenen Einrichtungen bauen aufeinander auf, und die Bildungswege sind vom Kindergarten bis zu den höchsten Bildungsstätten durchgängig und durchlässig. Es umfasst die Einrichtungen der Vorschulerziehung, die zehnklassige allgemeinbildende Polytechnische Oberschule, das Sonderschulwesen, die zur Hochschulreife führenden Bildungseinrichtungen, die Einrichtungen der Berufsausbildung, die Ingenieur- und Fachschulen, die Universitäten und Hochschulen, die Einrichtungen der Aus- und Weiterbildung der Werktätigen.[2]

Der Begriff *Schulsystem* ist in keinem Lexikon bzw. Wörterbuch der DDR (Kleine pädagogische Enzyklopädie 1961/Pädagogisches Wörterbuch 1987/Lexikon der Wirtschaft. Berufsbildung 1977/Lexikon der Wirtschaft. Arbeit. Bildung. Soziales 1982/Buhr u.a. 1976/Wörterbuch der Ökonomie des Sozialismus 1989) aufgenommen. Wenn umgangssprachlich vom Schulsystem die Rede ist, versteht man darunter die Grund-, Mittel- und Oberschule, ab 1965 die zehnklassige allgemeinbildende Polytechnische Oberschule (POS), die Erweiterte Oberschule (EOS) und die Sonderschule. Kommunale Berufsschulen zählen nach ihrem Status zwar zum Schulsystem, werden aber nicht, wie die Kinderschulen, vom Kreisschulrat/Stadtschulrat beaufsichtigt, sondern vom Leiter der Abteilung Berufsbildung. Auch die Volkshochschulen sind dem Schulsystem zugeordnet, die Dienstaufsicht über die Institution hat seit 1956 der Kreisschulrat/Stadtschulrat, obwohl die Volkshochschule grundsätzlich Aufgaben der Erwachsenenbildung realisiert. Da die Volkshochschule für viele Jahre vor allem als „Zweiter Bildungsweg" für Erwachsene fungiert, zählt man sie zwangsläufig zum Schulsystem.

Berufsbildung ist die zusammenfassende Bezeichnung für die berufliche Erstausbildung und die berufliche Weiterbildung, die sich auch Aus- und Weiterbildung der Facharbeiter und Meister nennt (Pädagogisches Wörterbuch 1987, S. 49). Die *Kommunale Berufsschule* (KBS) ist eine staatliche Bildungseinrichtung, in der Lehrlinge auf der Grundlage von Lehrplänen berufstheoretischen und allgemeinbildenden Unterricht im Rahmen ihrer Berufsausbildung erhalten (ebenda, S. 50). Die kommunale Berufsschule besuchen Lehrlinge aus Klein- und Mittelbetrieben, die in ihren Betrieben die praktische Berufsausbildung absolvieren. Eine *Betriebsberufsschule* (BBS) ist eine betriebliche Bildungseinrichtung zur theoretischen und praktischen Ausbildung von Lehrlingen als Facharbeiter in einem Facharbeiterberuf. Sie gewährleistet eine besonders praxisnahe und betriebsspezifische Berufsaus-

---

2   Gesetz über das einheitliche sozialistische Bildungssystem der DDR. In: GBL. Teil I, Nr. 6 vom 25.02.1965.

bildung und führt im Rahmen der Berufsausbildung mit Abitur dorthin. Im Allgemeinen verfügen nur größere Betriebe über eine Betriebsberufsschule, die die allgemeinbildende und die berufstheoretische Ausbildung der Lehrlinge kleinerer artverwandter Betriebe mit übernehmen (ebenda, S. 52). Die *Betriebsakademie* ist eine Bildungseinrichtung von Betrieben und Institutionen, die der beruflichen (Aus- und) Weiterbildung der Betriebsangehörigen, einschließlich der Hoch- und Fachschulkader, dient.

Das Anliegen der *Erwachsenenbildung* in der DDR ist es, die allseitige Entwicklung der Persönlichkeit fortzusetzen, die Fähigkeiten, die Initiativen und die Schöpferkräfte aller Bürger weiterzuentwickeln, die allgemeine und die berufliche Bildung zu vertiefen, Kenntnisse über Marxismus-Leninismus und alle anderen Wissenschaften, progressive Traditionen und kulturellen Werte zu vermitteln und anzueignen, Interessen zu erweitern sowie das sozialistische Bewusstsein und die sozialistischen Verhaltensweisen auszuprägen.[3] Mit *Erwachsenenqualifizierung* ist die Aus- und Weiterbildung Erwachsener gemeint, mit dem Ziel der Entwicklung und Festigung des sozialistischen Bewusstseins und der ständigen Erhöhung ihrer Allgemeinbildung und ihres fachlichen (beruflichen) Wissens und Könnens, um sie durch die allseitige Weiterentwicklung ihrer Persönlichkeit zu befähigen, entsprechend den ständig steigenden gesellschaftlichen Erfordernissen immer bewusster und wirksamer an der Gestaltung der gesellschaftlichen Verhältnisse teilzunehmen. Sie erfolgt in institutionalisierter Form und fördert und lenkt den Prozess der Selbstbildung Erwachsener (vgl. Löwe 1970, S. 21f.). Zum *Erwachsenenbildungssystem* der DDR gehören Volkshochschulen, Betriebsakademien, Urania, Kammer der Technik, Massenmedien, Institute für sozialistische Wirtschaftsführung, Universitäten, Hochschulen, Fachschulen, wissenschaftliche Gesellschaften, Bildungsstätten von Parteien und Organisationen (vgl. Schneider 1988, S. 21). Die Aufgaben der Universitäten und Hochschulen zählen dann zur Erwachsenenbildung, wenn Studenten ein Fernstudium, ein postgraduales Studium, ein Zweitstudium bzw. eine Aspirantur im Sinne einer Weiterbildung absolvieren. Studenten im Erststudium werden statistisch wie TeilnehmerInnen an beruflicher Erstausbildung erfasst.

Die *Aus- und Weiterbildung der Werktätigen* erfolgt in Einheit von politisch-ideologischer und beruflich-fachlicher Bildung und Erziehung. Zur Sicherung der volkswirtschaftlich notwendigen Berufs- und Qualifikationsstruktur werden angelernte Arbeiter verstärkt zu Facharbeitern herangebildet. Den Werktätigen, die einen Facharbeiterberuf erlernen, der in einen Grundberuf integriert ist, soll der Abschluss des Grundberufes ermöglicht werden. Facharbeiter mit abgeschlossener Ausbildung in einem Grundberuf können betriebliche Spezialisierungen erwerben. Produktionserfahrene Facharbeiter

---

3   Für eine weitere Erhöhung des Niveaus der Erwachsenenbildung. Gemeinsamer Beschluss des Ministerrats der DDR und des Bundesvorstandes des FDGB. In: Verfügungen und Mitteilungen des Staatssekretariates für Berufsbildung, Nr. 6 vom 03.08.1979, S. 1.

sollen für Aufgaben mit höheren Anforderungen und größerer Verantwortung (Gerätebau, Wartung, Instandsetzung) vorbereitet werden. Die besten Facharbeiter und aus dem aktiven Wehrdienst ausgeschiedene Zeit- und Berufssoldaten können sich auf ein Fach- oder Hochschulstudium vorbereiten. Für die Aus- und Weiterbildung der Meister wird ein einheitliches System eingeführt, das Grundlagenkenntnisse des Marxismus-Leninismus, sozialistische Betriebswirtschaftslehre, marxistisch-leninistische Organisationswissenschaft, Pädagogik und Psychologie, Technologie, Arbeitsrecht, Arbeitsstudium, Arbeitsgestaltung, Arbeitsnormung und Arbeitsklassifizierung umfasst. Für die Ausbildung zum Meister werden klassenbewusste Facharbeiter, Facharbeiterinnen und Brigadiere mit umfangreichen Berufserfahrungen gewonnen. Die Weiterbildung der Hoch- und Fachschulkader führen Akademien, Institute, Hoch- und Fachschulen, die Kammer der Technik, Kombinate und Vereinigungen der volkseigenen Betriebe (VVB) durch, die der Führungs- und Leitungskader erfolgte auf zentraler Ebene.[4]

Weiterbildung ist die Bildung und Erziehung Erwachsener, insbesondere Werktätiger, die auf der Ausbildung der jeweils erworbenen Bildungsstufe aufbaut, der Befriedigung der wachsenden Bildungsbedürfnisse und der Persönlichkeitsentfaltung dient und den steigenden Anforderungen des Arbeitsprozesses gerecht wird (vgl. Lexikon der Wirtschaft. Berufsbildung 1977, S. 250).

Unter *Erziehung* wird der Prozess der Vermittlung von Wissen, Können und gesellschaftlichen Verhaltensweisen verstanden. Erziehung im engeren Sinn zielt auf die Charakter- und Verhaltensformung des Menschen. Erziehung im weiteren Sinn ist die Vermittlung von Wissen und Fähigkeiten. Unter *Bildung* wird jede pädagogische Einwirkung auf den Menschen verstanden, die stets auf die Gesamtheit der Persönlichkeit gerichtet und mit Erziehung eng verbunden ist. Mit Bildung bezeichnet man den planvollen Vorgang, einschließlich des organisierten Lernprozesses, und den Zustand des erreichten Entwicklungsgrades von Kenntnissen, Erkenntnissen (Wissen), die Entwicklung des Könnens sowie die Wirkung auf Weltanschauung, Sitte und Moral (vgl. Naumann, 1975, S. 33ff.).

Die *Volkshochschule* ist die Einrichtung in der DDR, die nicht im Zentrum des gesellschaftlichen Interesses steht. Volkshochschulen sind administrativ, den „Zweiten Bildungsweg" betreffend, dem Schulrat unterstellt, wie alle anderen Einrichtungen des Schulsystems. Für die Inhalte, die neben dem „Zweiten Bildungsweg" angeboten werden, ist nicht der Schulrat zuständig, sondern der Leiter der Abteilung Berufsbildung bzw. der Leiter des Kulturamtes beim Rat des Kreises/Stadtbezirkes. Die Volkshochschule untersteht sachlogisch einer „Dreiobrigkeit", woraus sich gewisse Spielräume erklären lassen. Sie wird als Einrichtung des Schulsystems bezeichnet, gleichzeitig ist

---

4 Beschluß der Volkskammer der Deutschen Demokratischen Republik über die Grundsätze der Aus- und Weiterbildung der Werktätigen bei der Gestaltung des entwickelten sozialistischen Systems in der Deutschen Demokratischen Republik. In. GBL Teil I, Nr. 21 vom 02.10.1970, S. 292.

sie eine Einrichtung des Erwachsenenbildungssystems, am unverfänglichsten aber ist es, sie als Einrichtung des einheitlichen sozialistischen Bildungssystems zu charakterisieren, was aber genau nicht erfolgt, denn im Gesetz zum einheitlichen sozialistischen Bildungssystem wird sie unter „als zur Hochschulreife führende Bildungseinrichtungen" verortet.

Diese Begriffsvielfalt lässt schon vermuten, dass die Verwendung einzelner Begriffe willkürlich, synonym und auch absichtsvoll unklar geschieht. Geklärt im Begriffsgebrauch ist, dass die umgangssprachlich verwendete Bezeichnung „Schulsystem" neben dem „Erwachsenenbildungssystem" steht. Schulsystem und Erwachsenenbildungssystem haben völlig getrennte Bezugssysteme. Nicht geklärt ist, inwiefern das „Hoch- und Fachschulwesen (nicht-system)", so die Bezeichnung des Ministeriums, Teil des Erwachsenenbildungssystems ist. Einigkeit kann immer dann hergestellt werden, und Überschneidungen werden immer dann vermieden, wenn der Oberbegriff „Bildungssystem" verwendet wird, weil sich darunter alle Begriffe subsumieren lassen.

Auf dem Gebiet der Berufsbildung herrscht in den Begrifflichkeiten relative Ordnung, weil zu diesem Schwerpunkt an den Universitäten der DDR Lehrstühle für Berufspädagogik eingerichtet sind und im großen Rahmen auch Forschungsaktivitäten stattfinden. Der Begriff „Erwachsenenqualifizierung" wird 1962 mit der Verstaatlichung der Betriebsakademien eingeführt; er bildet tatsächlich den Gegenstand ab. Synonym zum Begriff „Erwachsenenqualifizierung" benutzt man ab 1970 die Wortschöpfung „Aus- und Weiterbildung der Werktätigen" (AWW). Sie geht auf den Beschluss zur Aus- und Weiterbildung der Werktätigen von 1970 zurück. Von der Wissenschaft wird der Begriff „Erwachsenenqualifizierung" aufgenommen (vgl. Harke 1973). Mit dem Erwachsenenbildungsbeschluss von 1979 wird der Begriff „Erwachsenenqualifizierung" obsolet, weil an seine Stelle der Begriff „Erwachsenenbildung" rückt, der in den allgemeinen Sprachgebrauch eingeht. Es wird die Allgemeinbildung forciert, womit die abschnittsweise Qualifikation der 1960er Jahre endet. Dem Begriff „Erwachsenenbildung" liegt in der DDR immer auch der Gedanke des lebenslangen Lernens zugrunde, er geht auch in die Wissenschaft ein (vgl. Schneider1988). Ganz modern wird in der DDR der Begriff „Erwachsenenbildung" in der Nacht vom 09.11.1989 zum 10.11.1989, weil der sprachliche Umgang mit diesem Begriff die Türen zu Westberliner und bundesdeutschen Institutionen öffnet und man sich generell einen schnelleren Anschluss an das westdeutsche Erwachsenenbildungssystem erhofft.

1.3. Forschungsstand

Die Literatur mit Gesamtdarstellungen zur Erwachsenenbildung in der SBZ/DDR ist begrenzt. Die wenigen vorliegenden Veröffentlichungen beziehen sich auf die Zeit vom Kriegsende bis Anfang der 1970er Jahre. Über die

Volkshochschulentwicklung in der SBZ/DDR gibt es bisher noch keine Gesamtdarstellung. Von DDR-Seite liegen von Erich Emmerling (1958) und Manfred Bauer (1973), von BRD-Seite von Heinz Gutsche (1958) und Horst Siebert (1970) vier Arbeiten vor, in denen die Volkshochschule explizit, als Teil des Erwachsenenbildungssystems der DDR, in ihrer Entwicklung dargestellt wird. Marginal behandelt Edith Niehuis (1973) die DDR-Volkshochschule. Die Perspektive der DDR-Bildungshistoriker Karl-Heinz Günther und Gottfried Uhlig (1962) besteht grundsätzlich in der divergenten Darstellung eines der Bundesrepublik Deutschland überlegenen DDR-Bildungssystems. Ein Autorenkollektiv unter Leitung von Gottfried Schneider stellt 1988 die „Erwachsenenbildung der DDR" dar.

Erich Emmerling, ehemals Direktor der Volkshochschule Halle und Direktor der Landesvolkshochschule Sachsen-Anhalt, beschreibt als Beteiligter die „Gestaltwandel" der Erwachsenenbildung anhand der Volkshochschule. In seinem 1958 veröffentlichten Buch nennt Emmerling „Anfänge und erste Erfolge" (S. 79), mit dem Jahr 1948 die „Volkshochschule und Wirtschaftspläne" (S. 84). Im Jahr 1952 folgt der „dritte Gestaltwandel" (S. 88), weil die beruflich qualifizierenden Kurse aus dem Verantwortungsbereich der Volkshochschule ausgegliedert werden. Die Ausführungen enden mit der „neue(n) Gestalt unserer Volkshochschule" (S. 94) im Jahr 1956, also der Rückführung der Zuständigkeit für die Volkshochschule ins Volksbildungsministerium. Seine Ergebnisse zusammenfassend, charakterisiert Emmerling mehrere Gestaltwandel der Volkshochschule: Im ersten Abschnitt von 1945 bis 1946 stehen im Vordergrund der Volkshochschularbeit Kurse mit antifaschistisch-aufklärenden, demokratisch-erzieherischen Inhalten sowie gesellschaftswissenschaftliche und politisch informierende Kurse. Den zweiten Abschnitt datiert Emmerling auf die Jahre 1947 bis 1949, in denen allgemeinbildende Fächer (Deutsch, Mathematik, Physik, Chemie, Biologie u.a.) sowie Fertigkeiten (vorwiegend Stenographie, Buchführung) vermittelt werden. Der Schwerpunkt verschiebt sich von den gesellschaftswissenschaftlich und politisch informierenden Kursen zu den allgemeinbildenden und praktischen Lehrgängen. Der Erwerb von beruflichem Wissen rückt ins Zentrum der Volkshochschule. Im dritten Abschnitt von 1952 bis1956 wird die VHS entlastet von der fachlichen Qualifizierung und der beruflichen Weiterbildung. Die gesamte populärwissenschaftlichen Aufklärung wird von der „Gesellschaft zur Verbreitung wissenschaftlicher Kenntnisse" übernommen, bei der VHS verbleiben Allgemeinbildung, Vertiefung des Kunstverständnisses, Entwicklung bestimmter Fertigkeiten, Spezialaufgaben auf dem Land. Der vierte Abschnitt von 1956 bis 1957 ist dadurch kennzeichnet, dass die Volkshochschule eine neue Kategorie schulischer Einrichtung wird. Sie ist nunmehr selbstständige allgemeinbildende Schule für Erwachsene.

Emmerling ist davon überzeugt, dass die neuen gesellschaftlichen Verhältnisse neue Formen der Erwachsenenbildung verlangen, denn die großen Aufgaben können weder der privaten Hand überlassen bleiben noch sind sie durch Einzelaktionen und Teilmaßnahmen zu lösen. Sie verlangen eine „klare staatliche und zentral angeleitete Form, um den gesellschaftlichen Bedürfnissen voll gerecht zu werden." Er beklagt, dass in dieser Anfangsperiode der Nachkriegsvolkshochschule in der SBZ noch gewisse Nachwirkungen alter Traditionen aus der Weimarer Zeit zu beobachten sind. Die freiheitlich gesonnenen Vertreter der VHS-Bewegung aus den 1920er Jahren bringen zwar pädagogische und organisatorische Erfahrungen mit, die sich positiv auswirken. Aber sie bringen auch überlebte Vorstellungen mit, die der neuen Situation nicht mehr gerecht werden. Begriffe wie „Volkshochschulgemeinde", „Volkshochschulgemeinschaft" oder „Volkshochschulbewegung" passen mit ihrer Herkunft aus der bürgerlichen Ideologie nicht mehr in die Zeit und können sich unter den neuen Bedingungen nur hemmend auswirken. Emmerling nennt dies einen „untragbaren Teil des Erbes" (S. 80), der verhältnismäßig bald und im Allgemeinen auch schmerzlos überwunden wird (S. 81). Die „klaren Aussagen des Statuts (helfen, K.O.) wesentlich, denn alle verschwommenen Vorstellungen sollen verschwinden, wenn die Volkshochschule als staatliche Einrichtung organisatorisch in das Bildungssystem der sich festigenden antifaschistisch-demokratischen Ordnung eingegliedert wird". Am Beispiel „Arbeitsgemeinschaft" verdeutlicht Emmerling die Entwicklung und begründet damit, dass für diese Art Unterricht in der neuen Volkshochschule kein Platz mehr ist (S. 81)

Die Dissertationsschrift von *Manfred Bauer*, die nicht als Buch publiziert ist, beschreibt die Entwicklung der Volkshochschule vom Kriegsende bis zum Jahr 1963 in der DDR. Den Schwerpunkt bildet die Reorganisation des Volksbildungswesens und die Entwicklung der Volkshochschule zur kompletten Übernahme des „Zweiten Bildungsweges". In seiner Arbeit will Bauer die „historische Notwendigkeit der Umwandlung der Volkshochschule in eine Abendschule für Erwachsene nachweisen" (S. XII). Er stützt sich im Wesentlichen auf „Quellen zur Geschichte der deutschen Arbeiterbewegung, auf marxistisch-leninistische Beiträge zur Geschichte des Schulwesens der DDR, Dokumente der SED, Pädagogische Zeitschriften, die Deutsche Lehrerzeitung, Archive und Ablage des Ministeriums für Volksbildung, Volkshochschulstatistiken und Chroniken" (S. XIII). Bauer analysiert unter verschiedenen Gesichtspunkten die „völlig neue Aufgabenstellung" der DDR-Volkshochschule, die 1956 zum Bestandteil des Schulwesens avanciert und innerhalb der Gesellschaftsstrategie der DDR im Rahmen der Erwachsenenbildung zur Niveauerhöhung der Allgemeinbildung der werktätigen Bevölkerung beitragen soll. Die Umwandlung der Volkshochschulen in „allgemeinbildende Abendschulen für Werktätige" charakterisiert er als „eine neue Qualität der Lehrgangstätigkeit auf dem Gebiet der Allgemeinbildung" (S. 186). Die Volkshochschule betrachtet man ab 1957 quasi als Teil des Schulsystems. Schule wiederum ist gekennzeichnet „durch eine enge Verbindung mit dem Leben, durch die Verstärkung der sozialistischen Erziehung, durch die generelle Erhöhung des Bildungsniveaus, durch die Einführung der allgemeinen zehnklassigen Oberschulbildung, durch die Verbreitung der weiterführenden Bildungswege und durch die Anteilnahme breiter Kreise der Öffentlichkeit an den schulischen Problemen" (S. 184). Diese Entwicklung verändert die Volkshochschule, die nun nicht mehr wie in ihren Anfangsjahren „die Grundform der Erwachsenenbildung" darstellt. Mit der Gründung der Technischen Betriebsschulen 1953 gibt es eine neue Form beruflicher Erwachsenenbildungsinstitutionen, daneben existiert ein System von Massenorganisationen, das Erwachsenenbildungsaufgaben wahrnimmt. Die Volkshochschule wird 1957 eine staatliche Einrichtung der Erwachsenenqualifizierung (S. 182), mit dem Vorzug, dass „planmäßig und systematisch" das Niveau der Allgemeinbildung der Werktätigen erhöht werden kann durch „den Aufbau des Weges zum Abitur auf die mittlere Reife, die Möglichkeit des Wissenserwerbs der Grund-, Mittel- und Oberschule in einzelnen Fächern, von Sonderlehrgängen zur Vorbereitung auf ein Fachschulstudium und von Lehrgängen zum Erwerb der Sonderreifeprüfung, von einem breiten Angebot von kurzfristigen Lehrgängen, die nicht mit einer Prüfung enden" (S. 189). Dass diese Forschungsarbeit zur DDR-Volkshochschule einem totalitärem Staat entspringt, in der die einzige Bezugswissenschaft der Marxismus-Leninismus war, zeigt das folgende Zitat (S. XI, Anm.):

„Die in der BRD zur Entwicklung der Volkshochschulen der Deutschen Demokratischen Republik erschienenen Veröffentlichungen sind in keiner Weise geeignet, ein objektives Bild über den folgerichtigen Weg unserer Volkshochschulen zu sozialistischen Bildungseinrichtungen für Werktätige zu vermitteln. Vgl. dazu beispielsweise Gutsche, Heinz: Die Erwachsenenbildung in der Sowjetzone. In: Volkshochschule. Handbuch für die Erwachsenenbildung in der Bundesrepublik. Hrsg. vom Dt. Volkshochschulverband. Stuttgart: Ernst Klett Verlag, 1961; Siebert, Horst: Erwachsenenbildung in der Erziehungsgesellschaft der DDR. Düsseldorf: Bertelsmann Universitätsverlag, 1970."

Die Dissertationsschrift von Manfred Bauer beschreibt die Volkshochschulentwicklung aus der Sicht der „Vorzüge des Sozialismus" in Abgrenzung zur bürgerlichen Bundesrepublik Deutschland. Aus DDR-Perspektive sind die Leistungen der Volkshochschule hoch anzuerkennen, selbst Erziehungswissenschaftler und Erwachsenenbildner der Bundesrepublik widmen diesen Resultaten gebührende Aufmerksamkeit. Aus heutiger Sicht ist anzumerken, dass die DDR-Volkshochschule in ihrem Wirken als „Abendoberschule für Erwachsene" daneben immer ca. ein Drittel ihres traditionellen Bildungsangebotes beibehält, also niemals in das Schulsystem integriert wurde, worauf diese Forschungsarbeit keinen Bezug nimmt.

Heinz Gutsche charakterisiert den Prozess der Sowjetisierung in der Erwachsenenbildung (1958). Er beschreibt zunächst das „Wesen der Erwachsenenbildung in Ost und West" (S. 6), die „Prinzipien und Ziele kommunistischer Erwachsenenbildung" (S. 8) und die Prinzipien der Staatlichkeit und Einheitlichkeit. Er gibt einen Überblick über die allgemeinpolitische Entwicklung in der SBZ anhand des „Volksfrontkurses" und der „bewussten Lenkung des gesellschaftlichen Fortschritts" und unter dem Slogan „Kader entscheiden alles". Im zweiten Teil beschreibt er sehr differenziert den Aufbau und die Entwicklung des Volkshochschulwesens unter dem Blickwinkel seiner schonungslos offenen Charakterisierungen der politischen Verhältnisse der Sowjetischen Besatzungszone in der Zeit des Kalten Krieges. Im dritten Teil stellt er die Struktur und Arbeitsweise der Volkshochschule bis zur Neuordnung 1956 anhand der Organisation, der Direktoren, der Hörer und Dozenten, der Dozentenfortbildung und des Lehrprogramms dar. Im vierten Teil charakterisiert Gutsche die kommunistische Erwachsenenbildung anhand des Systems der kulturellen Massenarbeit und der Abendschulen, wobei er das sowjetische Vorbild nachzeichnet. Ein Teil seiner Ausführungen bezieht sich auf die Einheit von Schulung, Produktion und Kultur, wobei er die Betriebsvolkshochschulen, die Technischen Betriebsschulen, Clubs und Kulturhäuser unter die Lupe nimmt. Eiren weiterer Exkurs führt Gutsche über die Volkshochschule hinaus zu Landwirtschaftlichen Staatsbetrieben und Bäuerlichen Massenschulungen. Ein fünfter Teil resümiert ein Jahrzehnt Volkshochschularbeit und kennzeichnet den Verlauf der Volkshochschule zur Allgemeinbildenden Abendschule für Erwachsene. Für Gutsche sind die Ziele kommunistischer Erwachsenenbildung die „Ausrichtung des Menschen auf die von der Staatspartei gesetzten Normen und Leitbilder, größtmögliche Steigerung der Arbeitsproduktivität zur politischen und wirtschaftlichen Festigung des Regimes" (S. 110). Er stellt dar, wie die Volkshochschulen zu Instrumenten der kommunistischen Politik umgeformt wurden. Diesem Zweck dienen ein zentralistisches Reglementierungssystem, die Besetzung der Direktorenstellen mit SED-Mitgliedern, einheitliche Lehr- und Stoffpläne, die Ideologisierung aller Lehrinhalte, Schulungen der Dozenten. Mit Befriedigung stellt Gutsche fest, dass dieser Umformungsprozess nicht vollständig gelungen ist. Die Volkshochschule verliert an Bedeutung, je mehr sich die SED auf die in der Sowjetunion entwickelter Formen der Erwachsenenschulung einschwört. Kulturhäuser, technische Kabinette, Technische Betriebsschulen, Volkskunstkabinette entstehen. Die Gesellschaft zur Verbreitung wissenschaftlicher Kenntnisse wird gegründet. Die Staatsbetriebe aller Wirtschaftszweige werden zu Zentren der „Kaderschulung" und der „kulturellen Massenarbeit". 1956 erhält die Volkshochschule eine neue Aufgabe: Sie wird eine alle Schulgattungen umschließende Abendschule für Erwachsene (S. 145). In einem Anlagenteil sind 35 Quellen abgedruckt, auf die der Verfasser im Text Bezug nimmt. Die heutige Lektüre von Gutsches kritischer Analyse der politischen Verhältnisse und des Erwachsenenbildungssystems in der Sowjetischen Besatzungszone und frühen DDR ist erschreckend, erstens wegen seiner Diktion, die Ausdruck des „Kalten Krieges" ist, zweitens weil die Verhältnisse so waren, wie er sie beschreibt, und drittens weil sie nicht diffamierend darstellt. Gutsches Veröffentlichungen waren in der DDR nicht zugänglich.

Horst Siebert (1970) hat bisher als einziger Wissenschaftler am differenziertesten die Erwachsenenbildung der SBZ/DDR analysiert und erklärt dezidiert die DDR-Gesellschaft als „Erziehungsgesellschaft" (S. 295) – eine Einschätzung, der uneingeschränkt zuzustimmen ist. Beeindruckend ist, dass 30 Jahre nach dem Erscheinen seiner Monographie und 10 Jahre nach dem Ende des von ihm analysierter Gesellschaftssystems DDR seine Ergebnisse an Aktualität und Originalität nichts eingebüßt haben. Anzunehmen ist, dass

Sieberts Arbeit für die historische Erwachsenenbildungsforschung noch an Bedeutung gewinnen wird, weil er im Rahmen seiner Forschungen sehr eng mit den Akteuren des „Schaller-Instituts" in Leipzig zusammenarbeitete, seine Insiderkenntnisse in dieser Publikation ausgewiesen und außerdem kaum Quellen in Archiven aufzufinden sind. Da der Institutsleiter, Prof. Herbert Schaller, selbst sehr wenig publiziert hat, sind jedoch keine umfangreichen Archivalien zu erwarten.

Siebert beschreibt in Kapitel 1 den „Wiederaufbau der Volkshochschule nach 1945" (S. 24) und die Abkehr der Volkshochschule von den Weimarer Traditionen. „Die Reform im Zeichen des Zweijahrplans" (S. 36) kennzeichnet er durch die Eingliederung der Volkshochschule ins staatliche Schulsystem (Berechtigung der Zeugniserteilung) und durch die Orientierung an betrieblichen Erfordernissen (Planzahlen zur Qualifikation). Die Phase der „Konsolidierung nach Gründung der DDR" (S. 47) zeigt sich eher an inhaltlichen Akzentuierungen als an strukturellen Veränderungen. „Die Umwandlung in eine Abendschule für Erwachsene" (S. 60) bedeutet für Siebert „de facto das Ende der traditionellen Volkshochschule in der DDR" und den Beginn des Zweiten Bildungsweges. Im Gegensatz zu Emmerling charakterisiert Siebert die Phasen der Volkshochschulentwicklung von 1945 bis 1946 zunächst als Wiederbelebung der Konzeption der Weimarer Volksbildung, obwohl die staatliche Unabhängigkeit der Volkshochschule, ebenso wie in der Weimarer Republik, aufgehoben wird durch den eingeschränkten öffentlichen Zugang. Er stellt Victor Klemperer als vehementen Gegner einer „Berechtigungsschule" vor, der sich vom bildungspolitischen Trend in der SBZ distanziert, obwohl das erste VHS-Statut noch die freie Wahl der Lehrfächer und die Verweigerung von Zeugnissen vorsieht. Allerdings geht es schon um die Herausbildung einer neuen politischen und ökonomischen Führungsschicht, ohne Arbeitskräfte aus der Wirtschaft zu verlieren. Diesen Ausweg bietet die Volkshochschule. Die zweite Phase kennzeichnet Siebert von 1948 bis 1950. Er sieht das Jahr 1948, mit der Einführung von Lehrplänen und Zeugnissen, als das Ende der bürgerlichen Volksbildung in der SBZ an. Die Volkshochschule entfernt sich von der Volksbildung der 1920er Jahre, die sich eine Bildung vom Menschen zum Ziel gesetzt hatte und sich parteipolitischen oder volkswirtschaftlichen Interessen nicht verpflichtet fühlte. Es erfolgt in der SBZ eine Korrektur am Bild der Volkshochschule der 1920er Jahre (berufliche Fortbildungsangebote sind nicht ihre eigentliche Aufgabe) und eine Abkehr vom individualistischen Ansatz der Weimarer Volksbildung. Die Volkshochschule entwickelt sich von einer Stätte gelegentlicher Bildungsaktivitäten zu einer Institution systematischen Lernens. Die VHS-Themen orientieren sich an den Zielen ideologische Umerziehung der Menschen, Herausbildung einer neuen Intelligenz und berufliche Qualifikation. Als Reformbestrebungen der Volkshochschule nennt Siebert die Eingliederung ins staatliche Schulsystem und die Orientierung an betrieblichen Erfordernissen. Mit der Einführung von Prüfungen und einheitlichen Lehrplänen wird die Volkshochschule systematisch in eine staatliche Abendschule für

Erwachsene umfunktioniert. Sie hat in dieser Zeit ihren höchsten bildungspolitischen Stellenwert, da sie berufliche Fachkurse durchführt. Siebert stellt
fest, dass 1950 die Zentralisierung und Verstaatlichung des Volkshochschulwesens beginnt, wobei die Volkshochschule ihre dominierende Rolle in der
Erwachsenenbildung der DDR verliert. Mit der Verwaltungsreform von 1952
beginnt dann die Aufhebung des Kulturföderalismus in der DDR. Akzent-
verlagerungen im Bereich der Erwachsenenbildung hin zu Kontinuität der
VHS bleiben nach seiner Meinung trotz aller Reformen gewahrt. Im Zeitraum 1956 bis 1958 kommt es zur Ausgliederung des Vortragswesens aus der
Volkshochschule. Im Jahr 1958 ist der Umstrukturierungsprozess abgeschlossen. Die Volkshochschule wird „allgemeinbildende Schule für Erwachsene"
und ist für den „Zweiten Bildungsweg" zuständig. Das Jahr 1958 ist für Siebert das Ende der traditionellen Volkshochschule in der DDR. Eine neue
Etappe kennzeichnet er von 1962 bis 1965. Im Jahr 1963 beginnt der Prozess
der Profilverengung. Die Volkshochschule lässt sich nur unvollkommen in
das öffentliche Schulwesen integrieren auf Grund ihrer Ambivalenz zwischen
einer auf staatlicher Unabhängigkeit basierenden Tradition und Maßnahmen
zu Verstaatlichung und politischer Kontrolle. Mit der Schulreform 1965 wird
die Volkshochschule Teil des einheitlichen sozialistischen Bildungssystems.
Der VII. Parteitag der SED (1967) wertet die kulturelle Erwachsenenbildung
im Vergleich zur fachlichen Qualifizierung deutlich auf. Damit erobert sich
die Volkshochschule einen Aufgabenbereich zurück, der früher den Schwerpunkt ihrer Arbeit ausmachte.

Im Kapitel 2 analysiert Horst Siebert die „Betriebsakademien" und im
Kapitel 3 die „kulturelle Massenarbeit". In einem zweiten Teil seiner Publikation stellt er „Ansätze zu einer Theorie der Erwachsenenbildung" vor und
zollt dem Bemühen von Erdmann Harke, die Erwachsenenpädagogik als wissenschaftliche Disziplin an der Karl-Marx-Universität Leipzig zu etablieren,
große Anerkennung. In weiteren Kapiteln setzt sich Siebert mit den „technisch-ökonomischen und kulturell-ideologischen Grundlagen" (S. 158-192)
auseinander und beschreibt die „Vergesellschaftung der Erwachsenenbildung" (S. 193-236). Die „Politische Funktion der Erwachsenenbildung" analysiert er anhand der Brüche mit der deutschen Volksbildungstradition (S.
267-274). Die „Funktionen der Erwachsenenbildung in die Gegenwart" ergeben sich für ihn „weniger aus pädagogischen als aus politisch-ideologischen
Überlegungen" (S. 274). Im Wesentlichen unterscheidet er die Erwachsenenbildung der DDR nach ökonomischen, politischen und ideologischen Funktionen, fügt jedoch eine bildungspolitische und eine soziale Funktion hinzu.
Die bildungspolitische Funktion ist von gesellschaftlichen Entwicklungspro-
gnosen wie auch von Perspektiven der Schulpolitik beeinflusst (S. 279). Die
Erwachsenenbildung hat außerdem eine *komplementäre* Aufgabe zu erfüllen,
„die Schulbildung soll nicht nur korrigiert, sondern auch systematisch fortgesetzt werden" (S. 279). Als *transitorische* Aufgabe nennt Siebert das Reagieren der Qualifizierungseinrichtungen auf technologische oder politische Umstrukturierungen (S. 280) wie die Stilllegung eines Braunkohletagebaus und

die Umschulung tausender Werktätiger, oder Strukturveränderungen, wie den Aufbau völlig neuer Industriezweige. Im Schlusskapitel beantwortet Siebert die Frage nach einer Lern-, Bildungs- und Erziehungsgesellschaft damit, dass sich das System der Erwachsenenbildung der DDR gemessen an dem der BRD durch einen ideologischen Erziehungsauftrag unterscheidet: „... sozialistische Erwachsenenbildung ist zugleich sozialistische Erwachsenenerziehung, die Lern- und Bildungsgesellschaft ist zugleich eine Erziehungsgesellschaft" (S. 294). Die Etikettierung der DDR als „Erziehungsgesellschaft" wird generell durch die „Einheit von Bildung und Erziehung" legitimiert (S. 294). Sieberts Ausführungen ist in allen Punkten zuzustimmen. Seine Publikationen sind in der DDR nicht veröffentlicht und nicht zugänglich gewesen.

Im Band VI/2 des Handbuches der deutschen Bildungsgeschichte liefert Horst Siebert ein Kondensat der „Erwachsenenbildung in der Erziehungsgesellschaft der DDR" und beginnt mit der Frage: „Wird nach 1945 in der SBZ und späteren DDR die Tradition der deutschen Erwachsenenbildung fortgesetzt oder erfolgte unter dem Einfluss der Militäradministration eine Orientierung an sowjetischen Vorbildern?" Siebert antwortet implizit, indem er die charakteristischen Merkmale der Volksbildung in der Weimarer Zeit benennt: „... ihre Distanz zum Schulsystem und zur Parteipolitik, ihre Ablehnung von Prüfungen und staatlichen Direktiven, die Bevorzugung kulturell-geisteswissenschaftlicher gegenüber naturwissenschaftlichen Lerninhalten, die Betonung einer ‚Zweckfreiheit' der Bildung und die Skepsis gegenüber einer pragmatischen Berufsqualifizierung" (S. 318). Er liefert den Nachweis der Indoktrination der Erwachsenenbildung der DDR.

Interessant ist in Sieberts Ausführungen eine Polemik zu Detlef Oppermanns Zeitschriftenartikel „Erwachsenenbildung als Nische", in dem der Autor behauptet, dass in den konventionellen, bürgerlich-humanistischen Angeboten der DDR-Volkshochschule die „Möglichkeit zum Dissidentischen oder zumindest zum Anspruch auf bloße individualistische Entfaltung" (Oppermann 1989, S. 40f.) gegeben war. Siebert sieht Oppermanns Darstellung als „zu optimistisch" an (S. 323), ohne dies weiter auszuführen. Für die Geschichtsforschung wäre nun interessant zu untersuchen, inwiefern Alternatives und Gegenkulturelles in der DDR-Volkshochschule wachsen konnte. Nicht erforscht ist auch, wieweit sich einzelne TeilnehmerInnen in der DDR-Volkshochschule individuell entfalten konnten. Die Möglichkeit zum „Dissidentischen" war in der Volkshochschule sicher nicht größer als andernorts. Zwar hätte man der Volkshochschule am ehesten zutrauen können, für die Aufbruchs- und Demokratisierungsbewegung 1989 einen Raum zur Verfügung zu stellen. Das scheint jedoch nicht der Fall gewesen zu sein, denn in den Programmen sind keine diesbezüglichen Hinweise zu finden,[5] und in

---

5   Die Programme der Berliner Volkshochschulen hatten eine zweijährige Gültigkeit (1989/1990).

Zeitzeugeninterviews[6] wird bestätigt, dass der Volkshochschulalltag programmgemäß bis zum Ende der DDR weiterlief. Gewiss haben sich in der Volkshochschule Dissidenten getroffen, vermutlich mit dem absehbaren Ende der DDR immer mehr. Systemkritische Meinungen in einzelnen Kursen öffentlich kundzutun, wurde nach Öffnung der ungarischen Grenzen im Sommer 1989 relativ ungefährlich. Zuvor wäre das im wörtlichen Sinne lebensgefährlich gewesen.

Edith Niehuis analysiert in ihrem 1973 erschienenen Buch Institutionen, die Erwachsenenbildungsaufgaben wahrnehmen. Etwa 20 Seiten widmet sie den DDR-Erwachsenenbildungsinstitutionen. Sie beginnt Mitte der 1950er Jahre und endet 1962. Exemplarisch wirft sie ein Licht auf die Institutionen Betriebsakademie, Dorfakademie, Frauenakademie, Klub- und Kulturhäuser, Akademie für Staats- und Rechtswissenschaften, Parteihochschule „Karl Marx", Institut für sozialistische Wirtschaftsforschung, Institut für Gesellschaftswissenschaften, Kammer der Technik, Urania und Volkshochschule und beschreibt deren Auftrag sowie teilweise deren Organisationsstruktur. Sie nimmt eine knappe Analyse der DDR-Gesetze zur Erwachsenenqualifizierung vor und konstatiert, dass in der DDR das Interesse für die Entwicklung der Erwachsenenqualifizierung viel früher einsetzt als in der BRD. Dass viele Regelungen übereilt erfolgen, lässt sich nach ihrer Meinung aus der Vielzahl an öffentlichen Dokumenten in den 1950er und 1960er Jahren erkennen, die sich teilweise gegenseitig aufheben oder revidieren. Ziel der DDR ist die Schaffung eines einheitlichen Weiterbildungssystems durch die Kooperation zwischen den verschiedenen Institutionen und die Koordinierung der Bildungsmaßnahmen. Dieses Ziel scheint in der DDR bis zum Jahr 1970 noch nicht verwirklicht zu sein, denn im „Beschluß der Volkskammer der DDR über die Grundsätze für die Aus- und Weiterbildung der Werktätigen bei der Gestaltung des entwickelten gesellschaftlichen Systems des Sozialismus der DDR vom 16.09.1970" heißt es: „Ausgehend von der prognostischen und perspektivischen Entwicklung, insbesondere der sozialistischen Großproduktion, ist ein einheitliches, koordiniertes System der Aus- und Weiterbildung der Werktätigen zu schaffen, das mit der sozialistischen Wissenschaftsorganisation eng verbunden ist." Das Weiterbildungssystem wird zu dieser Zeit in der DDR als Bestandteil des einheitlichen sozialistischen Bildungssystems angesehen. So umfasst das „Gesetz über das einheitliche sozialistische Bildungssystem vom 25.02.1965" Regelungen von der Vorschulerziehung bis zur Weiterbildung. Neben diesem Gesetz ist die 1962 erlassene „Verordnung über die Bildungseinrichtungen zur Erwachsenenqualifizierung", so Niehuis, das wichtigste Dokument zur Darstellung des Weiterbildungssystems der DDR, da diese Verordnung die durch kurzfristige Entscheidungen gekennzeichnete Experimentierphase vorerst beendet und zur Grundlage für weitere Anordnungen wird. Bis zum VII. Parteitag der SED

---

6 Zeitzeugeninterview am 24.05.2000 mit Frau Dr. Christine Petzold, stellv. Direktorin der Volkshochschule Leipzig von 1987 bis 1992.

(17.-22.04.1967) ist die Funktion der Erwachsenenqualifizierung primär ökonomisch ausgerichtet, denn die Qualifizierungsmaßnahmen dienen der Erfüllung der Volkswirtschaftspläne. Diese Tatsache, schreibt Niehuis, veranlasst westliche Beobachter zu der Feststellung, dass in der DDR das rein technokratische Denken vorherrsche. Eine derartige Pauschalisierung vernachlässigt die ideologischen Hintergründe. Aus dem westlichen Systemdenken heraus vermisst Niehuis vollkommen die kulturelle Bildung, weil die abweichende sozialistische Definition von Kultur nicht berücksichtigt wird. Sie verweist auf Erhard John, der Kultur definiert als „... das Entstehen und Entfalten der körperlichen und geistigen Potenzen des Menschen – nach einem Ausdruck von Marx und Engels: der menschlichen Wesenskräfte – in der Arbeit als gesellschaftlicher Produktion sowie darauf aufbauend in anderen Bereichen menschlich-gesellschaftlichen Handelns, ferner deren Vergegenständlichungen in der Produktion menschlicher Tätigkeit, der körperlichen wie der geistigen, ihr Anwenden mit dem Ziel, die Macht des Menschen über die Natur zu erhöhen, dem gesellschaftlichen Fortschritt zu dienen und immer menschenwürdigere Verhältnisse und gesellschaftliche Lebensformen zu schaffen" (S. 127).

Mit Verweis auf Horst Siebert, der die praktische Funktion der Arbeit „de facto *primär* als Produktionssteigerung, *sekundär* als politisch-ideologischen Sieg des Sozialismus und *tertiär* als kulturelle Wesensentfaltung" gliedert (Siebert 1970, S. 158), resümiert Niehuis, dass demnach die berufliche Qualifizierung in der DDR zwar primär, jedoch nicht ausschließlich im Dienste der Produktionssteigerung zu sehen ist. Die Ausrichtung auf die berufliche Erwachsenenqualifizierung bringt eine Vernachlässigung der Allgemeinbildung und der kulturellen Massenarbeit mit sich. Demzufolge, so Niehuis, beschäftigen sich westliche Abhandlungen über die Erwachsenenbildung in der DDR in erster Linie mit der beruflichen Fortbildung und lassen die kulturell-ideologische Bildungsarbeit weitgehend unberücksichtigt. Aufgrund dieser Tatsache entsteht im Westen die *Konvergenztheorie*, da die wissenschaftlich-technischen Anforderungen der modernen Industriegesellschaft in Ost und West die gleichen sind. Interessant ist die These von Niehuis, dass die SED auf ihrem VII. Parteitag den Konvergenztheoretikern mit einer Verstärkung der ideologisch-propagandistischen Aktivität und der Verhärtung des gesellschaftspolitischen Konzepts der Parteiführung begegnet. Für die Erwachsenenbildung der DDR bedeutet diese Entwicklung eine stärkere Beachtung der allgemeinen und der kulturell-politischen Bildung. Während diese lange Zeit subsidiär für die berufliche Erwachsenenbildung wirkt, schenkt man ihr seit dem VII. Parteitag erneut Aufmerksamkeit. Niehuis belegt diese Entwicklung anhand von zwei Dokumenten. In der „Verordnung über die Bildungseinrichtungen zur Erwachsenenqualifizierung vom 27.09.1962" heißt es: „Die Tätigkeit der Bildungseinrichtungen zur Erwachsenenqualifizierung wird durch eine vielseitige Bildungsarbeit der demokratischen Massenorganisationen und wissenschaftlichen Gesellschaften unterstützt." Dagegen heißt es in dem „Beschluß der Volkskammer der DDR über die Grundsätze für die Aus- und Weterbildung der Werktätigen bei der Gestaltung des entwickelten gesellschaftlichen Systems des Sozialismus in der DDR vom 16.09.1970" in Anlehnung an die Beschlüsse des VII. Parteitag der SED: „Die gemeinsamen Anstrengungen gelten vor allem der allseitigen Entwicklung sozialistischer Persönlichkeiten und der Befriedigung ihrer geistig-kulturellen und materiellen Bedürfnisse in der sozialistischen Menschengemeinschaft!" Diese Formulierung zeigt im Vergleich zu früheren Dokumenten eine deutliche Akzentverlagerung hin zur Schaffung „allseitig gebildeter Persönlichkeiten." Diese mit dem VII. Parteitag der SED einsetzende Entwicklung wird auf dem VIII. Parteitag der SED (Juni 1971) fortgesetzt. Dort hebt Erich Honecker den Anteil der Kultur an der Erziehung gebildeter und überzeugter Erbauer des Sozialismus hervor. Willi Stoph äußert in seinem Bericht zur Direktive des VIII. Parteitages der SED: „In Durchführung der 3. Hochschulreform haben die Hoch- und Fachschulen die Einheit von klassenmäßiger Erziehung und gesellschafts- und naturwissenschaftlich-technischer Bildung weiter zu festigen." Die DDR strebt also die Verwirklichung der Einheit von fachlicher Qualifizierung und kulturell-ideologischer Bildung an, welche zwar schon immer proklamiert, jedoch wenig in die Realität umgesetzt wird. Nach Niehuis' Ansicht ist die Betonung der politischen Bildung als Antwort auf westliche Konvergenztheoretiker zu verstehen. Die DDR erteilt der Konvergenztheorie eine eindeutige Absage.

Weiter benennt Niehuis das Prinzip der Staatlichkeit, das in der Erwachsenenbildung der DDR ein wesentliches Moment darstellt, weil die finanzielle Unterhaltung und die inhaltliche Lenkung und Kontrolle der Bildungsangebote durch den Staat erfolgen. Das Aus- und Weiterbildungssystem der Werktätigen ist in der DDR weiter gefasst als in der BRD und schließt den Hochschulbereich mit ein. Man geht nicht von Bildungseinrichtungen aus, sondern von den pädagogischen Tätigkeiten. Diese Art der Kennzeichnung unterstützt die Vorstellung von einem einheitlichen sozialistischen Bildungssystem, welches von der einheitlichen Bildungstheorie und nicht von den einzelnen Organisationen her definiert ist. Eine einheitliche Bildungstheorie von der Vorschulerziehung bis zur Weiterbildung impliziert eine gleiche Zielsetzung in den Bildungsmaßnahmen für Kinder, Jugendliche und Erwachsene. Die DDR sieht die Aufgabe der Erwachsenenbildung in der Einheit von Bildung und Erziehung. Bildung zielt auf den Erwerb von Wissen sowie von Fähigkeiten und Fertigkeiten des Lernens, Arbeitens und gesellschaftlich-sozialen Verhaltens. Erziehung ist gerichtet auf die Ausbildung von Motiven, Einstellungen, Haltungen, Überzeugungen und komplexen Charaktereigenschaften. Niehuis' knapper Analyse ist uneingeschränkt zuzustimmen. In der DDR waren ihre Publikationen nicht zugänglich.

Ein Autorenkollektiv unter der Leitung von *Gottfried Schneider* stellt 1988 die „Erwachsenenbildung der DDR" dar. Im entwicklungsgeschichtlichen Abriss wird für die Nachkriegsjahre die „Volkshochschule als Grundform der Erwachsenenbildung" (S. 47) bezeichnet, die „organisierte Bildungsarbeit in Industrie und Landwirtschaft" (S. 49) durchzuführen hat. Für die erste Hälfte der 1950er Jahre ist die „Errichtung selbständiger betrieblicher Einrichtungen der Erwachsenenbildung" (S. 53) beschrieben. Weil es in der DDR keine Volkshochschulforschung gab, rekurrieren die Autoren in den weiteren Ausführungen auf Institutionen, die Erwachsenenbildungsaufgaben wahrnehmen, weil die Volkshochschulen staatliche Einrichtungen der Erwachsenenbildung geworden sind, „die als Bestandteil des sozialistischen Bildungssystems ihren Beitrag zur Vertiefung und Erweiterung der Allgemeinbildung der Werktätigen und zur Bereicherung des geistig-kulturellen Lebens in Städten und Gemeinden zu leisten haben". Das Autorenkollektiv zeichnet ein Bild von Erwachsenenbildung, das dem gesellschaftspolitischen Duktus der DDR entspricht, und verzichtet auf eine kritische Analyse.

Ein ungedrucktes, aber der Öffentlichkeit zugängliches Manuskript von *Karl-Heinz Günther* und *Gottfried Uhlig* ca. 1962, das als Vorläufer der Publikation „Geschichte der Schule in der Deutschen Demokratischen Republik 1945 bis 1968" zu bewerten ist, wird nachfolgend ausführlich dargestellt, weil viele Probleme, Widersprüche und Erklärungsansätze in der veröffentlichten Fassung nicht mehr enthalten sind. Dem Erkenntnisinteresse folgend ist das Manuskript hilfreicher, weil darin die Mechanismen der Herausbildung einer neuer Intelligenz am Beispiel der Neulehrer sowie die Funktionsmechanismen des Bildungssystems transparent gemacht werden. Mit dieser Darstellung ist es gelungen, die Verflechtungen der Volkshochschule mit dem Schulsystems sowie mit dem politischen und ökonomischen System begreiflich zu machen.

Die DDR-Bildungshistoriker Karl-Heinz Günther und Gottfried Uhlig berufen sich auf Robert Alt und stellen fest, „dass die neue Gesellschaft sowohl die ihr entsprechenden Bildungsinhalte als auch die ihr entsprechenden neuen Methoden des Unterrichts benötigt" (Alt 1946, S. 12). Anfang Dezember 1946 gibt es zwar einen Entwurf, der jedoch noch keine ausreichende Grundlage für die Klärung der theoretischen Grundpositionen der antifaschistisch-demokratischen Schule bietet. Er enthält sporadisch aneinander gereihte Gedankengänge, die sich auf das Erziehungsziel, die Schulstruktur und andeutungsweise auf die Lehrerbildung beziehen. Diese Tatsache wird von Günther/Uhlig als grober Mangel angesehen. „Es genügte nicht, den antimilitaristischen und antifaschistischen Geist der neuen Erziehung hervorzuheben" (S. 63). Gefordert wird ein neuer Geist in der Erziehung. „Wozu soll die Jugend erzogen werden?" stellt sich den Volksbildnern und Funktionären damals als die dringlichste Frage. Am 19.12.1946 gibt es einen weiteren Entwurf, in dem Max Kreuziger die Situation im Schul- und Bildungswesen analysiert und besonders auf Wege zu einem imaginären Ziel rekurriert. Ende Januar 1947 erscheint die erste gedruckte Fassung unter dem Titel „Entwurf eines deutschen demokratischen Erziehungsprogramms". Nach mehreren Überarbeitungen werden auf dem II. Pädagogischen Kongress im September 1947 in Leipzig die „Grundsätze der Erziehung in der deutschen demokratischen Schule" veröffentlicht. Es geht darin um die Neuorganisierung des Schulwesens, die Wandlung des Bildungsgutes nach Umfang und Inhalt, die

Wandlung der Methoden, eine neue Lehrerbildung, um die Zusammenarbeit mit den Eltern und der Öffentlichkeit. Die Wege, die eigentlich Inhalte sind, werden fortan als „Grundsätze der Erziehung in der deutschen demokratischen Schule" deklariert. Als hervorragendes Merkmal sehen Günther/Uhlig das dialektische Wechselverhältnis zwischen dem „Aufbau der antifaschistischen-demokratischen Ordnung und der richtigen Bestimmung der neuen Schule" (S. 69). Die Klärung dieser theoretischen Position bekommt für die Erziehungswissenschaftler in der SBZ/DDR entscheidende Bedeutung für die Gewinnung einer tragfähigen Ausgangsbasis, um alle idealistischen und reaktionären Auffassungen über die angebliche Autonomie der Erziehung zu überwinden (S. 70). Die theoretischen Richtpunkte einer demokratischen Pädagogik sehen Günther/Uhlig in Einheitlichkeit, Wissenschaftlichkeit und Öffentlichkeit des Schulwesens (S. 81). Der Anspruch an das neue Bildungswesen besteht darin, das allgemeine Bildungsniveau zu heben und das Bildungsprivileg der bisher herrschenden Klassen zu überwinden. Es gilt zu gewährleisten, „dass der werktätigen Jugend auf geradem Wege der Zugang zu den leitenden Stellen in Staat und Wirtschaft eröffnet wird" (S. 82). An die Stelle der politisch-tendenziösen Inhalte aus der Nazi-Zeit sollen neue Inhalte treten, die dem Ziel der neuen demokratischen Schule entsprechen. Besonderer Wert wird auf die Unterrichtsmethoden gelegt.

> „Die Grundform war die Unterrichtsstunde, die nach feststehendem Plan und unter Anleitung des Lehrers mit einem feststehenden Bestand von Schülern durchgeführt wird und in der die verschiedensten Arbeitsmethoden Anwendung finden" (S. 83).

Weitere Ausführungen werden zur Systematik und Folgerichtigkeit, zur Kenntnisaneignung sowie zur Erarbeitung einer objektiv begründeten Weltanschauung gemacht. Die „Grundsätze der Erziehung" grenzen sich, so Günther/Uhlig, von reformpädagogischen Bestrebungen ab, weil die Reformpädagogik die führenden Rolle des Lehrers ablehnt. Im SBZ/DDR-Verständnis kann nur durch die führende Rolle des Lehrers die systematische Wissensvermittlung und damit die Erhöhung des Bildungsniveaus gewährleistet werden. Alle anderen pädagogischen Konzepte hätten dieses verhindert (S. 83).

Einen Ansatz zur Erklärung versuchen die Autoren in dem wesentlichen Unterschied „zwischen dem pseudodemokratischen Charakter der Weimarer Republik und der neuen Demokratie" zu finden. Ein Kriterium ist nach Meinung von Günther/Uhlig der Untertanengeist der Weimarer Republik, der in der neuen Gesellschaft der SBZ/DDR ausgemerzt werden soll. Das zweite Kriterium bezieht sich auf die Staatsgeschäfte, die in der Weimarer Republik von einer privilegierten Schicht wahrgenommen werden und in der sowjetischen Besatzungszone in die Masse des Volkes übergehen sollen (S. 71). In den „Grundsätzen der Erziehung" wird bei der Formulierung des Erziehungszieles eine starke Akzentuierung der intellektuellen Bildung (Wissen, Denken, Urteilen) und der sittlichen Bildung und Erziehung vorgenommen. Die sittliche Erziehung und Bildung soll eine vorrangige Stellung einnehmen und bekommt die Aufgabe, „der Jugend einen Halt zu geben, ein Ziel zu setzen,

neue, wahre Ideale zu zeigen und eine neue Arbeitsgesinnung anzuerziehen"
(S. 79). Günther/Uhlig analysieren die sittliche Bildung im Nationalsozialismus und die intellektuelle Bildung in der Weimarer Republik. In der Weimarer Republik können privilegierte Schichten auf dem Gymnasium „intellektuelle Bildung" erwerben. Die nicht privilegierten Schichten, die „Untertanen"
besuchen die Volksschule. Die Untertanen werden sozusagen als „Opfer" der
gesellschaftlichen Verhältnisse dargestellt, die es in der neuen Gesellschaft
(SBZ/DDR) zu befreien gilt. Die „Opfer"-Rolle der Untertanen charakterisieren Uhlig/Günther anhand der sittlichen Erziehung im Nationalsozialismus,
wo die Untertanen „Opfer" der Propaganda werden, wo Begeisterung, Glauben, Ehrgefühl und Einsatzbereitschaft vor dem Wissenserwerb stehen.

> „Menschen, die in Halbwissen oder in Unwissenheit befangen waren, wurden sehr
> schnell Opfer der nazistischen Propaganda" (S. 78).

Die Bildungsauffassungen der Weimarer Republik blieben in der SBZ/DDR
unbeachtet, denn sie erheben den Anspruch, „jede/r einzelne solle sich seiner
selbst bewußt werden, denn nur der zu sich selbst gekommene Mensch vermag die gesellschaftlichen Verhältnisse angemessen zu beurteilen und dem
Gemeinwohl zu dienen".[7] Das heißt, dass Günther/Uhlig das Schulsystem in
der Weimarer Zeit zwar anklagen, aber formale Ursachen hervorheben, um
sich nicht mit den Bildungsauffassungen auseinander setzen zu müssen.

Wenn man eine „Täter"-Rolle konstruiert, so liefern Günther/Uhlig die
Begründung in der Weise, dass sie den Religionsunterricht im Nationalsozialismus anklagen (S. 80). Sie berufen sich auf Max Kreuziger, der daran erin-
nerte, dass sicher viele der „scheußlichen Schlächter von Auschwitz, Bu-
chenwald, Maidanek" in der Schule Religionsunterricht genossen haben. Daher ist es für Günther/Uhlig zwingend, dass sich das neue System in der sowjetischen Besatzungszone von Religion und Religionsunterricht abzuwen-
den hat. In der SBZ/DDR sind Staat und Kirche streng getrennt, und der Re-
ligionsunterrichts ist aus den staatlichen Schulen verbannt (Privatschulen gibt
es nur bis 1946).

> „Die neue sittliche Erziehung muß die tiefen Schäden überwinden, die der Nazismus
> an den jungen Menschen verursacht hat" (S. 80).

Die neue sozialistische Gesellschaft ist demnach als „Retter" zu bezeichnen.
Und diejenigen, die in der neuen Gesellschaft die „Opfer" befreien sollen,
charakterisieren sich selbst als „Helfer". Die Rolle der „Helfer" wird in der
SBZ/DDR den (Neu-)Lehrern zugeschrieben.

> „In den Dienst der sittlichen Erziehung muß nicht zuletzt auch das Verhalten des Leh-
> rers als Vorbild gestellt werden" (S. 80).

Die Frage bleibt, wie sich die SBZ/DDR ihre neue Intelligenz geschaffen hat
und welchen Beitrag die Neulehrerbewegung generell leistet. In der sowjeti-

---

7   Vgl. Handbuch für die Praxis der Leiter und Mitarbeiter. 20. Lieferung, Dez. 1987,
     Pkt. 80.507.

schen Besatzungszone entsteht ein neues Volksbildungssystem, das als Handlanger der neuen Macht fungiert. Sein Auftrag ist die Umerziehung der „Untertanen". Innerhalb des Volksbildungssystems werden „Helfer" in Form der sogenannten Neulehrer installiert. Da das Volksbildungssystem mit seinen Akteuren eine wichtige Funktion im Staat innehat, erfährt es im Gegenzug eine hohe gesellschaftliche Anerkennung in der Form, dass der Staat seinen „Helfern" Privilegien zusichert. Diese Privilegien verpflichten wiederum zur Dankbarkeit und implizieren Abhängigkeit und Loyalität dem Staat gegenüber. Die Privilegien binden die „Helfer" in das System ein und sichern vorauseilenden Gehorsam. Hervorgehoben wird, dass die Arbeit der fortschrittlichen Lehrer, insbesondere der Neulehrer, durch die SED zu unterstützen sei.

> „Um Tausende junge Merschen für den Lehrerberuf gewinnen zu können, bedurfte es einiger wesentlicher Voraussetzungen. Die wichtigste bestand darin, der neuen gesellschaftlichen Stellung, die der Lehrer ... im Osten Deutschland einzunehmen begann, Gestalt und Ausdruck zu verleihen" (S. 86).

Es geht um die Hebung des gesellschaftlichen Ansehens der Lehrer im System. Dies kann nicht ohne die grundlegende Verbesserung ihrer materiellen Lebens- und Arbeitsbedingungen geschehen. Die SMAD schafft mit dem Befehl Nr. 220 vom 15.07.1946 die gesetzliche Grundlage für die Verbesserung der materiellen Bedingungen. Mit Wirkung vom 01.07.1946 werden das Grundgehalt, das Wohnungsgeld und die Kinderzulagen für Lehrer, Direktoren und Schulräte neu geregelt. Hinzu kommen die Bodenzuteilungen auf dem Land, die Schaffung guter Wohnbedingungen und die Fürsorge für eine ausreichende Erholung nach der Arbeit (S. 87). „Die zentrale Frage ... bleibt der Lehrer", denn die SED sieht in der Volksverbundenheit der Lehrerschaft eine entscheidende Voraussetzung für die Umerziehung des Deutschen Volkes (S. 87). Angestrebtes Ziel ist es, die Unterschiede zwischen akademisch ausgebildeten Lehrern und Neulehrern zu eliminieren. Daher ist die Ausbildung der Neulehrer mit einem Acht-Monate-Lehrgang nicht abgeschlossen. Da sie einer langjährigen Weiterbildung in fachlicher und gesellschaftspolitischer Hinsicht bedürfen, beginnt für sie eine Qualifizierungsoffensive. Der „II. Pädagogische Kongress" legt fest, die Neulehrer zu einem Wahlfach zu verpflichten, Lehrgänge zur Ausbildung von Fachlehrern für die Mittelstufe einzurichten und den Fernunterricht auszubauen. Perspektivisch sollen alle Lehrer – auch die Neulehrer – zu einem Abschluss mit Hochschulniveau geführt werden. Der gesamte Ausbildungszyklus dauerte vier Jahre, mit dem Ziel, die Ausbildung „möglichst der des Studierenden der Pädagogik an der Universität anzugleichen" (S. 94). Die Neulehrer in der Praxis müssen gleichzeitig unterrichten und den umfangreichen Verpflichtungen nachkommen, die ihnen als „Volkslehrer" beim Aufbau der antifaschistisch-demokratischen Ordnung obliegen (S. 94). Als besondere Schwerpunkte dieser neuen Ausbildung werden von Günther/Uhlig die enge Verflechtung von Unterrichtspraxis und theoretischer Ausbildung, die Verbindung von fachlicher Ausbildung und politisch-ideologischer Schulung und die Erziehung zum kämpferischen

Demokraten angesehen. Die SED widmet der politisch-ideologischen Erziehungsarbeit des Lehrernachwuchses größte Aufmerksamkeit. Die entsprechenden Schulungen erfolgen während der Ausbildung, auf Weiterbildungsveranstaltungen, auf Tagungen und während der Mitgliederversammlungen von SED und Gewerkschaft (S. 97). Viele Neulehrer arbeiten als Funktionäre in Parteien und Massenorganisationen. (Neu-)Lehrer sind in dreifacher Hinsicht in der neuen Gesellschaft gefordert: Ihre praktische Arbeit ist der Unterricht, die theoretische Arbeit ihr Studium bzw. die Weiterbildung und ihre politische Arbeit das Agieren in gesellschaftlichen Funktionen und Gremien. Für eine Neulehrerausbildung kommen „nur Bewerber aus dem demokratischen Teil der Bevölkerung, vor allem aus der Arbeiterklasse und der Bauernschaft" in Frage. Sie müssen „politisch zuverlässig, geistig aufgeschlossen und moralisch einwandfrei" sein (S. 88).

Man kann anhand des Textes von Günther/Uhlig konstatieren, dass die neuen Machthaber eine Geschichtsklitterung vornahmen, ihre eigene Geschichte nicht aufgearbeitet und keine Abgrenzung zur Weimarer Republik vollzogen haben, obwohl sie sich von der Weimarer Volkshochschulidee inhaltlich distanzierten. Der Weimarer freien Volksbildung folgt bekanntlich die gebundene Erwachsenenbildung mit dem Nationalsozialismus ohne konzeptionelle Eigenständigkeit und mit einem staatsloyalen Schulsystem. Dieses Changieren zwischen Anpassung und Abgrenzung ist daran erkennbar, dass die Machthaber in der SBZ die Begriffe „Volk", „Volksbildung" und „Volkshochschule" in ihr bildungspolitisches Konzept übernahmen und damit suggerierten, an die Weimarer Traditionen angeschlossen zu haben. Nach dem Zweiten Weltkrieg wurde der Begriff „Volk" eindeutig mit dem Nationalsozialismus assoziiert. Es ist daher verwunderlich, dass er in der SBZ trotzdem nicht weiter problematisiert wurde – was im Übrigen auch für die damalige Bundesrepublik gilt. Den Volksbegriff füllte man in der SBZ/DDR mit dem ideologischem Konzept des Marxismus-Leninismus der Besatzungsmacht. Um aus der Ideologie eine Staatsdoktrin zu machen, bedurfte es des „neuen Menschen". Daher wurde alle Kraft in die Schaffung einer neuen Intelligenz investiert. Gesellschaftlich antizipierte Ziele bestimmten fortan den Auftrag bzw. die Aufgaben einzelner Institutionen und der darin wirkenden Individuen. Die Staatsform selbst indoktrinierte ihre Kader, was gleichzeitig die Symbiose der Kader mit dem System impliziert.

Nach Abschluss der Lektoratsarbeit erscheint im Herbst 2003 eine *Studie des Bildungswerkes Sachsen-Anhalt e.V.*, die die Erwachsenenbildung in der DDR speziell auf dem Gebiet des Bundeslandes Sachsen-Anhalt untersuchen will. Die Studie sammelt und belegt eine Vielzahl von Weiterbildungsaktivitäten in verschiedenen Kontexten, u.a. gibt sie Einblick in die berufliche Erstausbildung, berufliche Erwachsenenbildung und innerbetriebliche Fortbildung, allerdings nicht in der Spezifik und Breite von Erwachsenenbildung. Wichtig ist die Aussage, dass eine regionale Begrenzung der Studie zu keinem quellenbegründeten Überblick über die DDR-Erwachsenenbildung geführt hat, weil das staatliche Reglement, manifestiert in Gesetzen und Vorschriften die Entwicklung und Ausdifferenzierung der Erwachsenenbildung bestimmte und regionalen und föderalen Entwicklungen wenig Raum gelassen hat (S. 1).

1.4. Quellenlage

Der Erforschung der Volkshochschule in der SBZ/DDR diente für die vorliegende Arbeit eine Vielzahl von Zeitzeugengesprächen[8], die nicht explizit aufgeführt sind, deren Inhalte aber für die Quellensuche in Archiven richtungsweisend waren. Bei den Zeitzeugen handelt es sich um öffentliche Personen der obersten Hierarchieebenen der DDR-Gesellschaft, deren Namen sehr eng mit ihrem beruflichen Status in der DDR verbunden sind und die auf unterschiedlichen Ebenen in Bildungspolitik, gesellschaftlichen Organisationen, Wirtschaft und Wissenschaft der DDR tätig waren. Die zentrale Frage der Zeitzeugengespräche: „Welche Funktion hatte die Erwachsenenbildung in der DDR?", ist aus unterschiedlichen Sichtweisen nachgezeichnet worden. Schwierig gestaltete sich die Suche nach Zeitzeugen, die kompetent und bereit waren, über ihr Wirken in der DDR zu sprechen. Verständlich ist, dass die jahrzehntelange Arbeit der Zeitzeugen bilanziert werden sollte, gleichzeitig verspürten sie Legitimations-, Rechtfertigungs- und Anpassungsdruck. Vorteilhaft war, dass die Inhalte zu dem frühen Zeitpunkt der Gespräche noch präsent und Details noch nicht in Vergessenheit geraten waren.[9] Insbesondere die zeitliche Periodisierung der Erwachsenenbildung respektive der Volkshochschulentwicklung geht auf das Wissen der Zeitzeugen zurück.

---

8   Am 19.04.1994 Dr. Manfred Bauer, Dr. Werner Schöer, Dr. Jürgen Beselin zur Volkshochschule.,
     am 27.04.1994 Dr. Winfried Höhn, Dr. Gerhard Pogodda zur beruflichen Erwachsenenbildung,
     am 04.05.1994 Prof. Dr. Rosemarie Walther zum DFD, Prof. Dr. Horst Mädicke zur Urania, Dr. Manfred Fiedler zum Kulturbund,
     am 01.06.1994 Dr. Paul Hagelschuer, Dipl. Hist. Reinhold Scholze, Prof. Dr. Rolf Rinke zur gewerkschaftlichen Erwachsenenbildung,
     am 08.06.1994 Dr. Heinz Warnicke, Dr. Bernd Zinkhahn, Dr. Bruno Nehrlich zur universitären Erwachsenenbildung,
     am 06./07.12.1994 Prof. Dr. Siegfried Prokop zu gesellschaftspolitischen Fragen, Prof. Dr. Gottfried Schneider, Dr. Gerhard Pogodda, Dipl. Hist. Reinhold Scholze, Prof. Dr. Rolf Rinke, Dipl. Paed. Helmut Seidlitz zur beruflichen Erwachsenenbildung,
     am 22.06.1995 Prof. Dr. Siegfried Prokop zur FDJ und Prof. Dr. Paul Hagelschuer zum FDGB,
     am 23.06.1995 Prof. Dr. Horst Schützler zur DSF.
9   Die Gespräche wurden im Rahmen des regulären Lehrangebotes der Abteilung Erwachsenenbildung/Weiterbildung der Humboldt-Universität zu Berlin durchgeführt.

35

Diese Zeitzeugengespräche eröffneten den Weg zu Befragung weiterer Insider der DDR-Erwachsenenbildung sowie zur Einsicht und Verzeichnung ihrer persönlichen Arbeitsunterlagen. Am umfangreichsten sind die Bestände von Herrn Prof. Dr. Horst Mädicke, Gründungsmitglied und langjähriger Vizepräsident der „Gesellschaft zur Verbreitung wissenschaftlicher Kenntnisse (Urania)", der mehr als 30 Jahre lang in dieser Massenorganisation wirkte. Er stellte sich zu einem zweiten Interview zur Verfügung, das im Rahmen eines von der VW-Stiftung geförderten Forschungsprojektes „Erwachsenenbildung – Erwachsenenqualifizierung – Erwachsenenlenkung. Erschließung von Quellen in den neuen Bundesländern" am Wolfgang Schulenberg Institut der Carl von Ossietzky Universität Oldenburg durchgeführt wurde. Im Privatbesitz von Prof. Dr. Horst Mädicke befindet sich folgendes Material:

10 Akten	„Urania Kongresse"
31 Akten	„Präsidiumstagungen"
13 Akten	„Beschlüsse"
13 Akten	„Berichte, Statistiken"
4 Akten	„Urania Mitteilungen von 1959 – 1990 nahezu komplett"
82 Akten	„Grundsatzdokumente, Referate, persönliche Aufzeichnungen, Manuskripte, Zeitschriftenartikel, Berichterstattungen, u.a."
154 Broschüren	graue Literatur.

Im Jahr 2000 wurden Dr. Manfred Fiedler, Sekretär des Kulturbundes der DDR, und Dr. Werner Schröer, ehemals Mitarbeiter im Schaller Institut Leipzig und Hochschullehrer an der HU Berlin, ein zweites Mal interviewt. Weitere Gespräche fanden mit Dr. Anna Marie Czihak, ehemals Direktorin der Betriebsakademie BKK Lauchhammer und Mitarbeiterin im Staatssekretariat für Berufsbildung der DDR, Prof. Dr. Artur Meier, ehemals VHS-Direktor und Bildungssoziologe der HU Berlin, Margarete Sorgenfrei, Direktorin der VHS Leipzig von 1958 bis 1972, Prof. Dr. Wolfram Knöchel, ehemals Mitarbeiter im Schaller Institut Leipzig und Hochschulpädagoge in Rostock, und Dr. Christine Petzold, stellvertretende Direktorin der Volkshochschule Leipzig von 1987 bis 1992 statt.

Die Recherchen im *Sächsischen Hauptstaatsarchiv Dresden* erfolgten in den Jahren 1993 und 1994. Hier sind die Aktenbestände aufbewahrt, die für das gesamte Land Sachsen den Schriftverkehr zwischen den staatlichen Ebenen der SBZ/DDR mit den Volkshochschulen Dresden, Leipzig, Rochlitz usw. enthalten. Die Quellen liefern die für Volkshochschule betreffenden Strukturentscheidungen und bieten Einsicht in Funktionen, Zuständigkeiten, Kontrollorgane, Disziplinar- und Weisungsbefugnisse innerhalb des Volkshochschulbereichs mit Relevanz für das Bildungssystems generell. Die Geschichte des Registraturbildners des ehemaligen Ministeriums für Volksbildung des Landes Sachsen ist nachfolgend veröffentlicht, weil an keiner anderen Stelle so differenziert die Strukturentscheidungen und Aufgabenzuweisungen bei der Etablierung eines neuen Volksbildungswesens in einer Provinz bzw. einem Land der Sowjetischen Besatzungszone beschrieben werden.

„Bei der Bildung der Landesverwaltung Sachsen im Juli 1945 wurden die Aufgaben der Volksbildung der Abteilung Volksbildung des Ressorts Inneres und Volksbildung, der Zentralverwaltung für Wissenschaft, Kunst und Erziehung beim Präsidenten der Landesverwaltung Sachsen und dem Landesnachrichtenamt im Ressort Inneres und Volksbildung übertragen. Ende Januar 1946 entstand ein eigenes Ressort Volksbildung mit vier Fachabteilungen: Schulwesen, Wissenschaft und Forschung, Allgemeine Volkserziehung, Kunst und Literatur.

Die Wahlen im Herbst 1946 führten zur Bildung der Landesregierung Sachsen. Aus dem Ressort Volksbildung, das von der SMAD eingesetzt war, entstand das Ministerium für Volksbildung. Die personelle Verbindung mit dem Innenministerium wird gelöst. Vom Dezember 1946 bis zum Frühjahr 1948 kam es zu Strukturveränderungen des Ministeriums für Volksbildung.

Im Zusammenhang mit dem Beschluß des Gesamtministeriums vom 09.08.1948 über die Strukturangelegenheiten der Ministerien des Landes Sachsen an die Struktur der Deutschen Wirtschaftskommission stand die Umwandlung der Abteilungen des Ministeriums in Hauptabteilungen. Während in den Jahren 1945-1948 beim Ministerium für Volksbildung ein Anwachsen der Aufgaben feststellbar ist, fand in den anschließenden Jahren im Zusammenhang mit der Entwicklung des Staatsaufbaus der DDR eine Verkleinerung seiner Kompetenzen statt.

Die Verwaltungsreform im Sommer 1952 führte zur Auflösung der Landesregierung Sachsen mit ihren Ministerien und zur Bildung der Bezirke Dresden, Karl-Marx-Stadt und Leipzig. Die Abteilungen Volksbildung und Kultur jener Bezirke sind die Nachfolgeeinrichtungen des Ministeriums für Volksbildung der Landesregierung Sachsen."[10]

Eine große Menge an Quellenmaterial im Sächsischen Hauptstaatsarchiv Dresden liegt für die Jahre 1945 bis 1952 vor, das zur Analyse der Strukturentscheidung der Volkshochschule im Bildungssystem der SBZ/DDR maßgeblich war. Insgesamt sind 179 Akten aus den Beständen von

„LRS/Ministerium für Volksbildung 1945 – 1952" (*162 Akten*)
„Bezirkstag/Rat des Bezirkes Dresden Nr. 2" (*15 Akten*)
„Bezirkstag/Rat des Bezirkes Dresden Nr. 4" (*2 Akten*)

eingesehen und 452 Quellen daraus erhoben worden. Aus dem Bestand „LRS/Ministerium für Volksbildung 1945-1952" wurden 84 Quellen und aus dem Bestand „Bezirkstag/Rat des Bezirkes Dresden Nr. 2" acht Quellen expliziert, in denen es um die exemplarische Nachzeichnung von Struktur- und Personalentscheidungen geht. Für die Beurteilung und Bewertung der Quellen wurde eine eigenständige Systematik erarbeitet. Bei den Quellen handelt es sich um:

Sitzungsprotokolle der Landesvolkshochschule Meißen-Siebeneichen, zentrale Direktorenkonferenzen, Stellungnahmen von Dozenten und Bereichsleitern zum Zweijahrplan, Jahresberichte der Volkshochschuldirektoren, Lehrpläne und Lehrprogramme, Korrespondenz, Instruktionen vom Ministerium für Volksbildung Berlin, Statistiken, Beschlüsse, Solidaritätsbekundungen, Aufrufe, Referentenbesprechungen im Ministerium des Landes Sachsen und in Berlin, Aufrufe für Kampagnen, Dienstanweisungen, Strukturentscheidungen, Zeitschriftengründung, Institutionsgründungen, Dozenten Einberufungen, Hörerrat, Sitzungen

---

10 Sächsisches Hauptstaatsarchiv Dresden, Findbuch Landesregierung Sachsen, Ministerium für Volksbildung (1945-1952), Bd. 1, 1983, Nr. 1-1359, S. I-VIII, bearbeitet von Agatha Kobuch.

der Landesvolkshochschule, Volkshochschulwochen, Gesetze und Anordnungen zu Neugründungen und Begriffsänderungen für die Erwachsenenbildung/Weiterbildung, vertrauliche Aktennotizen aus der SED, Prüfungsordnungen, Dozenten- und Teilnehmerlisten, Lebensmittellisten und Gehaltslisten, Schriftverkehr zum Einsatz von Kontrollorganen (Instrukteure), Aufgabenzuweisungen für die Volkshochschulen, begleitende Kommentierungen zu Wirtschaftsplänen zu ökonomischen Problemen und zu Organisationsproblemen der Volkshochschule (Stromabschaltungen).

Nach der Gebietsreform 1952 hatten alle Bezirke der DDR eigene Archive aufgebaut. Der die Volkshochschule Dresden betreffende staatliche Schriftverkehr vom Ministerium für Volksbildung an den Bezirksschulrat bzw. Stadtschulrat von Dresden wird ab 1952 in dem neu geschaffenen Archiv des Rat des Bezirkes Dresden aufbewahrt. Obwohl die Bezirksarchive 1990 in die Hauptstaatsarchive zurück überführt worden sind, in unserem Fall in das Sächsische Hauptstaatsarchiv Dresden, ist das Material aus den ehemaligen Bezirksarchiven bisher für Benutzer nicht erschlossen. Seit 1990 sind noch keine „staatlichen Einrichtungen der DDR" aufgearbeitet worden, weil Immobilien-, Grundstücks- und Rentenangelegenheiten bevorzugt archivarisch bearbeitet werden. Über den Bestand der früheren Abteilung Volksbildung beim Rat des Bezirkes Dresden liegen Ablieferungsverzeichnisse vor.

Im Gegensatz zum Staatsarchiv, wo der offizielle Schriftverkehr zwischen den staatlichen Institutionen aufbewahrt wird, befinden sich im *Stadtarchiv Dresden* sämtliche Bestände aus der Volkshochschule Dresden (Klassenbücher, Lehrpläne, Arbeitspläne, Haushalt, innerorganisatorischer Schriftverkehr usw.). Das Stadtarchiv sammelt Bestände aus kommunalen Einrichtungen der Stadt Dresden, zu denen in der DDR-Zeit auch die Volkshochschule zählt. Hier gibt es lediglich vier relevante Akten mit 23 Quellen, von denen im Text sechs Quellen expliziert sind, weil sie tangierende Strukturentscheidungen erhellen. Zur (Volkshoch-)Schulsituation in Dresden wird recherchiert:

Kirchen/Schulangelegenheiten (Hauptgruppe B) 16.-20. Jahrhundert
Schulamt 1830-1945
Dezernat Volksbildung 1945-1953
Abteilung Volksbildung 1953-1984.

In der *Volkshochschule Dresden* sind auch im Zusammenhang mit einem von der DFG geförderten Forschungsprojekt „Erwachsenenbildung in gesellschaftlichen – Pilotstudie zur Volkshochschule Dresden 1945-1995" (Gieseke/Opelt 2003) Recherchen durchgeführt worden. Hier liegen die kompletten Programmankündigungen aus den vergangenen 54 Jahren vor. Die statistischen Formblätter der Volkshochschule Dresden, die im Sächsischen Hauptstaatsarchiv Dresden und im Bundesarchiv Berlin im Bestand DR 2 gesammelt sind, wurden exemplarisch als Nachweis genutzt, um zu belegen, wie gesetzlich vorgeschriebene strukturelle Veränderungen der Volkshochschulaufgaben, bezogen auf die berufliche Qualifizierung, sich in den Teilnehmerzahlen und in den tatsächlich durchgeführten Kursen widerspiegeln. Im Besitz der Volkshochschule Dresden befinden sich 40 relevante Quellen aus den Nachkriegsjahren, z.B. SMAD Ausführungsbestimmungen zum Befehl Nr.22, Statut und Verfassung der Dresdener Volkshochschule, ebenso Aufzeichnungen von Artur Nestler und Victor Klemperer.

Im *Stadtarchiv Jena* wurden aus dem Bestand „Volkshochschule Xa 1; Xa 18; Xa 24; Xa 25" ca. 35 Quellen für die Jahre 1948 bis 1957 erhoben, von denen drei, den Direktor Friedrich Bernt betreffend, der als Akteur der Weimarer Republik im Jahr 1948 aus der Volkshochschule herausgedrängt wurde, in dieser Arbeit expliziert sind. Weitere Quellen belegen die Umverteilung der Volkshochschulaufgaben im Jahr 1956, die im Zusammenhang mit den gesetzlich angeordneten Strukturentscheidungen erfolgten.

Aus der *Volkshochschule Jena* stammen 28 Quellen, insbesondere aus den Jahren 1986 bis 1991, mit Relevanz für die Wendezeit und die Gründung des Thüringer Volkshochschulverbandes. Exemplarisch ausgelegt sind sechs Quellen, die die Zusammenarbeit der Volkshochschule mit Betrieben und Einrichtungen in der Stadt Jena kennzeichnen.

Im Bundesarchiv Berlin erfolgten die Recherchen in den Jahren 1995 bis 1997. Auf dem Gelände des Bundesarchivs befindet sich die *Stiftung Archiv der Parteien und Massenorganisationen der DDR (SAPMO)*. Die Stiftung hat die Aufgabe, die auf zentraler Ebene entstandenen Unterlagen der Sozialistischen Einheitspartei Deutschlands sowie anderer Parteien der Deutschen Demokratischen Republik, der mit diesen Parteien verbundenen Organisationen und juristischen Personen sowie der Massenorganisationen, soweit sie die Wahrnehmung staatlicher Aufgaben betreffen, zu übernehmen, auf Dauer zu sichern, nutzbar zu machen und zu ergänzen. Die Stiftung ist untergliedert in die Bereiche

SED (DY 30)
FDGB (DY 34)
Kulturbund (DY 27)
DFD (DY 31)
URANIA (DY 11)
DSF (DY 32)
FDJ (DY 24)
VKSK (DY 14)
VdgB (DY 19)
DTSB (DY 12)
GST (DY 59)
KdT (DY 61)
Deutsche Volksbühne (DY 1)
Pionierorganisation (DY 25).

Der Bestand der SED DY 30 war hilfreich zur Analyse der Strukturentscheidungen und -veränderungen im Bildungssystem. Die SED-Parteitage sind unerlässlicher Wegweiser für die Periodisierung der Volkshochschulentwicklung der DDR. Materialien aus den frühen Jahren der SBZ/DDR waren nicht in den Lesesälen der Bibliotheken einzusehen, sondern zeitaufwändig aus den Außendepots zu beschaffen. Besonders die Bestände „SED Parteitage 1946-1981" und „Protokoll Sitzungen des Politbüros des ZK der SED" wurden intensiv bearbeitet. Die Parteitagsdokumenten der SED 1946-1949 sind filmisch konserviert, die Parteitage von 1958-1981 in Aktenform einzusehen. Alle späteren SED-Parteitage sind unbearbeitet, stehen aber als Leseexemplar in der Bibliothek des Bundesarchivs zur Verfügung. Im Findbuch: „Protokoll Sitzungen des Politbüros des ZK der SED" gibt es 150 Verweise zum Thema Erwachsenenbildung und deren Verflechtung mit anderen gesellschaftlichen Systemen, aus denen 12 Akten eingesehen und 2 Quellen erhoben wurden.

Einen hoher Rechercheaufwand fiel im ehemaligen *Zentralarchiv des FDGB-Bundesvorstandes (Bestand DY 34)* an, weil der Freie Deutsche Gewerkschaftsbund (FDGB) Mitwirkungsrechte an allen Weiterbildungsmaßnahmen in Betrieben, Institutionen und Einrichtungen der DDR hat. Das FDGB-Bundesarchiv gliedert sich in Abteilungen/Büros, aus denen 242 relevante Akten gesichtet, aber lediglich 14 Quellen erhoben wurden.

Hauptabteilung VIII Schulung und Bildung:	1 Akte
Sekretariat Müller:	6 Akten
Büro: Maschke:	5 Akten
Hauptabteilung III Sozialpolitik:	6 Akten
Hauptabteilung II mit dem Büro: Zöllner	11 Akten
Abteilung Wirtschaftspolitik:	6 Akten
Durchführung und Kontrolle vom Befehl Nr. 234:	11 Akten
Büro des I. Vorsitzenden (H. Jendretzky)	5 Akten
Büro des II. Vorsitzenden (B. Göring)	10 Akten
Abteilung Bildung, Intelligenzkommission, Gewerkschaftshochschule	
Büro: Wilke	21 Akten
Untergliederungspunkt Bildungswesen:	50 Akten
Stellvertretender Vorsitzender des Bundesvorstandes Büro: Beyreuther	23 Akten
Büros der Sekretäre für Arbeit und Löhne	
Büro: Lehmann, Büro: Kirchner	23 Akten
Arbeit und Löhne 1950 – 1960	38 Akten
Abteilung Frauen 1960 – 1988	19 Akten
Büro: Bühl	7 Akten.

Um die sogenannten Massenorganisationen beschreiben zu können, wurden der Bestand *Gesellschaft zur Verbreitung wissenschaftlicher Kenntnisse/ Urania (DY 11)* mit dem Ergebnis von 11 relevanten Akten gesichtet und zwei Quellen, den Gründungskongress der GwK betreffend, expliziert. Im Bestand *Kulturbund der DDR (DY 27)* gibt es 5 Akten, aus denen zwei Quellen zum Gründungskongress des Kulturbundes Verwendung fanden. Im Bestand *Gesellschaft für Deutsch-Sowjetische Freundschaft (DY 32)* liegen zwar Quellen mit Relevanz für die Erwachsenenbildung, aber nicht im engeren Sinne für die Volkshochschulentwicklung der DDR. Aus insgesamt 96 gesichteten Akten wurden keine Quellen erhoben. Im Bestand *Demokratischer Frauenbund Deutschlands DFD (DY 31)* sind in der Findkartei „Kultur" und „Sozialistische Familienerziehung" 30 Akten verzeichnet, vor allem zu den Sachverhalten „Freunde der neuen Schule" und „Einheitliches Sozialistisches Bildungssystem", aus denen 15 Quellen erhoben, jedoch nicht expliziert wurden. Eine unbedeutende Anzahl von 2 Akten ist im Bestand *VKSK – Verband der Kleingärtner, Siedler und Kleintierzüchter (DY 14)* vorhanden. Ohne Belang sind 7 Akten im Bestand *VdgB – Verein der gegenseitigen Bauernhilfe (DY 19)*, die zwar für die Erwachsenenbildung der DDR Relevanz haben, allerdings nicht für die Volkshochschulentwicklung. Im Bestand *DTSB – Deutscher Turn- und Sportbund (DY 12)* gibt es 4 Akten, deren Inhalte (Übungsleiterausbildung) auf Erwachsenenbildungsaufgaben schließen lassen, jedoch für die Volkshochschule irrelevant sind. Ähnlich sieht die Situation im Bestand *GST – Gesellschaft für Sport und Technik (DY 59)* aus. Hier verweisen 7 Akten auf politische Massenarbeit innerhalb der Organisation, der Schulen, Betriebe und Einrichtungen. Im Bestand *KdT – Kammer der Technik (DY 61)* sind 6 Akten verzeichnet, aus denen keine Quellen erhoben wurden. Im Bestand *Deutsche Volksbühne (DY 1)* sind 11 Akten zu finden, die im weitesten Sinne auf Erwachsenenbildungsinhalte der DDR verweisen, insbesondere die Akten zu Laienspielgruppen und kultureller Massenarbeit in Betrieben. Für die Beschreibung des Kapitels „Kulturbund" wird eine Quelle zur Reorganisation der Theaterarbeit verwendet. Im Bestand *FDJ – Freie Deutsche Jugend (DY 24)* verweisen 7 Akten auf die Erziehung der werktätigen Jugend, auf kulturelle Massenarbeit unter der Jugend, auf Kulturpolitik und auf Jugendobjekte, aus denen keine Quellen erhoben wurden. Im Bestand *Pionierorganisation (DY 25)* gibt es eine Akte mit Schriftverkehr des ZK der SED und der Abteilung Volksbildung im ZK, die ohne Relevanz für die Volkshochschule ist.

Im *Bundesarchiv Berlin* selbst existiert eine Abteilung DDR, wo die Bestände der einzelnen Ministerien, staatlichen Verwaltungen, Staatssekretariate etc. archiviert sind. Hier ist der Bestand des Ministeriums für Volksbildung der DDR (DR 2) maßgeblich. Aus 27 relevanten Akten wurden 30 Quellen erhoben, von denen im Text explizitiert wurden zu den folgenden Schwerpunkten:

Fernschulen, Auflösung der Landesfernschulen, Abendoberschule, Arbeitsplanentwurf der Jungen Pioniere, Entwicklung der Volkshochschulen der DDR zu Abendschulen für Erwachsene, Zusammenarbeit zwischen den Volkshochschulen der DDR und der Gesellschaft zur Verbreitung wissenschaftlicher Kenntnisse, Konferenz der Volkshochschul-Direktoren, Nachwuchskräfte der Erwachsenenbildung bei der Landesvolkshochschule Sachsen Anhalt, Direktoren-Tagung anlässlich der Einweihung der Landesvolkshochschule Sachsen in Meißen-Siebeneichen, Anweisung über die veränderten Aufgaben der Technischen Betriebsschulen und der Volkshochschule, Politische Bedeutung der Reorganisation der Erwachsenenbildung.

Um die Verflechtung der Volkshochschule mit dem gesellschaftlichen und politischen System der DDR darzustellen, wurde 1996 Verbindung mit der Abteilung Bildung und Forschung beim *Bundesbeauftragten für die Unterlagen des Staatssicherheitsdienstes der ehemaligen Deutschen Demokratischen Republik* aufgenommen. Nach dreijähriger Recherchezeit der „Gauck-Behörde" tauchten Akten auf, die die Observierung von Volkshochschulkursen und einzelnen TeilnehmerInnen belegen.

Breiten Raum unter den veröffentlichten Quellen nehmen 30 *Befehle* des Obersten Chefs der Sowjetischen Militärverwaltung in Deutschland, 70 *Gesetzblätter* der DDR, 11 *Verordnungen* der Landesregierungen Sachsen, Brandenburg und Sachsen-Anhalt und 16 *Verfügungen und Mitteilungen* verschiedener Ministerien der DDR ein, weil an diesen Quellen die staatlich sanktionierten Strukturentscheidungen nachvollziehbar sind. Aus den *Dokumenten der Sozialistischen Einheitspartei Deutschlands* wurden 40 Entschließungen, 10 Protokolle, 20 Referate und Berichte insbesondere des Zentralkomitees sowie seines Politbüros und seines Sekretariats (Bd. I bis Bd. XXI) verwendet. Die wechselnden Aufgabenzuweisungen an die Volkshochschule sind aus Parteikonferenzen, Parteitagsbeschlüssen und Volkswirtschaftsplänen ersichtlich, weil darin die lang- und mittelfristigen Aufgaben der Bildungseinrichtungen verbindlich ausgewiesen werden. Zu den *Jahrbüchern und Jahresberichten* gehören die Chroniken der Massenorganisationen und die Dokumentationen der Pädagogischen sowie Berufspädagogischen Kongresse der DDR, die unmittelbar die Entwicklung des Bildungssystems und punktuell der Volkshochschule beschreiben. Die statistischen Jahrbücher der DDR dienten im Einzelfall zur Kennzeichnung von Entwicklungstrends anhand von Teilnehmerzahlen in der Volkshochschule. *Zeitungen und Zeitschriften* wurden nicht kontinuierlich ausgewertet. Die Wochenzeitung „Sonntag" als Organ des Kulturbundes der DDR wurde begleitend im Kapitel 3 herangezogen. Die „Deutsche Lehrerzeitung" und die Zeitung „Die neue Schule" sowie Artikel aus Tageszeitungen lieferten die Illustrierung marginaler Tatsachen und unterschiedlicher Sachverhalte. Hingegen diente die Zeitschrift „Volkshochschule", die nur in den Jahren 1947 bis 1950 erschien, als Quellennachweis für eine erwachsenenpädagogische Diskussionsplattform zur Konsensbildung in der Öffentlichkeit und gleichzeitig als Medium der politischen Indoktrination von Volkshochschulakteuren ab dem Jahr 1948. Die Monatsschrift „Berufsbildung" und die sechsmal jährlich erscheinende „Forschung zur sozialistischen Berufsbildung" greifen hin und wider Volkshochschulthemen auf, widmen sich in ihren Beiträgen aber hauptsächlich der beruflichen Erstausbildung und der betrieblichen Aus- und Weiterbildung. Daher wurden sie nur marginal benutzt.

Dissertationen und Diplomarbeiten bildeten in der DDR die Grundlage empirischer Forschung an Hochschulen und Universitäten. Sie sind daher in ihrem Erkenntnisgehalt hoch einzuschätzen. Auf Grund der Tatsache, dass man in der DDR – anders als in der Bundesrepublik – offiziell empirische Forschungen nur mit hohem Reglementierungsaufwand betreiben konnte, unterliefen von Studenten realisierte universitäre Forschungsaufträge diese offiziellen Vorgaben. Die Studenten waren in den meisten Fällen gleichzeitig Angehörige der Betriebe und Institutionen, die sie delegiert hatten, und somit innerhalb ihrer Einrichtungen befugt, wissenschaftliche Befragungen und Beobachtungen wenig reglementiert durchführen zu können. Studenten, die keinem Betrieb angehörten, wurden durch Kollektivarbeiten in empirische Forschungen einbezogen.

Unter dem *sonstigen Schrifttum* fand die Schrift von Karl-Heinz Günther und Gottfried Uhlig: „Die Entwicklung des Volksbildungswesens auf dem Gebiet der Deutschen Demokratischen Republik 1946-1949" besondere Beachtung. In der Bibliothek für Bildungsgeschichtliche Forschung Berlin liegt sie, vermutlich im Jahr 1962 in Berlin mit einem Umfang von 325 Seiten entstanden, als maschinenschriftliches Exemplar vor. Sie trägt die Signatur 92.2751. In der DDR wurden maschinenschriftliche Manuskripte und Druckerzeugnisse als gleichwertig betrachtet. Daher ist das Manuskript in den Bestand der Bibliothek aufgenommen worden und wurde hier im Kapitel „Forschungsstand" auszugsweise zitiert.

Es bleibt festzuhalten dass es bisher keine zusammenfassende Darstellung zur Volkshochschule der SBZ/DDR gibt. Auf Grund der geringen Materiallage bilden die Zeitzeugengespräche und die Recherchen in den Findmitteln der Archive die Arbeitsbasis. Auch wenn lediglich ein Bruchteil der Quellen in der vorliegenden Arbeit Verwendung findet, muss betont werden, dass zur Strukturierung der Forschung das Überblickswissen aus den Archivbeständen maßgeblich ist. Priorität bei der Gewichtung des Quellenmaterials haben die offiziellen Befehle, Gesetze, Verfügungen und Mitteilungen, Verordnungen, Volkswirtschaftspläne und Beschlüsse von Partei und Regierung der DDR, auf deren Grundlage die Genese der Volkshochschule der SBZ/DDR konstruiert wird. Die SED-Beschlüsse und die Volkswirtschaftspläne bilden die Grundlage für eine Periodisierung einzelner Entwicklungsabschnitte, weil durch sie Strukturentscheidungen vorgegeben waren, denen die Volkshochschule folgte. Da in den offiziellen, veröffentlichten Quellen die Volkshochschule meist nur implizit angesprochen wird, war es notwendig, auf unveröffentlichtes Archivmaterial zurückzugreifen, das die Lücken füllt. Da es weder Lokal- und Regionalstudien noch Gesamtdarstellungen zur Volkshochschule der DDR gibt, wurde exemplarisch Quellenmaterial über die Volkshochschulen Dresden und Jena herangezogen, um strukturelle Veränderungen im Bildungssystem und ihre Auswirkungen auf die Volkshochschule nachzuweisen.

2. Bildungssystem der SBZ/DDR

2.1. Antifaschismus und „Demokratie" 1945-1948

Nach der Kapitulation Deutschlands und dem Ende des Zweiten Weltkrieges in Europa am 08.05.1945 prägt die Besatzungspolitik der alliierten Siegermächte das Bildungswesen in Deutschland. Am 05.06.1945 verkündet der Alliierte Kontrollrat die drei Besatzungszonen (vgl. Akademie. f. Gesellschaftswissenschaften 1989, S. 7). Am 09.06.1945 wird die Sowjetische Militäradministration durch Befehl Nr. 1 ausgerufen und in Berlin-Karlshorst eingerichtet.[11] Die SMAD gliedert sich in die SMA auf Länder- und Provinzebene, in Städten, Kreisen und Ortschaften. Die Landes- bzw. Provinzialverwaltungen nehmen im Land Sachsen, in der Provinz Mark Brandenburg und im Land Mecklenburg-Vorpommern am 04.07.1945[12] sowie in der Provinz Sachsen und im Land Thüringen am 16.07.1945 ihre Arbeit wieder auf.[13] Der oberste Chef der SMAD bestätigt die Präsidenten der Länder und Provinzen. Durch Erlass des Befehls Nr. 2 am 10.06.1945 ist die Gründung von Parteien erlaubt.[14] Daraufhin erfolgt die Gründung von KPD, SPD, CDU und LDP. Am 15.06.1945 gründet sich der FDGB (vgl. Gewerkschaftshochschule 1987, S. 8) und am 04.07.1945 der Kulturbund zur demokratischen Erneuerung Deutschlands (ebenda, S. 9). Am 14.07.1945 erfolgt der Zusammenschluss der Parteien zur „Einheitsfront der Antifaschistischen Parteien", in der nach dem Prinzip der Einstimmigkeit und Verbindlichkeit der Einheitsfrontbeschlüsse verfahren werden soll. Damit wird ein freier Wettbewerb der politischen Parteien erheblich eingeschränkt, die Selbstbindung der Parteien wirkt sich schon bald zugunsten der KPD und später der SED aus und behin-

---

11 Befehl Nr. 1 vom 09.06.1945: Über die Organisation der Militärverwaltung der SBZ. In: Befehle des Obersten Chefs der Sowjetischen Militärverwaltung in Deutschland. Sammelheft 1/1945, Berlin 1946, S. 9.

12 Mitteilung über die Bestätigung der Provinzialverwaltungen Brandenburg und der Landesverwaltungen Mecklenburg und Sachsen vom 04.07.1945. In: Um ein antifaschistisch-demokratisches Deutschland, 1968, S. 82. Hrsg. Ministerium für Auswärtige Angelegenheiten der DDR und Minister für Auswärtige Angelegenheiten der UdSSR.

13 Ebenda, S. 94.

14 Befehl Nr. 2 vom 10.06.1945: Bildung antifaschistischer Parteien und freier Gewerkschaften. In: Befehle des Obersten Chefs der Sowjetischen Militärverwaltung in Deutschland. Sammelheft 1/1945, Berlin 1946, S. 9-10.

dert die offene demokratische Auseinandersetzung. In der Weimarer Zeit hatte sich die KPD noch scharf von der „verräterischen Sozialdemokratie" abgesetzt, in den Jahren des Exils aber die „Anwendung der Einheitsfronttaktik auf neue Art beschlossen" (Fischer 1992, S. 31), was sich darin zeigt, dass sie schon 1945 mit der SPD der sowjetischen Besatzungszone Grundsätze für die Erneuerung der Schule entwickelt. Als Hauptgrund für die gegensätzlichen Entwicklungen in Deutschland ist das unterschiedliche Demokratie- und Gesellschaftsverhältnis der Besatzungsmächte anzusehen. Für die sowjetische Besatzungszone ist der „antifaschistisch-demokratische" Neubeginn allenfalls ein Zwischenschritt auf dem Weg zum Sozialismus. Die Blockbildung stellt neben der Übernahme der Schlüsselpositionen von Kommunisten in den Verwaltungen das „zweite entscheidende Element am Beginn der schulpolitischen Entwicklung" dar (Anweiler 1988, S. 23).

Um die Einrichtungen des öffentlichen Lebens funktionsfähig zu machen und eine Arbeitsbasis herzustellen, bedienen sich die Kommunisten materieller und ideeller Anreize sowie der Täuschung und des Zwangs. So ist der „Volksfrontkurs" jener Jahre zu verstehen, der vielfältige Möglichkeiten demokratischer Tarnung bietet und es gestattet, „auch politische Gegner als Mitarbeiter zu gewinnen" (Gutsche 1958, S. 24f.). Durch die Zulassung mehrerer Parteien (Blockbildung), die Errichtung von Parlamenten, die Gründung von Gewerkschaften (mit zum Teil echten gewerkschaftlichen Aufgaben), den Aufbau zahlreicher „demokratischer" Organisationen (die früher oder später gleichgeschaltet werden), die Wiedererrichtung von Institutionen, die vor 1933 bestanden, werden zunächst alle Kräfte mit antifaschistischer, antimilitaristischer Gesinnung in das neue System einbezogen oder gebunden. Die reichliche Verwendung der Worte „Humanismus", „Freiheit", „Wissenschaft", „Brechung des Bildungsmonopols", mit denen die Kommunisten einige Begriffsinhalte verbinden, trägt in der ersten Zeit dazu bei, dass viele sich täuschen oder verwirren lassen. Diese Sprache wird bewusst als Waffe in der politischen Auseinandersetzung verwendet, um die tatsächlichen Machtverhältnisse und die Absichten der Kommunisten zu verschleiern (ebenda, S. 24f.). Da die meisten Menschen nach dem Krieg kein Wertebewusstsein für Demokratie, Antifaschismus und Antimilitarismus besitzen, erleichtern diese Wortschöpfungen zunächst die Beschreibung des neuen Systems und erlangen das Wohlwollen der Bevölkerung.

Am 27.07.1945 wird die Deutsche Zentralverwaltung für Volksbildung in der sowjetischen Besatzungszone (später Deutsche Verwaltung für Volksbildung) auf Befehl Nr. 17 der SMAD gegründet.[15] Ihre Aufgabe besteht darin, die Tätigkeit der Schulverwaltungen in den Ländern und Provinzen zusammenzufassen, zu koordinieren, anzuleiten und zu kontrollieren. Sie besitzt bis dahin noch keine gesetzgeberische Befugnis (was sich 1948 ändert), kann jedoch die Durchführung von Befehlen der SMAD Anordnungen erlas-

---

15 Befehl Nr. 17 vom 27.07.1945: Bildung von Zentralverwaltungen in Berlin. In: Um ein antifaschistisch-demokratisches Deutschland, S. 100.

sen (vgl. Günther/Uhlig 1969, S. 26). „Das war ein wesentlicher Faktor für die weitgehende Zentralisierung der schulpolitischen Entscheidungen in der Deutschen Verwaltung für Volksbildung, die später direkte administrative Befugnisse an sich zog" (Anweiler 1988, S. 23). Während sich in den West-zonen das föderalistische Prinzip mit dem Kernstück der Kulturhoheit der Länder erneut durchsetzt, bleibt in der Sowjetischen Besatzungszone faktisch das Einheitsprinzip in Kraft. Die schulpolitische Ausgangslage in der SBZ ist gekennzeichnet von der Überwindung des nationalsozialistischen Gedanken-gutes in der Erziehung durch alle „antifaschistisch-demokratischen" Kräfte und ein Übergewicht der KPD in allen Schlüsselpositionen durch ihre enge ideologische und personelle Verbindung mit der Besatzungsmacht. „Von Be-ginn an nahmen auf die Programmatik die aus der Sowjetunion eingetroffe-nen Initiativgruppen des Zentralkomitees der KPD gezielten und systemati-schen Einfluß" (Eckelmann/Hertle/Weinert 1990, S. 12).

„Eine Gruppe unter Führung von Ulbricht sollte im Gebiet der Heeresgruppe Mar-schall Shukows tätig sein, und zwar im Raum Berlin, eine zweite Gruppe, unter Lei-tung von Anton Ackermann, im Raum Sachsen, eine dritte Gruppe unter Leitung von Gustav Sobottka in Mecklenburg" (Leonhard 1997, S. 405).

Die gravierendsten strukturverändernden Verordnungen erlassen die Landes-und Provinzialverwaltungen vom 03.-10.09.1945 zur Durchführung der Bo-denreform.[16] Mit der entschädigungslosen Enteignung ist die Vertreibung der ehemaligen Besitzer und ihrer Familien verbunden. Die Gutshäuser werden zum größten Teil abgerissen. Auf der Grundlage eines durch „Volksentscheid in Sachsen" angenommenen Gesetzes am 30.06.1946[17] über die Übergabe von Betrieben der Nazi- und Kriegsverbrecher in das Eigentum des Volkes sowie entsprechender Gesetze der Landes- und Provinzialverwaltungen von Thüringen (24.07.1946), der Provinz Sachsen (30.07.1946), der Mark Bran-denburg (05.08.1946) und von Mecklenburg-Vorpommern (16.08.1946) er-folgt die Überführung dieser Betriebe in Volkseigentum.[18] Durch diese Ent-

---

16 Verordnung der Provinzialverwaltung Sachsen über die demokratische Bodenreform vom 03.09.1945. In: Um ein antifaschistisch-demokratisches Deutschland, S. 132, und Aufruf des Blocks der antifaschistischen demokratischen Parteien Mecklenburg-Vorpommern zur Durchführung der Bodenreform vom 03.09.1945. In: Um ein antifa-schistisch-demokratisches Deutschland, S. 139, und Verordnung der Landesverwal-tung Sachsen zur Sicherung der landwirtschaftlichen Bodenreform vom 17.09.1945. In: Um ein antifaschistisch-demokratisches Deutschland, S. 155.

17 Gesetz des Landes Sachsen über die Überführung der Betriebe von Nazi und Kriegs-verbrechern in das Eigentum des Volkes vom 30.06.1946. In: Um ein antifaschistisch-demokratisches Deutschland, S. 288.

18 Mitteilung über die Übergabe der beschlagnahmten Betriebe der Kriegsverbrecher und aktiven Nationalsozialisten durch die Sowjetische Militäradministration an die Pro-vinzialverwaltung Brandenburg und die Landesverwaltung Thüringen vom 08.08. 1946. In: Um ein antifaschistisch-demokratisches Deutschland, S. 318, und Protokoll über die Veranstaltung anläßlich der feierlichen Übergabe der gemäß SMAD-Befehl Nr. 124 und Nr. 126 sequestrierten Betriebe an die Landesverwaltung Mecklenburg-

eignungsmaßnahmen sind irreversible gesellschaftspolitische Entscheidungen getroffen worden, also bereits die Voraussetzungen für die spätere „sozialistische" Entwicklung der sowjetischen Besatzungszone vorbereitet.

An die Spitze der Verwaltung für Volksbildung tritt Paul Wandel, der 1945 als politischer Sekretär Wilhelm Piecks aus der Sowjetunion heimgekehrt war (vgl. Leonhard 1997). Paul Wandel gehört zu denjenigen, die von Anfang an die Pädagogik der SBZ/DDR als Staatspädagogik verstehen. Er vertritt schon 1946 die These, in der gesamten Geschichte sei noch jedes Schulsystem in seinen Bildungszielen auf den Staat eingestellt gewesen, dem es angehört (vgl. Benner/Sladek 1994, S. 38). Durch den Befehl Nr. 40 der SMAD erfolgt am 25.08.1945 der „Aufruf zur demokratischen Schulreform".[19] Das Ziel der Schulreform ist die Schaffung einer „Demokratischen Einheitsschule". Dabei handelt es sich um die erste gesetzlich geregelte Strukturbildung nach dem Ende des Zweiten Weltkrieges. Diesem Gesetz geht ein „gemeinsamer Aufruf zur demokratischen Schulreform von KPD und SPD" vom 18.10.1945 voraus (vgl. Dokumente und Materialien zur Geschichte der dt. Arbeiterbewegung 1959, S. 210ff.). Das Gesetz zur „Demokratisierung der deutschen Schule" wird von den Präsidenten der Landes- und Provinzialregierungen in der Provinz Sachsen am 22.05.1946, in Mecklenburg-Vorpommern am 23.05.1946, im Land Sachsen und der Mark Brandenburg am 31.5.1946 und in Thüringen am 02.06.1946 angenommen. Am 12.06.1946 wird das Gesetz in Thüringen verkündet, womit es an diesem Tag in der gesamten sowjetischen Besatzungszone in Kraft tritt.[20] Die verschiedenen Verfassungen der fünf Länder zeigen in ihren Artikeln über die Volksbildung nur relativ geringe Unterschiede. Die „Vorarbeiten für das Schulgesetz von 1946, das Gesetz selbst, ebenso die nachfolgenden Ausführungsbestimmungen und die am 10.09.1947 verabschiedeten „Grundsätze der Erziehung in der deutschen demokratischen Schule" lassen die ideellen Wurzeln, die pädagogischen Absichten und die politischen Implikationen der „demokratischen Schulreform" deutlich erkennen. Bei der Formulierung der Grundsätze haben sich die „Vertreter des Schulfortschritts" der politisch im Sinne der SED engagierten Reformer um Max Kreuziger durchgesetzt gegenüber den Anhängern der „autonomen Pädagogik", für die Theodor Litt plädierte. Die älteren Schulreformer aus der Weimarer Zeit, wie Paul Oestreich, stehen dazwischen (vgl. Günther/Uhlig ca. 1962, S. 60ff.; Anweiler 1988, S. 34). Benner und Sladek beschreiben die kontroverse Diskussion zum Erziehungsprogramm von 1947 und das allmähliche Entstehen der Staatspolitik in der SBZ/DDR (Benner/Sladek 1995, S 63ff.). An anderer Stelle bemerkt Sladek,

---

Vorpommern vom 10.08.1946. In: Um ein antifaschistisch-demokratisches Deutschland, S. 319.

19 Befehl Nr. 40 vom 25.08.1945 des Obersten Chefs der Sowjetischen Militäradministration in Deutschland über die Vorbereitung der Schulen auf den Schulbetrieb. In: Um ein antifaschistisch-demokratisches Deutschland, S. 128.

20 Verordnungsblatt der Provinzialverwaltung Mark Brandenburg Nr. 9 vom 20.06.1946, S. 155ff.

dass das Erziehungsprogramm von 1947 in der Geschichtsschreibung der Pädagogik der DDR meist als das Programm behandelt wird, durch das „fortschrittliche" Kräfte auf die praktische Umsetzung des Gesetzes zur Demokratisierung der deutschen Schule und die innere Ausgestaltung der Schule Einfluss nehmen (Sladek 1993, S. 10). Im Sinne dieser alten, bisherigen Auslegung wird es auch hier dargestellt.

Nach mehrmonatigen Beratungen wird das Erziehungsprogramm auf einer Pädagogentagung in der Deutschen Verwaltung für Volksbildung angenommen und auf dem II. Pädagogischen Kongress am 10.09.1947 in Leipzig als „Grundsätze der Erziehung in der deutschen demokratischen Schule" förmlich gebilligt. Es geht um die Neuorganisierung des Schulwesens, die Wandlung des Bildungsgutes nach Umfang und Inhalt, die Wandlung der Methoden, eine neue Lehrerbildung, um die Zusammenarbeit mit den Eltern und der Öffentlichkeit. Die „Grundsätze der Erziehung" grenzen sich von reformpädagogischen Bestrebungen ab, weil die Reformpädagogik die führende Rolle des Lehrers ablehnt. Im SBZ/DDR-Verständnis „konnte nur durch die führende Rolle des Lehrers die systematische Wissensvermittlung und damit die Erhöhung des Bildungsniveaus gewährleistet werden" (Günther/ Uhlig ca. 1962, S. 83). Der „Entwurf zur demokratischen Einheitsschule" stellt die Aufgabe,

> „die heranwachsenden Jungen und Mädchen ohne Unterschied des Besitzes, des Glaubens und der Abstammung im Geiste der Demokratie und des sozialen Fortschritts, des Friedens, der Völkerverständigung und der Humanität zu selbständig denkenden und verantwortungsbewußt handelnden Mitgliedern der Gesellschaft" zu erziehen.[21]

Im „Gesetz zur Demokratisierung der deutschen Schule" bedeutet „Demokratisierung" insbesondere gleiche Bildungschancen für Kinder aus der Schicht der Arbeiter und Bauern und die Durchlässigkeit des Schulsystems. „Die neue demokratische Schule", so heißt es in der Präambel, „muß frei sein von allen Elementen des Militarismus, des Imperialismus, der Völkerverhetzung und des Rassenhasses. Sie muss so aufgebaut sein, dass sie allen Jugendlichen, Mädchen und Jungen, Stadt- und Landkindern, ohne Unterschied des Vermögens ihrer Eltern das gleiche Recht auf Bildung und seine Verwirklichung entsprechend ihren Anlagen und Fähigkeiten garantiert." Entsprechend den Paragraphen 20 bis 23 ist die Schule als ein einheitliches, sich organisch entwickelndes 12-jähriges Schulsystem mit der allgemeinen Schulpflicht vom 6. bis zum vollendeten 18. Lebensjahr vorgesehen.[22] Für sämtliche Bildungsstätten der Einheitsschule besteht das Prinzip der Unentgeltlichkeit. In solchen Sätzen fließen die Ideale einer allgemeinen „Volkserziehung"

---

21 Gesetz zur Demokratisierung der deutschen Schule § 1 (Verordnungsblatt der Provinzialverwaltung Mark Brandenburg. 2. Jahrgang, Potsdam den 20.6.1946, Heft 9, S. 155) In: Brandenburgische Gesetzessammlung 1945/1947. Potsdam 1948, S. 118-119.
22 Schulgesetz für Groß-Berlin. In: Verordnungsblatt für Groß-Berlin. Teil I, Berlin 1948, Nr. 27.

zusammen, wie durch Aufhebung des klassengebundenen „Bildungsmonopols" mit der vor allem unter den Volksschullehrern lebendigen Einheitsschulidee. „Die Reformer sind sich dieser historischen Zusammenhänge seit Pestalozzi, der Revolution von 1848 und der Reichsschulkonferenz von 1920 bewußt. Das demokratisch-egalitäre Pathos des Einheitsschulgedankens verdeckte dabei nur allzu leicht die spannungsreiche pädagogische Problematik" (Anweiler 1988, S. 27). In Zielformulierungen, wie

> „Die Schule muß in die Herzen der Jugend das Bild des freien, humanen und sozialen, für die Menschheitswerte kämpfenden Menschen senken, des Menschen, der allein imstande ist, im Interesse der Werktätigen die großen politischen Aufgaben zu lösen, vor denen die Nation und die Menschheit stehen" (zitiert von Benner/Schriewer/Tenorth 1998, S. 206),

ist noch nicht entschieden, ob die Lösung der politischen Aufgaben unmittelbar von der pädagogischen Erzeugung eines neuen Menschen ausgehen soll, der zuallererst imstande wäre, die neue Praxis zu entwerfen, und ob dieser Mensch als Resultat einer staatlich organisierten und politisch gesteuerten Erziehung angestrebt wird (Benner/Schriewer/Tenorth 1998, S. 206). Benner und Sladek konstatieren, „dass beide Vermutungen damals gleichzeitig wirksam sind, ohne dass die Hypertrophie eines pädagogischen Programms zur Erzeugung eines neuen Menschen erkannt und die Widersprüchlichkeit zwischen der pädagogischen und der politischen Option, auf die bei der Diskussion des Programms bereits Theodor Litt hinwies, allgemein bemerkt worden wäre" (ebenda, S. 206).

Unabhängig davon, ob sich die Akteure über Ursache und Wirkung ihres Erziehungskonzeptes schlüssig sind, erfolgt der Erlass des ersten Schulgesetzes. Das Einheitsschulgesetz von 1946 beruht auf einer Stufenkonzeption des gesamten Bildungswesens. Die Erziehung der heranwachsenden Generation vom Kindergarten bis zur Hochschulreife soll in folgenden Einrichtungen erfolgen:

Vorstufe – Kindergarten
Grundstufe – Grundschule
Oberstufe – Oberschule – Berufsschule – Fachschule
Hochschule – Universität.[23]

Das Kernstück des Schulgesetzentwurfes ist die achtjährige Grundschule, die das Bildungsniveau des gesamten Volkes heben soll. Die ersten vier Jahre sind durch den Gesamtunterricht gekennzeichnet. Von der 5. Klasse an sollen die Fächerung des Unterrichts und die Vermittlung einer Fremdsprache (Russisch, Englisch, Französisch) als Wahlpflichtfach einsetzen. Nach dem 8. Schuljahr besteht die Möglichkeit, den wissenschaftlichen Zweig der Ein-

---

23 Die deutsche Einheitsschule, §4 und §5. In: „Vorwärts" (Berlin) vom 16.1.1947.

heitsschule zu besuchen.[24] Mit diesem Gesetz wird ein neuer Typ der allgemeinbildenden Pflichtschule angestrebt.

„Grundstufe – (Grundschule): Bei vorhandener Schulreife treten alle Kinder, die drei Monate vor Beginn des Schuljahres das 6. Lebensjahr vollendet haben, in die Grundschule ein. Die Grundschule ist obligatorisch. Sie umfaßt 8 Klassen, in denen Deutsch, Geschichte, Heimatkunde, Geographie, Biologie, Physik, Chemie, Mathematik, Fremdsprachen, Kunst- und Werkunterricht, Musik und Leibesübungen unterrichtet werden. Im 5. Schuljahr beginnt für alle der Unterricht in einer modernen Fremdsprache. Im 7. und 8. Schuljahr werden überall zusätzliche Kurse eingerichtet, vor allem in einer zweiten Fremdsprache, in Mathematik und in naturwissenschaftlichen Fächern. Um den Landkindern die gleiche Bildungsmöglichkeit wie den Kindern in der Stadt zu geben, werden die nicht vollstufigen Schulen ausgebaut sowie Zentralschulen und Schülerheime eingerichtet.“[25]

Die achtjährige Grundschule geht mit ihrem Bildungsanspruch über das Niveau der Volksschule hinaus, die zwar auch acht Schuljahre umfasst, aber keinen naturwissenschaftlichen und fremdsprachlichen Unterricht anbietet. Neu ist, dass die Jahrgänge getrennt unterrichtet und nicht, wie in der Volksschule, vier Klassenstufen in einem Raum mit einem Lehrer beschult werden. Im Gegensatz zu den westlichen Besatzungszonen, wo bis heute die Grundschule vier Klassen umfasst und danach eine Trennung in Gymnasium, Realschule und Hauptschule stattfindet, gibt es in der SBZ und später in der DDR keine Aufsplittung der Bildungswege nach vier Jahren. Das Prinzip ist in der SBZ/DDR nicht die frühzeitige Elitebildung wie im Westen, sondern die Schaffung einheitlicher Voraussetzungen für alle Kinder, insbesondere die Förderung der Arbeiter- und Bauernkinder. Schrittweise werden die gleichen Bildungsmöglichkeiten für alle Mädchen und Jungen in Stadt und Land geschaffen. „Bis 1948 wird die Anzahl der Einklassenschulen um die Hälfte reduziert und bis 1960/61 ganz und gar liquidiert“ (Das Bildungswesen in der DDR 1979, S. 50). Mit der sich anschließenden Oberstufe stehen zwei Varianten offen. Die Berufsausbildung baut auf der Allgemeinbildung der Grundschule auf und setzt neben der berufstheoretischen Bildung auch die Allgemeinbildung fort. Diese enge Verflechtung von Allgemeinbildung und Berufsbildung kennzeichnet das Bildungswesen der SBZ/DDR. Als zweite Variante der Oberstufe ist der Besuch der vierjährigen Oberschule anzusehen, die zum Abitur und damit unmittelbar zur Hochschulzugangsberechtigung führt. Der Weg von der Berufsausbildung zur Hochschule führt über die Fachschule, die systematisch den Berufsschulunterricht fortsetzt. Der Unterricht an Fachschulen ist gleichwertig mit dem der Oberschule. Somit ist der Fachschulabschluss ebenfalls eine Hochschulzugangsberechtigung. Diese Tatsachen charakterisieren die Durchlässigkeit des Bildungssystems in allen Stufen. Im Mittelpunkt der Diskussion steht immer die „Überwindung des bürgerlichen Bildungsprivilegs“, was unter der Hand die Sicherung eines

---

24 Schulgesetz für Groß-Berlin. In: Verordnungsblatt für Groß-Berlin, Teil I, Nr. 27, Berlin 1948, S. 118.
25 Ebenda 1948, S. 118.

neuen Bildungsprivilegs bedeutet, und zwar die Sicherung des Bildungsprivilegs für Arbeiter und Bauern, bei zeitweiliger Behinderung der Kinder der
alten Eliten, der Selbstständigen und Akademiker.

> „Oberstufe: Nach Beendigung der Grundschule erfolgt die systematische Weiterbil-
> dung in der Berufsschule und Fachschule, in der Oberschule und in anderen Bildungs-
> einrichtungen (Abendschulen, Kurse an Volkshochschulen u.ä.). Die *Berufsschule*
> umfaßt drei Jahre, sie ist obligatorisch für alle Jugendlichen im Alter von 14 bis 18
> Jahren, welche die Grundschule beendet haben und keine andere Schule besuchen.
> Die Berufsschule baut auf die Grundschule auf und gibt dem im Arbeitsprozeß ste-
> henden Jugendlichen die Möglichkeit, neben einer berufstheoretischen Ausbildung
> seine Allgemeinbildung zu erweitern. Die *Fachschulen* führen den Unterricht der Be-
> rufsschule systematisch weiter. In ihnen erhalten die Besucher neben der Ausbildung
> in den dem Beruf dienenden Fächern eine Bildung, die derjenigen gleichwertig ist, die
> auf der Oberschule vermittelt wird. Der erfolgreiche Besuch einer Fachschule ermög-
> licht die Aufnahme in eine Hochschule. Die *Oberschule* umfaßt vier Jahre. Sie ver-
> mittelt Wissen und entwickelt Fähigkeiten, die den Besuch der Hochschule ermögli-
> chen. In der Oberschule werden neben dem für alle Schüler verbindlichen Kernunter-
> richt, ausgehend den Erfordernissen des wirtschaftlichen und kulturellen Lebens
> und der hochschulmäßigen Weiterbildung, Kurse eingerichtet, welche die Differenzie-
> rung, die im 7. Jahr der Grundschule begann, systematisch fortsetzen. Durch ein brei-
> tes Netz von Bildungseinrichtungen (Abendschulen, Sonderkurse bei Volkshoch-
> schulen u.ä.) ist den Angehörigen aller Schichten des Volkes die Möglichkeit zu ge-
> ben, auch ohne Unterbrechung der Berufstätigkeit die zum Studium an einer Hoch-
> schule erforderlichen Kenntnisse zu erwerben."[26]

Der Schulgesetzentwurf sieht für die Zulassung zur Oberschule und zur
Hochschule „keinen anderen Maßstab als den der Begabung und Leistungen
vor".[27] Bereits bei den Beratungen der Gesetzesvorlage zeigt sich, dass die
organisatorische und didaktische Kernfrage der neuen „Einheitsschule" darin
besteht, in welchem Umfang eine an individuellen Begabungen und Interessen orientierte Differenzierung in der Einheitsschule berücksichtigt werden
soll. Obwohl sich das Konzept einer achtklassigen gemeinsamen „Grundschule" durchgesetzt hat, bleiben die Auffassungen geteilt. „Im Thüringer
Schulgesetz kommt es sogar zu Abweichungen von der gemeinsamen Gesetzesvorlage, indem bereits im 5. und 6. Schuljahr zusätzliche Kurse neben
dem obligatorischen Unterricht zugelassen werden, während sonst solche
Kurse (eine zweite Fremdsprache, Mathematik, naturwissenschaftliche Fächer) erst in der 7. und 8. Klasse vorgesehen sind. Hier machte sich der Einfluss Peter Petersens bemerkbar, dessen schulpädagogische Vorstellungen
(Jena-Plan) in den Jahren 1945 bis 1948 ein breites Echo finden und von der
SMAD sowie den deutschen Kommunisten zunächst, halb widerwillig, toleriert werden" (Anweiler 1988, S. 27). In den einzelnen Ländern der SBZ
verläuft die Reform durchaus nicht einheitlich. Es gibt nicht nur organisatori-

---

26 Gesetz zur Demokratisierung der deutschen Schule vom 31.05.1946 (Verordnungsblatt der Provinzialverwaltung Mark Brandenburg Nr. 9, S.155). In: Brandenburgische
   Gesetzessammlung 1945/1947. Potsdam 1948, S. 118-119.
27 Die deutsche Einheitsschule, §11. In: „Vorwärts" (Berlin) vom 16.01.1947.

sche Schwierigkeiten, sondern auch „unterschiedliche Modelle, die sich an Reformschulen vor 1933 orientierten und das Prinzip der Einheitsschule unterschiedlich auslegten" (Waterkamp 1985, S. 68ff.). Hinzu kommt der Widerstand vieler Oberschulen, die eine Reduzierung ihres Bestandes auf vier Klassen (nach der 8. Klasse der Grundschule) bis zum Abitur zu unterlaufen und die vorgelagerten Klassen in demselben Gebäude zu behalten suchen. Die Gegenposition vertreten die Verfechter der Zwölfjahresschule, weil dieses Organisationsprinzip ihnen am besten geeignet erscheint, „den Kindern der Arbeiter und der werktätigen Intelligenz" zu helfen, ihre Fähigkeiten an einer höheren Bildung zu messen" (Walter 1947, S. 496ff.) Den Befürwortern der Zwölfjahresschule schwebt ein ausgebautes Fächerangebot mit entsprechenden Wahl- und Differenzierungsmöglichkeiten vor. Die Kritiker dagegen bezeichnen die Zwölfjahresschule als „Fehlkonstruktion" und „Fiktion", und zwar deshalb, weil der „bedeutsamste Teil der Einheitsschule, die Berufsschule", dabei unberücksichtigt bleibt und die Grundschule „in ihrer Arbeit den Blick auf die angeschlossene Oberschule" richtet. In den Diskussionen der Jahre 1946 bis 1948 spiegelt sich ein zweifaches Problem wider, welches auch in der weiteren Schulentwicklung nicht gelöst wird: einmal die Frage nach der Stellung der Berufsschule im Bildungssystem, zum anderen die Funktion der Einheitsschule als Instrument einer auf soziale Gleichheit angelegten Gesellschaftspolitik. „Die ‚Demokratisierung' der Schule meint die Aufhebung sozial bedingter Ungleichheiten beim Zugang zu den höheren Bildungseinrichtungen, sie schloss aber auch die ‚Gleichwertigkeit' von allgemeiner und beruflicher Bildung ein" (Anweiler 1988, S. 29). Während der überlieferte Dualismus von Volksschule und höherer Schule durch die Vereinheitlichung der Schulbildung bis zur 8. Klasse beseitigt werden soll, bleibt ungeklärt, wie die Berufsschule ihre Doppelfunktion erfüllen kann, „Bestandteil der Einheitsschule und zugleich der Berufsausbildung" zu sein. Die meisten Berufspädagogen akzeptieren die im Schulgesetz formulierte Anerkennung eines über die Berufsschule und die anschließende Fachschule verlaufenden Weges zum Hochschulstudium als Ausdruck der sozialen Gleichwertigkeit mit dem Abitur der Oberschule. Durch die Erweiterung der allgemeinbildenden Fächer in den Berufsschulen soll die Verbindung zur Einheitsschule verstärkt werden. Das Einheitsschulprinzip hebt die Dreigliedrigkeit des allgemeinbildenden Schulwesens – Volksschule, Realschule (Mittelschule), höhere Schule – zwar auf, belässt es aber bei der institutionellen Trennung von Oberschulbildung und Berufsausbildung. Die Gründe für diese „Nichtintegration" sehen Kritiker vor allem darin, dass angesichts der materiellen und personellen Lage im Schulwesen und der wirtschaftlichen Verhältnisse an eine Reform der Berufsausbildung nicht zu denken war. Im Unterschied zur allgemeinbildenden Schule, die sich weniger an der Berufspraxis orientieren muss, steht die Berufsausbildung unter dem Zwang, ökonomisch verwertbare Qualifikationen zu vermitteln, und kann daher die Produktionsabläufe, die Arbeitsplatzstrukturen und den Arbeitskräftebedarf nicht ignorieren (vgl. ebenda, S. 29).

Die ersten einheitlichen Lehrpläne für die Grund- und Oberschulen veröffentlicht die Deutsche Zentralverwaltung für Volksbildung am 01.07.1946 (vgl. Günther/Uhlig 1969, S. 43). Danach erhalten alle Schüler der Oberklassen der Grundschulen eine wissenschaftlich fundierte Ausbildung in Mathematik, Physik, Chemie, Biologie und Deutsch. Im Schuljahr 1946/47 wird der Geschichtsunterricht in den Lehrplan aufgenommen. Die Zentralverwaltung für Volksbildung erlässt am 21.07.1946 die „Richtlinien zur Durchführung der Schulreform auf dem Lande".[28] Aus den Volksschulen, den Mittelschulen und den Unterklassen der höheren Schulen entsteht die einheitliche Grundschule. Mit Maßnahmen zur Hebung des Unterrichtsniveaus auf dem Lande, insbesondere durch den Abbau wenig gegliederter Dorfschulen, will man langfristig die Chancen der Landjugend verbessern, beginnend 1948 mit dem konsequenten Aufbau von Zentralschulen. Die Vereinheitlichung der Bildungsinhalte und Bildungsinstitutionen dienen der Zentralisierung und Reglementierung des Bildungssystems und der planmäßigen Entwicklung einer „neuen sozialistischen Elite".

Von erheblicher und langfristiger Bedeutung ist die politische und soziale Umschichtung der Lehrerschaft. „Von den Entnazifizierungsmaßnahmen sind etwa 28000 Lehrer an den allgemeinbildenden Schulen betroffen, von denen am 01.01.1946 noch ca. 8000 im Schuldienst verblieben sind. Aus den Berufs- und Fachschulen müssen sogar 90% ausscheiden" (Günther/ Uhlig 1968, S. 82). Die politischen Säuberungen stoßen in der Bevölkerung, aber auch bei den Schulverwaltungen wegen des dadurch verursachten Lehrermangels und eines absinkenden Unterrichtsniveaus häufig auf Unverständnis. In einigen Ländern geht die Entnazifizierung langsamer und weniger rigoros vonstatten als in anderen. Nach dem Befehl 201 der SMAD vom 16.08.1947[29] über einen beschleunigten Abschluss der Entnazifizierung können zuvor entlassene Lehrer wieder eingestellt werden, und im Februar 1948 ist die Entnazifizierung formell beendet (vgl. Doernberg 1959, S. 96ff.). Der Säuberung des Lehrkörpers folgt die „politische Umerziehung" der verbliebenen Lehrer, jedoch sollen die zu werbenden Neulehrer den entscheidenden Beitrag zur Erneuerung der Schule leisten. Es gibt am 18.10.1945 bereits einen Aufruf, wo gefordert wird, „zehntausenden antifaschistisch-demokratischen Kräften den Weg zum Lehrerberuf zu erschließen und damit den bestehenden Lehrkörper von Grund auf umzugestalten" (Baske/Engelbert 1966, S. 6). Vor allem sollen aus den Reihen der „antifaschistischen Jugendausschüsse" Neulehrer gewonnen werden. Selbst das ZK der KPD erhebt diese Forderung am 24.11.1945 (vgl. Günther/Uhlig ca. 1962, S. 114). Der Befehl

---

28 Richtlinien der Deutschen Verwaltung für Volksbildung in der sowjetischen Besatzungszone Deutschlands für das Schulwesen. Stand vom 01.03.1948. Berlin, Leipzig 1948, S. 18ff.

29 Befehl Nr. 201 des Obersten Chefs der Sowjetischen Militäradministration in Deutschland vom 16.08.1947 über die Richtlinien zur Anwendung der Kontrollrats-Direktive Nr. 24 und Nr. 38 (Entnazifizierung). In: Um ein antifaschistisch-demokratisches Deutschland, S. 489-492.

Nr. 162 der SMAD vom 06.12.1945 ordnet auf Vorschlag der deutschen Schulfunktionäre die Einrichtung von kurzfristigen Kursen für Volksschullehrer mit einem Kontingent von 28.000 Plätzen an, ohne den Sowjetsektor von Berlin zu berücksichtigen. Der Oberste Chef der SMAD befiehlt,

„nicht später als am 01.01.1946 ein Netz von kurzfristigen Kursen zur Vorbereitung von Volksschullehrern zu eröffnen. Die Aufnahme von Teilnehmern ist aus dem Kreis der demokratischen Bevölkerung zu bewerkstelligen, die eine abgeschlossene Volks- oder Mittelschulbildung hat."[30]

„Im Schuljahr 1946/47 werden rund 24000 junge Lehrer in achtmonatigen Kursen ausgebildet, darunter 11000 Frauen, ca. 4000 Neulehrer erhalten eine noch kürzere Ausbildung, über 60 Prozent entstammen Arbeiter- Bauern- und Handwerkerfamilien" (Baske/Engelbert 1966, S. 6). In diesen Zahlen spiegelt sich die beginnende soziale Umschichtung der Lehrer wider. Ihre parteipolitische Zugehörigkeit tendiert eindeutig zur SED, vor allem dank der Neulehrer erlangt die SED bereits Ende 1946 einen überdurchschnittlichen Mitgliederstand an den Schulen. Ein halbes Jahr später verfügt das „Gesetz der demokratischen Einheitsschule"[31] mit höchster Priorität die Gewinnung von Neulehrern für alle Schularten. Die Hebung des öffentlichen Ansehens der Lehrer und die Verbesserung ihrer materiellen Lebens- und Arbeitsbedingungen unterstützt die SMAD mit dem Befehl Nr. 220 vom 19.07.1946.[32] Mit Wirkung vom 01.07.1946 werden das Grundgehalt, das Wohnungsgeld und die Kinderzulagen für Lehrer, Direktoren und Schulräte neu geregelt. Hinzu kommen die Bodenzuteilungen auf dem Land und die Verbesserung der Wohnbedingungen (vgl. Günther/Uhlig ca. 1962, S. 87).

In der zweiten Hälfte des Jahres 1946 beginnt die Schaffung von Kindergärten in den Städten und in den Landgemeinden. Diese Bestrebungen basieren auf dem „Gesetz zur Demokratisierung der deutschen Schule" vom 31.05.1946 und auf dem Befehl Nr. 225 der SMAD vom 26.07.1946.[33] Die Einbeziehung des Kindergartens hat anfangs nur programmatische Bedeu-

---

30 Maßnahmen zur Vorbereitung von Volksschullehrern in der sowjetischen Besatzungszone Deutschlands. Bekannt gegeben am 24.12.1945. In: Befehle des Obersten Chefs der sowjetischen Militärverwaltung in Deutschland. Aus dem Stab der sowjetischen Militärverwaltung in Deutschland. Sammelheft 1/1945, Berlin 1946, S. 55.

31 Gesetz zur Demokratisierung der deutschen Schule vom 31.05.1946 (Verordnungsblatt der Provinzialverwaltung der Mark Brandenburg Nr. 9, S. 155). In: Brandenburgische Gesetzessammlung 1945/1947. Potsdam 1948, S. 118.

32 Befehl Nr. 220 vom 19.07.1946: Verbesserung der materiellen Lage der Lehrer an deutschen Schulen im Schuljahr 1946/47. In: Inventar der Befehle des Obersten Chefs der Sowjetischen Militäradministration in Deutschland (SMAD) 1945-1949. Institut für Zeitgeschichte (Hrsg.). Texte und Materialien zur Zeitgeschichte, Bd. 8. München 1995, S. 108.

33 Befehl Nr. 225 der SMAD vom 26.07.1946: Leitung der Arbeit in den Kinderheimen. In: Inventar der Befehle des Obersten Chefs der Sowjetischen Militäradministration in Deutschland (SMAD) 1945-1949. Institut für Zeitgeschichte (Hrsg.): Texte und Materialien zur Zeitgeschichte. Bd. 8. München: 1995, S. 108.

tung, da die Vorschulerziehung schwach entwickelt und zunächst von wenig Änderungen betroffen ist. Der Kindergarten wird im Gesetz als Vorschulische Erziehungseinrichtung aufgeführt, die die Kinder zur Schulreife zu führen hat.[34] Um diese Aufgaben realisieren zu können, sollen in jeder Gemeinde mindestens zwei weibliche Kräfte in einem Schnellkurs auf der Grundlage der von der Vereinigung der gegenseitigen Bauernhilfe herausgegebenen Richtlinien (vgl. Buschner 1964, S. 130) ausgebildet werden. Die Ausbildung der Erzieherinnen soll sich nach den Vorschlägen der Vereinigung der gegenseitigen Bauernhilfe (VdgB) mit folgenden Fragen beschäftigen:

„Wie beschäftigt man Kinder?; Pflege von Kleinstkindern; Behandlung von kleinen Verletzungen; Reinhaltung der Kinder von Schmutz und Ungeziefer, Zubereitung eines einfachen Essens für Kinder im Kindergarten" (ebenda, S. 130).

Zur Neuregelung der gesamten Berufsausbildung erlässt die SMAD den Befehl Nr. 49[35] und den Befehl Nr. 148.[36] Diese beinhalten das Verbot privater Berufsschulen und das Verbot von Unterricht, der nicht nach staatlichen Lehrplänen erfolgt. Die Verstaatlichung der Berufsschulen geht einher mit der Verantwortung für den theoretischen und den praktischen Unterricht, der den wirtschaftlichen Anforderungen zu entsprechen hat. Die gesetzliche Regelung erfolgt am 03.11.1947 mit der „Verordnung über die Ausbildung von Industriearbeitern in den Berufsschulen".[37] Die Bedeutung der Berufsausbildung und die Steigerung der Arbeitsproduktivität werden in der Anlage zum Befehl Nr. 234, die Maßnahmen zur Steigerung der Arbeitsproduktivität und zur weiteren Verbesserung der materiellen Lage der Arbeiter und Angestellten in der Industrie und im Verkehrswesen vorsieht, ebenfalls betont. Mit Hilfe dieser Verordnung kann von staatlicher Seite allen Betrieben die Lehrberechtigung entzogen werden, wenn sie den Lehrlingen berufliches Wissen und Kenntnisse nicht so vermittelten, wie der Lehrplan es vorsieht, und insbesondere dann, wenn sie die ideologische Erziehung der Lehrlinge nicht gewährleisten. Die Professionalisierung der Berufsschullehrer vollzieht sich analog der Ausbildung der Neulehrer in Elfmonatslehrgängen oder als sechssemestriges Diplomgewerbelehrerstudium an den Wirtschaftswissenschaftlichen Fakultäten der Universitäten Berlin und Leipzig sowie an der Pädagogischen Fakultät der Technischen Hochschule Dresden. Mit dem Befehl Nr.

---

34 Zum Erwerb höherer Bildung (vollwertige Berufsausbildung) für werktätige Jugendliche. In: Verordnungsblatt der Provinzialverwaltung Mark Brandenburg vom 20. Juni 1946. Potsdam: 9 (1946) 2, S. 155/156.

35 Befehl Nr. 49 der SMAD vom 12.02.1946: Wiedereröffnung der Lehrtätigkeit der Berufsschulen. In: Befehle des Obersten Chefs der Sowjetischen Militärverwaltung in Deutschland. Sammelheft 2, Berlin 1946.

36 Befehl Nr. 148 der SMAD vom 16.05.1946: Vorbereitung von Lehrern für berufstechnische Schulen. In: Befehle des Obersten Chefs der Sowjetischen Militärverwaltung in Deutschland. Sammelheft 2, Berlin 1946.

37 Verordnung über die Ausbildung von Industriearbeitern in den Berufsschulen vom 03.11.1947. In: Gesetz- und Verordnungsblatt Land Sachsen, 4. Jg., Nr. 2 vom 19.01. 1948, S. 25.

148[38] ordnet die SMAD die Einrichtung von zentralen Ausbildungslehrgängen an, d.h. die Ausbildung von hauptamtlichen Berufsschullehrern in Elfmonatslehrgängen. Das ist im Bereich des Berufsschulwesens der Beginn einer einheitlichen zentralen Ausbildung. Zur Vereinheitlichung des Berufsschulwesens erscheinen zentrale Lehrpläne, am 01.04.1946 für die gewerblichen und am 01.07.1946 für die hauswirtschaftlichen Berufsschulen (vgl. Günther/Uhlig 1969, S. 34).

Zur Überwindung der wirtschaftlichen Schwierigkeiten und zur Verbesserung der Lebenslage der Bevölkerung will der II. Parteitag der SED (20.-24.09.1947) unter der Losung „Mehr produzieren, gerechter verteilen, besser leben!" den Weg weisen.[39] In diesem Kontext erlässt die SMAD den Befehl Nr. 234[40] über Maßnahmen zur Erhöhung der Arbeitsproduktivität und zur weiteren Verbesserung der materiellen Lage der Arbeiter. Als Anlage zum Befehl 234[41] erscheint eine „Verordnung über die Ausbildung von Industriearbeitern in den Berufsschulen". Sie ist das Ergebnis einer Analyse, die dazu auffordert, endlich die Berufsausbildung gesetzlich zu regeln, was dann am 03.11.1947 geschieht.[42]

Im Jahr 1947 werden noch etwa 80% aller Lehrlinge in privaten Handwerksbetrieben ausgebildet. Das kommt zwar der wirtschaftlichen Situation im Lande zugute, aber in Vorbereitung auf einen sozialistischen Staatsaufbau ist dieser Zustand ideologisch für die neue Parteiführung nicht tragbar. Bereits 1947 soll den Volkseigenen Betrieben und den Betrieben der Sowjetischen Aktiengesellschaften Facharbeiternachwuchs zugeführt werden, damit sich diese besonders rasch festigen und stärken können. Demzufolge braucht das neue System auch neue staatliche Institutionen für die Berufsausbildung. Die Forderung nach mehr und besseren Lehrwerkstätten wird erstmals auf dem 1. Pädagogischen Kongress erhoben. Bis Ende 1947 werden beispielsweise in Sachsen 72 betriebliche und 15 überbetriebliche Lehrwerkstätten und 15 Lehrbauhöfe eingerichtet (vgl. Günther/Uhlig ca. 1962, S. 112). Hier konnte die Berufsausbildung dann schon administrativ und zentralisiert durchgeführt werden.

Ein weiteres Ziel, das man mit der neuen „Einheitsschule" realisieren will, ist eine langfristig veränderte soziale Zusammensetzung der Oberschü-

---

38 Befehl Nr. 148 vom 16.05.1946: Vorbereitung von Lehrern für berufstechnische Schulen. In: Befehle des Obersten Chefs der Sowjetischen Militärverwaltung in Deutschland. Sammelheft 2, Berlin 1946.

39 Entschließung des II. Parteitages zur politischen Lage (24.09.1947). In: Dokumente der SED. Bd. I. Berlin 1952, S. 210.

40 Befehl Nr. 234 vom 09.10.1947: Steigerung der Arbeitsproduktion und Arbeitsdisziplin sowie Arbeitsschutzmaßnahmen. In: Um ein antifaschistisch-demokratisches Deutschland, S. 504-511.

41 Anlage zum Befehl des Obersten Chefs der SMA Nr. 234 vom 09.10.1947: „Verordnung über die Ausbildung von Industriearbeitern in den Berufsschulen". In: Regierungsblatt für Mecklenburg, 1947/27 vom 22.12.1947, S. 308-312.

42 Verordnung über die Ausbildung von Industriearbeitern in den Berufsschulen. In: Zentralverordnungsblatt. Jg. 1948, Nr. 42, S. 451ff.

ler und Studenten, die nun verstärkt aus den Reihen der Arbeiter und Bauernschaft rekurriert werden. Das geschieht durch die Beseitigung der institutionellen Barrieren auf dem Weg zur Hochschule und eine frühe Auslese. Mit der Bezeichnung „Arbeiter- und Bauernkinder", denen die besondere Förderung gelten soll, wird ein gesellschaftspolitisch und ideologisch wertgeladener Begriff in die Bildungspolitik eingeführt. Der Anteil von Arbeiter- und Bauernkindern an den Oberschulen und Universitäten gilt als „Gradmesser für Demokratisierung und des sozialistischen Charakters der Gesellschaft". Alle Parteien sind sich darin einig, den Begabten aus allen Schichten der Bevölkerung den Zugang zu höherer Bildung zu ermöglichen. Zwar hat jeder das Recht auf Bewerbung zum Hochschulstudium, aber die Chancengleichheit auch bei gleichen intellektuellen Voraussetzungen ist nicht gegeben, denn die SED hat das Ziel, „Kader für den sozialistischen Aufbau" einzig aus der Arbeiterschicht zu rekrutieren und sich somit eine „neue sozialistische Elite" zu schaffen. Legitim ist, dass bisher unterprivilegierte Schichten eine besondere Förderung erfahren, solange dadurch nicht neue Schranken für andere Schichten der Bevölkerung errichtet werden. Zur Schaffung einer neuen Elite tragen ganz wesentlich die sogenannten Vorstudienanstalten bei, die befähigten Werktätigen den Erwerb der Hochschulreife und den Weg zum Hochschulstudium ermöglichen. Zunächst entstehen im Jahr 1946 Vorkurse für Arbeiterstudenten, deren Ausbildung sich nur über wenige Monate erstreckt. Diese Vorkurse werden umgewandelt in Vorstudienanstalten, an denen sich Arbeiter- und Bauernkinder in zwei Jahren auf ein Hochschulstudium vorbereiten. Bald genügen die Vorstudienanstalten nicht mehr den „neuen Anforderungen", denn die Absolventen der Vorstudienanstalten betrachtet man in ihrem Status nicht gleichberechtigt mit dem der regulären Studenten. Eine Veränderung will man schon deshalb vornehmen, weil zu wenige Studierende aus der Arbeiterschaft die Universitäten bevölkern. Deshalb wird die Deutsche Verwaltung für Volksbildung von der SED auf ihrer 1. Parteikonferenz aufgefordert,

> „Maßnahmen zu treffen, um den Kindern der Arbeiter und Bauern und fortschrittlichen Intellektuellen den Zugang zu den Universitäten und Hochschulen zu sichern und eine Neuregelung der Stipendienverteilung in die Wege zu leiten."[43]

Im Herbst 1949 werden die Vorstudienanstalten in Arbeiter- und Bauernfakultäten umgewandelt. Die materielle Sicherstellung dieser Studenten erfolgt, wie bei anderen Studierenden auch, über Stipendienzahlungen. Eine einheitliche Stipendienregelung empfehlen neben der SED auch die FDJ, die Deutschen Wirtschaftskommission und der FDGB.[44]

---

43 Maßnahmen für den Zugang zu Universitäten und Hochschulen für Arbeiter, Bauern und fortschrittlicher Intelligenz. In: Protokoll der 1. Parteikonferenz der SED. Berlin 1949, S. 538.
44 Empfehlungen des III. Parlamentes der Jugend zur einheitlichen Regelung des Stipendienwesens an Hochschulen und Universitäten, Fach- und Oberschulen. In: „Junge Generation". Dokumente, Gesetze, Verordnungen. Heft 3/1949.

„Die bestehenden Kurse zur Vorbereitung von Arbeitern, Bauern und ihren Kindern für das Studium an den Hochschulen (Vorstudienanstalten) sind in 3-jährige Arbeiter- und Bauernfakultäten umzugestalten. Den volkseigenen Betrieben, Gewerkschaften und den öffentlichen Institutionen wird empfohlen, sich an der Sicherung des Unterhalts der von ihnen an die Hochschulen entsandten Studierenden zu beteiligen."[45]

Weil nach dem „Volksentscheid" nun volkseigene Betriebe die Produktion aufnehmen, können die Fachschulen nicht genug Fachschüler ausbilden, um den sprunghaft gestiegenen Bedarf an mittleren Fachkräften zu decken. Der SMAD-Befehl Nr. 243 vom 09.08.1946[46] regelt, dass in den volkseigenen Betrieben Abendschulen als Betriebsfachschulen eingerichtet und Betriebsarbeiter als Gasthörer an Fachschulen entsandt werden. Die Fachschulen haben unter Mitwirkung des FDGB und der Kammer der Technik in eigens dafür geschaffenen Außenstellen Kurse von zwei bis sechs Monate Dauer eingerichtet. Es werden einheitliche Stundentafeln zur Sicherung der Allgemeinbildung und der Fachausbildung herausgegeben. Im Bereich des Fachschulwesen werden laut Gesetz zur „Demokratisierung der deutschen Schule" zunächst alle privaten Fach- und Ingenieurschulen aufgelöst und entsprechend den gesellschaftlichen Erfordernissen neue Institutionen aufgebaut und verstaatlicht. Die Eröffnung der staatlichen Fachschulen fällt mit der Gründung der Deutschen Wirtschaftskommission (DWK) 1947 zusammen, welche die Beziehungen zwischen der volkseigenen Wirtschaft und den Fachschulen unterstützt, indem sie eng mit der Deutschen Verwaltung für Volksbildung zusammenarbeitet.

Auch der Bereich der Universitäten und Hochschulen erfährt nun eine Regelung. Für den dortigen Lehrbetrieb bildet der Befehl Nr. 50[47] des Obersten Chefs der SMAD vom 04.09.1945 die gesetzliche Grundlage.

„Zwecks Neuaufnahme der Lehr- und Forschungstätigkeit der Hochschulen befehle ich: Maßnahmen zur Vorbereitung der Hochschulen zwecks Neuaufnahme des Unterrichts durchzuführen, wobei nazistische und militärische Lehren aus dem Unterricht und der Erziehung der Studenten völlig zu beseitigen sind und die Ausbildung solcher Kräfte zu sichern ist, die fähig wären, demokratische Grundsätze in die Praxis umzusetzen. Spätestens bis zum 25.09.1945 sind in den Abteilungen für Volksbildung der Sowjetischen Militäradministration in Deutschland folgende Aufgaben vorzulegen: a) Listen und Zustand aller Hochschulen und ihnen angeschlossenen wissenschaftlichen Forschungsinstitute nach dem Stand vom 1. September d.J.; über den Personalbestand an Professoren und Lehrern an den Hochschulen sowie der wissenschaftlichen Mitarbeiter der wissenschaftlichen Forschungsinstitute. Die Neuaufnahme der Tätigkeit der

45   Verordnung der Deutschen Wirtschaftskommission vom 31.03.1949 mit dem Hinweis zur Umwandlung der Vorstudienanstalten in Arbeiter- und Bauernfakultäten. In: Zentralverordnungsblatt, Teil I, Nr. 28 vom 23.04.1949, S. 229.
46   SMAD-Befehl Nr. 243 vom 09.08.1946: Eröffnung mittlerer Fachlehranstalten im Schuljahr 1946/47. In: Befehle des Obersten Chefs der Sowjetischen Militärverwaltung in Deutschland. Sammelheft 2, Berlin 1946.
47   Befehl Nr. 50 des Obersten Chefs der Sowjetischen Militäradministration in Deutschland über die Vorbereitung der Hochschulen auf den Beginn des Unterrichts vom 04.09.1945. In: Um ein antifaschistisch-demokratisches Deutschland, S. 144.

Hochschulen und wissenschaftlichen Forschungsinstitute hat nur auf meinen Befehl hin zu erfolgen."[48]

Die Universität Jena nimmt auf Initiative von Walter Ulbricht und mit Unterstützung der SMAD als erste deutsche Hochschule in allen Fakultäten ihre Tätigkeit wieder auf. Es folgen die Universität Berlin am 20.01.1946, die Universität Halle am 01.02.1946, die Universität Leipzig am 05.02.1946, die Bergakademie Freiberg am 08.02.1946, die Universität Greifswald am 15.02.1946, die Universität Rostock am 25.02.1946, die Hochschule für Baukunst und Bildende Kunst Weimar am 01.09.1946 und die Technische Hochschule Dresden am 01.10.1946.[49] Die ehemalige Forstwirtschaftliche Hochschule Berlin wird als Fakultät der Universität Berlin eingegliedert. An die Stelle der beiden Handelshochschulen treten 1947 an den Universitäten Berlin und Leipzig neugegründete wirtschaftswissenschaftliche Fakultäten. Das bestehende Hochschulnetz wird erweitert durch die Gründung einer ökonomischen, einer staats- und rechtswissenschaftlichen und einer pädagogischen Hochschule, zweier künstlerischer Hochschulen sowie einer Hochschule für Körperkultur und Sport (vgl. Das Hochschulwesen der DDR 1980, S. 49). Damit ist ein Netz von Universitäten und Hochschulen installiert, das alle Bereiche des politischen, ökonomischen und kulturellen Systems der SBZ umfasst.

Um den „Aufbau des Schulsystems zu unterstützen" und „Helfer aus vielen gesellschaftlichen Bereichen" einzubeziehen, wird am 20.02.1947 in Berlin das Komitee „Freunde demokratischer Erziehung" gegründet (vgl. Kunath 1959/60, S. 13). Darin schließen sich der Verband der Lehrer und Erzieher im FDGB, der FDGB, der DFD, der Kulturbund, die FDJ, die Volkssolidarität, die Vereinigung der gegenseitigen Bauernhilfe, die Vereinigung der Verfolgten des Naziregimes und der Verlag Volk und Wissen zusammen. An der Arbeit beteiligen sich Vertreter der Deutschen Verwaltung für Volksbildung, der Deutschen Verwaltung für Gesundheitswesen und einiger Hauptabteilungen der Deutschen Wirtschaftskommission. Aus diesem Komitee gründet sich im November 1947 die Arbeitsgemeinschaft „Freunde der neuen Schule" (ebenda, S. 13), deren anfängliche Arbeit von Seiten der Eltern ausgeht und sich zunächst auf den Ausbau der Schulen und Klassenräume, die Reparatur- und Instandsetzungsarbeiten, Geldsammlungen und Beschaffung von Brennmaterialien, Heften, Bleistiften und Schiefertafeln u.a. erstreckt. Die Unterstützung dieser „Freunde" erschöpft sich nicht auf materiellem Gebiet, im Gegenteil, sie sind politisch und ideologisch wirksam, um die „Grundsätze der Erziehung in der deutschen demokratischen Schule" zu verwirklichen. Uhlig/Günther bezeichnen diese Hilfsmaßnahmen der „fortschrittlichen" Eltern als die Entstehung einer „pädagogischen Bewegung" (Günther/Uhlig ca. 1962, S. 137).

---

48 Ebenda, S.144, Fußnote 1.
49 Ebenda, S.144, Fußnote 1.

Vielfältig und differenziert sind die Strukturbildungsprozesse in den Anfangsjahren der SBZ/DDR, durch die es möglich wird, neue Personen und neue Inhalte im System zu etablieren.[50] Das wichtigste Ergebnis liegt in der Kontrolle über das Schulwesen durch die Kommunistische Partei zu einem sehr frühen Zeitpunkt. Es dauert noch einige Zeit, bis die „staatliche Leitung des geistig-kulturellen Lebens" nach dem Prinzip des „demokratischen Zentralismus" bis zur untersten Ebene auf alle gesellschaftlichen Bereiche durchdringt, aber die grundlegenden Voraussetzungen sind schon bald nach Kriegsende in der SBZ geschaffen worden. Es besteht daher kein Widerspruch zwischen der Feststellung, dass die entscheidenden politischen Weichen verhältnismäßig früh gestellt worden sind, und der ebenso richtigen Beobachtung, dass die ersten Nachkriegsjahre im Schulwesen der SBZ – im Unterschied zur folgenden Entwicklung – noch den Eindruck relativer Vielfalt und Offenheit vermitteln (vgl. Anweiler 1988, S. 25).

2.2. Sowjetisierung und Zentralisierung 1948-1958

Als erster Schritt zum Aufbau der neuen Staatsmacht nach dem „Prinzip des demokratischen Zentralismus" kann die Schaffung der Deutsche Wirtschaftskommission (DWK) am 14.06.1947 angesehen werden, die die Tätigkeit der „Deutschen Zentralverwaltungen" und den Aufbau der gesamtstaatlichen Planung zu koordinieren hat. Am 12.02.1948 überträgt die SMAD der DWK das Recht, Verordnungen mit Gesetzeskraft zu erlassen[51], wie die Verordnung über den Geldumtausch, der am 24.06.1948 von Reichsmark in Deutsche Mark erfolgt. Vorausgegangen ist am 23.06.1948 der Befehl Nr. 111 der SMAD über die Durchführung der Währungsreform in der sowjetischen Besatzungszone,[52] wodurch der Trend zur Zweistaatlichkeit besiegelt, die Vision der Deutschen Einheit begraben und der Übergang zum Sozialismus in einem halben Land vorbereitet und am 07.10.1949 vollzogen wird. An diesem Tag tritt der Deutsche Volksrat in Berlin zusammen (Gründung der Deutschen Demokratischen Republik) und ernennt sich selbst zur Provisorischen Volkskammer im Sinne der von ihm am 19.03.1949 beschlossenen und vom 3. Deutschen Volkskongress am 30.05.1949 bestätigten Verfassung der Deutschen Demokratischen Republik (vgl. Die Verfassung der DDR 1949, S. 7).

Die offizielle Geschichtsschreibung der DDR spricht in dieser Entwicklungsphase von der beginnenden „Hinüberleitung der antifaschistisch-demokratischen Umwälzung in die sozialistische Revolution" (Badstüb-

---

50 Dasselbe geschieht 1990 bei der Etablierung des westdeutschen Gesellschaftsmodells in der DDR.

51 Befehl Nr. 32 der SMAD vom 12.02.1948: „Zusammensetzung und Vollmachten der DWK". In: Um ein antifaschistisch-demokratisches Deutschland, S. 585-586.

52 Befehl Nr. 111 der SMAD vom 23.06.1948: „Durchführung der Währungsunion in der SBZ". In: Um ein antifaschistisch-demokratisches Deutschland, S. 659-666.

ner/Heitzer 1979, S. 11). Ohne Übertreibung lässt sich sagen, dass zwischen 1948 und 1958 das Schulwesen der DDR radikal umgestaltet und „ideologisch okkupiert" wird (Anweiler 1988, S. 40). Bis zum Frühjahr 1948 gibt es bereits umfangreiche Strukturveränderungen im Ministerium für Volksbildung. Während in den Jahren 1945-1948 beim Ministerium für Volksbildung ein Anwachsen der Aufgaben feststellbar ist, findet im Zusammenhang mit dem Staatsaufbau der DDR eine Verkleinerung seiner Kompetenzen statt. Durch die Ausgliederung der verschiedenen Aufgabenbereiche hat das Ministerium für Volksbildung der Länder bis zu seiner restlosen Auflösung im Juli 1952 nur noch zwei Hauptabteilungen.[53] Auch die Programmatik der 1. Parteikonferenz der SED (25.-28.01.1949) widerspiegelt die Durchsetzung einer einheitlichen Verwaltungsstruktur und die „Erhöhung der politischen Wirksamkeit" der Volksvertretungen nach sowjetischem Vorbild.

> „Der volkseigene Sektor ist vorrangig weiterzuentwickeln und seine Überlegenheit im ökonomischen Wettbewerb mit dem privatkapitalistischen Sektor zu gewährleisten; Aktivistenbewegung und Massenwettbewerb sind breit zu entfalten; der Aufbau von Maschinen-Ausleih-Stationen (MAS) ist fortzusetzen und zu den entscheidenden Stützpunkten der Arbeiterklasse auf dem Lande und ihres Bündnisses mit den werktätigen Bauern zu entwickeln; das allgemeine Bildungs- und Kulturniveau ist anzuheben und das Bündnis mit den fortschrittlichen Intellektuellen zu festigen, die kulturelle Massenarbeit ist breit zu entfalten. ... Diese Parteikonferenz bezeichnet es als wichtigste Aufgabe der Partei, die Arbeit der Massenorganisationen zu verstärken."[54]

In diesen Jahren setzt sich nicht nur eine konsequente Wirtschaftsplanung, sondern auch eine intensive Bildungsplanung nach sowjetischem Vorbild durch. Wettbewerbe in Einrichtungen, Betrieben, Schulen, Volkshochschulen etc. sollen die Erfüllung des Plansolls beschleunigen. Die Erwachsenenbildung wird zu einem wesentlichen Faktor der Wirtschaftspolitik in der SBZ. In dieser Zeit vollzieht sich die Umformung der SED in eine „Partei neuen Typus", die sich auf ihre Fahne geschrieben hatte, „unerschütterlich und kompromißlos auf dem Boden des Marxismus-Leninismus"[55] zu stehen. In der Schulungs- und Bildungsarbeit der SED geht man zu neuen Methoden und Inhalten über, denn man will diese ideologische Offensive in die Bevölkerung hineingetragen, weil man annimmt, dass unter der Bevölkerung ein faschistoider Bewusstseinsstand vorherrscht.

> „Ein bedeutender Teil der Geistesschaffenden war Mitglied der NSDAP. ... Die Teilnahme am aktiven faschistischen Kampf aus diesen Schichten war minimal. ... Viele erlagen auf Grund der der Intelligenz eigenen Traditionen auch leichter der Hetze gegen die marxistischen Bewegungen und die Sowjetunion. Durch alles das vergrößer-

---

53 Findbuch Landesregierung Sachsen 1945-1952, Bd. 1, Nr. 1-1359. In: Sächs. HStAD, Bestand LRS, Min. für Volksbildung.
54 Die nächsten Aufgaben der Sozialistischen Einheitspartei Deutschlands. In: Dokumente der SED. Bd. II. Berlin 1952, S. 170-185.
55 Entschließung des ZK der SED vom 03.07.1948 „Zur jugoslawischen Frage". In: Dokumente der SED. Bd. II. Berlin 1950, S. 77.

ten sich die bereits vorhandenen Verwirrungen und Schwankungen in den Reihen der Intelligenz."[56]

Die SED hat auf Grund ihrer Bündnispolitik an den bürgerlichen Intellektuellen besonderes Interesse („Intellektuelle und Partei" vom 11.02.1948).[57] Es geht ihr um die Gewinnung von „fortschrittlichen" Kräften, die sie für den neuen Staatsaufbau benötigt, um deren besondere Förderung und materielle Unterstützung und die Hebung ihres Ansehens in der neuen Gesellschaft.

> „Die ideologische Aufklärungsarbeit der Partei unter der Jugend ist unbefriedigend. Der Kampf zur Überwindung nazistischer und anderer reaktionärer Ideologien wird nicht systematisch genug geführt. Die Initiative der Jugend bei der Durchführung wirtschaftlicher Aufbaumaßnahmen wird ungenügend gefördert."[58]

Zwecks Nachwuchssicherung für die eigenen Reihen bemüht sich die SED ständig um die Jugend und fördert ihre eigene Jugendorganisation FDJ. („Zur Jugendarbeit der SED" vom 15.04.1948).[59] Der Beschluss zur „Verstärkung und Verbesserung der Parteischulungsarbeit" (30.06.1948)[60] strafft das interne Schulungssystem, das systemkritische Parteimitglieder ausschließt.

> „Ein beschleunigtes Ausschlußverfahren ist gegen folgende Kategorien von Mitgliedern durchzuführen: Mitglieder, die eine parteifeindliche Einstellung vertreten; ... die eine sowjetfeindliche Einstellung bekunden; ... die an Korruptionsaffären, Schiebereien, kriminellen Verbrechen direkt oder indirekt beteiligt sind; ... die über ihre politische Vergangenheit in der Nazizeit wahrheitswidrige Angaben gemacht haben; ... bei denen begründeter Verdacht besteht, dass sie im Interesse parteifeindlicher Kräfte (Agenten des Ostsekretariats der SPD) oder als Spione und Saboteure fremder Dienste in der Partei wirken. Zur beschleunigten Durchführung des Ausschlußverfahrens gegen diese Kategorie von Schädlingen und Parteifeinden können in den Parteileitungen besondere Untersuchungskommissionen eingesetzt werden."[61]

Die SED bemüht sich sehr um eine ideologische Durchdringung der gesamten Gesellschaft, indem sie in unterschiedlichen Bereichen der Industrie, der Landwirtschaft, der Verwaltung und des Bildungswesens „Aktivistenbewegungen" entfaltet, um die Massen für den wirtschaftlichen Zweijahrplan zu mobilisieren. Den Entwurf zum Zweijahrplan[62] beschließt die SED im Früh-

56 Entschließung des Parteivorstandes vom 11.02.1948 „Intellektuelle und Partei". In: Dokumente der SED. Bd. I. Berlin 1952, S. 275-276.
57 Ebenda, S. 275-179.
58 Entschließung des Parteivorstandes vom 15.04.1948 „Zur Jugendarbeit der Partei". In: Dokumente der SED. Bd. II. Berlin 1952, S. 9.
59 Ebenda 1959, S. 9-11.
60 Beschluß des Parteivorstandes vom 30.06.1948: „Verstärkung und Verbesserung der Parteischulungsarbeit". In: Dokumente der SED. Bd. II. Berlin 1952, S. 70-73.
61 Beschluß des Parteivorstandes vom 29.07.1948: „Für die organisatorische Festigung der Partei und für ihre Säuberung von feindlichen und entarteten Elementen". In: Dokumente der SED. Bd. II. Berlin 1952, S. 79-80.
62 Beschluß des Parteivorstandes der SED vom 30.06.1948: „Der Zweijahrplan für 1949/1950". In: Dokumente der SED. Bd. II. Berlin 1952, S. 22-74.

jahr 1948, der Tag seines Inkrafttretens ist der 01.01.1949.[63] Um den Zweijahrplan zu erfüllen, werden alle verfügbaren Arbeitskräfte, insbesondere Frauen, für die Produktion und das Mehrschichtsystem benötigt. Damit die Frauen einer Berufstätigkeit nachgehen können, werden neue Formen der außer- und vorschulischen Einrichtungen entwickelt. Das sind Kinderkrippen, Erntekindergärten, Wochenkrippen, Wochenheime, Betriebskindergärten u.a. Weil eine einheitliche Erziehung in Kindergarten und Schule angestrebt ist, tendiert man dazu, möglichst alle fünfjährigen Kinder im Kindergarten auf die Schule vorzubereiten und in sogenannten „Vermittlungsgruppen" zu erfassen. Bei dieser Orientierung besteht jedoch die Gefahr, dass die pädagogische Arbeit im Kindergarten einseitig auf die „Vermittlungsgruppe" konzentriert wird dadurch die anderen Kindergruppen vernachlässigt werden könnten. Mit dem „Gesetz über die sozialistische Entwicklung des Schulwesens" von 1959 wird dann festgelegt, dass „in Einrichtungen der vorschulischen Erziehung die drei- bis sechsjährigen Kinder auf die Schule vorzubereiten, an das sozialistische Leben heranzuführen und mit dem Schaffen der werktätigen Menschen bekannt zu machen"[64] sind, so dass alle Kinder vom dritten Lebensjahr an in den Bildungs- und Erziehungsplan der Vorschuleinrichtungen einbezogen werden.

Im Hinblick auf den Zweijahrplan erlassen im Juli 1948 die Deutsche Wirtschaftskommission und die Deutsche Verwaltung für Volksbildung eine Anweisung zur Einrichtung von Betriebsberufsschulen. Die Deutsche Wirtschaftskommission gibt eine „Anordnung über die Förderung des Berufsnachwuchses in volkseigenen Betrieben" heraus.[65] Infolge des „Erstarkens des volkseigenen Sektors der Wirtschaft" werden über 25% aller für Volksbildungszwecke vorgesehenen Mittel für berufsbildende Schulen ausgegeben (vgl. Günther/Uhlig ca. 1962, S. 246). Dadurch werden neben den Berufsschulen auch die Landesberufsschulen gefördert. Weiterhin kann die theoretische Ausbildung für Lehrlinge verbessert werden, für die aufgrund zu niedriger Lehrlingszahlen (Splitterberufe) keine Fachklassen zur Verfügung stehen.[66] Auf dem zweiten Berufspädagogischen Kongress vom 19.-21.10.1948 bekommt die Berufsausbildung eine langfristige Orientierung, weil ein großer Rückstand beim Aufbau des neuen Bildungswesens vor allem im Berufsschulwesen besteht (vgl. Wandel 1947, S. 15). Der dritte Pädagogische Kongress konstatiert, dass zur Heranbildung qualifizierter Facharbeiter die Ausbildung in Berufs- und Fachschulen zu fördern und Betriebsberufsschulen in den volkseigenen Betrieben zu schaffen sind. „Wir müssen vorbildliche

---

63 Der Zweijahrplan für 1949/1950. In: Dokumente der SED. Bd. II. Berlin 1952, S. 58.
64 Gesetz über die sozialistische Entwicklung des Schulwesens vom 02.12.1959. In: GBl. Nr. 67 vom 07.12.1959, S. 862.
65 Anordnung der Deutschen Wirtschaftskommission über die Förderung des Berufsnachwuchses in volkseigenen Betrieben vom 09.06.1948. In: Zentralverordnungsblatt. Jg. 1948, Nr. 22 vom 06.07.1948, S. 260.
66 Richtlinie für die Beschulung für Lehrlinge aus Splitterberufen. Runderlass Nr. 14/48. In: Gesetz und Verordnungsblatt des Landes Brandenburg, Nr. 4/1948, S. 67.

Lehrwerkstätten in den volkseigenen Betrieben schaffen und die Berufsschulen müssen in die Betriebe hineinkommen" (Kreuziger 1948, S. 12). Der Kongress betont, dass die Betriebsberufsschule in der nächsten Zeit „zu der bevorzugten Form der Berufsschule" werde, weil dort Theorie und Praxis eng verbunden sind (vgl. Zweiter Berufspädagogischer Kongress 1949, S. 36). Bis 1948 werden 98 Betriebsberufsschulen gegründet und bis 1950 kommen weiter 500 hinzu.

Um eine arbeitsteilig verflochtene Wirtschaft zu schaffen, sieht der zweite Fünfjahrplan den Ausbau der Grundstoffindustrie, des Maschinenbaus, der Energieerzeugung, der Brennstoff-, der Bau- und der chemischen Industrie vor.[67] Die Wirtschaft verlangt eine Erweiterung der fachlichen Qualifizierung, eine höhere Allgemeinbildung und die Verbindung von praktischer Berufserfahrung und theoretischem Wissen. In dem Volkwirtschaftsplan widerspiegeln sich die bildungspolitischen Intentionen der Einheit von allgemeiner und beruflicher Bildung und das Prinzip der Verbindung von Theorie und Praxis. Es wird die Systematik der Ausbildungsberufe neu erarbeitet und eine neue Prüfungsordnung erlassen, die Berufsschulabschluss- und Facharbeiterprüfung werden vereint.[68] Bis Ende 1950 steigt der Anteil der Lehrlinge auf 14% der Industriearbeiter (vgl. Ulbricht 1950, S. 16). Im Jahre 1952 werden neue Ausbildungsunterlagen für Hunderte von Berufen entwickelt (vgl. Günther/Uhlig 1969, S. 83). Ausgehend von den neuen Berufsbildern entstehen neue Stundentafeln und Lehrpläne. Die Betriebe verpflichtet man, den Lehrwerkstätten Produktionsaufträge zu übergeben,[69] womit die Berufsausbildung an der Erfüllung der Wirtschaftspläne beteiligt ist.

Auf der Aktivistentagung von Lehrern vom 15.-17.11.1948 in Leipzig verkündet Hans Siebert die geplanten Veränderungen in den ideologischen, schulpolitischen und pädagogischen Leitlinien, die durch den dritten Pädagogischen Kongress (03.-05.06.1948) vorbereitet wird. Ein erziehungspolitisches Ziel dieser Aktivistentagung lautet:

„Jeder Junge, jedes Mädel, jedes Kind unserer Arbeiter und werktätigen Bauern und der fortschrittlichen Intelligenz muß durch unsere Schule so gebildet und erzogen werden, dass sie die neue demokratische Wirtschaft meistern, den neuen demokratischen Staat beherrschen lernen und somit Erbauer und Aktivisten unserer demokratischen Gesellschaft, neuen Wohlstandes und des Friedens werden" (Siebert 1949, S. 12).

In den „Leitlinien" (Kreuziger 1948) wird dem naturwissenschaftlich-technischen Unterricht und der Überarbeitung der Lehrpläne unter dem Aspekt „Sozialistische Erziehung" große Bedeutung beigemessen. Alle Lehrpläne

---

67 Direktive für den zweiter Fünfjahrplan zur Entwicklung der Volkswirtschaft in der Deutschen Demokratischen Republik 1956-1960. In: Beschluß der 3. Parteikonferenz der SED. Berlin 1956, S. 7.
68 Verordnung über die „Systematik der Ausbildungsberufe" vom 19.03.1953. In: GBL Nr. 39 vom 27.03.1953, S 470.
69 Anordnung über die Durchführung des Planes „Berufsausbildung" vom 01.03.1952. In: GBL. Nr. 39 vom 01.04.1952, S. 109.

müssen unter dem Gesichtspunkt, „den Kindern und Jugendlichen ein umfas-
sendes, systematisches Wissen zu vermitteln und sie zu allseitig gebildeten
und fachlich hochqualifizierten Menschen zu entwickeln", vom Deutschen
Pädagogischen Zentralinstitut überprüft und bis zum Beginn des Schuljahres
1950/51 neu bearbeitet werden (vgl. Ministerium für Volksbildung 1949, S.
121). Der Unterricht geht von einer einheitlichen Konzeption aus. „Der Er-
ziehungs- und Bildungsprozess erhält weitgehend sozialistische Inhalte"
(Günther/Uhlig 1969, S. 70). Die Landschulen sollen schneller an den Leistungsstand der Stadtschulen herangeführt werden. Die Schulreform auf dem
Lande gestaltet sich schwierig, da es ihre Jahrhunderte während Rückstän-
digkeit zu überwinden gilt. In größeren Dörfern entstehen Zentralschulen, in
denen die Schüler aus mehreren umliegenden Orten unterrichtet werden. „Bis
1948 wird die Anzahl der Einklassenschulen um die Hälfte reduziert und bis
1960/61 ganz und gar liquidiert" (Das Bildungswesen in der DDR 1979, S.
50). Die Schaffung von Zentralschulen in den Dörfern ist der Anfang der
Zentralisierung des Schulsystems. Die im April 1950 eingeführte Schulspeisung in allen Kindergärten und Kinderkrippen sowie in den Grund-, Ober-,
Fach- und Berufsschulen ermöglicht eine „ganztägige Erziehungsarbeit".[70]
Bis 1959 bildet das „Gesetz zur Demokratisierung der deutschen Schule"[71]
die gesetzliche Grundlage der Organisation des Schulwesens, was sich danach allerdings ändert. Als zusammenfassender Begriff für das Schulsystem
der SBZ wird neben der offiziellen Bezeichnung „deutsche demokratische
Schule" der Begriff „Einheitsschule" aus propagandistischen Gründen in An-
knüpfung an die seit 1848 wirkende Einheitsschule gebraucht.

> „Aufgabe aller Erziehung ist die Vorbereitung der Jugend für ihre spätere Tätigkeit in
> einem demokratischen Staatswesen und in einer dem Frieden und Wohlstand dienen-
> den planmäßig geleiteten Produktion. Die allgemeine Bildung der Kinder ist durch
> quantitative und qualitative Leistungssteigerung der Lehrer und Schüler zu heben, die
> wissenschaftliche Qualität des Unterrichts ist zu verbessern. Dazu ist die Ausbildung
> von 3000 Neulehrern im Jahre 1949 und von 5000 Neulehrern im Jahre 1950 sicher-
> zustellen."[72]

Die Weiterbildung der LehrerInnen hat zu allen Zeiten einen hohen gesellschaftlichen Stellenwert. Als Voraussetzung für die Lösung der neuen schulpolitischen Aufgaben wird ein sogenannter „ideologischer Klärungsprozess"
unter den Lehrern und Schulfunktionären ins Leben gerufen. „Von 65207
Lehrern am Ende des Schuljahres 1948/49 der allgemeinbildenden Schulen
sind 45244 Neulehrer (69,4%)" (Deutsche Schule im Aufbau 1949, S. 74).
Das zahlenmäßige Verhältnis der SED-Mitglieder zu den Mitgliedern anderer

---

70 Anordnung zur Durchführung der Schulspeisung vom 30.03.1950. In: GBL. Nr. 65
    vom 17.06.1950, S. 489.
71 Gesetz zur Demokratisierung der deutschen Schule vom 31.05.1946 (Verordnungs-
    blatt Nr. 87/1946, S.155). In: Brandenburgische Gesetzessammlung 1945/1947. Pots-
    dam 1948, S. 117.
72 Maßnahmen zur Durchführung der kulturellen Aufgaben im Rahmen des Zweijahr-
    plans. In: Dokumente der SED, Bd. II., Berlin 1950, S. 189.

Parteien beträgt 4:1. Etwa 98% der Lehrer sind in der Gewerkschaft organisiert. Am Ende des Jahres 1949 schließen 1378 akademisch ausgebildete Lehrer das Studium an den Pädagogischen Fakultäten ab (vgl. Günther/Uhlig ca. 1962, S. 270).

> „Von 65.207 Lehrern der allgemeinbildenden Schulen sind:
> 21.072   Schulamtsanwärter 32,3%
> 23.179   Schulamtsbewerber 35,5%
> 20.956   vollausgebildete Lehrer 32,3%
>   darunter 993 Neulehrer"
> (Günther/Uhlig ca. 1962, S. 269).

Die emotionsgeladenen, kampagneartigen Veranstaltungen im Sommer 1948 sind Teil der von der SED erklärten „Verschärfung des Klassenkampfes" im Inneren und in ihrer Doppelstrategie in der Deutschlandpolitik nach außen. Im Landesinneren geht es um die programmatische Schaffung der nationalen Einheit und gleichzeitig um die Straffung der „volksdemokratischen Ordnung". Letztere war schon 1947/48 in anderen Ländern des sowjetischen Machtbereichs proklamiert worden, während dies in der DDR offiziell mit Rücksicht auf die gesamtdeutsche Alternative erst 1952 geschah (vgl. Kleßmann 1975, S. 375ff.).

Der IV. Pädagogischen Kongress (23.-25.08.1949) in Leipzig geht in die Geschichtsschreibung der DDR als Zäsur zwischen dem „Abschluß der antifaschistisch-demokratischen Umgestaltung des Schulwesens" und dem „Auftakt der sozialistischen Entwicklung des Schulwesens" ein. Auf ihm wird die innerhalb eines Jahres vollzogene Kursänderung, die schon in den „Leitlinien" vorbereitet worden ist, offiziell besiegelt. Der IV. Pädagogische Kongress veröffentlicht demonstrativ die neuen erzieherischen Absichten und beschließt die „Schulpolitschen Richtlinien für die deutsche demokratische Schule" (24.08.1949) (vgl Ministerium für Volksbildung der DDR 1949, S. 126ff.). Die dogmatisierte sowjetische Pädagogik wird darin zum verbindlichen Vorbild erklärt.

> „Wege der deutschen Bildungstradition blieben zwar offen, maßlos als reaktionär gebrandmarkt wird hingegen die deutsche Reformpädagogik. Das trifft vor allem das vorwiegend sozialdemokratische bis hin zum bürgerlich-liberalen Personal auf mittlerer Verwaltungsebene, Pädagogen, die sich nach 1945 in der SBZ schon wegen ihrer Biographie der Reformpädagogik verbunden fühlten" (Geißler/Wiegmann 1995, S. 13).

Für die gesellschaftliche Entwicklung ist ab 1948 die Verschränkung der ökonomischen und der ideologischen Aufgaben charakteristisch, die auch den Schulen und Volkshochschulen aufgetragen wird. In enger Verbindung mit dem Inhalt wird die methodische Gestaltung der Bildungs- und Erziehungsarbeit diskutiert. In der schulpolitischen Richtlinie wird eine neue „pädagogische Theorie" gefordert. „Das systematische Studium des Marxismus-Leninismus sollte ergänzt werden durch die Auseinandersetzung mit einer Bildungs- und Erziehungstheorie" (Günther/Uhlig ca. 1962, S. 269). Mit dem Erscheinen der Bücher „Pädagogik" (Jessipow/Gontscharow 1948) und „Lehrbuch der Pädagogik" (Ogorodnikow/Schimbirjew 1949) beginnt unter der Lehrerschaft eine „Bewegung zur Aneignung der Sowjetpädagogik" (Günther/Uhlig ca. 1962, S. 296).

Der III. Parteitag der SED (20.-24.07.1950) proklamiert den „Beginn der sozialistischen Umgestaltung" für den Zeitraum 1949-1952 und beschließt mit dem ersten Fünfjahrplan den Übergang zur langfristigen sozialistischen Wirtschaftsplanung.[73] Von 1950 bis 1955 sollen die Industrieproduktion insgesamt verdoppelt, die Arbeitsproduktivität sowie das Volksvermögen um 60 Prozent gesteigert, der Vorkriegslebensstandard erreicht und überschritten werden (vgl. Badstübner 1984, S. 133). Auf bildungspolitischem Gebiet legt der Fünfjahrplan fest, dass „das Schulwesen durch Einführung der Zehnklassenschule in allen Städten und Industriezentren weiterzuentwickeln" ist.[74] Eine neue Etappe der Umgestaltung des Schulwesens leitet der Politbürobeschluss der SED vom 29.07.1952 ein.[75] Die ideologische Ausrichtung des Unterrichts erhält durch diesen Beschluss ausdrücklich eine „sozialistische Zielsetzung". Der Beschluss wiederum beruft sich auf die 2. Parteikonferenz, die den „Aufbau des Sozialismus" proklamiert. Der Aufgabenbereich für die Schule ist nun um einen Verteidigungsauftrag, dem ein Feindbild immanent ist, erweitert. Der Ton verschärft sich:

> „... die Jugend zu allseitig entwickelten Persönlichkeiten zu erziehen, die fähig und bereit sind, den Sozialismus aufzubauen und die Errungenschaften der Werktätigen bis zum äußersten zu verteidigen."[76]

In diesem Erziehungsziel tritt an die Stelle eines „streitbaren demokratischen Humanismus" der „planmäßige Aufbau des Sozialismus" unter der Leitung einer Einheitspartei, an die Stelle der „Achtung vor der Würde und Freiheit der Person" die Identität von „Mensch und Staatsbürger", an die Stelle der „Mitwirkung bei der Lösung der großen politischen Aufgaben" die Bereitschaft, den „Sozialismus aufzubauen und die Errungenschaften der Werktätigen bis zum äußersten zu verteidigen". Vom Menschen als Staatsbürger wird gefordert, dass er „gesund", „lebensfroh" und „gestählt" über alle Sekundärtugenden verfügt und seine Freiheit und Würde nunmehr aus der Hingabe und dem Dienst am revolutionären Aufbau des Sozialismus gewinnt (vgl. Benner/Sladek 1998, S. 206).

Der Kurswechsel zum „Aufbau des Sozialismus" erfolgt, weil nach Ansicht der Parteiführung in der DDR „die politischen und die ökonomischen Bedingungen sowie das Bewusstsein der Arbeiterklasse und der Mehrheit der Bevölkerung so weit entwickelt sind", dass dieser Schritt vollzogen werden

---

73 Der Fünfjahrplan zur Entwicklung der Volkswirtschaft in der Deutschen Demokratischen Republik (1951-1955). In: Dokumente der SED. Bd. III. Berlin 1952, S. 131-161.
74 Gesetz über den Fünfjahrplan. In: GBL Nr. 128 vom 08.11.1951, S. 975 und Dokumente der SED. Bd. III. Berlin 1952, S. 132.
75 Beschluß „Zur Erhöhung des wissenschaftlichen Niveaus des Unterrichts und zur Verbesserung der Parteiarbeit an den allgemeinbildenden Schulen" vom 29.07.1952. In: Dokumente der SED. Bd. IV. Berlin 1954, S. 116-128.
76 Ebenda 1954, S. 116.

soll, der darin gipfelt, dass die fünf Länder der SBZ aufgelöst werden und an ihre Stelle 15 Bezirke treten. Die Zahl der Kreise erhöht sich von 132 auf 217.[77] Die Gesetzesgrundlage zur Gebietsreform erlässt am 23.07.1952 die Volkskammer der DDR. Selbst Stalin gibt dazu seine Zustimmung am 08.06. 1952 (vgl. Akademie f. Staats- u. Rechtswissenschaften 1989, S. 40). „Ein Grund für die sowjetische Zustimmung liegt darin, dass eine Vereinigung beider deutscher Staaten unter kommunistischem oder zumindest neutralem Vorzeichen kaum mehr möglich erscheint. Damit wird die offizielle Abkehr vom Begriff ‚antifaschistisch-demokratisch‘ als Charakterisierung der DDR vollzogen und durch ‚sozialistisch‘ ersetzt" (Mählert 1993, S. 449).

Empfindlich beeinträchtigt wird der „Aufbau des Sozialismus" am 17. Juni 1953 durch Massenstreiks der Arbeiter gegen überhöhte Normen, gegen unzureichende Bezahlung und gegen zu niedrigen Lebensstandard. Auch den Spitzenfunktionären bleibt durch diese Ereignisse nicht verborgen, wie schwach verankert die SED-Loyalität unter der Bevölkerung ist. Als unmittelbare Folge des 17. Juni 1953 werden einige administrative Bestimmungen gelockert. Die SED will die Arbeiter für ihre Generallinie gewinnen und erlässt eine Verordnung über die weitere Verbesserung der Arbeits- und Lebensbedingungen der Arbeiter und über die Rechte der Gewerkschaften.[78] Diese Verordnung sieht Maßnahmen wie die Bildung von Arbeiter-Wohnungsbau-Genossenschaften (AWG), den Aufbau des betrieblichen Erholungswesens sowie Preisermäßigungen für FDGB-Urlaubsreisen vor. In schulpolitischen Verlautbarungen wird betont, „alle Maßnahmen unter dem Gesichtswinkel einer gesamtdeutschen Schulpolitik" (Anweiler 1988, S. 49) vorzunehmen, wobei es sich aber um nicht mehr als vorübergehende Rücksichten handelt. Mit dem anscheinend gemäßigten „neuen Kurs", der nach dem Tod Stalins und den Ereignissen des 17. Juni 1953 eingeschlagen wird, erfolgt gleichzeitig die Schaffung des „Ministeriums für Verkehr" und des „Ministeriums für Arbeit und Berufsausbildung", die unter der Hand die zentralistische Administrierung für weitere Bereiche sichern. Ende 1953 wird ein „Staatssekretariat für örtliche Wirtschaft" gebildet, dem die Abteilungen für örtliche Industrie und Handwerk der Räte der Bezirke fachlich unterstehen. Es übt die Dienstaufsicht über die Industrie- und Handelskammern aus und kontrolliert die Handwerkskammern in den Bezirken, d.h., es bezieht die volkseigene und die private örtliche Industrie sowie das Handwerk in die zentrale staatliche Leitung und Planung der sozialistischen Wirtschaft ein.

„Die SED ist berechtigt, die Betriebsleitungen zu kontrollieren."[79]

---

77 Gesetz über die weitere Demokratisierung des Aufbaus und der Arbeitsweise der staatlichen Organe in den Ländern der DDR vom 23.07.1951. In: GBL. Nr. 99 vom 24.07.1952, S. 613.

78 Verordnung über die weitere Verbesserung Arbeits- und Lebensbedingungen der Arbeiter vom 10.12.1953. In GBL. Nr. 129 vom 11.12.1953, S. 1219.

79 Der Weg zur Lösung der Lebensfragen der deutschen Nation (30.03.-06.04.1954/IV. Parteitag). In: Dokumente der SED. Bd. V. Berlin 1956, S. 74-90.

Die neuen Strukturbildungsprozesse sichern dem Regime weitere Machtbereiche und suggerieren vermeintliches Wohlwollen gegenüber der Bevölkerung. Nach den Ereignissen des 17. Juni 1953 will der Staat die Bevölkerung insbesondere durch „kulturelle Massenschulung" an sich binden, unterstützt vom IV. Parteitag der SED (30.03.-06.04.1954). Dort wird die „Verantwortung für die Entwicklung der deutschen Kultur" proklamiert. Die Gründung eines Ministeriums für Kultur am 07.01.1954[80] gehört zum Konzept. Walter Ulbricht hat auf dem IV. Parteitag der SED, verbunden mit der Kritik an Partei-, Schul- und Gewerkschaftsfunktionären, eine Verstärkung der „ideologisch-politischen Arbeit" verlangt. Der „neue Kurs im Schulwesen" besteht jetzt darin, „das wissenschaftliche Niveau des Unterrichts zu erhöhen, einen energischen Kampf gegen die Unordnung im Ablauf des Schullebens und gegen das Zurückbleiben und Sitzenbleiben zu führen" (Dokumente zur Geschichte des Schulwesens 1970, S. 502). Die Gründung eines Ministeriums für Volksbildung erwägt Walter Ulbricht mit instruierenden, kritischen Bemerkungen. Künftig soll der „Erziehungsauftrag mit der Produktion verbunden" sein, der „erzieherische Einfluß der Arbeiterklasse beträchtlich verstärkt" und „alle Schüler mit einer Polytechnischen Bildung ausgerüstet" werden. Gleichzeitig ermuntert Ulbricht dazu, „einen breiten wissenschaftlichen Meinungsstreit in Fragen der Pädagogik zu entfalten" und „den Kampf gegen Bürokratismus und gegen die Gängelei der Lehrer" zu führen (vgl. Dokumente zur Geschichte des Schulwesens 1969, S. 29). Diese Aufforderungen bleiben politisch zwiespältig. Zwiespältig wird auch der V. Pädagogische Kongress in Leipzig vom 14.-18.05.1956 beurteilt. Politisch ideologische Unklarheiten und Unsicherheiten in der Leitung der Volksbildung werden für die Wirkungslosigkeit dieses Kongresses verantwortlich gemacht, weil „konkrete Festlegungen zur Durchsetzung der sozialistischen Schule" unterlassen worden sind und es bis 1958 dauert, bis die „sozialistische Perspektive" eindeutig feststeht (Gläser/Lost 1981, S. 38). Die Jahre 1956/1957 werden als Periode des „zeitweiligen Zurückbleibens des Volksbildungswesens hinter den gesellschaftlichen Erfordernissen und des Tempoverlusts beim weiteren Aufbau der sozialistischen Schule" charakterisiert (ebenda 1981, S. 48).

Nachdem der XX. Parteitag der KPdSU im Februar 1956 den Personenkult offen verurteilt, kommt es in der SED zu politischen Differenzen, die die 3. Parteikonferenz nur randständig behandelt. Im Mittelpunkt der 3. Parteikonferenz (24.-30.03.1956) steht nicht das aufgenötigte Thema „Personenkult", sondern „der Kampf um den Sieg der sozialistischen Produktionsverhältnisse", die als Strategie zur Beendigung der Übergangsperiode vom Kapitalismus zum Sozialismus gedacht sind.[81] In erster Linie sollen daher die

---

80 Verordnung über die Bildung eines Ministeriums für Kultur der DDR vom 07.01. 1954. In: GBL. Nr. 5 vom 12.01.1954, S. 25-27.

81 Direktive für den zweiten Fünfjahrplan zur Entwicklung der Volkswirtschaft in der DDR 1956-1960. Beschluß der 3. Parteikonferenz der SED. Berlin 1956

noch bestehenden alten Eigentumsverhältnisse geändert werden. Das betrifft insbesondere die Klein- und Mittelbauern, die zum genossenschaftlichen Weg gezwungen werden, wenn sie nicht freiwillig mitmachen. Man will die städtischen Mittelschichten für den sozialistischen Aufbau gewinnen, deren Betriebe in sozialistische Wirtschaftsformen (teilweise mit staatlicher Beteiligung) überführen. Es werden Produktionsgenossenschaften des Handwerks (PGH) gegründet und Kommissionsverträge mit dem staatlichen und dem genossenschaftlichen Handel abgeschlossen.

„Die Aufnahme staatlicher Beteiligung veränderte den Charakter des Privatbetriebes und die Stellung des Unternehmers in der Gesellschaft. Der sozialistische Staat war zum Miteigentümer geworden und bezog den Betrieb in die volkswirtschaftliche Planung ein. Ende 1956 gab es in der DDR aber erst 239 PGH, 144 Betriebe mit staatlicher Beteiligung und 45 abgeschlossene Kommissionsverträge. ... Solange die deutsche Frage offen erschien, betrachteten die meisten Einzelhändler und privaten Unternehmer wie auch andere Bürger der DDR die Arbeiter- und Bauernmacht und die sozialistische Entwicklung n cht als unumstößlich und glaubten deshalb, sich noch nicht endgültig für den Sozialismus entscheiden zu müssen" (Badstübner 1984, S. 181).

Im Herbst 1948 erfolgt die Umgestaltung der Vorstudienanstalten in selbstständige Fakultäten der Universitäten. D.h., die Verantwortung für die Arbeiter- und Bauernfakultäten (ABF) ist an die Universitäten übergegangen. Die Lehrkräfte werden vor nun an nach hochschulrechtlichen Bestimmungen behandelt, denn sie gehören zum Lehrkörper der Universität. Der Direktor der ABF wird gleichberechtigtes Mitglied des Senates und die Lernenden erhalten einen vollwertigen Studentenstatus. Durch dieses Manöver ändert sich schlagartig die Sozialstruktur an den Universitäten, weil die herkömmliche, teilweise alte elitäre Studentenschaft mit ABF-Studenten durchmischt wird, was DDR-Bildungshistoriker als „gesellschaftlicher Umwandlungsprozeß" (Günther/Uhlig ca. 1962, S. 206) bezeichnen.

„Die Bildung der Arbeiter- und Bauernfakultäten an den Hochschulen und Universitäten hat dem Bildungsprivileg der besitzenden Schichten einen ernsten Schlag versetzt. Sie ermöglichte großen Teilen der Arbeiter- und Bauernjugend das Hochschulstudium. Damit wächst eine neue Intelligenz heran, die aufs engste mit den Werktätigen verbunden ist. Die Arbeiter- und Bauernfakultäten sind ein immer stärker werdender Faktor der Demokratisierung des gesamten Hochschulwesens."[82]

Die Arbeiter- und Bauernfakultäten haben den Nachteil, dass die Jugendlichen während des Studiums ihren Beruf aufgeben müssen. Weil die Volkswirtschaft der DDR in der Phase des Wiederaufbaus nicht auf Arbeitskräfte verzichten kann, bietet sich die Volkshochschule mit dem „Zweiten Bildungsweg" als Lösung an Die Arbeiter- und Bauernfakultäten löst man bis auf zwei Einrichtungen bis 1960 stufenweise auf, weil durch die Volkshochschulen die Vorbereitung auf ein Fach- oder Hochschulstudium gesichert werden kann.

---

82 Die gegenwärtige Lage und die Aufgaben der SED. Entschließung des III. Parteitages der SED 1950. In: Dokumente der SED, Bd. III. Berlin 1952, S. 116

„Bereits 1949 sind mehr als ein Viertel aller Studierenden an den Hochschulen und Universitäten Kinder von Arbeitern und Bauern. Die Zahl der Studierenden im Direktstudium stieg bis 1960 gegenüber 1951 um mehr als das Doppelte auf 73000. Der Anteil der Arbeiter- und Bauernkinder erreichte Mitte der 50er Jahre etwa 55 Prozent. Daran hatte der Ausbau und die Qualifizierung an den Arbeiter- und Bauern-Fakultäten entscheidenden Anteil. Die Zahl der ABF erhöhte sich von 1951 bis 1955 von 11 auf 15; die Anzahl der Studenten an den ABF stieg von 9400 im Jahre 1951 auf 12000 im Jahre 1955" (Hochschulwesen der DDR 1980, S. 56).

Die Reorganisation des Fachschulwesens vereinbaren am 26.11.1948 die Deutsche Wirtschaftskommission, die Deutsche Verwaltung für Volksbildung und die Deutsche Verwaltung für Inneres. Mit der Reorganisation des Fachschulwesens wird eine Schule etabliert, die vorrangig Arbeiter- und Bauernkinder auf mittlere Führungsfunktionen im Staat vorbereitet. Die technischen Fachschulen werden der „Abteilung für Wirtschaftsplanung" bei den Ministerpräsidenten der Länder unterstellt. Die Deutsche Wirtschaftskommission beschließt am 08.12.1948 die Einrichtung von 10 Betriebsfachschulen in volkswirtschaftlich wichtigen volkseigenen Betrieben,[83] in denen vor allem Meister, Techniker und Ingenieure aus den Reihen der Facharbeiter ausgebildet werden. Die Veränderungen in den Fachrichtungen, in den Kapazitäten an Studienplätzen, in der Struktur und in der territorialen Verteilung der Fachschulen erfolgen nach volkswirtschaftlichen Gesichtspunkten (vgl. Killiches 1964, S. 545). Im Rahmen des Zweijahrplans wird die Anzahl der Ingenieurschulen von 25 auf 38 erhöht (vgl. Ulbricht 1953, S. 422). Der Aufbau von landwirtschaftlichen Fachschulen, die den technischen Fachschulen für die Industrie gleichgestellt sind, beginnt mit der Gründung von Fachschulen an den volkseigenen Gütern und den MAS (vgl. Killiches 1964, S. 545). Der Bedarf an mittleren Fachkräften wird auf der 1. Parteikonferenz der SED vom 25.-28.01.1949 mit mindestens 16.000 Fachschulabsolventen beziffert, von denen wenigstens 2.500 als Meister und Techniker in den MAS und RTS eingesetzt werden sollen (vgl. Ulbricht 1953, S. 421). Diese Maßnahmen entsprechen dem Fünfjahrplan, der die Qualifizierung von 165.000 Facharbeitern vorsieht.[84]

„Von den rund 49.000 Fachschülern im Jahre 1953 sind 64% Kinder von Arbeitern und Bauern, die zum größten Teil über die neue Berufsausbildung zur Fachschule gelangten. Das traf auch für die meisten der 4.500 Jugendlichen zu, die 1954 als Meister, Techniker, Ingenieure, Abteilungs- oder Betriebsleiter tätig sind. Ebenso galt das für die 952 Jugendlichen in den MTS und für die 380 Jugendlichen in den VEG, die im selben Jahr als Leiter, Kulturleiter oder Agronom eingesetzt worden sind" (Ausschuß für Deutsche Einheit 1954, S. 145).

Nach sowjetischem Vorbild werden zahlreiche Fernstudiengänge an Fachschulen, Hochschulen, Universitäten und Fernschulen eingerichtet, weil aus

---

83 Richtlinien der DWK vom 26.11.1948 für den Aufbau von Betriebsfachschulen in den volkseigenen Betrieben. In: Berufsbildung, 2 (1949) 10, S. 10f.
84 Verordnung über die Einrichtung eines Fachschulfernstudiums für Werktätige vom 20.12.1951. In: GBL. Nr. 1 vom 07.01.1952, S. 1.

dem ohnehin raren Arbeitskräftepotential neue Führungskräfte für die Wirtschaft rekrutiert werden sollen. Am 31.01.1952 wird beim Staatsekretariat für Hochschulwesen eine Hauptabteilung für Fachschulwesen gebildet,[85] auf deren Grundlage in Plauen/Vogtland ein Institut für Fachschullehrerbildung errichtet wird.[86] Mit der Gründung des Staatssekretariats für Hochschulwesen in Berlin beendet die Hauptabteilung Hochschule und Wissenschaft ihre Tätigkeit. Das neu gegründete Staatssekretariat übernimmt nun die Verantwortung für die Durchführung des gesellschaftswissenschaftlichen Unterrichts und des Fachstudiums an den Fachschulen gemeinsam mit der staatlichen Plankommission und den fachlich zuständigen Ministerien oder Staatssekretariaten mit eigenem Geschäftsbereich. Damit einhergehend werden Privilegien in Form der Altersversorgung für die Intelligenz,[87] der Vergütung der Hochschullehrer[88] und arbeitsrechtlicher Sonderregelungen für die Intelligenz[89] erteilt. In die Geschichte eingegangen sind diese Aktionen als „Zweite Hochschulreform".

„Das gesamte Hochschulwesen einschließlich der Durchführung des wissenschaftlichen Lehr- und Forschungsbetriebes an den Universitäten und Hochschulen sowie die Aufsicht über die wissenschaftlichen Bibliotheken, Museen und verwandten Einrichtungen mit wissenschaftlichem Charakter sind Angelegenheit der Republik. Diese Verordnung läßt den bei ihrem Inkrafttreten bestehenden Zustand hinsichtlich kirchlicher Einrichtungen unberührt".[90]

Die Verordnung über die Einrichtung des Fernstudiums vom 15.06.1950 legt die Voraussetzungen der Bewerber, die Konsultationsorte und die Durchführungsbestimmungen fest.[9] Auch werden für einige Fachrichtungen Durchführungsbestimmungen und der Ablauf des Fernstudiums an einzelnen Hoch-

85 Anordnung über die Bildung einer Hauptabteilung für Fachschulwesen am 31.01. 1952. GBL. Nr. 23 vom 19.02.1952, S. 135-136.
86 Erste Durchführungsbestimmung zur Anordnung über die Bildung einer Hauptabteilung für Fachschulwesen beim Staatssekretariat für Hochschulwesen vom 25.09.1952. In: GBL. Nr. 139 vom 02.10.1952, S. 978.
87 Verordnung über die Altersversorgung der Intelligenz an wissenschaftlichen, künstlerischen, pädagogischen und medizinischen Einrichtungen der Deutschen Demokratischen Republik vom 12.07.1951. In: GBL. Nr. 85 vom 17.07.1951, S. 675.
88 Verordnung über die Vergütung der Hochschullehrer sowie der wissenschaftlichen und künstlerischen Assistenten und über die Emeritierung der Professoren vom 12.07.1951. In. GBL. Nr. 35 vom 17.07.1951, S. 675.
89 Verordnung über den Abschluss von Einzelverträgen mit Angehörigen der Intelligenz, die in wissenschaftlichen, medizinischen, pädagogischen und künstlerischen Einrichtungen der Deutschen Demokratischen Republik tätig sind vom 12.07.1951. In: GBL. Nr. 85 vom 17.07.1951, S 681.
90 Verordnung über die Neuorganisation des Hochschulwesens vom 22.02.1951. In: GBL. Nr. 23 vom 26.02.1951, S. 123.
91 Verordnung über die Einrichtung des Fernstudiums für Werktätige vom 15.06.1950. In: GBL. Nr. 66 vom 22.06.1950, S. 495.

schulen geregelt.[92] Zugleich wird die Vorbereitung eines Zehnmonate-Studienjahres, eines obligatorischen gesellschaftswissenschaftlichen Grundstudiums und eines Praktikums für alle Fachrichtungen verfügt. Am 01.01.1951 beginnt der Fernunterricht an der Deutschen Verwaltungsakademie „Walter Ulbricht"[93] für leitende Staatsfunktionäre, für Werktätige, für Absolventen von Kurzlehrgängen der Deutschen Verwaltungsakademie und für Nachwuchskräfte aus den Verwaltungen, insbesondere für Frauen.

> „Der Bildungsgrad der Bewerber muß dem Niveau der Absolventen der Landesverwaltungsschulen oder Landesschulen demokratischer Parteien oder Organisationen entsprechen. Demokratische Zuverlässigkeit, positive Einstellung zur Sowjetunion und den Volksdemokratien sowie eine einwandfreie charakterliche Haltung der Bewerber müssen gewährleistet sein."[94]

Die Technische Hochschule Dresden und die Bergakademie Freiberg sind die ersten Hochschulen, die mit der Durchführung von Fernstudienlehrgängen in Maschinenbau, Elektrotechnik, Bauwesen, Technische Wirtschaftswissenschaften, Hüttenwesen, Bergbau und Markscheidekunde beauftragt werden.[95] Zum Hochschulfernstudium werden nur Bewerber zugelassen, die die erforderliche Vorbildung durch entsprechende Zeugnisse nachweisen, eine Aufnahmeprüfung bei der Hochschule bestanden haben und „den Nachweis einer aktiven Beteiligung am demokratischen Aufbau der Deutschen Demokratischen Republik erbringen können".[96] In diesen Jahren spricht man noch nicht von Delegierungen, obwohl der sogenannte Nachweis nichts anderes zu sein scheint. Ab 01.01.1953 wird in 21 Fachrichtungen ein Fachschulfernstudium angeboten.[97] Eine strukturelle Ergänzung für das Fernstudium in der DDR gibt es 1955 mit der Absicht, seinen organisatorischen Aufbau an den Uni-

---

92 Erste Durchführungsbestimmung für das Fernstudium an der Technischen Hochschule Dresden und an der Bergakademie Freiberg zur Verordnung über die Einrichtung eines Fernstudiums für Werktätige vom 14.12.1950. In: GBL. Nr. 145 vom 27.12.1950, S. 1221 und Erste Durchführungsbestimmung zur Verordnung über die Einrichtung eines Fernstudiums für Werktätige (Fernstudium an der Deutschen Verwaltungsakademie „Walter Ulbricht") vom 18.10.1950. In: GBL. Nr. 123 vom 31.10.1950, S. 1119.
93 Erste Durchführungsbestimmung zur Verordnung über die Einrichtung des Fernstudiums für Werktätige (Fernstudium an der deutschen Verwaltungsakademie „Walter Ulbricht") vom 18.10.1950. In: GBL. Nr. 123 vom 31.10.1950, S. 1119-1120.
94 Ebenda 1950, S. 1120.
95 Erste Durchführungsbestimmung für das Fernstudium an der Technischen Hochschule Dresden und an der Bergakademie Freiberg zur Verordnung über die Einrichtung des Fernstudiums für Werktätige vom 14.12.1950. In: GBL. Nr. 145 vom 27.12.1950, S. 1221-1222.
96 Ebenda, S. 1221.
97 Dritte Durchführungsbestimmung zur Verordnung über die Einrichtung eines Fachschulfernstudiums für Werktätige vom 01.09.1952. In: GBL. Nr. 126 vom 13.09.1952, S. 849.

versitäten und Hochschulen einheitlich zu gestalten.[98] Das Staatssekretariat für Hochschulwesen ordnet an, dass an Universitäten und Hochschulen mit über 1.500 Fernstudenten zur Entlastung des Rektors ein Prorektor für das Fernstudium und an Fakultäten mit mehr als 500 Studenten zur Entlastung des Dekans ein Prodekan für das Fernstudium eingesetzt werden kann. Dort, wo keine Fakultäten bestehen, kann eine Abteilung Fernstudium gegründet werden. Am 12.10.1955 erfolgt dann eine einheitliche Organisation des Fernstudiums im Hochschulbereich der DDR.[99] Seit dieser Zeit nimmt das Fernstudium einen gewaltigen Aufschwung. Es entwickelt sich zu einer tragenden Säule des Zweiten Bildungsweges. Bis zum Jahre 1955 werden sieben Technische Hochschulen, sieben Pädagogische Institute mit Hochschulcharakter, drei Medizinische Akademien, drei Künstlerische Hochschulen, zwei Landwirtschaftliche Hochschulen und drei Ökonomische Hochschulen gegründet (vgl. Das Hochschulwesen der DDR 1980, S. 57).

In die frühen 1950er Jahre fällt auch die organisatorische und rechtliche Ausgestaltung der Beziehungen zwischen „Elternhaus und Schule". Auf der ersten Zonentagung der „Freunde der neuen Schule" im Januar 1949 wird beraten, wie die gesellschaftliche Entwicklung in der SBZ/DDR durch die „Freunde der neuen Schule" unterstützt werden kann. Die Bedeutung der Konferenz besteht darin, dass die „Freunde der neuen Schule", nachdem der organisatorische Aufbau der Arbeitsgemeinschaften im wesentlichen abgeschlossen ist, sich besonders dem Herstellen von engen Beziehungen zwischen Schule und Volkseigenem Betrieb und der Verbesserung des Unterrichts zuwenden sollen (vgl. Kunath 1959/60, S. 13). Die Arbeitsgemeinschaft „Freunde der neuen Schule" ist Ausdruck der gesellschaftlichen Entwicklung in der DDR. Die „Freunde der neuen Schule" treten an die Stelle der Elternausschüsse, weil diese den Prozess der „Demokratisierung der Schule" nicht immer unterstützten, manchmal sogar behinderten. So ist es nicht verwunderlich, dass die Deutsche Verwaltung für Volksbildung das Nebeneinanderbestehen von zwei Gremien beendet, indem sie die Elternausschüsse auflöst (vgl. Kunath 1959/60, S. 13) und damit sukzessive die bestehenden intermediären Strukturen abschafft. Weitere „zuverlässige Helfer" beim Aufbau des Sozialismus sind die Freie Deutsche Jugend und die Pionierorganisation. Die FDJ hat seit ihrer Gründung am 07.03.1946 in den Schulen nur langsam Fuß fassen können. Von September 1948 bis Mai 1949 erhöht sich die Zahl der Schulgruppen von 362 auf 653 und die Zahl der Mitglieder von 39.470 auf 62.775 (vgl. Günther/Uhlig ca. 1962, S. 230). Viele Oberschulen haben sich bis Mitte der 1950er Jahre noch gegen die ideologische Durchdringung des Fachunterrichts, die politische Kontrolle der Lehrer und die vollständige Erfassung der Schüler durch die FDJ zur Wehr setzen können. In der SBZ/DDR ist die FDJ die einzige Jugendorganisation, nach-

---

98 Anordnung über die Organisation des Hochschulfernstudiums an den Universitäten und Hochschulen vom 12.10.1955. In: GBL. Nr. 56 vom 03.11.1955, S. 365-366.
99 Ebenda 1955, S. 365.

dem die Volksbildungsminister, der Zentralrat der FDJ und die Deutsche Verwaltung für Volksbildung am 18/19.12.1948 den Beschluss fassen, die Schülerräte aufzulösen,[100] damit eine intermediäre Organisation beseitigen und die Aufgaben der Jugendorganisation übertrugen. Damit ist es gelungen, den alleinigen ideologischen Einfluss der FDJ zu sichern. Am 11./12.12.1948 verkündet der Zentralrat der FDJ die „Verstärkung der ideologischen Erziehung", weil die Oberschüler und Studenten in Kürze leitende Stellungen im gesellschaftlichen Leben bekleiden würden. Dass der Einfluss der FDJ zunehmend deutlicher wird, ist erkennbar an der Gründung der Kinderorganisation („Junge Pioniere") und der Sportbewegung („DTSB – Deutscher Turn- und Sportbund"). Zahlreiche FDJ-Leitungen widmen ab Herbst 1948 der Arbeit mit den Kindern größere Aufmerksamkeit, um „die Kindervereinigung zu einer Massenorganisation der Kinder zu entwickeln" (Dokumente zur Geschichte der FDJ 1960, S. 170). Am 11./12.12.1948 gründet der Zentralrat der FDJ eine eigene Kinderorganisation, den „Verband der Jungen Pioniere" (Günther/Uhlig ca. 1962, S. 233). Die Umgestaltung der Kindervereinigung zu einer Kinderorganisation basiert auf Erfahrungen sowjetischer Pädagogen im sowjetischen Pionierverband.

> „Der Verband der Jungen Pioniere hilft der Schule bei der Erziehung der Kinder zu fortschrittlichen, lerneifrigen, arbeitsfreudigen, fleißigen, ehrlichen, lebensfrohen, demokratischen jungen Menschen. Er unterstützt die Entwicklung der schöpferischen Fähigkeiten der Kinder entsprechend ihren gesunden Wünschen. Der Verband der Jungen Pioniere baut seine Tätigkeit ... auf der Selbstbetätigung, der Aktivität und der Initiative der Kinder selbst auf" (Dokumente zur Geschichte der FDJ 1960, S. 209).

„Die Schule allein ist nunmehr die Organisationsbasis des Verbandes" (ebenda, S. 210). Ein Gruppenrat von 5 bis 7 Jungen Pionieren hat die Aufgabe, die Gruppe zu leiten, wobei der von der FDJ entsandte Pionierleiter die Tätigkeit des Gruppenrates und der Pioniergruppe „geschickt und taktvoll lenken" soll (ebenda, S. 211). Daran ist zu erkennen, dass ein zentralistisch geleitetes Kontrollsystem existiert, in dem „Einheitlichkeit", „Verbindlichkeit", „Treue", „Gehorsam" und „Diszipliniertheit" als Verhaltensnormen gelten. Die Verflechtung des Schulsystems mit den neu geschaffenen Massenorganisationen ist besonders eng, weil über die Mitgliedschaft der Lehrer in Parteien und Massenorganisationen deren Organisationsgrad erfolgt. Die Organisiertheit der Jugendlichen erfolgt durch deren Mitgliedschaft in der Freien Deutschen Jugend (FDJ). Die Organisiertheit der jüngsten Schulkinder erfolgt bei den „Jungen Pionieren" und die Organisiertheit der älteren Schulkinder erfolgt bei den „Thälmann-Pionieren" innerhalb der Pionierorganisation. Die FDJ wiederum gilt als „Kampfreserve der Partei". So ergibt sich eine Stringenz der Heranbildung der „neuen Intelligenz" durch ideologische In-

---

100 Karl Sothmann, Leiter der Schulabteilung in der Deutschen Verwaltung für Volksbildung, unterstützt die Forderung des Zentralrates der FDJ, die Schülerselbstverwaltung als Hemmnis der demokratischen Schulreform aufzulösen und dem § 6f des Schulgesetzes wieder Geltung zu verschaffen. In: Die neue Schule, 4 (1949) 5, S. 141.

doktrination, Führung, Erziehung und Mitgliedschaft vom „Jungen Pionier" über den „Thälmann-Pionier" und das „FDJ-Mitglied" und zum „SED-Mitglied". Der Übergang von einer Organisation in die nächste vollzieht für diejenigen, die sich nicht massiv zur Wehr setzen, nahezu automatisch und wird begleitet mit vielen Ritualen.

2.3. Polytechnisierung und Qualifizierung 1959-1967

Die Wirtschaftsgrundlage von 1956 bis 1960 bildet zunächst der zweite Fünfjahrplan[101], den die Volkskammer der DDR am 09.01.1958 als Gesetz beschließt. Nachdem die Sowjetunion im Januar 1959 für die Jahre 1959 bis 1965 einen Siebenjahrplan veröffentlicht hat, dessen Planziele erhöhte Anforderungen an die Verbündeten stellen, wird unmittelbar darauf in der DDR die neue Periodisierung der Wirtschaftsplanung nachgeahmt. Die Vorbereitungen eines Siebenjahrplanes fasst die restlichen zwei Jahre des laufenden Fünfjahrplanes (1959-1960) und des dritten Fünfjahrplanes (1961-1965) zusammen. Der Siebenjahrplan soll nicht nur die Synchronisierung mit dem sowjetischen Siebenjahrplan gewährleisten, sondern er enthält entsprechend der sowjetischen Erdöl-Lieferanforderungen auch erweiterte Planziele (vgl. Bundesministerium für gesamtdeutsche Fragen 1960, S. 372f.). Der Siebenjahrplan ist mit dem Aufbau bedeutender Investitionsobjekte der chemischen Industrie gekoppelt („Chemieprogramm"), deren erhöhte Produktionssteigerungen sich teilweise erst nach 1965 auswirken sollten (vgl. Ulbricht 1959, S. 159). Am 01.10.1959 wird von der Volkskammer das „Gesetz über den Siebenjahrplan" für die Jahre 1959 bis 1965 verabschiedet.[102] Faktisch jedoch wird die Wirtschaft von 1956 bis 1960 provisorisch durch Jahrespläne geleitet (vgl. Badstübner 1984. S. 207). Den Siebenjahrplan bricht im Mai 1961 die Staatliche Plankommission ab und führt ihn als Fünfjahrplan zu Ende. Die Gründe seines Scheiterns sind vielschichtig. Kapazitätserweiterungen haben nicht stattgefunden, weil überalterte Maschinen um den Preis überhöhter Instandhaltungs- und Reparaturkosten betrieben wurden und Investitionen fehlten. Durch die offene Grenze zum Westen haben viele Spezialisten die DDR verlassen. Durch die Einführung der Polytechnischen Oberschule haben zwei Jahrgänge von Schulabgängern nicht als Arbeitskräftepotential, das sich ohnehin seit 1960 rückläufig entwickelte, zur Verfügung gestanden. Auch die ungleichmäßige Standortverteilung der Industrie hat zum Scheitern des Siebenjahrplanes beigetragen.

---

101 Gesetz über den 2. Fünfjahrplan zur Entwicklung der Volkswirtschaft in der Deutschen Demokratischen Republik für die Jahre 1956-1960 vom 09.01.19858. In: GBL. Teil I, Nr. 5 vom 20.01.1958, S. 41-56.
102 Gesetz über den Siebenjahrplan in den Jahren 1959-1965 vom 01.10.1959. In: GBL. Teil I, Nr. 56 vom 17.10.1959, S. 703-744.

Der V. Parteitages der SED (10.-16.07.1958) visiert für den Zeitraum 1958 bis 1961 den „Sieg der sozialistischen Produktionsverhältnisse" an. Auf dem Gebiet der Ideologie und Kultur beginnen „Maßnahmen zur sozialistischen Umwälzung", die neue Formen der Erwachsenenbildung hervorbringen.[103] Vor allem unter der Arbeiterschaft wird eine Bewegung des Lernens initiiert, die den Aufbau betrieblicher Qualifizierungssysteme erfordert. Im Rahmen des bereits erwähnten „Chemieprogramms" entsteht am 01.09.1959 die erste Betriebsakademie (BAK) der DDR in Bitterfeld/Wolfen (vgl. Lindenthal 1977, S. 14). Zur Gründung dieser speziellen Betriebsakademie werden die „Technischen Betriebsschulen", die „Betriebsabendschulen", die „Betriebsoberschulen", die „Technischen Kabinette", die „Außenstellen des Hoch- und Fachschulfernstudiums", die „Kammer der Technik", die „Gesellschaft zur Verbreitung wissenschaftlicher Kenntnisse", die durch die „Gesellschaft für Deutsch-Sowjetische Freundschaft" erfasste „Neuererbewegung", die Bildungsmöglichkeiten der Gewerkschaften und der FDJ der Chemiegroßbetriebe Elektrochemisches Kombinat, Filmfabrik Wolfen und Farbenfabrik Wolfen zusammengefasst. Generell hat eine Betriebsakademie folgende Aufgaben zu lösen:

„Qualifizierung der Arbeiter in den Lohngruppen II bis VIII, einschließlich Facharbeiterausbildung; Vermittlung von Kenntnissen und Fertigkeiten aus anderen Berufen (zweiter Beruf); Aus- und Weiterbildung der Meister; Vorbereitung auf das Fach- und Hochschulstudium; Ingenieur- und Technikerausbildung; Betreuung von Studenten sowie ihre Vorbereitung auf die Praxis; Aus- und Weiterbildung von Wirtschaftskadern; marxistisch-leninistische Schulungen (FDGB, FDJ); pädagogisch-fachliche Anleitung der Ausbildung der Lehrer für den polytechnischen Unterricht" (Prokop 1986, S. 257f.).

In der Anfangszeit fehlen den Betriebsakademien qualifizierte Lehrkräfte. Die Bildungsarbeit einiger Betriebsakademien ist nicht auf die sich aus der Rationalisierung ergebenden Anforderungen ausgerichtet. Fachgebiete wie Arbeits- und Betriebsökonomie, gesellschaftswissenschaftliche Fächer, Literatur und Kunst werden vernachlässigt. Eindeutig geregelt ist, dass die Betriebsakademien nicht für die verbandsinterne Schulungsarbeit des FDGB und der FDJ zuständig sind. Die Betriebsakademien tragen zur „Erhöhung des kulturell-technische Niveau der Werktätigen" und zur „Herausbildung einer eigenen Intelligenz aus der Arbeiterklasse" bei.

Eine tiefgreifende Zäsur in der Entwicklung der beruflichen Erwachsenenbildung wurde 1959 erforderlich, weil die Erfüllung des Siebenjahrplanes nur zu gewährleisten war, wenn die Qualifikationsstruktur und das Bildungsniveau aller Werktätigen in kürzester Zeit verbessert werden. Deshalb rückt die allgemeine und die berufliche Qualifizierung in den Vordergrund der berufspädagogischen und bildungspolitischen Diskussion. Ihr wird zeitweise größere Aufmerksamkeit gewidmet als der beruflichen Erstausbildung. Für

---

103 Beschluß des V. Parteitages (15.07.1958). In: Dokumente der SED. Bd. VII. Berlin 1961, S. 231.

die Werktätigen sollen vielfältige Möglichkeiten geschaffen werden, um eine höhere Qualifikation in einem oder mehreren Berufen zu erwerben. Viele Werktätige sollen sich von Stufe zu Stufe und schrittweise bis zum Ingenieur qualifizieren. So ist auch die Abkehr von der Lohngruppenqualifizierung und die Hinwendung zur abschnittsweisen Qualifizierung „vom Ungelernten zum Professor" zu erklären.

1. Abschnitt: arbeitsplatzbezogene Vermittlung von Grundkenntnissen, Fertigkeiten;
2. Abschnitt: Erweiterung der Grundkenntnisse auf arbeitsbereichsanteiligen Tätigkeiten;
3. Abschnitt: Vorbereitung auf die Ablegung der Facharbeiterprüfung;
4. Abschnitt: Weiterbildung von Facharbeitern für eine höher qualifizierte Tätigkeit im Beruf oder Erwerb der Fachschulreife;
5. Abschnitt: Vorbereitung auf die Ablegung der Meisterprüfung für Facharbeiter, die eine Meisterprüfung aufnehmen sollen oder sie bereits ausüben;
6. Abschnitt: Technikerausbildung;
7. Abschnitt: Ingenieur- bzw. gleichwertiges Fachschulstudium;
8. Abschnitt: Hochschulstudium.[104]

Ähnlich wie andere Volksdemokratien geht auch die DDR dazu über, gemischte staatlich-private Betriebe (vgl. Bundesministerium für gesamtdeutsche Fragen 1960, S. 393) zu schaffen, die in sozialistische Betriebe umgestaltet werden sollen. Am 26.03.1959 beschließt der Ministerrat der DDR die Bildung halbstaatlicher Betriebe.[105] Diese Verordnung legt die Grundsätze fest, die auf freiwilliger Grundlage und auf Antrag der Unternehmer basieren, und bestimmt, dass der Unternehmer das Recht und die Pflicht hat, den Betrieb nach dem Prinzip der persönlichen Verantwortung zu leiten und ihn gemeinsam mit den Arbeitern zu einem „sozialistisch arbeitenden Betrieb" zu entwickeln. Halbstaatliche Betriebe werden in der Regel als Kommanditgesellschaften gebildet, in einzelnen Fällen auch in Form offener Handelsgesellschaften. Der FDGB ist für die Produktion in diesen Betrieben mitverantwortlich. Ebenso wie in Volkseigenen Betrieben hat er den „Wettbewerb", die „Neuerermethoden" und das „Rationalisierungs- und Erfindungswesen" unter den Arbeitern zu organisieren. Im Jahre 1956 sind in den halbstaatlichen Betrieben 14.331 und im Jahr 1959 schon 240.498 Arbeiter und Angestellte (ohne Lehrlinge) beschäftigt (vgl. Bundesministerium für gesamtdeutsche Fragen 1960, S. 394). Diese Zahlen bestätigen das rasante Anwachsen der Verstaatlichung und die subtile Umschichtung der Arbeiterschaft in Werktätige.[106] Nicht nur in der Industrie vollzieht sich der staatliche Wandel, wenn

---

104 Zeitzeugengespräch mit Dr. Gerhard Pogodda zur beruflich-betrieblichen Erwachsenenbildung am 27.04.1994.
105 Verordnung über die Bildung halbstaatlicher Betriebe vom 26.03.1959. In: GBL. Teil I, Nr. 19 vom 10.04.1959, S. 253.
106 Arbeiterschaft erfordert zwangsläufig Unternehmerschaft, gegenüber der sie das demokratische Recht des Streiks anwenden kann. Werktätigen ist ein Streikrecht unmöglich, da sie laut Verfassung die produktionsmittelbesitzende Klasse sind.

man die Tatsachen nicht als „sozialistische Enteignung" bezeichnen will. Ebenso betroffen vom staatlichen Wandel sind die Klein- und Mittelbauern, die unter dem Zwang der „Kollektivierung der Landwirtschaft" stehen. Das Gesetz über die Bildung von Landwirtschaftlichen Produktionsgenossenschaften (LPG) beschließt die 6. Sitzung der Volkskammer der DDR am 03.06.1959.

> „Das LPG-Gesetz unterstützte die Schaffung genossenschaftlichen Eigentums, förderte den Zusammenschluß vieler Einzelbauern zur genossenschaftlichen Großproduktion und trug zur Festigung des Bündnisses mit der Arbeiterklasse bei. Es garantierte den Schutz und die Mehrung des genossenschaftlichen Eigentums und sicherte den LPG-Mitgliedern ihr persönliches Eigentum."[107]

Die Umgestaltung der Landwirtschaft bringt Ende der 1950er Jahre ein akutes Qualifizierungsbedürfnis in den Dörfern mit sich, das bereits im Siebenjahrplan explizit als Anlass zur Gründung der Dorfakademien ausgewiesen ist.

> „So kam es, dass die erste Dorfakademie noch vor der ersten Betriebsakademie gegründet wird. Sie entstand am 15. März 1958 im VEG Hagelberg, Kreis Belzig. Hagelberg hatte zu diesem Zeitpunkt 120 Haushalte. Einziges kulturelles Zentrum war das VEG, in dem insgesamt 90 Landarbeiter (davon 44 Mitglieder der SED) tätig sind. Im Ort gab es nur noch zwei Einzelbauern. Ein Grund für die Bildung der Dorfakademie war die allgemeine Unzufriedenheit der Hagelberger Landarbeiter und Genossenschaftsbauern mit den bisher üblichen Winterschulungen. Der Themenplan für die Winterschulung 1957/1958 mit seiner ‚Nur Fachorientierung' genügte nicht mehr. Die Dorfakademie machte es sich zur Aufgabe, fachliche mit gesellschaftswissenschaftlicher Weiterbildung zu verbinden. Nach dem Vorbild der Hagelberger Dorfakademie entwickelten sich auch in anderen Dörfern, vor allem in Verbindung mit VEG und MTS, Dorfakademien. Ihre Zahl stieg bis zum Ende des I. Quartals 1959 auf 86 und hatte Ende 1959 bereits 1600 erreicht" (Prokop 1986, S. 258).

Die Erwachsenenbildung erfährt eine neue Qualität durch die Institutionalisierung der Betriebsakademien und der sogenannten Dorfakademien. Es erfolgt eine institutionelle, normative Verankerung der einzelnen Qualifizierungsmaßnahmen, die eine idealisierte „Einheitlichkeit" garantieren. Eine planmäßige und systematische Erwachsenenqualifizierung wird als „Voraussetzung für den Aufbau des Sozialismus betrachtet, der allseitig entwickelte sozialistische Menschen mit hoher Produktionserfahrung braucht."[108] Die simple Notwendigkeit von Qualifizierung, einhergehend mit massenhaft neu entstandenen Institutionen (Betriebs- und Dorfakademien) verlangt nach einer gesetzlichen Regelung. Deshalb wird die „Verordnung über die Bildungseinrichtungen zur Erwachsenenqualifizierung" vom 29.09.1962[109] als das „bildungspolitisch wichtigste und umfassendste Dokument der Erwachsenenbildung in der DDR angesehen, weil es die jahrelange Phase des Expe-

107 Gesetz über die Landwirtschaftliche Produktionsgenossenschaften vom 03.06.1959. In: GBL. Teil I, Nr. 36 vom 12.06.1959, S. 577
108 Verordnung über die Bildungseinrichtungen zur Erwachsenenqualifizierung vom 27.09.1962. In: GBL. Teil II, Nr. 77 vom 13.10.1962, S. 687-690.
109 Ebenda 1962, S. 688.

rimentierens beendet" (Niehuis 1973, S. 126). Mit dieser einheitlichen Konzeption will man eine optimale Koordinierung der bestehenden Einrichtungen verwirklichen.

„Die Werktätigenqualifizierung (auch als Qualifizierung am Arbeitsplatz bezeichnet) wird längerfristig auf die betrieblichen Pläne abgestimmt. Insbesondere durch die Kollektive der sozialistischen Arbeit gefördert, nahm die Qualifizierungsbereitschaft der Werktätigen zu" (Badstübner 1984, S. 259).

Nachdem die Betriebsakademien im Jahre 1962 zu staatlichen Einrichtungen geworden sind, haben sie die Legitimation, einen staatlich lizenzierten Berufsabschluss zu vergeben, weil sie für Erwachsene jetzt die Facharbeiterausbildung durchzuführen berechtigt sind. Die Betriebsakademien haben wesentlichen Einfluss darauf, dass seit 1955 der Anteil An- und Ungelernter sukzessive von 70% auf 34,2% also um mehr als die Hälfte zurückgeht. Im Jahre 1960 werden etwa 20% der Facharbeiterabschlüsse in der Erwachsenenbildung erworben, 1965 sind es etwa 45%. In den 1960er Jahren tritt die Berufsausbildung Erwachsener in den Vordergrund, das Qualifikationsniveau wird nominell angehoben, was auch in der Statistik zählt. In dieser Zeit bricht sozusagen eine Bildungseuphorie aus.[110]

Die Veränderungen, die 1959 im Schulsystem eingeführt werden, sind als Schulreform zu charakterisieren und strukturell von hoher Bedeutung, weil sie die Produktionsbezogenheit des Bildungswesens verdeutlichen. Ab 1959 beginnt der schrittweise Aufbau der zehnklassigen Oberschule. Bereits in Vorbereitung auf das neue Bildungsgesetz erlässt am 12.11.1959 der Ministerrat der DDR die Verordnung über die Sicherung einer festen Ordnung an den allgemeinbildenden Schulen (Schulordnung).[111] Die Verantwortung für die Planmäßigkeit, Stetigkeit und Ordnung der Arbeit an der Schule wird dem Ministeriums für Volksbildung, den Bezirks- und Kreisschulräten und die Direktoren bzw. Schulleitern übertragen. Alle Lehrer und Erzieher sind verpflichtet, durch gewissenhafte Erfüllung der Lehrpläne die Voraussetzungen zu schaffen, dass jeder Schüler das Ziel der Klasse und der Schule erreicht (vgl. Akademie f. Staats- u. Rechtswissenschaften 1989, S. 83).

Am 02.12.1959 verabschiedet die Volkskammer das „Gesetz über die sozialistische Entwicklung des Schulwesens in der DDR",[112] das vorsieht, bis zum Jahre 1964 die zehnklassige allgemeinbildende Polytechnische Oberschule schrittweise für alle Kinder einzuführen. Das Schulgesetz von 1959 distanziert sich von der Lernschule. Als Grundzug des Unterrichts wird die Polytechnische Bildung und Erziehung herausgestellt. Die Lehrer werden

---

110 Zeitzeugengespräch mit Dr. Gerhard Pogodda zur beruflich-betrieblichen Erwachsenenbildung am 27.04.1994.

111 Verordnung über die Sicherung einer festen Ordnung an den allgemeinbildenden Schulen. Schulordnung vom 12.11.1959. In: GBL Teil I, Nr. 63 vom 19.11.1959, S. 823ff.

112 Gesetz über die sozialistische Entwicklung des Schulwesens (Schulordnung) vom 02.12.1959. In: GBL. Teil I, Nr. 67 vom 07.12.1959, S. 859.

verpflichtet, den Unterricht methodisch so zu gestalten, dass er auf der Aktivität und Selbsttätigkeit der Schüler beruht. Weiter wird eine enge Verbindung der Bildung und Erziehung mit der produktiven Arbeit und der Praxis des „sozialistischen Aufbaus" gefordert. Gleichwohl hält das neue Gesetz ausdrücklich an der „Systematik" und der „Wissenschaftlichkeit" des Unterrichts fest. Das „System des Polytechnischen Unterrichts", das die Schüler langfristig und konsequent auf ihren künftige Werktätigenstatus vorzubereiten hat, enthält in den Jahren 1958/59 folgende Elemente: 1. bis 4. Klasse: „Werkunterricht"; 5. bis 6. Klasse: „produktionsbezogener Werkunterricht"; 7. bis 12. Klasse: „Unterrichtstag in der sozialistischen Produktion"; 9. Klasse: ein 14tägiges Praktikum; 8. bis 9. Klasse: „Technisches Zeichnen"; 9. bis 12. Klasse: „Einführung in die sozialistische Produktion" in Industrie und Landwirtschaft. Unter den Aspekten der Polytechnischen Bildung werden im Physik-, Chemie- und Biologieunterricht die Übungen verstärkt.[113] Das Fach Staatsbürgerkunde der 8. bis 12. Klasse bekommt mit der „politischen Ökonomie", der „marxistisch-leninistischen Philosophie" und der „Staatstheorie" neue Inhalte.[114]

Das Schulgesetz von 1959 definiert auch Schulhorte und Internate als feste Bestandteile der Schule, womit eine organisatorische Basis für die Verwandlung von Schulen in Ganztagsschulen geschaffen ist, so dass ein „ganztägiger Bildungs- und Erziehungsprozess" stattfinden kann. Den Schulhort sieht man als erzieherisch wertvolle Freizeitgestaltung an. Er soll den Schülern beim Lernen helfen und eine gute Betreuung während des ganzen Tages zusichern. Ein wichtiges, vielleicht entscheidendes Motiv für die Schaffung von Ganztagsschulen ist aber in der verstärkten Rekrutierung von Frauen für die berufliche Tätigkeit zu sehen, die an keiner Stelle transparent gemacht wird.

Das Kernstück des neuen Schulgesetzes ist der Aufbau der zehnklassigen allgemeinbildenden Oberschule, verbunden mit neuen Formen der Weiterbildung für alle Werktätigen bis zur Fach- und Hochschule. Der Zugang zur Fach- und Hochschulreife über die Volkshochschule bleibt ein staatlich geförderter, vollwertig anerkannter Bildungsweg. Obwohl die Volkshochschule seit 1956 bereits mit dem Nachholen von Schulabschlüssen an das Schulsystem angegliedert ist, zementiert das Bildungsgesetz von 1959 diese Entscheidung. Die Trennung zwischen Erwachsenenbildung und Schulbildung bleibt trotzdem relevant, weil der Unterschied der Volkshochschule zur Tagesschule darin zu sehen ist, dass die Volkshochschule zwar einen berufsbegleitenden Bildungsweg neben ihren anderen Aufgaben anbietet, die Erwachsenenbildung aber neben der Volkshochschule inzwischen weitere Institutionalformen herausgebildet hat. Für die berufliche Erwachsenenbildung beste-

---

113 Anweisungen zur Durchführung des Schuljahres 1958/59. In: Verfügungen und Mitteilungen des Ministeriums, Nr. 14/1958, S. 110.

114 Vgl. Lehrplan für Staatsbürgerkunde. In: Verfügungen und Mitteilungen des Ministeriums für Volksbildung, Nr. 14/1958, S. 184.

hen die Konsequenzen des Gesetzes darin, dass sich die meisten Berufe an dem Bildungsvorlauf aus der zehnklassigen allgemeinbildenden Oberschule orientieren und nicht mehr wie bisher an den Tätigkeiten am Arbeitsplatz auf der Grundlage eines Wirtschaftszweig- und Lohngruppenkataloges. Schrittweise wird die produktionspraktische Tätigkeit für Bewerber aus den Oberschulen für ein Hochschulstudium eingeführt und 1958 als „Praktisches Jahr"[115] gesetzlich fixiert. Die Oberschule hat eine neue bildungspolitische Aufgabe zu erfüllen, und zwar

> „die Grundlage für die berufliche Ausbildung und alle weiterführenden Bildungseinrichtungen zu schaffen. Sie hatte den Schülern eine hohe Allgemeinbildung, die auf der Polytechnischen Bildung beruht, und sichere Kenntnisse in den Grundlagen der Wissenschaft, der Technik und der Kultur zu vermitteln. Der Weg von der Oberschule über die Berufsausbildung ist der Hauptweg zur Entwicklung des Fach- und Hochschulnachwuchses. ... Die Schule hat die Jugend auf das Leben und die Arbeit im Sozialismus vorzubereiten, sie zu allseitig polytechnisch gebildeten Menschen zu erziehen und ein hohes Bildungsniveau zu sichern. Sie erzieht die Kinder und Jugendlichen zur Solidarität und zu kollektivem Handeln, zur Liebe zur Arbeit und zu den arbeitenden Menschen und entwickelt alle ihre geistigen und körperlichen Fähigkeiten zum Wohl des Volkes und der Nation."[116]

In der Formulierungen des Erziehungszieles von 1959 werden die Vorstellungen von 1952 „insoweit zurückgenommen, als dort die Sekundärtugenden nicht mehr zu primären Tugenden erhoben werden und eine treue Ergebenheit gegenüber der Regierung nicht mehr verlangt wird. An die Stelle solcher im engen Sinne staatspädagogischer Optionen tritt nun die Rede von der ‚sozialistischen Erziehung'" (Benner/Sladek 1998, S. 207).

> „Das Ziel ... besteht darin, einen neuen Menschen, einen allseitig entwickelten, kultivierten und gebildeten Menschen zu schaffen, der im Geist des Friedens, der sozialistischen Gesellschaft und der Völkerfreundschaft erzogen ist" (Ministerium für Volksbildung 1964, S. 78).

Das „Gesetz über die sozialistische Entwicklung des Schulwesens" von 1959 ermöglicht den Ausbau der Betriebsberufsschulen mit Abitur. Die mit dem Schulabschluss gekoppelte Organisationsform Berufsschule, die das alte Dilemma fortschreibt, ist ein Gegengewicht zu den absinkenden Studienbewerbungen aufgrund der demografischen Veränderungen nach dem Krieg.

> „In den Jahre 1940 bis 1944 sank die Zahl der Geburten jährlich auf 220000 und von 1945 bis 1948 stagnierte sie auf geringem Niveau, und erst 1949 war ein Ansteigen der Geburtenzahlen zu verzeichnen" (Zentralinstitut für Hochschulbildung 1987, S. 38).

Dringend notwendig wird eine jährliche Regulierung der Disproportionen in den Bewerbungen für einzelne Studiengänge, um eine „möglichst weitgehende Übereinstimmung zwischen persönlichen Wünschen und gesellschaftli-

---

115 Anordnung über das praktische Jahr der Studienbewerber an den Einrichtungen der Lehrer- und Erzieherausbildung vom 08.08.1958. In: GBL. Teil I, vom 17.09.1958, S. 665.
116 Ebenda 1958, S. 618.

chen Erfordernissen", die in den Zulassungskontingenten ihren Niederschlag finden, herzustellen. Jährlich verringert sich die Anzahl der Studienbewerber für ein Hochschulstudium, da etwa 40 Prozent der Abgänger Berufsausbildung mit Abitur an den Ingenieurschulen mit Fachschulstatus studieren und ca. 7 Prozent der Schulabgänger von den Erweiterten Oberschulen aus persönlichen Gründen kein Hochschulstudium aufnehmen wollen (vgl. Zentralinstitut für Hochschulbildung 1987, S. 38). Um die Diskrepanz zu beseitigen, beschließt der Ministerrat der DDR 1962 die Grundsätze über das Aufnahmeverfahren an den Universitäten, Hoch- und Fachschulen.[117] Es geht darum, bei der Zulassung der Studenten stärker als bisher das Leistungsprinzip durchzusetzen und solche Bewerber zuzulassen, die über die besten fachlichen und politischen Voraussetzungen für ein Studium verfügen. Die Studienbewerbungen müssen nun durch die Stellungnahmen der Betriebe und Institutionen, in denen die Bewerber tätig sind, ergänzt werden. Von „Delegierung" ist hier nicht die Rede, wohl aber ist sie gemeint. Über die Zulassung entscheiden die Hochschulen, die den Anteil von Arbeiter- und Bauernkindern, den Anteil der Bewerber mit Produktionserfahrungen und den Anteil von Frauen zu erhöhen hatten (vgl. Zentralinstitut für Hochschulbildung 1987, S. 38). Die Sozialstruktur der Studentenschaft entspricht bald der Sozialstruktur der Bevölkerung. Es studieren 54,2% Kinder von Arbeitern und Bauern, 20,5% Kinder von Angestellten, 15,9% Kinder der Intelligenz, 6,3% Kinder selbstständiger Erwerbstätiger und 3,1% Kinder sonstiger Berufsgruppen an Universitäten und Hochschulen der DDR (vgl. Günther/Uhlig 1969, S. 141).

Das „Gesetz über die sozialistische Entwicklung des Schulwesens"[118] von 1959 erklärt die allgemeine Oberschulpflicht und die zehnklassige allgemeinbildende Polytechnische Oberschule zum grundlegenden Schultyp:

> „Die Oberschule ist eine organisch gegliederte schulorganisatorische Einheit, in der ein kontinuierlicher Bildungs- und Erziehungsprozeß von der ersten bis zur zehnten Klasse zu sichern ist. Sie gliedert sich in die Unterstufe mit den Klassen 1 bis 3, die Mittelstufe mit den Klassen 4 bis 6, die Oberstufe mit den Klassen 7 bis 10" (Bildungswesen der DDR 1979, S. 90).

Das umfassendste und weitreichendste Bildungsgesetz der DDR, das bis zum Ende der DDR seine Gültigkeit behält, ist das „Gesetz über das einheitliche sozialistische Bildungssystem" vom 25.02.1965.[119] Neu darin ist die gesellschaftliche Etablierung und Konsolidierung der Erwachsenenbildung. Die Qualifizierung der Werktätigen als Bestandteil des einheitlichen sozialistischen Bildungssystems wertet die Stellung der Erwachsenenbildung in der

---

117 Beschluß über das Aufnahmeverfahren an den Universitäten, Hoch- und Fachschulen vom 21.12.1962. In: GBL. Teil II, Nr. 1 vom 04.01.1963, S. 1ff.
118 Gesetz über die sozialistische Entwicklung des Schulwesens vom 02.12.1959. In: GBL. Nr. 67 vom 07.12.1959, S. 859-863.
119 Gesetz über das einheitliche sozialistische Bildungssystem vom 25.02.1965. In: GBL. Teil I, Nr. 6 vom 25.02.1965, S. 84-106.

Gesellschaft auf. Die Relevanz von schulischen Bildungsgesetzen für die Erwachsenenbildung ist unterschiedlich, obwohl alle Schulreformen meist auch Einschnitte in die Erwachsenenbildung darstellen, da diese Einrichtungen als integrierter Bestandteil des einheitlichen Bildungssystems in der DDR verstanden werden. Das Schulgesetz von 1965 wirkt sich nur indirekt auf die Erwachsenenbildung aus, weil bereits mit der „Verordnung über die Bildungseinrichtungen zur Erwachsenenqualifizierung" vom 29.09.1962 die Perspektiven und die neuen Konzeptionen der Einrichtungen zur Erwachsenenbildung festgelegt werden, die das Gesetz von 1965 nochmals bestätigt.

Dagegen führt die Verlängerung der Schulpflicht im Jahre 1959 zu erheblicheren Konsequenzen für die Volkshochschulen, Betriebsakademien und die Berufsausbildung. Auch dem Aspekt der „Vollzeitbeschäftigung der Frauen" trägt das „Gesetz zum einheitlichen sozialistischen Bildungssystem" besser Rechnung, weil die Vorschuleinrichtungen Kinderkrippe und Kindergarten als grundlegende Bestandteile darin Anerkennung finden.

„In *Kinderkrippen* werden Kinder, deren Mütter berufstätig sind oder studieren, von den ersten Lebenswochen bis zur Vollendung des 3. Lebensjahres in engem Zusammenwirken mit der Familie gepflegt und erzogen. ...

> In den *Kindergärten* lernen die Kinder, ... selbständig in der Gemeinschaft tätig zu
> sein. Sie sind ... in angemessener Weise auf das Lernen in der Schule vorzubereiten
> und mit dem sozialistischen Leben und dem Schaffen der werktätigen Menschen bekannt zu machen."[120]

Die Veränderungen in der allgemeinbildenden Schule beeinflussen die Berufsausbildung ganz wesentlich. Die 4. Tagung des ZK der SED konstatiert einen „Tempoverlust" in der Berufsausbildung,[121] weil die zu spezialisierte Ausbildung in den Lehrberufen überholt ist, ebenso der enge Anschluss der Ausbildung an die Lohngruppen. Die mehr als 900 spezialisierten Berufe in der Systematik der Ausbildungsberufe sind nicht mehr adäquat zu den Leistungen, die die neuen Abgänger der allgemeinbildenden Schule mitbringen. Sie entsprechen nicht mehr dem technologischen Entwicklungsstand. Aus diesen Gründen werden am 29.07.1959 Vorschläge des ZK der SED „Zur Qualifizierung der Werktätigen und zur sozialistischen Entwicklung der Berufsausbildung in der DDR" verabschiedet.[122] Diese Vorschläge bilden die Basis für eine breite Diskussion über die Berufsausbildung, die Anfang 1960 auf dem III. Berufspädagogischen Kongress weiterentwickelt wird (vgl. Der Siebenjahrplan 1960, S. 4). Die wichtigsten Ergebnisse sind, dass die Berufsausbildung auf der zehnklassigen, allgemeinbildenden Polytechnischen Ober-

120 Gesetz über das einheitliche sozialistische Bildungssystem vom 25.02.1965. In: GBL. Teil I, Nr. 6 vom 25.02.1965, S. 89.
121 Zur Verbesserung der Berufsausbildung auf der 4. Tagung des ZK der SED vom 17.-19.01.1951. In: Dokumente der SED. Bd. III. Berlin 1952, S. 345.
122 Zur Qualifizierung der Werktätigen und zur sozialistischen Entwicklung der Berufsausbildung in der DDR. Vorschläge des ZK der SED. In: Deutsche Lehrerzeitung, 6 (1959) 31, Beilage, S. 2.

schule aufzubauen hat, dass die Berufsausbildung eng mit der Produktion verbunden sein soll, dass die Jugendlichen klassenbewusst zu erziehen sind, dass die Ausbildung und Qualifizierung der Werktätigen Bestandteil des einheitlichen Bildungssystems zu sein hat und dass der Inhalt der Ausbildungs- und Qualifizierungsmaßnahmen von der Entwicklung der Produktion und Arbeitsorganisation bestimmt wird. Die Ergebnisse des III. Berufspädagogischen Kongresses finden in den „Grundsätzen zur weiteren Entwicklung des Systems der Berufsbildung in der DDR", die am 30.06.1960 durch den Ministerrat bestätigt werden, ihren Niederschlag (vgl. Der Siebenjahrplan 1960, S. 4). Im „Gesetz über das einheitliche sozialistische Bildungssystem" vom 25.02.1965 findet die Etablierung und Konsolidierung der Erwachsenenbildung statt. Die Erwachsenenbildung ist als Bestandteil in das einheitliche Bildungssystem integriert, was für ihre gesellschaftliche Anerkennung wichtig ist.

In den allgemeinen Erziehungszielen des „Gesetzes über das einheitliche sozialistische Bildungssystem" vom 25.02.1965 und in den „Grundsätzen für die Berufsausbildung im einheitlichen sozialistischen Bildungssystem" vom 11.06.1968 findet sich die Aussage, dass der allseitig gebildete Mensch nun auch eine „harmonisch entwickelte sozialistische Persönlichkeit" sein soll, die in der Lage ist, „bewußt das gesellschaftliche Leben (zu) gestalten, die Natur (zu) verändern und ein erfülltes, glückliches und menschenwürdiges Leben (zu) führen" (Benner/Sladek 1998, S. 208). Es fällt auf,

> „dass das Subjekt, von dem 1947 im Erziehungsprogramm die Rede ist, zunehmend im Kollektiv sozialistischer Persönlichkeiten verschwindet, dass der Horizont realer Lebensgestaltung auf die Bereiche Arbeit und Staatsbürgerdasein begrenzt wird und dass die großen Aufgaben der Politik und die Schwierigkeiten ihrer theoretischen und praktischen Einlösung, von denen in den beiden ersten Formulierungen (1946/1947) gesprochen wird, in der dritten und vierten Fassung (1965/1968) schon als eingelöst unterstellt werden. Die Vermittlungsproblematik zwischen der individuellen und der gesellschaftlichen Daseinsform der Menschen nimmt so von Erziehungsziel zu Erziehungsziel zunehmend den Charakter einer individuell nur noch zu erbringenden, gesellschaftlich aber bereits geklärten und, durch die sozialistische Identität von Mensch und Bürger, schon aufgehobenen Problematik an" (Benner/Sladek 1998, S. 208).

Der Tod des Präsidenten Wilhelm Pieck gibt der SED die Gelegenheit, die Verfassung zu revidieren und sie in den Artikeln 101-108 den Verfassungsbestimmungen der Sowjetunion und anderer Volksdemokratien anzupassen. Nach sowjetischem Vorbild wird am 12.09.1960 auf der 14. Sitzung der Volkskammer der DDR das Amt des Präsidenten der Republik durch einen „Staatsrat der Deutschen Demokratischen Republik" ersetzt, und als dessen Vorsitzender Walter Ulbricht gewählt.[123]

> „Zugleich wurden die Befugnisse des Staatsrates gegenüber dem Präsidentenamt stark ausgedehnt Der Staatsrat wird von der Volkskammer auf die Dauer von vier Jahren gewählt und ist dieser formal rechenschaftspflichtig. Der Staatsrat verkündet Gesetze,

---

123 Gesetz über die Bildung des Staatsrates der DDR vom 12.09.1960. In: GBL. Teil I, Nr. 53 vom 13.09.1960, S. 505.

verpflichtet die Regierungsmitglieder bei Amtsantritt, schreibt Wahlen zur Volkskammer aus, ratifiziert und kündigt internationale Verträge, ernennt Botschafter. Neben diese repräsentativen Aufgaben treten Funktionen, die von den klassischen verfassungsrechtlichen Befugnissen eines Staatsoberhauptes stark abweichen. So gibt der Staatsrat ‚allgemein verbindliche Auslegungen der Gesetze', kann er selbständig ‚Beschlüsse mit Gesetzeskraft' erlassen, grundsätzlich Beschlüsse zu ‚Fragen der Verteidigung und Sicherheit des Landes' erlassen, ‚grundsätzlich Anordnungen des Nationalen Verteidigungsrates' bestätigen und die Mitglieder des Verteidigungsrates berufen. In der Verfassungspraxis tritt der Staatsrat damit in eine Funktionskonkurrenz mit den legislativen und exekutiven Organen der SBZ" (Bundesministerium für gesamtdeutsche Fragen 1960, S. 395f.).

Die langfristige Wirtschaftsplanung, die staatlichen Betriebe und die kollektivierte Landwirtschaft verkörpern die sogenannten „sozialistischen Produktionsverhältnisse" in der DDR, die nun nach außen hin unangreifbar zu machen sind. Am 12.08.1961 wird vom Ministerrat der DDR ein „Beschluß zur Sicherung der Staatsgrenze"[124] gefasst, der am 13.08.1961 in Berlin mit dem Mauerbau in Kraft gesetzt wird. Die NVA, die Kampfgruppen, die Grenzpolizei und die in der DDR stationierten Truppen der Sowjetarmee kontrollieren die Grenzen und bauen Befestigungsanlagen. Unterstützt hat den Mauerbau und die Grenzziehung am 16.08.1961 der Zentralrat der FDJ mit einen Aufruf an alle Mitglieder unter der Losung „Das Vaterland ruft! Schützt die sozialistische Republik", woraufhin sich 285.430 Jugendliche bis 01.11.1961 zum Dienst in den bewaffneten Organen verpflichten (vgl. Akademie f. Staats- u. Rechtswissenschaften 1989, S. 92f.). Sanktioniert werden am 24.01. 1962 die militärischen Angelegenheiten mit dem „Wehrpflichtgesetz", der „Erfassungsordnung", der „Musterungsordnung" und der „Reservistenordnung".[125] Mit dem Mauerbau verbunden sind eine einschneidende Freiheitsberaubung für viele Bevölkerungsschichten und der Beginn relativer Stabilität in der nunmehr „geschlossenen Gesellschaft" sowie der Beginn des Jahrzehntes der „Reformen". Da viele Fabrikanten vor dem 13. August 1961 die DDR noch verlassen haben, kann die Umwandlung des verbliebenen Privateigentums in Volkseigentum erfolgen. Dazu erlässt am 26.08.1961 der Ministerrat der DDR eine Verordnung zur Verbesserung der Arbeitskräftelenkung und Berufsberatung,[126] die unter der Hand die staatliche Kontrolle und Reglementierung der Betriebe auf ihr Arbeitskräftepotential hin sichert.

„Im Interesse aller Bürger der Deutschen Demokratischen Republik, zur Sicherung der planmäßigen Entwicklung der Volkswirtschaft hinsichtlich der Arbeitskräfte und zur Verbesserung der Berufsberatung wird folgendes verordnet: (1) Die Fachorgane Arbeit bei den Räten der Bezirke und Kreise und kreisfreien Städte werden als spezi-

---

124 Beschluß des Ministerrates der DDR vom 12.08.1961. In: GBL. Teil II, Nr. 51 vom 13.08.1961, S. 332-333.

125 Gesetz über die allgemeine Wehrpflicht vom 24.01.1962. In: GBL. Teil I, Nr. 1 vom 25.01.1962, S. 2-23.

126 Verordnung über die Verbesserung der Arbeitskräftelenkung und Berufsberatung vom 24.08.1961. In: GBL. Teil II, Nr. 57 vom 28.08.1961, S. 347-349.

elle Fachorgane der jeweiligen Räte in Ämter für Arbeit und Berufsberatung umgewandelt.

§ 9 .... haben das Recht, Einstellungsbeschränkungen auszusprechen sowie Auflagen zur Werbung und Freistellung von Arbeitskräften zu erteilen ... haben das Recht, auf die Auswahl der zu werbenden und freizustellen Arbeitskräfte Einfluß zu nehmen. ... haben das Recht, die Besetzung der gemeldeten freien Stellen von ihrer Zustimmung abhängig zu machen."[127]

Eineinhalb Jahre nach dem Mauerbau erklärt der VI. Parteitag der SED (15.-21.01.1963) als neue strategische Aufgabe den „umfassenden Aufbau des Sozialismus". Die Gründung der sogenannten „Arbeiter- und Bauerninspektion" (ABI) im Mai 1963, die als „staatliches und gesellschaftliches Kontrollorgan" dem ZK der SED und dem Ministerrat der DDR unterstehen, gehören in diesen Kontext. Sie sollen als „Regulator" und „Ventil" zwischen Bevölkerung und „Obrigkeit" bei Problemen und Missständen aller Art wirken.

Der Historiker Siegfried Prokop bezeichnet das Jahrzehnt als „Jahre des Machtkampfes zwischen Reformern, Technokraten und Dogmatikern", der in Moskau entschieden wird „mit dem Sturz Chruschtschows und der Etablierung des Stagnationspolitikers Breshnew, eines Freundes Erich Honekkers".[128] Die 1963 einsetzende Modernisierung und Rationalisierung des Wirtschaftssystems entsprechend der Reformkonzeption des „Neuen Ökonomischen Systems" (NÖS) – ab 1967 fortgeführt mit der Konzeption des „Ökonomischen Systems des Sozialismus" – bringt gravierende Veränderungen in der Industrie mit sich. Es beginnt die Bildung von „volkseigenen Kombinaten". In den Kommunen werden „Gemeindezweckverbände" und in der Landwirtschaft „Kooperative Abteilungen Pflanzenproduktion bzw. Tierproduktion" gebildet. Bei diesen Strukturentscheidungen steht die einheitliche Leitung des gesellschaftlichen Reproduktionsprozesses im Blickfeld. Das 11. Plenum des ZK der SED 1965 (vgl. Honecker 1966, S. 53-72), das vorgibt, sich der Kulturpolitik zu widmen, setzt den Reformen ein Ende.

Zwischen der III. und IV. Hochschulkonferenz liegen die Bildungsgesetze von 1959, 1962, 1965, die für das Hochschulwesen keine gravierenden Veränderungen mit sich bringen. Auf der III. Hochschulkonferenz (28.02.-02.03.1958) werden die „Verbindung von Wissenschaft und Praxis", die „Erziehung von Studenten zu hochqualifizierten Fachleuten und bewussten Sozialisten" und die „Gewinnung parteiloser Wissenschaftler für die Sache des Sozialismus" eingefordert. Zum Studium sollen nur noch Jugendliche zugelassen werden, die in der Produktion tätig waren, folgt man der „Entschließung über die Aufgaben der Universitäten und Hochschulen beim Aufbau des Sozialismus in der DDR" (Geschichte der deutschen Arbeiterbewegung. Chronik 1967, S. 586). Obwohl nicht von Delegierungsverfahren gesprochen wird, ist ein solches gemeint. Seit Mitte der 1950er Jahre wirken sich wissenschaftlich-technische Probleme der Volkswirtschaft auch auf die Hochschul-

---

127 Ebenda, S. 348.
128 Zeitzeugengespräch mit Prof. Dr. Siegfried Prokop am 22.06.1995.

arbeit aus. Es beginnt die Vertragsforschung zwischen Hochschulen und den Vereinigungen Volkseigener Betriebe (VVB). Den Universitäten, Hochschulen und Fachschulen stellt der V. Parteitages der SED (1958) die Aufgabe, eine „neue sozialistische Intelligenz" heranzubilden.

„Die Aufgabe der Universitäten und Hochschulen besteht in der Heranbildung einer neuen Intelligenz, die fest mit dem Arbeiter- und Bauernstaat verbunden ist und auf höchstem wissenschaftlich-technischen Niveau für die Aufgaben in der sozialistischen Gesellschaft ausgebildet wird. Die wissenschaftliche Arbeit und Lehrtätigkeit der alten, bürgerlichen Intelligenz ist besonders zu fördern und das freundschaftliche Verhältnis zu festigen. ... Eine mindestens einjährige Tätigkeit in der Produktion eines sozialistischen Betriebes oder in der sozialistischen Landwirtschaft gehört zu den Voraussetzungen für die Zulassung zum Hochschulstudium. Bewerber, die einen Beruf erlernt haben oder mehrere Jahre in der Produktion tätig sind, und solche, die in Ehren aus den bewaffneten Kräften unserer Republik ausgeschieden sind, werden bevorzugt an den Universitäten und Hochschulen aufgenommen."[129]

Der V. Parteitag der SED 1958 kündigt die „Einführung eines sozialistischen Hochschulrechts" an und fordert die „Verbesserung der Leitungstätigkeit im Staatssekretariat für Hoch- und Fachschulwesen" ein. Die Parteiorganisationen an den Universitäten werden verpflichtet, die „FDJ zu unterstützen und ihr bei der politisch-ideologischen Arbeit Hilfe zu leisten". Die „politisch-ideologische Erziehung" und Ausbildung der Studenten will man verbessern durch das „obligatorische Studium des Marxismus-Leninismus". Das betrifft alle Fachrichtungen und alle Studienjahre außer dem Fach Theologie. Die neuen Aufgaben an den Universitäten und Hochschulen werden 1958 in einer Verordnung des Ministerrats der DDR[130] festgelegt.

„Die wissenschaftlich-technische Ausbildung in allen Fachbereichen ist mit der Praxis des sozialistischen Aufbaus zu verbinden und die sozialistische Ideologie an den Universitäten, Hoch- und Fachschulen durchzusetzen. Sie haben die Aufgabe, in genügender Zahl wissenschaftliche und technische Fachkräfte heranzubilden, die der Arbeiter- und Bauernmacht treu ergeben sind und die Fähigkeit besitzen, Wissenschaft und Technik dem sozialistischen Aufbau dienstbar zu machen. Sie müssen die notwendige Verbindung mit dem gesellschaftlichen Leben des sozialistischen Staates haben und die Fähigkeit erwerben, ihr Wissen unmittelbar in die sozialistische Praxis umzusetzen. Zu den Merkmalen ihrer Qualifikation gehört die Fähigkeit, bei der Entwicklung von Forschung und Lehre, in Wissenschaft und Praxis Menschen zu führen."[131]

Letztlich geht es um eine Begründung zur Schaffung einer einheitlichen Leitung für das gesamte Hoch- und Fachschulwesen. Man verspricht sich damit ein in sich geschlossenes Hoch- und Fachschulwesen, in dem die politischen,

---

129 Über den Kampf um den Frieden, für den Sieg des Sozialismus, für die nationale Wiedergeburt Deutschlands als friedliebender, demokratischer Staat. In: Dokumente der SED. Bd. VII. Berlin 1961, S. 298.
130 Verordnung über die weitere sozialistische Umgestaltung des Hoch- und Fachschulwesens in der Deutschen Demokratischen Republik vom 13.02.1958. In GBL. Nr. 15 vom 04.03.1958, S. 175-179.
131 Ebenda, S. 176.

wissenschaftlichen und technischen Kräfte sowie die Ausbildungskapazitäten in einzelnen Wissenschaftsdisziplinen konzentriert werden können. In diesen Kontext gehört auch die „Lenkung des Einsatzes junger Wissenschaftler und Techniker in wirtschaftliche Schwerpunktbetriebe". Jeder Absolvent einer Hoch- bzw. Fachschule muss sich „verpflichten", nach Studienabschluss wenigstens für drei Jahre dort zu arbeiten, wo der sozialistische Staat ihn am dringendsten braucht (Absolventeneinsatz)[132]. Im Hochschulwesen gibt es spezifische Erwartungen an Lehre und Forschung, die aus dem Übergang der Wirtschaft von der extensiv erweiterten Reproduktion zur intensiv erweiterten Reproduktion und dem Versuch, das Leitungssystem wissenschaftlich zu fundieren, resultieren. Lässt das „Gesetz über das einheitliche sozialistische Bildungssystem" die Leitideen der Spezialisierung, Professionalisierung und Differenzierung nur teilweise erkennen, so konkretisiert sich die Reformvorstellung zum tertiären Sektor 1966 in den „Prinzipien zur weiteren Entwicklung der Lehre und Forschung an den Hochschulen der Deutschen Demokratischen Republik", die 1967 von der IV. Hochschulkonferenz und vom VII. Parteitag der SED verabschiedet werden und dem Staatsratsbeschluss von 1969 über die „Weiterführung der 3. Hochschulreform" zugrunde liegen (vgl. Bundesministerium für innerdeutsche Beziehungen 1990, S. 416).

Die Funktion der Erwachsenenbildung ist bis zum VII. Parteitag der SED primär ökonomisch ausgelegt. Die Qualifizierungsmaßnahmen dienen in erster Linie der Erfüllung der Volkswirtschaftspläne. „Diese Tatsache veranlasst westliche Beobachter zu der Feststellung, dass in der DDR ein rein technokratisches Denken vorherrsche, aber eine derartige Pauschalisierung die ideologischen Gründe vernachlässige, weil man die abweichende sozialistische Definition von Kultur nicht berücksichtige" (Niehuis 1973, S. 126). Der VII. Parteitag der SED (17.-22.04.1967) konzipiert die „entwickelte sozialistische Gesellschaft", beschließt Maßnahmen zur proportionalen Entwicklung der Volkswirtschaft und bewilligt als Zeichen der „sozialen Sicherheit" und des „wachsenden Wohlstandes" in der DDR ab August 1967 die durchgängige 5-Tage-Arbeitswoche, die Erhöhung des Mindesturlaubes auf 15 Tage, die Anhebung der Mindestlöhne von 220 auf 300 Mark. Zur Weiterentwicklung des geistig-kulturellen Lebens wird verstärkt auf „Ideologie" und auf die Weiterführung der „Kulturrevolution" gesetzt.

> „Die entwickelte sozialistische Gesellschaft erfordert hohe wissenschaftliche und humanistische Bildung ihrer Bürger. Gut arbeiten, ständig lernen, die Persönlichkeit entwickeln und sachkundig an der Regelung der öffentlichen Angelegenheiten teilnehmen – das soll das Streben der Menschen dieser Gesellschaft sein."[133]

---

132 Verordnung über die Berufsberatung und die Berufslenkung der Absolventen der Universitäten, Hoch- und Fachschulen vom 03.02.1955. In: GBL. Nr. 13 vom 21.02.1955, S. 114.
133 Manifest des VII Parteitages der SED an die Bürger der DDR. In: Dokumente der SED. Bd. XI. Berlin 1969, S. 217.

Auf dem VII. Parteitag geht Walter Ulbricht so weit, dass er „an die Stelle des Marxismus-Leninismus die Kybernetik setzt. Später wird ihm vorgeworfen, er hat auf die führende Rolle der SED verzichtet, hat alles in Regelkreise eingeteilt und für die Partei sei nur noch der Platz eines Störfaktors übriggeblieben."[134] Der DDR-Historiker Siegfried Prokop sieht eine der Ursachen des späteren Scheiterns der DDR darin, dass der Realsozialismus in den Strukturen der Übergangsperiode stecken bleibt und nur das politische System weiterentwickelt wurde.[135] Die Staats- und Parteiführung unter Walter Ulbricht hat jedoch die Zeichen der Zeit insofern richtig erkannt, als sie das einheitliche Bildungssystem mit einem einheitlichen System der Aus- und Weiterbildung ergänzen wollte. Der Berufsausbildung werden ebenfalls neue Aufgaben übertragen. Jeder Jugendliche hat im Anschluss an die Zehnklassenschule einen Beruf zu erlernen, und die „klassenmäßige Erziehung" soll vor allem im Prozess der Arbeit stattfinden. Zur Basis der Ausbildung in allen Berufen gehören künftig die Grundlagen der Elektronik, der Datenverarbeitung und der BMSR-Technik. Die Berufsausbildung hat konsequenter auf die höheren Vorleistungen der allgemeinbildenden Polytechnischen Oberschule aufzubauen. Die zu enge Spezialisierung der Ausbildungsberufe und die organisatorische Trennung von beruflicher Grundlagenbildung und spezieller Ausbildung sollen schrittweise überwunden und mehrere Ausbildungsberufe zu Grundberufen zusammengefasst werden (vgl. Klassenkampf-Tradition-Sozialismus 1974, S. 728f.). Die ersten Grundberufe werden am 01.09. 1968 eingeführt. Diese Aussage ist aus der Sicht des Jahres 2003 bedeutsam, weil bildungspolitisch der hohe Anspruch gestellt ist, die Allgemeinbildung und die berufliche Bildung nicht zu trennen, der Vorlauffunktion der Allgemeinbildung gerecht zu werden und die berufliche Bildung darauf aufzubauen, gleichzeitig auch die berufliche Bildung mit allgemeinbildenden Inhalten zu kompensieren.

2.4. Einheitlichkeit und Stillstand 1968-1979

Auf wirtschaftlichem Gebiet zeigt sich der Trend zur Einheitlichkeit in der Bildung volkseigener Kombinate.[136] Die Kombinate vereinigen in sich alle Phasen des betrieblichen Reproduktionsprozesses, begonnen mit der Forschung und Entwicklung bis zum Endprodukt. Ähnlich verläuft der Entwicklungstrend in der Landwirtschaft. Die neue Einheitlichkeit, die sich in Eigentumsformen und Besitzverhältnissen ebenso wie in den „politischen",

---

134 Zeitzeugengespräch mit Prof. Dr. Siegfried Prokop am 06./07.12.1995.
135 Zeitzeugengespräch mit Prof. Dr. Siegfried Prokop am 06./07.12.1995.
136 Verordnung über die Bildung und Rechtsstellung von Volkseigenen Kombinaten vom 16.10.1968. In: GBL. II, Nr. 121 vom 29.11.1968, S. 963.

„ökonomischen" und „kulturell-geistigen" Verhältnissen widerspiegelt, wird 1968 verfassungsmäßig verankert.

> „Die Volkswirtschaft der Deutschen Demokratischen Republik beruht auf sozialisti-
> schem Eigentum an allen Produktionsmitteln. Sie entwickelt sich gemäß den ökono-
> mischen Gesetzen des Sozialismus auf der Grundlage der sozialistischen Produktions-
> verhältnisse und der zielstrebigen Verwirklichung der sozialistischen ökonomischen
> Integration. Die Volkswirtschaft der Deutschen Demokratischen Republik dient der
> sozialistischen Ordnung, der ständig besseren Befriedigung der materiellen und kultu-
> rellen Bedürfnisse der Bürger, der Entfaltung ihrer Persönlichkeit und ihrer sozialisti-
> schen gesellschaftlichen Beziehungen. In der Deutschen Demokratischen Republik
> gilt der Grundsatz der Leitung und Planung der Volkswirtschaft sowie aller anderen
> gesellschaftlichen Bereiche. Die Volkswirtschaft der Deutschen Demokratischen Re-
> publik ist sozialistische Planwirtschaft. Die zentrale staatliche Leitung und Planung
> der Grundfragen der gesellschaftlichen Entwicklung ist mit der Eigenverantwortung
> der örtlichen Staatsorgane und Betriebe sowie der Initiative der Werktätigen verbun-
> den" (Verfassung der DDR 1975, S. 14).

Ein Streitpunkt in der Verfassungsdebatte ist, ob die führende Rolle der SED in der neuen Verfassung festgeschrieben werden soll. Diese Kontroverse zwischen Ulbricht und Honecker löste Ulbricht so, dass er die Verfassung zur freien Abstimmung stellt. Bei der Abstimmung im Jahr 1968 sollte man „ja" oder „nein" ankreuzen. Ganz allein in der Wahlkabine war diese Entscheidung zu treffen. „Es gab über 5% Gegenstimmen, was eine sehr hohe Legitimation für die DDR, die durch eine demokratische Abstimmung zustande kam, darstellte".[137] Nach dem Volksentscheid am 06.04.1968 über eine „Sozialistische Verfassung"[138] tritt diese am 08.04.1968 in Kraft.

> „Die Abstimmung war korrekt. Die Verfassung drückt schon das Abrücken von Re-
> formen aus. Sie war ein großer Rückschritt im Vergleich zur ersten Verfassung. Ul-
> bricht war im Würgegriff einer Politbüromehrheit, die hinter Honecker stand und die
> gegen Reformen war. Ulbricht hatte nur noch eine Minderheit hinter sich. Ulbricht
> entwickelte Thesen, dass der Sozialismus eine eigene Gesellschaftsformation sei, die
> in Moskau ein Aufschreien hervorgerufen habe. Diese Sicht richtete sich frontal gegen
> die sowjetische KPdSU-Strategie vom Übergang zum Kommunismus. Ulbricht hat
> den Begriff der Menschengemeinschaft zu theoretisieren versucht. In die Menschen-
> gemeinschaft gehörten seiner Meinung nach auch Kapitalisten. Er hat das sowjetische
> Vorbild nicht mehr akzeptiert und ein Gegenmodell angeboten".[139]

Nachdem die Bildungsgesetze keine Auswirkungen im Hochschulwesen hinterlassen haben, bringt der Herbst 1968 für der DDR radikale Strukturveränderungen und inhaltliche Neuerungen im Hochschulwesen mit sich. Diese Strukturveränderungen gehen von der 3. Hochschulreform[140] aus, die endgül-

---

137 Zeitzeugengespräch mit Prof. Dr. Siegfried Prokop am 06./07.12.1995.
138 Gesetz über die Verfassung der Deutschen Demokratischen Republik vom 06.04.
   1968. In: GBL. Teil I, Nr. 8 vom 09.04.1968, S. 199-222.
139 Zeitzeugengespräch mit Prof. Dr. Siegfried Prokop am 06./07.12.1995.
140 Beschluß des Staatsrates der DDR. Die Weiterführung der 3. Hochschulreform und
   die Entwicklung des Hochschulwesens bis 1975 vom 03.04.1969. In: GBL. Teil I, Nr.
   3 vom 21.04.1969, S. 5-19.

tig die universitären Traditionen beendet. Inwiefern die Studentenaufstände von 1968 in der damaligen Bundesrepublik in Zusammenhang mit der 3. Hochschulreform in der DDR zu bringen sind, kann hier nicht geklärt werden. Fakt ist, dass die „68er"-Demokratie und die DDR Zentralismus in den Hochschulen sichern wollen. Die 3. Hochschulreform setzt alle Zeichen auf Einheitlichkeit bei den Universitäten und Hochschulen. Sie sichert die zentralistische Leitung der SED und des gesamten Staates, der fortan bis in die Universitäten hineinregieren kann. Es werden die Fakultäten in Sektionen umgewandelt und neue Direktorate gebildet. Der Präsident der Universität wird durch einen Rektor ersetzt, der in das Leitungssystem zum Ministerium für Hoch- und Fachschulwesen eingebunden ist. Aus den Dekanen werden Sektionsdirektoren, die unmittelbar dem Rektor unterstellt sind. Die Sektionsdirektoren haben dessen administrative Vorgaben zu realisieren und das Wissenschaftsgebiet ihrer Sektionen zu verantworten. Die Leitungsstruktur der Universität wird der Leitungsstruktur des gesamten Staates angepasst und bleibt bis zum Ende der DDR erhalten.

Das Staatssekretariat für Hoch- und Fachschulwesen wird am 15.10.1969 umstrukturiert in ein Ministerium für Hoch- und Fachschulwesen,[141] wodurch von staatlicher Seite ein Pendant zum Ministerium für Volksbildung hergestellt ist. Das Hoch- und Fachschulwesen leitete fortan ein Minister, wogegen die Berufsbildung bis zum Ende der DDR von einem Staatssekretariat gesteuert wird. Im Kontext der 3. Hochschulreform wird auch das Fern- und Abendstudium Ende der 60er Jahre umgestaltet. Neu ist die Etablierung von postgradualen Studien. Das geschieht, weil geburtenschwächere Jahrgänge in die Berufsausbildung streben und die Hochschulen interessiert sind, ihre Kapazitäten so weit wie möglich auszulasten. Die verstärkte Zuwendung zur universitären Weiterbildung ist ein internes Interesse der Hochschulen, was den wirtschaftlichen Anforderung entgegenkommt.

Noch unter Walter Ulbricht besteht die Forderung, mehrere Ausbildungsberufe in Grundberufe zusammenzufassen. Mit dem Lehrjahr 1968/69 beginnt die Ausbildung zunächst in vier Grundberufen, durch die siebzehn bisher eng spezialisierte Berufe ersetzt werden. Das sind die Berufe „Metallurge für Stahlerzeugung", „Baufacharbeiter", „Metallurge für Stahlformung" und „Zerspanungsfacharbeiter" (vgl. Klassenkampf-Tradition-Sozialismus 1974, S. 744). Durch die Einführung von Grundberufen und von Grundlagenfächern in der Berufsausbildung bekommen die Berufe ein breiteres Profil, womit man auf die Beherrschung anspruchsvollerer und komplizierterer Aufgaben des Facharbeiternachwuchses hofft. In Folge des VII. Parteitages der SED wird ein „Beschluß über grundlegende Aufgaben zur Entwicklung der Weiterbildung in Betrieben, Einrichtungen und Genossenschaften, in Fach- und Hochschulen sowie Universitäten" beraten, mit dem ein einheitliches Weiterbildungssystem etabliert werden soll. Auf der 12. Tagung des ZK der

---

141 Verordnung über das Statut des Ministeriums für Hoch- und Fachschulwesen vom 15.10.1969. In: GBL. Teil II Nr. 89, S. 547.

SED zu Fragen des Volkswirtschaftsplanes 1970 wird deklariert, dass „der systematischen Weiterbildung aller Werktätigen größte Bedeutung" zukommt, „weil eine einmal erworbene Bildung heute nicht mehr ausreicht, den wachsenden Anforderungen im Beruf und in der Gesellschaft zu genügen" (Mittag 1969, S. 15). Das war die Forderung nach lebenslangem Lernen in der DDR. Die 13. Tagung des ZK der SED befasst sich erneut mit der Vorbereitung der „Grundsätze zur Aus- und Weiterbildung der Werktätigen":

> „Während gegenwärtig noch der größte Teil der Arbeiter einzelne Maschinen bedient, entwickelt sich immer mehr die Tendenz, dass einzelne Arbeiter bzw. Arbeitskollektive ganze zusammenhängende Produktionsanlagen überwachen und steuern. Heute schon bedienen in der chemischen Industrie wenige Arbeiter zusammenhängende Anlagen und Produktionsprozesse mit einem Grundmittelwert von 50 bis 150 Millionen Mark. ... Hier sind in besonders hohem Maße politisches Verantwortungsbewußtsein, ökonomisches Denken und hohe Einsatzbereitschaft von entscheidender Bedeutung. ... Es ist notwendig, den ganzen Komplex der sozialistischen Bildung in wesentlich größeren Zusammenhängen weit über die bisherigen Vorstellungen von dem Kenntnisumfang für die Ausübung eines Facharbeiterberufes hinaus zu sehen" (Mittag 1970, S. 39f.).

Der Beschluss über „Grundsätze für die Aus- und Weiterbildung der Werktätigen"[142] wird dann im September 1970 erlassen. Jedoch ist er in den alten Ambitionen „überholen ohne einzuholen", „überstürzen ohne einzustürzen" entstanden und ist für die Erwachsenenbildung der letzte Impuls der Ulbricht-Ära.[143]

> „Es geht darum, die Aus- und Weiterbildung der Werktätigen in die Planung und Leitung des Reproduktionsprozesse zu integrieren, ihren Inhalt auf die Erfordernisse des Welthöchststandes von Wissenschaft und Technik zu orientieren und die beruflich-fachliche mit der politisch-ideologischen Bildung und Erziehung zu verbinden. Die Weiterbildung ist besonders darauf gerichtet, objektbezogen die geistig-produktiven Potenzen dieser Werktätigen zur Lösung der wissenschaftlich-technischen Aufgaben zu fördern. Um den Bildungsvorlauf für die Lösung der Perspektivplanaufgaben sowie die Herausbildung der volkswirtschaftlich erforderlichen Berufs- und Qualifikationsstruktur zu sichern, sind folgende Aufgaben zu lösen: marxistisch-leninistische Organisationswissenschaften, Theorie der sozialistischen Menschenführung, Verallgemeinerung der besten Methoden zur Beherrschung der Entscheidungsprozesse und der Führung von Arbeitskollektiven."[144]

Die Stufenqualifizierung der 1960er Jahre wird daraufhin ersetzt durch den Übergang zur „aufgaben- und objektbezogenen Weiterbildung" (Dokumente

---

142 Beschluß der Volkskammer der DDR über die Grundsätze für die Aus- und Weiterbildung der Werktätigen bei der Gestaltung des entwickelten sozialistischen Systems des Sozialismus in der DDR vom 16.09.1970. In: GBL. Teil I, Nr. 21 vom 02.10. 1970, S. 291-298.
143 Zeitzeugengespräch mit Dr. Gerhard Pogodda am 06./07.12.1994.
144 Beschluß der Volkskammer der DDR über die Grundsätze für die Aus- und Weiterbildung der Werktätigen bei der Gestaltung des entwickelten sozialistischen Systems des Sozialismus in der DDR vom 16.09.1970. In: GBL. Teil I, Nr. 21 vom 02.10. 1970, S. 291-294.

des VIII. PT der SED 1971, S. 121). Während früher Bildungsbiographien konzipiert wurden, nach denen jeder Werktätige einen Hochschulabschluss erlangen kann, steht die Qualifizierung zum Facharbeiter, auf das Objekt bezogen, im Vordergrund. Neu ist, dass fortan Produktionsanforderungen analysiert werden müssen. Die Qualifizierungsmaßnahmen sollen quantitativ reduziert und Bildungsziele sollen festlegt werden. Insofern handelt es sich um eine Ökonomisierung der Bildungsmaßnahmen. Für Schulabgänger ohne Abitur heißt das, dass der „Zweite Bildungsweg" insofern beschwerlicher wird, als Delegierungen durch Betriebe und Institutionen zu Hoch- oder Fachschulstudien zunehmend mit „Auflagen" wie Eintritt in die SED, Engagement in der FDJ, dreijähriger Militärdienst oder Mitgliedschaft in der Kampfgruppe verbunden sein wird. Für Schulabgänger mit Abitur spielt „bei der Auslese im Bildungssystem neben der Leistung auch das politische Kriterium der Systemloyalität eine wichtige Rolle." Die Forderung, dass Schüler der Abiturstufe und Studierende ihre Verbundenheit mit der DDR durch gesellschaftliche und politische Aktivitäten unter Beweis zu stellen haben, benachteiligt die Jugendlichen aus der Arbeiterschaft und begünstigt die Jugendlichen aus der neuen Intelligenz. Schüler aus den oberen Schichten sind nachweislich eher bereit, der offiziellen Forderung nach gesellschaftlichem und politischem Engagement nachzukommen, als Schüler aus den unteren Schichten (vgl. Meier 198 , S. 125).

Im September 1970 kommt es zu Kurskorrekturen in der Wirtschaft. Eine Reihe zusätzlicher Aufgaben zum Volkswirtschaftsplan 1970 und zum Perspektivplan 1970-1975 wird annulliert und geplante Investitionsvorhaben werden zurückgestellt. Präzisiert werden Aufgaben im Bauwesen zugunsten des Wohnungsbaus sowie zur Schaffung von Kindergärten, Schulen und Dienstleistungseinrichtungen. Mit diesen Entscheidungen sollen erste Voraussetzungen geschaffen werden, um die Volkswirtschaft zu „stabilisieren und ihre planmäßig proportionale Entwicklung wiederherzustellen" (Geschichte der SED 1978, S. 542). Im Jahre 1971 existieren noch 5.500 private Betriebe und 6.000 Betriebe mit staatlicher Beteiligung. Da diese Betriebe als Zulieferer für die Volkswirtschaft und bei der Versorgung der Bevölkerung mit Konsumgütern eine große Rolle spielen bzw. die volkseigene Wirtschaft von den Zulieferungen dieser Betriebe abhängig ist, beschließen das Politbüro des ZK der SED und der Ministerrat im Februar 1972 „Maßnahmen zur Umwandlung von Betrieben mit staatlicher Beteiligung, privaten Industrie- und Baubetrieben in Volkseigentum" (Badstübner 1984, S. 307). Mit diesem Gesetzeserlass legitimiert der Staat die Enteignung des verbliebenen Privatbesitzes an Produktionsmitteln, der 1972 damit nahezu beseitigt ist. Wie sich kurz darauf herausstellt, kann aufgrund der Liquidierung der Privatbetriebe der Bedarf an den „1.000 kleinen Dingen" nicht mehr gedeckt werden. Obwohl die Zentralisierung der Leitung und Planung der Volkswirtschaft als Errungenschaft des Sozialismus gepriesen wird, verschlechtert sich mit Beginn der 1970er Jahre die Versorgung der Bevölkerung mit Industriegütern.

„Im Jahre 1972 entstanden mehr als 11.000 neue volkseigene Betriebe, in denen 585.000 Werktätige arbeiteten. Die Einkommensverhältnisse wurden zugunsten der Arbeiterklasse, die Prämien-, Kultur- und Sozialfonds denen bestehender vergleichbarer Betriebe angeglichen. Die SED war die Hauptkraft bei der Durchführung dieses Umgestaltungsprozesses. Die politisch-ideologische Arbeit der Bezirks- und Kreisleitungen der SED half, die führende Rolle der Arbeiterklasse bewußter auszuprägen. Über 800 Grundorganisationen der SED entstanden in den neuen VEB" (Badstübner 1984, S. 307).

Mit der Vernichtung des privaten Wirtschaftssektors verschwindet der letzte Rest ökonomischer Freiheit, und „ideologisch determinierter Voluntarismus ersetzt den ökonomischen Pragmatismus der Ulbricht-Zeit" (Wolle 1998, S. 45). Neue Klassenkampfparolen lösen das Harmoniegeplänkel von der „sozialistischen Menschengemeinschaft" ab und der unterschwellig verbreitete DDR-Stolz wird in den Medien zugunsten der Vormachtstellung der Sowjetunion verdrängt. Auf der einen Seite heißt die Parole „Abgrenzung vom imperialistischen Gegner, Zuwendung zur Sowjetunion, Erhöhung der revolutionären Wachsamkeit, Ausbau der Staatssicherheit, Kampf den kapitalistischen Überbleibseln in der Wirtschaft". Auf der anderen Seite bemüht sich die Honecker-Führung, die „Untertanen durch soziale Zugeständnisse und einen höheren Lebensstandard zufrieden zu stellen und so auf die Gefährdungen der Entspannungspolitik vorzubereiten" (ebenda, S. 45).

Nach dem VIII. Parteitag der SED (15.-19.06.1971) beginnt eine Periode relativer Stabilität auf ökonomischem und kulturpolitischem Gebiet sowie in den internationalen Beziehungen. Die sozialpolitischen Geschenke des VIII. Parteitages beruhigen die Gemüter des Volkes und erwecken den Anschein von Sicherheit und Aufwärtsentwicklung. Die DDR ist völkerrechtlich anerkannt und Mitglied der UNO geworden.

Im Fünfjahrplan 1971-1975, der unter der Losung „Erhöhung des materiellen und kulturellen Lebensniveaus des Volkes auf der Grundlage eines hohen Entwicklungstempos der sozialistischen Produktion, der Erhöhung der Effektivität, des wissenschaftlich-technischen Fortschritts und des Wachstums der Arbeitsproduktivität"[145] steht, sind für das Bildungswesen folgende Aufgaben formuliert:

„Entsprechend dem humanistischen Grundanliegen der sozialistischen Gesellschaft, günstige Bedingungen für eine hohe Bildung der Arbeiterklasse und des gesamten werktätigen Volkes, für die allseitige Entwicklung sozialistischer Persönlichkeiten zu schaffen, fordert der Parteitag, den Übergang zur allgemeinbildenden Polytechnischen Oberschule zu vollenden. Im Zusammenhang damit soll die zehnklassige allgemeinbildende Polytechnische Oberschule als grundlegende Bildungs- und Erziehungsstätte entsprechend den Erfordernissen und Bedingungen der entwickelten sozialistischen Gesellschaft weiter ausgestaltet werden. Die berufliche Aus- und Weiterbildung soll die Heranbildung eines vielseitig einsetzbaren Facharbeiternachwuchses fördern und

---

145 Entschließung des VIII. Parteitages der SED. In: Protokoll der Verhandlungen des VIII. Parteitages der SED, 15.-19.06.1971 in der Werner-Seelenbinder-Halle zu Berlin. Bd. 2. Berlin 1971, S. 296.

vielseitige Möglichkeiten für die Qualifizierung der Werktätigen schaffen" (Klassen-kampf – Tradition – Sozia ismus 1974, S. 758ff.).

In der Bildungspolitik bringen das Ende der Ära Ulbricht 1971[146] und der Be-ginn der Ära Honecker keinen Kurswechsel, jedoch Akzentverschiebungen mit sich. Wegen ihrer engen Verflechtung mit der Wirtschafts- und Sozial-politik fallen die Veränderungen in der Hochschulpolitik und der Berufsaus-bildung deutlicher aus als im Schulsystem. Schon 1970 gibt es Anzeichen für eine Abkehr des Modells des „Ökonomischen Systems des Sozialismus". Die Grundsätze für die Aus- und Weiterbildung der Werktätigen, die noch in der Ära der Erringung von Pionier- und Spitzenleistungen unter dem Motto „überholen ohne einzuholen" 1970[147] verabschiedet worden sind, besiegeln das Ende der kostspieligen und zu breiten abschlussorientierten Qualifizie-rungen. Die Leitungskompetenz für die berufliche Aus- und Weiterbildung der Facharbeiter wird auf das neu gegründete Staatssekretariat für Berufsbil-dung übertragen. Dessen Absicht, eine möglichst enge Verzahnung von be-ruflicher Erstausbildung und Weiterbildung herzustellen und die Lehrpläne in vollem Umfange für die berufliche Aus- und Weiterbildung verbindlich zu erklären, stößt auf Kritik und teilweise sogar auf Ablehnung der Betriebe. Insbesondere werden die im Lehrplan vorgesehenen Teile der Allgemeinbil-dung als zu überhöht und die Ausbildungsinhalte als nicht genügend betriebs-spezifisch angesehen, so dass schließlich auch das Staatssekretariat für Be-rufsbildung die Forderungen in der beruflichen Grundlagenbildung zurück-nimmt (vgl. Schäfer 1990 S. 377ff.). Das heißt, die volkseigene Wirtschaft der DDR ist nicht bereit, die Allgemeinbildung für ihre Werktätigen zu fi-nanzieren, nachdem bereits die als zu kostenintensiv bezeichnete abschluss-orientierte Qualifizierung als obsolet erklärt wurde. Das seit Kriegsende ober-ste Prinzip der Erwachsenenbildung der SBZ/DDR ist die Gleichwertigkeit von allgemeiner und beruflicher Bildung. Dieses Prinzip wird 1971 vom neu gegründeten Staatssekretariat für Berufsbildung annulliert und die Allge-meinbildung dadurch abgewertet, weil man sie nicht mehr finanzieren will. Diese Entscheidung bleibt die größte staatliche Fehlentscheidung auf dem Gebiet der beruflichen Erwachsenenbildung, die, wie wir heute wissen, bis zum Ende der DDR nicht mehr rückgängig zu machen ist. Zwar werden Kompensationsmaßnahmen durchgeführt bzw. in Kraft gesetzt, und die In-stitution Volkshochschule wird zur Schadenbegrenzung herangezogen[148], aber insgesamt können alle darauffolgenden Versuche eine Aufwertung der Allgemeinbildung in der beruflichen Bildung nicht leisten.

---

146 Auf der 16. Tagung des ZK der SED (03.05.1971) wird Walter Ulbricht von der Funktion des Ersten Sekretärs des ZK der SED von Erich Honecker abgelöst.

147 Grundsätze für die Aus- und Weiterbildung der Werktätigen bei der Gestaltung des entwickelten Systems des Sozialismus in der Deutschen Demokratischen Republik vom 16.09.1970. In: GBL Teil I, Nr. 21 vom 02.10.1970.

148 Der Gesetzgeber widmet sich seit 1949 der VHS erstmals wieder 1982 mit einer neu-en Volkshochschulordnung.

Vermutlich sucht auch die 6. Tagung des ZK der SED 1972 zu „Problemen der Förderung des kulturellen Lebens in der DDR" nach Möglichkeiten,
um die von den Betrieben verweigerte Allgemeinbildung außerhalb der beruflichen Weiterbildung zu kompensieren.

> „Die Tatsache, dass Kulturaufgaben heute in wachsendem Maße in allen Bereichen zu
> lösen sind, wirft die Frage auf, wie wir dafür allen Leitern ein notwendiges Minimum
> an Kenntnissen und Erfahrungen vermitteln können. Wir müssen deshalb prüfen, wie
> die Ausbildung in kulturellen Grundfragen fester Bestandteil der Lehrpläne und Qua-
> lifizierungsmaßnahmen der verschiedenen Ausbildungseinrichtungen der Hoch- und
> Fachschulen und der Weiterbildungseinrichtungen aller gesellschaftlichen Bereiche
> werden kann. Viele Werktätige haben ein großes Bedürfnis, sich in Abendkursen sy-
> stematisch kulturelle und künstlerische Kenntnisse anzueignen. ... Die Ministerien für
> Kultur und für Volksbildung sollen gemeinsam Voraussetzungen schaffen, damit die
> Volkshochschulen den interessierten Werktätigen noch umfassender kulturell-künst-
> lerische Kenntnisse vermitteln können. Die vorhandenen Einrichtungen der Erwach-
> senenqualifizierung, die Betriebs- und Dorfakademien sollen mehr Kulturfragen in ih-
> re Lehrpläne aufnehmen oder auch – den Bedürfnissen entsprechend – spezielle Kurse
> vorsehen. Die Urania könnte ihre Vortragstätigkeit zur Kulturpolitik, Kunst und Lite-
> ratur wesentlich verstärken" (Hager 1972, S. 27f. und 73f.).

Um die Leitungsebene der Meister in die „komplexeren Aufgaben der wirtschaftlichen Entwicklung" einzubinden, wird im Jahr 1973 eine „Verordnung
über die Aus- und Weiterbildung der Meister"[149] erlassen, worin der Meister
den Status als „Leiter und Erzieher seines Arbeitskollektivs und als unmittel-
barer Organisator der Produktion" zugeschrieben bekommt, der in keiner
Weise adäquat vergütet wird. Mit dieser Verordnung allerdings ist die Mei-
sterausbildung und Weiterbildung in das „System der sozialistischen Erwachsenenbildung integriert worden" (Schneider 1989, S. 74).

Wie bekannt, beschließt der VIII. Parteitag der SED (15.-19.06.1971) die
„Gestaltung der entwickelten sozialistischen Gesellschaft in ihrer Einheit von
Wirtschafts- und Sozialpolitik". Unter Erich Honecker bringt die „Wirt-
schafts- und Sozialpolitik" für viele Bevölkerungsschichten sozialpolitische
Verbesserungen, außenpolitisch eine Welle der Anerkennung der DDR und
eine Öffnung zum Westen hin mit der Konsequenz, dass in der DDR eine
zweite Währung, die DM, existiert. Die chronische Mangelerscheinung an
„1.000 kleinen Dingen" kompensiert man durch die Schaffung von „Exquisit-"
und „Delikat"-Geschäften. Diese Zeit ist der Beginn einer Drei-Klassen-Ge-
sellschaft in der DDR: eine Klasse, die im „Konsum" und der „HO" einkauft,
eine Klasse, die bei „Delikat" und „Exquisit" einkauft, und eine Klasse, die
im „Intershop" einkauft. Diese Unterschiede in der Lebenshaltung machen
alle bis dahin erfolgten Bemühungen um eine Annäherung der Klassen und
Schichten unter der Bevölkerung endgültig zunichte. Die Vereinheitlichung
in allen gesellschaftlichen Sphären ist nahezu abgeschlossen und ein Diffe-
renzerleben ausschließlich in der Konsumtion möglich. Zwangsläufig richten

---

149 Verordnung über die Aus- und Weiterbildung der Meister vom 27.06.1973. In: GBL.
Teil I, Nr. 33 vom 22.07.1973.

sich die Anstrengungen der Werktätigen auf ihr persönliches Wohlergehen und nicht mehr auf das verordnete „Wohl des ganzen Volkes". Nachdem Mitte der 1970er Jahre der Zenit des gesellschaftlichen Fortschritts in der DDR überschritten ist, die Rohstoffpreise auf dem Weltmarkt hochgetrieben sind und das Wirtschaftswachstum in der DDR stagniert, hätte die Partei- und Staatsführung einen Kurswechsel vornehmen müssen. Dagegen wird nun sozusagen die Sozialpolitik auf Kosten der Wirtschaftspolitik gemacht. Die Investitionen gehen zurück und die Konsumtion steht nicht mehr im Verhältnis zur Akkumulation. Im Jahr 1976 wird Wolf Biermann aus der DDR ausgewiesen, ihm folgen viele prominente Künstlerinnen und Künstler. Das ist der Beginn der Dissidentenbewegung und der Beginn des endgültigen Exitus der DDR.

Das langfristige Ziel, „in der DDR weiterhin die entwickelte sozialistische Gesellschaft zu gestalten und so grundlegende Voraussetzungen für den allmählichen Übergang zum Kommunismus zu schaffen,"[150] beschließt der IX. Parteitag der SED (18.-22.05.1976). Die Weiterführung der „Kulturrevolution" soll in der materiellen und geistigen Produktion, in den Beziehungen der Menschen untereinander, durch ihre veränderten Denk- und Verhaltensweisen erfolgen.[151] Seit 1976 wird die „ständige Weiterbildung im Prozess der Arbeit" als Hauptform der beruflichen Weiterbildung propagiert, in dem Sinne, dass die berufliche Weiterbildung stärker „anforderungsgerecht" bzw. „arbeitsplatzgebunden" und „bedarfsorientiert" zu gestalten sei (Schäfer 1999, S. 380). Sie soll sich in erster Linie auf die Effektivität der gegenwärtigen Tätigkeit richten und nicht, wie die „aufgaben- und objektbezogene Weiterbildung", auf die Übernahme neuer Aufgaben. Das Arbeitsgesetzbuch der DDR vom 16.06.1977 regelt dazu die Verantwortung der Betriebe für die Aus- und Weiterbildung der Werktätigen, wobei es immer um die Erhöhung der Arbeitsleistungen, die Steigerung der Arbeitsproduktivität und die Erhöhung der Qualifikationsstruktur geht.

> „Ausgehend von den langfristigen Erfordernissen zur Entwicklung der Berufs- und Qualifikationsstruktur der Werktätigen ist Aus- und Weiterbildung als Einheit von politisch-ideologischer und beruflich-fachlicher Bildung und Erziehung zu verwirklichen. Schwerpunkt dabei ist die ständige Weiterbildung im Arbeitsprozeß. Dabei ist der Einsatz der bereits Tätigen sowie der neu in den Arbeitsprozeß eintretenden qualifizierten Fachkräfte effektiver zu gestalten. Die Ausbildung von Frauen, insbesondere zu Produktionsfacharbeiterinnen ist zielgerichtet fortzusetzen".[152]

Die letzte Trendwende in der Erwachsenenbildung wird mit dem „Gemeinsamen Beschluß für eine weitere Erhöhung des Niveaus der Erwachsenenbil-

---

150 Schaffung der Voraussetzungen für den allmählichen Übergang zum Kommunismus. In: Protokoll der Verhandlungen des IX. Parteitages der SED. Bd. I. Berlin 1976, S. 32.
151 Zur Ausprägung der sozialistischen Lebensweise. In: Programm der SED. Dokumente der SED. Beschlüsse und Erklärungen des Parteivorstandes des Zentralsekretariates und des politischen Büros. Band XVI. Berlin 1980, S. 65-68.
152 Direktive des IX. Parteitages der SED zum Fünfjahrplan für die Entwicklung der Volkswirtschaft der DDR 1976-1980. Zur Entwicklung des materiellen und kulturellen Lebensniveaus des Volkes. In: Dokumente der SED. Bd. XVI. Berlin 1980, S. 194.

dung"[153] vom 21.06.1979 eingeleitet, der die von der SED gestellten Anforderungen an die Erwachsenenbildung durchsetzen soll. Anders als im Konzept der „ständigen Weiterbildung im Prozess der Arbeit" wird nun wieder die Vorlauffunktion der Weiterbildung betont. Die Weiterbildungsinhalte sollen an den künftigen „Schlüsselqualifikationen" orientiert und die Werktätigen „rechtzeitig" auf die Einführung neuer Technologien, auf Rationalisierungsmaßnahmen und Investitionsmaßnahmen vorbereitet werden. Weiterbildung soll wieder ihrem eigentlichen Zweck dienen, der Reproduktion des Qualifikationsniveaus. Wie in früheren Bildungsgesetzen wird auf die naturwissenschaftlich-technischen Inhalte, wie die Grundlagenbildung auf den Gebieten Mikroelektronik, Informatik und Biotechnologie, Wert gelegt.

> „Die Erwachsenenbildung, besonders die ständige berufliche Qualifizierung, ist immer umfassender für den dynamischen Leistungszuwachs in der Volkswirtschaft, für die erforderliche Zunahme des verteilbaren Endproduktes wirksam zu machen. Bestimmende Faktoren sind dabei die Vertiefung der Intensivierung und Rationalisierung, in erster Linie die Beschleunigung des wissenschaftlich-technischen Fortschritts und die Erhöhung seiner ökonomischen Wirksamkeit".[154]

Im Schwerpunkt richtet sich der Beschluss von 1979 auf die „Entwicklung sozialistischer Persönlichkeiten", die als „entscheidender Faktor" für die Stärkung der ökonomischen Basis angesehen wird. Aus ökonomischer Sicht geht es bei der Umsetzung des Beschlusses darum, „mit weniger Arbeitskräften mehr verfügbares Endprodukt in der Wirtschaft zu schaffen." Vor allem soll die „Erwachsenenbildung als Faktor des qualitativen Wachstums" voll erschlossen werden (Schneider 1989, S. 76). Anders gewandt heißt das, die Wirtschaft ist am Ende und eine Leistungssteigerung ist nur von qualifizierten Arbeitskräften zu erwarten, die nicht so vorhanden sind, wie sie gebraucht werden.[155] Der Beschluss wendete sich implizit an die Arbeiterschaft, die Genossenschaftsbauern und die Intelligenz und fordert sie zum ständigen Weiterlernen auf. Erfahrene Arbeiter, Meister, Neuerer und Angehörige der sozialistischen Intelligenz hingegen werden explizit aufgefordert, ihr Wissen und Können weiterzugeben. Dieser Beschluss hat eine „Wiedergutmachungsfunktion" zu erfüllen. Wohl deshalb ist er in betrieblichen Kontexten euphorisch begrüßt worden und dort von hoher Präsenz. Mit dem Beschluss will man wohl versuchen, die zehn Jahre zurückliegende Fehlentscheidung des Staatssekretariats für Berufsbildung, die Abkehr von der Allgemeinbildung in der beruflichen Weiterbildung, zu überwinden. Die „Unterlassungssünde" der volkseigenen Industrie von 1971, die Nichteinführung staatlicher Lehrpläne der beruflichen Erstausbildung in die berufliche Weiterbildung, glaubte man mit dem 1979er Beschluss überwinden

---

153 Für eine weitere Erhöhung des Niveaus der Erwachsenenbildung. Gemeinsamer Beschluß des Ministerrates der DDR und des Bundesvorstandes des FDGB vom 21.06.1979. In: Verfügungen und Mitteilungen des Staatsekretariates für Berufsbildung Nr. 6 vom 03.08.1979, S. 73-77.
154 Ebenda, S. 74.
155 Die Gleichmacherei in der Lohnpolitik und die Etablierung einer faktischen „Dreiklassengesellschaft" setzt das Anreizsystem außer Kraft.

zu können. Bildungsexperten der DDR konstatieren, dass die ständige Erhöhung des geistig-kulturellen Niveaus der Werktätigen „zunehmend mehr aus der 10-klassigen, allgemeinbildenden polytechnischen Oberschule und einer modernen Berufsausbildung mit hoher Allgemeinbildung in den Grundberufen" resultiert (Schneider 1989, S. 77). An die schulischen und beruflichen Erstausbildungsstandards sowie die Standards, die von den Hoch- und Fachschulen vorlegt werden, kann das Weiterbildungssystem auf Grund der Fehlentscheidung von 1971 nicht anschließen. Daher wird mit dem 1979er Beschluss ein Programm auf dem Gebiet der Allgemeinbildung der Werktätigen aus dem Boden gestampft. In diese Kampagne sind alle Einrichtungen der Erwachsenenbildung einbezogen. So wird das Vortragswesen der Urania „weiter ausgestaltet", die Kultur- und Klubhäuser „haben ihr Veranstaltungsangebot zu erweitern" und die Volkshochschulen beginnen, „Lehrgänge zur Vertiefung und Erweiterung der Allgemeinbildung differenziert und vielschichtig auszubauen" (ebenda, S. 77). Zunehmend bereitgestellt werden „fremdsprachliche Lehrgänge", „Lehrgänge auf kulturell-künstlerischem Gebiet" und Lehrgänge, in denen für Eltern Fragen der Familienerziehung und für Leiter von Arbeitskollektiven „Fragen der sozialistischen Menschenführung" behandelt werden. Verstärkt im Angebot sind Lehrgänge, die sich mit Problemen der „gesunden Lebensweise", der „Familiengründung", der „sozialistischen Rechtsprechung" befassen. Ebenso werden Angebote zur Unterstützung der beruflichen Weiterbildung der Werktätigen gemacht, wie „Grundlagen der angewandten Elektronik", „Mikrorechentechnik", „Wissenschaftliche Arbeitsorganisation", „Materialökonomie", „Qualitätssicherung" und „andere übergreifende Inhalte" (ebenda, S. 77). Die Weiterbildung von Hoch- und Fachschulkadern soll dazu dienen, neue Erkenntnisse der Wissenschaftsentwicklung und neue Forschungsergebnisse der Universitäten und Hochschulen in die Praxis zu überführen. Der 1979er Beschluss wendet sich nicht nur an die Praxis, sondern auch an die Forschung auf dem Gebiet der Erwachsenenbildung. Paradox ist, dass es für eine erwachsenenpädagogische Forschung gar keine Einrichtung in der DDR mehr gibt, weil 1970 das Institut für Erwachsenenbildung in Leipzig, das allein für die erwachsenenpädagogische Forschung der DDR zuständig war, in Folge der 3. Hochschulreform umstrukturiert wird und seine Arbeit einstellt. Die Tatsache, dass „berufliche Bildung immer allgemeiner wird und Allgemeinbildung sich verberuflicht" (Gieseke 1996, S. 67ff.), wird in der DDR bereits 1970 fehleingeschätzt und kann mit dem letzten großen Beschluss zur Erwachsenenbildung 1979 nicht zurückgeholt werden.

2.5. Opposition und Kapitulation 1980-1990

In den 1980er Jahren beginnt die Zeit der Bewegung „Schwerter zu Pflugscharen", nachdem in Deutschland, im Osten zuerst, dann aufgrund der Nachrüstung im Westen, Raketen stationiert werden. In Bonn demonstrieren auf den „Krefelder Appell" hin Hunderttausende für Frieden und Abrüstung. Robert Havemann und Rainer Eppelmann erhoffen sich eine ähnlich breite Friedensbewegung in der DDR von einem „Berliner Appell", der am 25.01. 1982 erscheint (vgl. Neubert 1997, S. 408). Unter dem Motto „Frieden schaffen – ohne Waffen" fordern die Autoren und die 80 Erstunterzeichner sofortige Abrüstungsmaßnahmen, „Entfernung aller Atomwaffen aus Deutschland, Abzug der alliierten Besatzungstruppen, freie Meinungsäußerung, Verzicht auf Kriegsspielzeug, Zulassung sozialen Friedensdienstes, Ersetzen von Wehrkunde-Unterricht in der Schule durch Unterricht zu Fragen des Friedens, Verzicht auf militärische Machtmittel in der Öffentlichkeit, Verzicht auf Übungen der Zivilverteidigung. Diese Forderungen bedeuten nicht nur Sicherheit schaffen für eigenes Überleben, sondern auch das Ende der sinnlosen Verschwendung von Arbeitskraft und Reichtum des Volkes für die Produktion von Kriegswerkzeug und die Aufrüstung riesiger Armeen junger Menschen, die dadurch der produktiven Arbeit entzogen werden" (ebenda, S. 408). Diesen Aufruf unterzeichnen mehrere tausend DDR-Bürger in wenigen Wochen, trotz des Risikos, ihren Arbeitsplatz oder ihren Ausbildungsplatz zu verlieren. Selbst diejenigen, die den Aufruf nicht unterschreiben, aus Angst, aus Mangel an Information und Gelegenheit oder aus Überzeugung, können sich dem Wissen um dessen Existenz nicht mehr entziehen. „Schwerter zu Pflugscharen" ist eine soziale Bewegung geworden, die die Atmosphäre in der DDR bestimmt. Seit 1980 formieren sich in kirchlichen Kreisen „oppositionelle" Gruppen zu einer Friedensbewegung, die an die „Dissidentenbewegung" der 1970er Jahre anschließt.

> „Tausende tragen das Bild von einem Mann, der sein Schwert mit wuchtigen Hammerschlägen zu einem Pflug umschmiedet, als Aufnäher am Anorak oder an der Tasche. Manchmal reißen es Polizisten brutal ab, in viele Fällen gehen Lehrer mit der Schere gegen das Emblem vor. Ganz wagt es aber niemand zu verbieten: Die Bronzeplastik, die auf dem Bild zu sehen ist, steht vor der UNO in New York – ein Geschenk der Sowjetunion aus dem Jahr 1959" (Volker 1999, S. 40).

Diese Ereignisse passen nicht ins offizielle politische Bild, weil Sozialismus und Frieden als wesensgleich gelten und weil „dort, wo Frieden und Sozialismus herrschen, für Pazifisten kein Platz mehr ist".[156] Völlig die Friedensbewegung ignorierend, werden auf den SED-Parteitagen Verlautbarungen über die Zukunft geäußert. Die offiziell nicht thematisierte Friedensbewegung wird vom Sicherheitsapparat (Staatssicherheit – Stasi) unterlaufen, d.h., die Parteioberen sind über die Atmosphäre im Bilde, beziehen aber trotzdem nicht Stellung und ändern nichts. So reflektiert der X. Parteitag der SED (11.-16.04.1981) die ökonomischen und politischen Schwierigkeiten innerhalb der Gesellschaft kaum, bestätigt die vorgegebene Generallinie und beschließt die ökonomische Strategie für die 1980er Jahre. Die wirtschaftlichen Erfolge

---

156 Beschluß des Sekretariats der ZK der SED: Aufgaben und Gestaltung des Parteilehrjahres in den Jahren 1981 bis 1986. In: Dokumente der SED. Bd. XVIII. Berlin 1982, S. 384.

werden gewaltig überbewertet, die Zustimmung der Bevölkerung wird uneingeschränkt vorausgesetzt.

Der Fünfjahrplan von 1981-1985 sieht vor, dass die volkswirtschaftlichen Endergebnisse schneller zu wachsen haben als der Produktionsverbrauch und die Investitionen. Dieses Ziel will man durch Entwicklung und Anwendung von Mikroelektronik, Robotertechnik, elektronischer Steuerung von Maschinen und elektronischer Rechentechnik verwirklichen. Die Hauptstadt der DDR, Berlin, soll als „politisches, wirtschaftliches und geistig-kulturelles Zentrum"[157] ausgebaut werden, denn mit der wachsenden Attraktivität der Stadt will man die gestiegenen Kultur- und Konsumtionsbedürfnisse der Bevölkerung besser befriedigen. Kultur und Kunst sollen Massencharakter annehmen. Indem man zwischen den Werktätigen und der Kunst engere Verbindungen schafft, glaubte man, den „sozialistischen" Ideengehalt von Kunst weiter auszuprägen. Auch das Bildungswesen ist aufgerufen, das geistig-kulturelle Niveau der Arbeiterklasse zu erhöhen. Auf dem Gebiet der Erwachsenenbildung dreht sich alles um die Forcierung der Allgemeinbildung. Mit dem Blick auf die politischen Bewegungen im Lande werden besonders auch in den Volkshochschulen künstlerisch-kulturelle Angebote lanciert, um einerseits die Nachfrage zu befriedigen und andererseits regimekritische Personen zu kontrollieren. Für die Arbeit der Volkshochschulen wird eigens eine neue Volkshochschulordnung[158] erlassen, die ein traditionelles, klassisches, allgemeinbildendes Angebot festschreibt und vor allem die Pflichten des Direktors und der Schulleitung reglementiert. Das gesamte Netz der Einrichtungen, die dem Ministerium für Volksbildung unterstehen, wird „entsprechend der demografischen und bildungspolitischen Erfordernisse vervollkommnet". Wenn die Rede von Qualitätserhöhung der Arbeit in Kinder- und Jugendheimen ist, muss man darunter deren Kapazitätserweiterung und die Vervollkommnung ihrer Funktionsfähigkeit verstehen,[159] weil das System Kinderheime braucht, um in erpresserischer Weise die Kinder von Ausreiseantragstellern und Regimekritikern dorthin zwangseinzuweisen und oppositionelle Jugendliche den Jugendwerkhöfen zuzuführen. Die das gesamte Staatssystem durchzogene Doppelstrategie erweist sich in diesen „Maßnahme[n]"[160].

---

157 Direktive des X. Parteitages der SED zum Fünfjahrplan für die Entwicklung der Volkswirtschaft in den Jahren 1981 bis 1985. In: Dokumente der SED. Bd. XVIII. Berlin 1982, S. 304-312.

158 Anordnung über die Aufgaben und Arbeitsweise der Volkshochschulen – Volkshochschulordnung – vom 05.05.1982. In: GBL vom 30.06.1982. Sonderdruck Nr. 1094.

159 Direktive des X. Parteitages der SED zum Fünfjahrplan für die Entwicklung der Volkswirtschaft in den Jahren 1981 bis 1985. In: Dokumente der SED. Bd. XVIII. Berlin 1982, S. 353.

160 Über „Die Maßnahme" von Brecht, am 13.12.1930 uraufgeführt, verhängt er selbst ein 40-jähriges öffentliches Aufführungsverbot. Erstmals wird das Stück am 13.09. 1997 im Berliner Ensemble wiedergespielt. Wenn es heute so fern erscheinen sollte wie eine griechische Tragödie, dann sind Szenen des DDR-Daseins mit einer griechischen Tragödie vergleichbar.

Die gesellschaftlichen Probleme verschärfen sich in den 1980er Jahren auf allen Ebenen. Zu der neuen politischen Bewegung, mit der die Partei- und Staatsführung der DDR nicht konstruktiv umzugehen weiß, kommen die Versorgungsprobleme der Bevölkerung. Daher beschließt der X. Parteitag, dass die Konsumgüterproduktion ein stabiles Angebot an Waren des Grundbedarfs zu leisten hat. Noch immer ist es nicht gelungen, den Bedarf an „1.000 kleinen Dingen" zu decken, nachdem man 1972 die übriggebliebenen 11.000 Privatbetriebe verstaatlicht hat. Im Gegenteil, die Versorgungslücken der Bevölkerung und damit die Unzulänglichkeit des Systems vergrößern sich rasant. Letztlich liegt die Ursache des Scheiterns in einer verfehlten Wirtschaftsstrategie. Auch die Welle der weltweiten internationalen Anerkennung der DDR, die Aufnahme diplomatischer Beziehungen und damit verbundene Arbeitsbeziehungen zum NSW (Nicht-sozialistisches Wirtschaftssystem), die Hilfeleistungen in der Dritten Welt, die Aufnahme von politisch Verfolgten aus anderen Volksdemokratien sowie die „Sozialistisch-ökonomische Integration" im Gebiet des RGW (Rat für Gegenseitige Wirtschaftshilfe) und vor allem die Abschiebung bzw. der Freikauf von Regimekritikern bringen für viele familiäre Konsequenzen mit sich. Notwendigerweise gibt es Anträge auf Familienzusammenführung und Eheschließungen zwischen DDR-BürgerInnen und AusländerInnen. Gemäß dem Hilferuf „Herr, die Not ist groß, die ich rief, die Geister, werd' ich nun nicht los", erlässt am 15.09.1983 der Ministerrat der DDR eine „Verordnung zur Regelung von Fragen der Familienzusammenführung und der Eheschließung zwischen Bürgern der DDR und Ausländern".[161] Obwohl die DDR hohe Verbindlichkeiten eingegangen ist, um Technologien aus dem NSW zu importieren und „sich vor dem Hintergrund der allgemeinen internationalen Schuldenkrise 1982/83 der Zahlungsunfähigkeit nähert", hält sie, „aus Furcht vor einer unkontrollierbaren politischen Destabilisierung" (Wolle 1998, S. 52), an den teueren Sozialleistungen und unwirtschaftlichen Subventionen für Grundbedürfnisse (Miete, Wasser, Energie, Fahrpreise, Nahrungsmittel) fest. Kurzfristig entschärfen zwei von der Bundesrepublik 1983/84 aus dem gleichen Motiv gewährte Milliardenkredite die aktuelle Krise, so dass die SED auch noch ihren XI. Parteitag in relativer Ruhe feiern kann. Da seit Mitte der 1980er Jahre Konföderationsabsichten zwischen den beiden deutschen Staaten bestehen, ist das Ende der DDR – im Nachhinein betrachtet – nur noch eine Frage der Zeit.

> „Über Jahre hinweg hatte der zinslose Überziehungskredit („Swingvereinbarung") den innerdeutschen Handel am Leben gehalten und war eine Reserve für schlechte Zeiten. Er sparte der DDR Devisen, wenn er auch die eigentlichen Probleme nicht lösen konnte, da der Saldo immer wieder ausgeglichen werden mußte. Nicht zuletzt dank des Swing war es möglich gewesen, den Warenverkehr in über dreißig Jahren erheblich zu steigern. Damit gehörte der innerdeutsche Warenaustausch zu den dynamischsten

---

161 Verordnung zur Regelung von Fragen der Familienzusammenführung und der Eheschließung zwischen Bürgern der DDR und Ausländern vom 15.09.1983. In: GBL. Teil I, Nr. 26 vom 27.09.1983, S. 254.

Bereichen in den zwischenstaatlichen Wirtschaftsbeziehungen, die es überhaupt in der Welt gab" (Nitz 1995, S. 88f.).

Der XI. Parteitag der SED (17.-21.04.1986), ungeplant der letzte, beschließt die „weitere Gestaltung der entwickelten sozialistischen Gesellschaft bis 1990". Das ökonomische Wachstum soll durch „umfassende Intensivierung" gesichert und der „Kreislauf der intensiv erweiterten Reproduktion in allen seinen Phasen auf das effektivste gestaltet" werden. Im Zentrum der SED Politik steht „der Mensch mit seinen Fähigkeiten, Interessen und Bedürfnissen". Die bei der Lösung aller ökonomischen Aufgaben ausschlaggebenden Humanressourcen sollen durch Erhöhung des Bildungs- und Kulturniveaus der Werktätigen verbessert werden. Durch Erziehung, Ausbildung, Weiterbildung und qualifikationsgerechten Einsatz der Werktätigen[162] (9,0% Hochschul-, 15,6% Fachschulkader, 4,6% Meister, 67,1% Facharbeiter, 3,7% An- und Ungelernte); (vgl. Staatliche Verwaltung für Statistik 1991, S. 138) will man die wirtschaftlichen Aufgaben lösen.

In der Sowjetunion hat zu dieser Zeit bereits ein gesellschaftlicher Umbauprozess begonnen. Kurt Hager kommentiert „Perestroika" und „Glasnost" sinngemäß so, dass in der DDR kein Anlass zur Renovierung bestünde, wenn der Nachbar neu tapeziere. Das Scheitern dieses Umbauprozesse läutet die Endkrise des sozialistischen Weltsystems ein (vgl. Wolle 1998, S. 52), was als rückblickendes Wissen bleibt. Diese Tatsache darf jedoch nicht den Blick dafür verstellen, dass die DDR ihrem äußeren Anschein nach noch immer Stabilität und Kontinuität vorspiegelt und suggeriert, ihre inneren Angelegenheiten im Griff zu haben. Am 24.04.1986 erlassen das ZK der SED, der Bundesvorstand des FDGB und der Ministerrat der DDR einen gemeinsamen „Beschluß zur Verbesserung der Arbeits- und Lebensbedingungen der Familien mit Kindern sowie zur Förderung junger Ehen".[163] Im September 1987 feiert Erich Honecker als Staatsgast in der Bundesrepublik den größten Triumph in seiner politischen Laufbahn, nachdem das „Njet" Tschernenkos im Sommer 1984 zum Honecker-Besuch in Bonn durch den Machtantritt Gorbatschows hinfällig wird.

„Die Trauerfeiern für die Großen in Europa sind Orte hoffnungsvoller Begegnungen für die Sache der Deutschen. ... März 1985: Am Grabe von Tschernenko sprechen die beiden politischen Spitzen aus Bonn und Ostberlin ausführlich über die Verbesserung der Beziehungen zwischen beiden deutschen Staaten. März 1986: Gespräche Kohl – Honecker nach der Trauerfeier für den ermordeten schwedischen Ministerpräsidenten Olof Palme in Stockholm: Der Generalsekretär wird kommen, aber wann? 27. März 1987: Vieraugengespräch Honecker – Schäuble über einen möglichen Besuchstermin. Schäuble hat den Bundeskanzler zu wesentlichen protokollarischen Zugeständnissen

---

162 Direktive des XI. Parteitages der SED zum Fünfjahrplan für die Entwicklung der Volkswirtschaft in den Jahren 1986 bis 1990. In: Dokumente der SED. Band XXI. Berlin 1989, S. 69-71.

163 Verordnung über die weitere Verbesserung der Arbeits- und Lebensbedingungen der Familien mit Kindern vom 24.04.1986. In: GBL. Teil I, Nr. 15 vom 28.04.1986, S. 241.

veranlaßt. 1. April 1987: Mittag besucht Bonn und überbringt einen konkreten Terminvorschlag für die zweite Septemberwoche. Kohl akzeptiert. Anfang September 1987: Letzte Abstimmung der deutschen Unterhändler. Doch inzwischen wird in den deutschen Ländern schon manches getan, um das Zusammenfinden der Deutschen voranzubringen" (Nitz 1995, S. 108).

Im Jahr 1986/87 legten Reformer aus Moskau in Gorbatschows Auftrag mit Unterstützung der Regierungen in Budapest und Warschau ein Papier zur Beschlussfassung vor. Die Unterzeichner drängen u.a. auf Veränderungen des inneren Mechanismus in Richtung Marktwirtschaft, sowohl im RGW als auch in den einzelnen Ländern der Gruppierung. Es geht um

„freie Konvertibilität der Währung der RGW-Länder nach abgestimmten Schritten und die Einführung von Preisen, die sich, vom Weltmarkt bestimmt, nach Angebot und Nachfrage regeln, die Einführung von, durch den Markt bestimmten, Mechanismen, wie Kredite und Zinsen und freie Wechselkurse, die Gründung von Börsen, die Entwicklung eines Systems von Geschäftsbanken, die Planung nur noch für strategische bzw. sogenannte defizitäre Waren, für Rohstoffe oder Hauptwarengruppen für eine Übergangszeit" (Nitz 1995, S. 103).

Für die SED-Oberen ist das vorgelegte „Swesta"-Konzept die blanke Konterrevolution und nicht annehmbar. Sie vertrauen auf Altbewährtes wie den Volkswirtschaftsplan 1989, der den Kurs der „Einheit von Wirtschafts- und Sozialpolitik" fortführen soll. Man erwartet einen „Zuwachs am Nationaleinkommen um 3,8% gegenüber dem Vorjahr."[164]

Im Frühjahr 1989 finden die letzten Volkskammerwahlen der DDR statt, deren Ergebnisse sich im Nachhinein als manipuliert herausstellen. Am 07.10.1989 feiert die Politprominenz offiziell den 40. Jahrestag der Gründung der DDR, obwohl im Sommer Tausende Menschen die DDR verlassen haben. Am 09.10.1989 demonstrieren in Leipzig 70.000 BürgerInnen für politische Veränderungen. Noch am 11.10.1989 erklärt das Politbüro der SED, dass der Sozialismus auf deutschem Boden nicht zur Disposition stünde. Am 18.10.1989 wird Erich Honecker auf der 9. Tagung des Zentralkomitees der SED von allen Funktionen abgelöst. Am 04.11.1989 vereinen sich Hunderttausende DDR-Bürger zu einer Kundgebung auf dem Berliner Alexanderplatz. Am 09.11.1989 werden die Grenzen zu Westberlin und zur Bundesrepublik Deutschland geöffnet. Am 17.11.1989 bestätigt die Volkskammer der DDR eine Koalitionsregierung unter Führung von Hans Modrow. Am 07.12.1989 findet die erste Sitzung am „Runden Tisch" im Berliner Dietrich-Bonhoeffer-Haus statt, wo der Wahltermin zur Volkskammer auf den 06.05.1990 vorgeschlagen wird (vgl. Blaschke/Sturzbecher 1989, S. 11). Die Ereignisse im Herbst 1989 bringen massive Rücktrittsforderungen an verschiedenste Funktionsträger in allen Bereichen des gesellschaftlichen Lebens mit sich. In diesem Zusammenhang kommt es vielerorts zur Bildung der „Runden Tischen". Personelle Veränderungen erfolgen schrittweise und

---

164 Gesetz über den Volkswirtschaftsplan 1989 vom 14.12.1988. In: GBL. Teil I, Nr. 27 vom 21.12.1988, S. 311.

grundlegend erst nach den Kommunalwahlen im Mai 1990. Während dieser Zeit wird von der „Modrow-Regierung" eine „Verordnung zur Arbeit mit Personalunterlagen"[165] erlassen, die scheinbar dazu legitimiert, im großen Umfang Akten und Dokumente zu vernichten. In welchem Ausmaß das geschieht, ist nicht mehr nachzuvollziehen. Am 20.09.1990 wird der Vertrag zwischen der Deutschen Demokratischen Republik und der Bundesrepublik Deutschlands über die Herstellung der Einheit Deutschlands – Einigungsvertrag – vom 31.08.1990 (Verfassungsgesetz) ratifiziert.[166] Am 03.10.1990 finden die Wahlen zum Deutschen Bundestag statt.

---

165 Verordnung zur Arbeit mit den Personalunterlagen vom 22.02.1990. In: GBL. Teil I, Nr. 11 vom 02.03.1990, S 84-85.
166 Gesetz zu Vertrag zwischen der Deutschen Demokratischen Republik und der Bundesrepublik Deutschlands über die Herstellung der Einheit Deutschlands – Einigungsvertrag vom 31.08.1990 (Verfassungsgesetz). In: GBL. Teil I, Nr. 64 vom 28.09.1990, S. 1627-1644.

3. Das Kompensationssystem „Massenorganisationen"

3.1. Freier Deutscher Gewerkschaftsbund (FDGB)

Der gewerkschaftliche Einfluss in der sowjetischen Besatzungszone erstreckt sich nicht nur auf die Wirtschaft, wie von der SPD in ihrem Aufruf von 15.06.1945[167] gefordert, sondern darüber hinaus auf das gesamte Kultur- und Bildungswesen. Mit Beginn des Unterrichts an den Schulen der SBZ am 01.10.1945 beginnen Aktivitäten zur Schulgesetzgebung für das „Gesetz zur Demokratisierung der deutschen Schulen" (vgl. Günther/Uhlig 1969, S. 37), das im Mai/Juni 1946 in den Ländern und Provinzen der sowjetischen Besatzungszone erlassen wird. Diesen Prozess unterstützt die „Gewerkschaft der Lehrer und Erzieher" mit Nachdruck. Auf ihrer ersten Kulturkonferenz am 05.12.1945 stellen die Gewerkschaften sich selbst die Aufgabe, auf die gesamte kulturelle Entwicklung Einfluss zu nehmen, vor allem in den Betrieben. Ihre vordringlichste Aufgabe sehen sie darin, die Wirtschaft anzukurbeln, was nur mit qualifizierten Arbeitskräften möglich ist. Die Gewerkschaften unterstützen die Betriebe bei der Gewinnung von Arbeitern für den Besuch der Betriebsvolkshochschulen und bei der Vorbereitung junger Arbeiter auf ein Hochschulstudium (vgl. Gewerkschaftshochschule 1987, S. 14). Am 17.05.1946 werden Maßnahmen zur Qualifizierung von Arbeitskräften für die Hauptzweige der Industrie in der sowjetischen Besatzungszone festgelegt, u.a. für die kurzfristige Umschulung von Tausenden von Werktätigen für Bau- und Metallberufe.[168] Nachdem sich im Februar 1946 die Gewerkschaften der sowjetischen Besatzungszone zum FDGB zusammengeschlossen haben, richtet der FDGB seine Bildungs- und Kulturarbeit auf eine Ideologie aus,

> „die auf dem Klassenbewußtsein und der internationalen Solidarität gegründet ist. Die geistigen Grundlagen der Arbeiterbewegung müssen herausgearbeitet und den Massen nähergebracht werden. ... Die Schulung von Gewerkschaftsfunktionären bedeutet da-

---

167 Aufruf der SPD vom 15.06.1945. In: SAPMO, Bestand DY 34 – 20184 (Büro des II. Vorsitzenden B. Göring).
168 Befehl Nr. 140 vom 10.05.1946: Sicherstellung von qualifizierten Arbeitskräften für die wichtigsten Zweige der deutschen Industrie. In: Befehle des Obersten Chefs der Sowjetischen Militärverwaltung in Deutschland, Sammelheft 2, Januar bis Juni 1946, Berlin 1946.

her nicht nur Übermittlung von Sachwissen und Ausbildung technischer Fähigkeiten, sondern Vermittlung umfassender politischer Bildung. Die Funktionäre sollen Einsicht in die politischen und gesellschaftlichen Vorgänge erhalten und befähigt werden, die ihnen gestellten Einzelaufgaben im Zusammenhang mit dem Gesamtgeschehen zu begreifen und zu lösen" (Maschke 1947, S. 7).

Die Gewerkschaften beschleunigen ihre Wirksamkeit selbst durch systematische Schulungsarbeit ihrer eigenen Funktionäre. Wenige Monate nach dem Aufbau der Gewerkschaften beginnt die „Errichtung von Gewerkschaftsschulen in allen Ländern und Provinzen der SBZ" (ebenda, S. 8), in denen regelmäßig Betriebsräte- und Funktionärsschulungen stattfinden. Durch die systematische Qualifizierung der Funktionäre, von denen eine Multiplikatorenwirkung ausgeht, die in allen Bereiche von Industrie, Landwirtschaft, Verwaltung, Handel und Versorgung hineinreicht, sichern sich die Gewerkschaften ihre Präsenz und ihren Einfluss.

„In den Bezirks- und Landesgewerkschaftsschulen wurden im Jahr 1946 Unterrichtskurse von vierwöchiger Dauer abgehalten, an denen 2683 Funktionäre (davon 523 Frauen) teilgenommen haben. An der Bundesschule des FDGB in Bernau wurden von Mai bis Dezember 1946 fünf zentrale Lehrgänge von je vierwöchiger Dauer durchgeführt, an denen 206 Funktionäre (davon 52 Frauen) teilnahmen. Etwa 60% der Teilnehmer sind hauptamtlich im FDGB tätig. Von den 206 Schülern sind 63 erst 1945 Mitglieder der Gewerkschaften geworden, während die anderen bereits vor 1933 organisiert sind. Am 02.05.1947, dem Eröffnungstag der FDGB-Bundesschule, begann ein Lehrgang mit etwa 50 Teilnehmern von zehnwöchiger Dauer" (ebenda, S. 9).

Ebenso wie sich der FDGB für kulturelle und sportliche Aktivitäten in den Betrieben zuständig fühlt, unterstützt er in den Betrieben auch die Betriebssektionen der „Kammer der Technik", nachdem diese Massenorganisation am 02.07.1946 (vgl. Schneider 1989, S. 49) als eine von der SED angeleitete Organisation, die Ingenieure, Techniker und Wissenschaftler zusammenführt, gegründet ist. Die KdT arbeitet auf Vertragsbasis eng mit anderen gesellschaftlichen Organisationen[169] und staatlichen Organen zusammen. Die Gründung der KdT hat förderliche Auswirkungen auf die Entwicklung betrieblicher Erwachsenenbildung. Sie wirkt auf dem Gebiet der Produktionspropaganda mit der „Förderung des Wettbewerbs", der „Popularisierung von Neuerermethoden", der „Verbreitung technischer Literatur aus der Sowjetunion", der „Mitwirkung an der Normung, Typisierung und der Gütevorschriften für die Steigerung der Arbeitsproduktivität und Qualität der Erzeugnisse" (Bundesministerium für gesamtdeutsche Fragen 1960, S. 413).

In die Entwicklung des Hochschulwesens greift der FDGB entscheidend ein, weil in den Universitäten und Hochschulen jene Menschen ausgebildet werden, „die berufen sind, an verantwortlichen Stellen das Wohl und Wehe des Volkes in der wirksamsten Weise mitzubestimmen" (Maschke 1947, S. 21). Weitere Zuständigkeitsbereiche sind die Frauen-, Jugend- und Betriebs-

---

169 Zusammenarbeit zwischen KdT, DSF, Urania von 1956-1960. In: SAPMO. Bestand DY 34 45/74/5317 (Büro Lehmann; Büro Kirchner).

rätearbeit, die Arbeiterbildung, das Fachschulwesen, für die der 2. FDGB-Kongress Beschlüsse fasst (vgl. Bundesvorstand des FDGB 1947, S. 219ff.).

„Die Gewerkschaften werden ihren Einfluß an allen maßgeblichen Stellen geltend machen für die höchstmögliche Steigerung des allgemeinen Bildungsniveaus, insbesondere der Angehörigen der werktätigen Bevölkerung. ... Allerbeste berufliche Aus- und Weiterbildung der Hand- wie der Kopfarbeiter unter mitbestimmender Mitwirkung der Gewerkschaften bei Aufstellung und Durchführung der Lehr- und Studienpläne. ... Schaffung und Erhaltung von Kunst- und Kultureinrichtungen, die insbesondere der werktätigen Bevölkerung zugute kommen. Jedem produktiv Schaffenden in Stadt und Land muß die Möglichkeit gegeben sein, an dem Kulturgut der gesamten Menschheit teilzuhaben" (ebenda, S. 237).

Im Herbst 1947 beginnt der FDGB mit der Ausbildung von Gesundheitshelfern auf Grundlage des Befehls Nr. 234 zur Entwicklung des betrieblichen Gesundheitswesens.[170] Diese Form endet 1952 mit der Auflösung des Gesundheitsdienstes des FDGB und der „Übernahme der Mitglieder in die Grundorganisationen des Deutschen Roten Kreuzes".[171] Nachdem Seuchen, Tuberkulose und Geschlechtskrankheiten im Wesentlichen ausgemerzt sind, werden 1947 diese Aufgaben den Land- und Stadtkreisen und der Industrie übertragen, die für die Errchtung von Polikliniken und Ambulatorien zuständig sind. Von 1949 an wird die Prophylaxe zur Aufgabe der staatlichen Gesundheitseinrichtungen. 1950 beginnt dann der Ausbau der fachlich gegliederten Vorbeugung in „Beratungs- und Behandlungsstellen" (russisch: Dispensaire). Im organisatorischen Umbau des Gesundheitswesens werden in der SBZ die Entwicklungsphasen der Sowjetunion gedrängt wiederholt (vgl. Bundesministerium für gesamtdeutsche Fragen 1960, S. 145), die an der Konstruktion der Einheit „Poliklinik/Krankenhaus" ersichtlich ist. Die Einflusssphäre des FDGB beginnt mit dem SMAD-Befehl Nr. 124 vom 30.10. 1945 zur Sequestrierung mehrerer zehntausender gewerblicher Unternehmungen, die durch die SMAD in drei Kategorien gegliedert sind.[172] Durch die Verstaatlichung der Industrie ergeben sich unterschiedliche Betriebskategorien.

„Einer Liste A wurden solche Betriebe zugeteilt, die einem Volksentscheid über eine Enteignung unterworfen werden sollen. In eine Liste B sind solche Betriebe aufgenommen worden, die für die Enteignung kein großes Interesse boten (vornehmlich gewerbliche Unternehmen). Sie wurden unter großem propagandistischem Aufwand den Inhabern zurückgegeben. Die Liste C enthielt diejenigen Betriebe, die für den Übergang in sowjetisches Eigentum als SAG-Betriebe vorgesehen sind und durch den Befehl 167 vom 05.06.1946 auf Grund der Reparationsansprüche der SU in sowjeti-

---

170 Befehl 234 vom 09.10.1947: Steigerung der Arbeitsproduktion sowie Arbeitsschutzmaßnahmen. In: Um ein antifaschistisch-demokratisches Deutschland. a.a.O., S. 504-511.
171 Verordnung über die Bildung der Organisation „Deutsches Rotes Kreuz" vom 23.10.1952 In: GBL. Nr. 150 vom 30.10.1950, S. 1090.
172 Befehl Nr. 124 vom 30.10.1945: Über die Beschlagnahme und provisorische Übernahme einiger Eigentumskategorien in Deutschland. In: Um ein antifaschistisch-demokratisches Deutschland, S. 189.

sches Eigentum übergingen. Der Rechtsträger der enteigneten und verstaatlichten Betriebe und der neu errichteten Staatsbetriebe war nach 1945 die Vereinigungen volkseigener Betriebe" (Bundesministerium für gesamtdeutsche Fragen 1960, S. 434).

Zwangsverwaltete Betriebe bekommen eine Betriebsgewerkschaftsleitung, die im Sinne ihres Zentralvorstandes und ihrer Industriegewerkschaft arbeitet. Am 23.04.1948 erlässt die SMAD den Befehl Nr. 76 zur Gründung der „Vereinigung Volkseigener Betriebe" (VVB),[173] woraufhin der FDGB bzw. die Industriegewerkschaften in die Verwaltungsräte der 75 VVB, die die wichtigsten 1.764 Volkseigenen Betriebe (VEB) zusammenfassen, jeweils 7 bis 11 Gewerkschaftsvertreter delegiert.[174] Nach Aussage des stellvertretenden Vorsitzenden der Deutschen Wirtschaftskommission, Selbmann, in seiner Rede vom 04.07.1948 werden „insgesamt 9281 gewerbliche Unternehmen, darunter zahlreiche kleine und mittlere Handwerks-, Transport- und Handelsunternehmen, enteignet" (Bundesministerium für gesamtdeutsche Fragen 1960, S. 434). Bis 1951 sind die Volkseigenen Betriebe unselbstständige Filialbetriebe der ihnen übergeordneten VVB, die zum 01.01.1952 in selbstständige wirtschaftliche Einheiten umgewandelt werden. Nachdem die wichtigsten Betriebe verstaatlicht sind, kann 1948 die erste längerfristige zentrale Wirtschaftsplanung, mit dem „Zweijahrplan"[175] beginnen.

> „Die Grundlagen für eine wirtschaftliche Ordnung, die dem Wohle des Volkes dient, sind in der Ostzone geschaffen. Die Verantwortung für den Neuaufbau liegt in den Händen der Arbeiterklasse, der werktätigen Bauernschaft und der fortschrittlichen Intelligenz sowie der fortschrittlichen Kreise des Mittelstandes. ... Die Losung heißt: Der Zweijahrplan sichert eine bessere Zukunft unseres Volkes! Darum Erfüllung und Übererfüllung des Planes! Mehr produzieren – besser leben!" (Ulbricht 1948, S. 107).

Zwischen der 11. Tagung des Parteivorstandes der SED und dem III. Parteitag der SED findet 1950 die „Berliner Konferenz" statt, auf der die sogenannten „Berliner Beschlüsse des FDGB" verabschiedet werden. Sie beinhalten u.a. die Regelung des Rechts auf Arbeit, die Teilnahme der Gewerkschaften an der Leitung von Staat und Wirtschaft, die Förderung und Qualifizierung der werktätigen Frauen und Jugendlichen.[176] Der zweite Volkswirtschaftsplan, der vorsieht, die Industrieproduktion bis 1955 zu verdoppeln, die Arbeitsproduktivität und das Volkseinkommen um jeweils 60 Prozent zu erhöhen (vgl. Ulbricht 1950, S. 131ff.), wird auf dem III. Parteitag der SED (20.-24.06.1950) als erster Fünfjahrplan 1950-1955 beschlossen. Die durch die Spaltung Deutschlands verursachten Disproportionen in der Wirtschaft

---

173 Befehl Nr. 76 der SMAD vom 23.04.1948: Schaffung von Vereinigungen der Volkseigenen Betriebe. In: Um ein antifaschistisch-demokratisches Deutschland, S. 624-630.

174 Der Fünfjahrplan zur Entwicklung der Volkswirtschaft in der Deutschen Demokratischen Republik (1951-1955). In: Dokumente der SED. Bd. III. Berlin 1952, S. 131-161.

175 Der Zweijahrplan für 1949/1950 In: Dokumente der SED. Bd. II. Berlin 1952, S. 58.

176 Arbeitstagung des FDGB-Bundesvorstandes am 3./4.03.1950 in Berlin. In: SAPMO. Bestand DY 34/ 21141 (Protokollbüro).

gilt es zu überwinden. Daher soll die DDR von einem Gebiet der Leichtindustrie zu einem Land der Schwerindustrie umgewandelt werden.

„Entwicklung einer wahren Begeisterung unter den Massen. ... Erziehung der Werktätigen zu einem wahren Patriotismus in der Arbeit. ... Mobilisierung und Organisierung der Massen und Organisierung des Wettbewerbs. ... Organisierung der Massenkontrolle über die strikte Einhaltung der Bestimmungen des Plangesetzes, wie aller Gesetzesbestimmungen. ... Kollektive Beratung über die Beseitigung von Mißständen und Schwierigkeiten. ... Mobilisierung der Massen zur kollektiven Wachsamkeit, schonungslose Entlarvung des verbrecherischen Treibens der Feinde unseres Volkes an Hand von öffentlich geführten Prozessen" (Bundesvorstand des FDGB 1951, S. 17).

Bei der Umgestaltung des Schul- und Hochschulwesens,[177] so die 4. Tagung des ZK der SED (17.-19.01.1951), haben die Gewerkschaften auf die Gewinnung von Arbeiter- und Bauernstudenten und auf die Berufsausbildung größeren Einfluss zu nehmen. Zur finanziellen Unterstützung von Studenten an den Arbeiter- und Bauernfakultäten richtet der FDGB ab 01.10.1949 einen Studiensonderfonds ein.[178] Im September 1951 wird die Bundesschule des FDGB in Bernau zu einer Hochschule der Gewerkschaften umgewandelt, um dort leitende Funktionäre der Organisation auszubilden.[179] Die Ausbildung von Gewerkschaftskadern an der höchsten Bildungsstätte des FDGB erfolgt am 06.09.1956 mit der Eröffnung des ersten Dreijahreslehrganges an der Gewerkschaftshochschule Bernau, der mit Diplom abschließt.[180] Die gewerkschaftlichen Betriebsabendschulen beginnen am 01.09.1951 mit einer Teilnehmerzahl von 750.000 Gewerkschaftern.[181] Auf seiner 6. Tagung (21.-22.09.1951)[182] beschließt der FDGB die Unterstützung von Ausbildungsstätten bei der Durchsetzung einheitlicher Lehrpläne und der Qualifizierung der Lehrer und Lehrmeister. In Vorbereitung der nächsten Kampagne „der kulturellen Erneuerung Deutschlands" schließt der FDGB am 10.04.1951 Arbeitsvereinbarungen mit der DSF, der FDJ, der Deutschen Volksbühne, dem Kulturbund und dem deutschen Sportausschuss ab.[183] Im Jahr 1952 konkretisiert sich die Bewegung der „kulturellen Massenarbeit" in den Betrieben und auf dem Lande, die vom FDGB unterstützt wird. Im Vergleich zur zentralen Stellung der Volkshochschulen finden die Einrichtungen der kulturellen Mas-

---

177 Zur Verbesserung der Berufsbildung. Die nächsten Aufgaben in den Universitäten und Hochschulen. In: Dokumente der SED Bd. III Berlin 1952, S. 345-362.
178 Einrichtung von Studiensonderfonds. In: SAPMO. Bestand DY 34 42/983/4588 (Büro Maschke).
179 4. Tagung des Bundesvorstandes des FDGB vom 21./22.09.1951. In: SAPMO. Bestand DY 34/26810.
180 Eröffnung des ersten Dreijahreslehrganges Gewerkschaftshochschule Bernau am 06.09.1956. In: SAPMO. Bestand DY 34-Gewerkschaftshochschule Nr. 29.
181 Beschluß des Sekretariats des Bundesvorstandes des FDGB vom 10.04.1951. In: SAPMO. Bestand DY 34/24096.
182 6. Tagung des Bundesvorstandes des FDGB vom 21./22.09.1951. In: SAPMO. Bestand DY 34/26812.
183 Abschluß von Arbeitsvereinbarungen des FDGB mit Kulturbund am 10.04.1951. In: SAPMO. Bestand DY 34/24096

senarbeit relativ geringe pädagogische und bildungspolitische Aufmerksamkeit. Die mangelnde Koordinierung der kulturellen Massenarbeit und die Vielfalt der Maßnahmen wirken auf den Außenstehenden verwirrend und erschweren eine umfassende Darstellung mit all ihren Akzentverschiebungen. Mit „kultureller Massenarbeit" werden alle diejenigen Maßnahmen bezeichnet, die im Sinne der SED bewusstseinsbildend und produktionsfördernd auf die Bevölkerung wirken sollen, wie die ideologische Aufklärungsarbeit, die Erhöhung der fachlichen Kenntnisse und des sozialistischen Bewusstseins durch Volkskunst, Film, Theater, Zirkel der bildenden Kunst usw. Die kulturellen Bedürfnisse der Menschen werden genutzt, um die ideologische Propaganda in kulturellen Veranstaltungen zu transportieren (vgl. Bundesministerium für gesamtdeutsche Beziehungen 1960, S. 226).

> „Der FDGB und die Industriegewerkschaften sind die Träger der kulturellen Massenarbeit in den Betrieben. Zur Unterstützung und zur Hebung der kulturellen Massenarbeit in den Betrieben wurden zwischen dem FDGB, den Industriegewerkschaften, der Landesverwaltung für Kunstangelegenheiten und dem Ministerium für Volksbildung Vereinbarungen getroffen, die für die Volkshochschulen wesentliche Punkte enthalten: a) Stärkere Durchführung von Lehrgängen zur fachlichen Qualifizierung der Werktätigen der volkseigenen Industrie und Landwirtschaft und b) Durchführung von Lehrgängen zur Schulung und Qualifizierung von Kulturfunktionären. ... Ein Plan zur Ausbildung von Kulturfunktionären in einem 4-Monate-Lehrgang an der Landesvolkshochschule Meißen-Siebeneichen wird ausgearbeitet. Der Lehrgang beginnt am 26.06.1952 und wird ca. 30 junge Menschen, die aus der Produktion kommen, zu Kulturfunktionären entwickeln. Die Durchführung von Lehrgängen zur Qualifizierung von Kulturfunktionären an den Stadt-, Kreis- und Betriebsvolkshochschulen wurden mit dem FDGB vorbereitet und angewiesen".[184]

In den ländlichen Gemeinden werden zu Beginn der 1950er Jahre Kulturhäuser gegründet,[185] in denen Versammlungen, Schulungen, Kurse und Vorträge stattfinden. Ging es bis dahin auf dem Lande vor allem um die Erhöhung der Ernteerträge und die Verbesserung der Viehwirtschaft, will man nun auch die Kulturarbeit verbessern und der Dorfbevölkerung die Möglichkeit geben, die Agrarwissenschaften und die neuesten Arbeitsmethoden in der Landwirtschaft zu studieren. Um dies zu erreichen, wird im Einvernehmen mit der Vereinigung der gegenseitigen Bauernhilfe (VdgB) angeordnet, dass „in jeder Gemeinde neben dem Raum für die FDJ auch ein Kulturraum oder ein Kulturhaus" einzurichten ist.[186] Gemäß der Anordnung vom 15.11.1951 werden die früher geschaffenen Bauernstuben in Kulturräume umbenannt.[187]

---

184 Schreiben an VIII/05 Erwachsenenbildung vom 03.05.1952. Betr. Termin 05.05.1952 Entfaltung der kulturellen Massenarbeit in den Betrieben. In: Sächs. HStAD., Bestand LRS; Min. f. Volksb., 1983.

185 Anordnung zur Schaffung von Kulturräumen oder Kulturhäusern in den Gemeinden der Deutschen Demokratischen Republik vom 17.03.1952. In: Sächs. HStAD., Bestand LRS, Min. f. Volksb., 1907

186 Anordnung zur Schaffung von Kulturräumen oder Häusern in den Gemeinden der DDR vom 17.03.1952. In: Sächs. HStAD., Bestand LRS, Min. f. Volksb., 1948

187 Ebenda, S. 2.

Eine Tagung der „Abteilung Kulturelle Massenarbeit" mit Kulturhaus-leitern am 13./14.02.1952 (vgl. Gewerkschaftshochschule 1987, S. 72), bei der es um die Verantwortung der Gewerkschaften für die Entwicklung der Kulturhäuser zu Zentren des geistigen Lebens geht, ist als Vorläufer einer In-itiative der kulturellen Massenarbeit anzusehen, in die nahezu alle Werktäti-gen der volkseigenen Industriebetriebe späterhin einbezogen sind. Auf der Tagung „Über die nächsten Aufgaben der kulturellen Massenarbeit der Ge-werkschaften" vom 28./29.01.1953 (ebenda, S. 80) wird beschlossen, die po-litisch-ideologische Aufklärungsarbeit zu verstärken, die berufliche Qualifi-kation der Werktätigen zu erhöhen und deren „sozialistisches Bewußtsein" mit Hilfe der kulturellen Massenarbeit zu heben. Die Schulungsarbeit soll durch die Vermittlung des Marxismus/Leninismus verbessert werden.[188] Mit der Verordnung vom 10.12.1953 werden alle Kulturhäuser dem FDGB unter-stellt, weil dessen Einfluss auf die Gestaltung des Programms erheblich ge-stiegen ist.[189] Im Januar 1954 fasst die 17. Tagung des ZK der SED den „Be-schluß über weitere kulturelle Massenarbeit auf dem Land".[190] Mit der Initia-tive „Industriearbeiter aufs Land" beginnt die „Festigung des Bündnisses der Arbeiterklasse mit den Bauern".[191] Die Gewerkschaften wollen vor allem in den Volkseigenen Gütern auf die Durchsetzung der Verordnung der Regie-rung der DDR vom 10.12.1953 Einfluss nehmen.[192] Im Februar 1954 beginnt auf der Grundlage der Verordnung vom 10.12.1953 (vgl. Gutsche 1958, Teil II, S. 83) die Übergabe der betrieblichen Kulturstätten an die Gewerkschaft.

Neue Aufgaben bei der Entwicklung der Schule ergeben sich für die Ge-werkschaften (vgl. Gewerkschaftshochschule 1987, S. 137) mit der Einfüh-rung des „Unterrichtstages in der Produktion" für die Klassen 7 bis 12 der allgemeinbildenden Oberschulen[193] und des Unterrichtsfaches „Einführung in die sozialistische Produktion" in Industrie und Landwirtschaft für die Klassen 9 bis 12. Die Qualifizierung der Werktätigen und die Entwicklung der Be-

---

188 Beschluß des Bundesvorstandes des FDGB zur Verbesserung der Schulungsarbeit vom 06.08.1953. In: SAPMO, Bestand DY 34/26010.

189 Verordnung über die weitere Verbesserung der Arbeits- und Lebensbedingungen der Arbeiter und Angestellten und die Erweiterung der Rechte der Gewerkschaften vom 10.12.53. In: GBL. Nr. 129 vom 11.12.1953, S. 1219.

190 Über die Entfaltung der politischen Massenarbeit im Dorf und die nächsten Aufgaben in der Landwirtschaft auf der 17. ZK-Tagung am 23.01.1954. In: Dokumente der SED. Bd. V. Berlin 1956, S. 34-58.

191 Über die Entsendung von Arbeitern auf das Land zur unmittelbaren Hilfe bei der so-zialistischen Umgestaltung des Dorfes. Beschluß des ZK der SED vom 23.04.1953. In: Dokumente der SED. Bd. V. Berlin 1954, S. 356-360.

192 Verordnung über die weitere Verbesserung der Arbeits- und Lebensbedingungen der Arbeiter und Angestellten und die Rechte der Gewerkschaften. In: GBL. Nr. 129 vom 11.12.1953, S. 1219.

193 Anweisung über die Stundentafeln der allgemeinbildenden Schulen für das Schuljahr 1958/59. In: Verfügungen und Mitteilungen des Ministeriums für Volksbildung, Nr. 10/1958, S. 71.

rufsausbildung[194] werden in Vorbereitung des 5. FDGB-Kongresses, der im Zeichen des V. SED-Parteitages, der „Bitterfelder Konferenz" und des „Siebenjahrplanes" stand, aus den Vorschlägen des ZK der SED vom 29.07.1959 aufgenommen.

> „Die Erziehung durch das Kollektiv ist von außerordentlicher Bedeutung für die Entwicklung der gesamten Klasse zu sozialistischen Menschen. ... Im Schaffen für den Sozialismus bilden sich neue Menschen, entwickelt sich die Selbsterziehung in der Gemeinschaft, bildet sich der Charakter. Je höher das Bewußtsein der Millionen Werktätigen ist, um so erfolgreicher wird der sozialistische Aufbau durchgeführt werden. ... Ihre (die Gewerkschaft) wichtigste Aufgabe besteht darin, ständig das Neue und die sozialistische Bewußtseinsbildung zu fördern. Die Gewerkschaften entfalten dadurch ihre Rolle als Schulen des Sozialismus, werden die großen schöpferischen Kräfte, der ganze Ideenreichtum aller Arbeiter und Angehörigen der Intelligenz für den Sozialismus zur vollen Entfaltung gebracht." [195]

Der Anspruch des FDGB gipfelte 1959 darin, durch den Ausbau des Bibliothekswesens die „Zahl der lesenden Arbeiter zu vergrößern", so dass „aus den lesenden Arbeitern schreibende, unsere künftigen Schriftsteller" und „aus den musikhörenden und kunstbetrachtenden Arbeitern die musizierenden und bildnerisch schaffenden Arbeiter werden".[196] Das heißt, dass sich der FDGB dazu berufen fühlt, neben der „Schaffung einer neuen Intelligenz" auch noch „neue Intellektuelle" schaffen zu wollen, wenn man den Entwicklungsgedanken als Hintergrundfolie benutzt. Das soll erreicht werden durch die Vergrößerung der Anzahl der Chöre, Tanzgruppen, Orchester, „Agitprop-Gruppen", Kabaretts, Interessengemeinschaften und Zirkel. Das Niveau der betrieblichen Volkskunstgruppen will man erhöhen, um sie an den Leistungsstand der Berufskünstler anzunähern. Der 6. FDGB-Kongress konstatiert, dass sich von 1959 bis 1963 „die Rolle der Gewerkschaften erhöhte", ihre Aufgaben als „Schulen des Sozialismus" wuchsen und sie sich immer besser als „treue Helfer der Sozialistischen Einheitspartei Deutschlands" erwiesen (Bundesvorstand des FDGB 1963, S. 101). Anfang der 1960er Jahre wird die unzureichende Berufsausbildung auch vom FDGB analysiert. Er ist 1962 beteiligt an der Regelung der Verantwortung für die Einrichtungen der Erwachsenenbildung. Weiterhin unterstützt er die Qualifizierung der Frauen und die Einführung des Polytechnischen Unterrichts.

> „Die staatlichen Organe haben die volle Verantwortung für die Planung, Durchführung und Kontrolle der Erwachsenenqualifizierung. Den Gewerkschaften als Schulen des Sozialismus und Vertreter der Interessen der Arbeiterklasse obliegt es, in enger Zusammenarbeit mit den staatlichen Organen die Werktätigen für die notwendigen Qualifizierungsmaßnahmen zu gewinnen, Neuerer, Techniker, Ingenieure und Wissenschaftler in die Erwachsenenqualifizierung einzubeziehen und Einfluß darauf zu

---

194 Zur Qualifizierung der Werktätigen und zur sozialistischen Entwicklung der Berufsausbildung in der DDR. Vorschläge des ZK der SED. In: „Deutsche Lehrerzeitung", Nr. 31/1959, Beilage, S. 2.
195 Entschließung des 5. FDGB-Kongresses. In: Sonderdruck aus „Tribüne" Nr. 255 vom 03.11.1959, S. 7.
196 Ebenda, S. 12.

nehmen, dass die Qualifizierung der Durchsetzung des wissenschaftlich-technischen Fortschritts und damit der Steigerung der Arbeitsproduktivität dient" (Zentralvorstand der Gewerkschaft Wissenschaft 1987, S. 96).

Eine erhebliche Verbesserung der Arbeits- und Lebensbedingungen, der gesundheitlichen, sozialen Betreuung und der Arbeiterversorgung konstatiert der 7. FDGB-Kongress 1968. Die Gewerkschaften befürworten ein „einheitliches, staatlich geleitetes Weiterbildungssystem" und erklären ihre aktive Mitwirkung (ebenda, S. 58). Der 8. FDGB-Kongress 1972 hebt die „Verantwortung der Gewerkschaften für die Festigung der Bündnisbeziehungen zwischen Arbeiterklasse und Intelligenz hervor und spricht sich dafür aus, dass alle Leitungen weiterhin der beruflichen Aus- und Weiterbildung die gebührende Aufmerksamkeit widmen" (ebenda, S. 71). Der 9. FDGB-Kongress 1977 charakterisiert die Beschleunigung des wissenschaftlich-technischen Fortschritts als Faktor der Intensivierung der Volkswirtschaft und unterstreicht die Notwendigkeit der sozialistischen Gemeinschaftsarbeit zwischen Arbeiterklasse und Intelligenz (ebenda, S. 89). Der 10. FDGB-Kongress 1982 orientiert auf die Entwicklung des sozialistischen Wettbewerbs in den produktionsverarbeitenden Bereichen und in Forschung/Entwicklung zur Überwindung von Mittelmaß (ebenda, S. 106). Der 11. FDGB-Kongress 1987 charakterisiert die umfassende Intensivierung der Produktion unter Nutzung der modernsten Ergebnisse von Wissenschaft und Technik als entscheidende Grundlage des ökonomischen Leistungsanstiegs und setzt sich für die Entwicklung und Anwendung der Schlüsseltechnologien ein (ebenda, S. 130). Einen 12. FDGB-Kongress gibt es nicht mehr.

Mitwirkungsaufgaben hat der FDGB im sogenannten „Prozess der Annäherung der Klassen und Schichten" und bei allen betrieblichen Qualifizierungsmaßnahmen. Die Gründung der Sportvereinigung (DTSB) (vgl. Akademie für Staats- und Rechtswissenschaft der DDR 1989, S. 67), die Unterstützung der „Landesverteidigung", die „militärische Nachwuchsgewinnung", der Aufbau der „Gesellschaft für Sport und Technik" (GST)[197] in den Betrieben gehören ebenso zu seinem Wirkungsbereich wie die „Zusammenarbeit zwischen Schule, Betrieb und FDJ bzw. Pionierorganisation". Insbesondere unterstützt der FDGB die Entwicklung ausgewählter Jugendlicher zu Nachwuchskadern und qualifiziert Frauen als Fachkräfte bzw. für untere und mittlere Leitungspositionen. Der Einflussbereich der Gewerkschaften erstreckt sich auf die Gebiete Tarif- und Lohnpolitik und Sozialwesen. Die Gewerkschaft ist zuständig für die Verbesserung der Arbeits- und Lebensbedingungen der Werktätigen und die Arbeiterkontrolle in Industrie, Landwirtschaft, Handel und Dienstleistungseinrichtungen. Sie verwaltet den betriebli-

---

197 Verordnung über die Bildung einer Gesellschaft für Sport und Technik vom 07.08.1952. In: GBl. Nr. 108 vom 07.08.1952, S. 712.

chen „Kultur-, Sozial- und Prämienfonds", hat einen eigenen Feriendienst[198] und ein Kurwesen. Für Härtefälle und Familienereignisse gibt es Zuschüsse, ebenso finanzielle Zuwendungen bei Qualifizierungsmaßnahmen. Der Staat bindet die Werktätigen durch die Massenorganisation FDGB an sich, indem er ihre Bedürfnisse befriedigt. Die staatliche „Versorgung" geht einher mit staatlicher „Kontrolle". Der FDGB ist sozusagen die Versorgungs- und Erziehungsagentur, die nach dem Prinzip „Zuckerbrot und Peitsche" funktioniert. Der FDGB ist die Transmission der SED, weil seine Kongresse die Beschlüsse der SED-Parteitage transformieren. Die Gewerkschaft betrachtet sich selbst als „Schule des Sozialismus", was ihre Allgegenwärtigkeit und Einflusssphäre auf allen gesellschaftlichen Ebenen erklärt. Im Gegensatz zur SED, die direkt nur Einfluss auf ihre SED-Mitglieder hat, haben die Gewerkschaften Einfluss auf die Gemeinschaft aller Werktätigen, Arbeiter, Angestellten, Bauern, Handwerker, Angehörigen der Intelligenz, Künstler etc., unabhängig von ihrer parteipolitischen und weltanschaulichen Auffassung. Der real existierenden DDR-Alltag sieht so aus, dass sich viele Kader trotzdem lieber als Funktionäre in die Hände des FDGB begeben als in die Fänge der SED zu geraten. Die SED gilt als staatstragend, wogegen der FDGB als das kleinere Übel angesehen wird. Für viele Kader erscheint eine FDGB-Funktion weniger bedrohlich zu sein, weil die Spielregeln großzügiger sind. Man kann eine SED-Funktion mit einem „Drahtseilakt" und eine FDGB-Funktion mit einem „Mannschaftsspiel" vergleichen. Im Jahr 1989 beträgt der Organisierungsgrad im FDGB 97,4 Prozent (vgl. Eckelmann/Hertle/Weinert 1990, S. 107). „Im FDGB sind 9,5 Millionen Mitglieder organisiert, davon 64,7% Arbeiter; 13,5% Angestellte; 20,6% Intelligenz; 1% Arbeiterveteranen und 0,2% Studenten. Von den neuneinhalb Millionen Gewerkschaftsmitgliedern sind mehr als sieben Millionen parteilos!" (ebenda, S. 5f.).

3.2. Kulturbund

Am 04.07.1945 wird der Kulturbund zur demokratischen Erneuerung Deutschlands gegründet.[199] Am 08.08.1945 findet jene Konferenz statt, „auf der der erste Präsidialrat des Kulturbundes zur demokratischen Erneuerung Deutschlands und das Sekretariat des Bundes gewählt wurde" (Kulturbund zur demokratischen Erneuerung 1948, S. 12). Die Anfänge der Kulturarbeit beginnen mit der Gründung eines „Zentralen Ausschusses für kulturelle Betriebsarbeit" (Siebert 1970, S. 115), in dem FDGB, FDJ, Betriebe, Kultur-

---

198 Ein 14tägiger Ferienplatz für eine vierköpfige Familie kostete ca. 340 DM und ein 3-wöchiger Kinderferienlagerplatz etwa 15 DM. Die Ferienrückfahrkarten sind um 50% ermäßigt.

199 Gründung des Kulturbundes. In: SAPMO. Bestand: DY 27/2751.

bund und die Volkshochschulen zusammenarbeiten. Dieser Ausschuss ist im Juni 1946 gegründet worden, um im Bereich der kulturellen Erwachsenenbildung eine Konkurrenzsituation und Zersplitterung zu verhindern.

> „Der Kulturbund habe bisher nicht gehalten, was sein Name verspreche. Er sei nur eine lose Vereinigung zum größten Teil nomineller Mitglieder oder eben eine Dachorganisation für alle ehemaligen Vereine und Vereinchen" (Heider 1993, S. 155).

Mit der Kulturbundgründung wird das „bis dahin existierende Heimatvereinswesen abgeschafft".[200] Man löst die Vereine nicht auf, sondern vereinigt sie unter dem Dach des Kulturbundes, um sie zu „kontrollieren" und ihre Arbeit zur sogenannten „geistigen Erneuerung Deutschlands anzuleiten". Der Kulturbund soll dazu beizutragen, dass das Volk einen „festen moralischen Halt finden" werde und ein „neues menschliches Dasein aufzubauen" vermag. Die vom „Nazismus verschütteten deutschen Kulturwerte, die mit den Namen von Goethe, Schiller, Lessing" verbunden sind, gilt es dem deutschen Volk wieder nahe zu bringen (Kulturbund zur demokratischen Erneuerung 1948, S. 14). Die Kulturwerte dem deutschen Volke zu vermitteln, soll vor allem auch durch Literatur geschehen. Deshalb wird in der SBZ/DDR dem Buch-, Verlags- und Büchereiwesen große Aufmerksamkeit geschenkt. Anfang 1948 gibt es einen „Gesetzesentwurf zur Demokratisierung des Büchereiwesens".

> „Das Buch dient der Verbreitung der fortschrittlichen Ideen, die vom Geist der Humanität, des Fortschritts und des friedlichen Zusammenlebens der Völker getragen sind. Alle Büchereien der öffentlichen Hand sind Volkseigentum und stehen der Bevölkerung unentgeltlich zur Verfügung".[201]

Die Büchereien bekommen den Auftrag, die wissenschaftliche, politische und fachliche Bildung zu „vertiefen" und gegen „reaktionäre", „nazistische" und „militaristische Ideen" zu ,kämpfen'. Die Bücher sollen gut unterhalten, zur Selbstbesinnung hinführen und dem „Aufbau der Volkswirtschaft dienen". Das Volksbildungsministerium erteilt die Genehmigungen zur Eröffnung von Büchereien und legt derer Kernbestände fest. Weiter verpflichtet es alle lizenzierten Verleger, ihr Verlagsprogramm und die Erscheinungstermine zu „melden". Die Büchereileiter werden verpflichtet, ihre Bestände durch „fortschrittliche" und „demokratische" Literatur zu ergänzen, spezielle Kinder- und Jugendbuchabteilungen einzurichten und für die „Säuberung" der Büchereibestände von „ideologisch schädlicher" Literatur zu sorgen. Das Volksbildungsministerium behält sich vor, geeignete Titel auszuwählen und eine Anzahl von Exemplaren zu erwerben, die nach einer vom Kulturellen Beirat in Berlin festgelegten Schlüsselzahl den Büchereien zur Verfügung zu stehen haben. Festzuhalten gilt, dass es 1948 um die „Säuberung" der Buchinhalte

---

200 Zeitzeugengespräch mit Dr. Manfred Fiedler am 04.05.1994 zum Kulturbund der DDR.
201 Entwurf. Gesetz zur Demokratisierung des Büchereiwesens. Schreiben vom 27.02.1948. In: Sächs. HSAD., Bestand LRS, Min. f. Volksb., 2093.

von nazistischem Gedankengut und um die Errichtung neuer Strukturen im Büchereiwesen geht.

Zehn Jahre später, 1958, weisen die Statistiken des Verlagswesen, des Buchhandels und der Bibliotheken ein sprunghaftes Ansteigen aller Kennziffern aus. Das Buch ist zu „einem wichtigen Faktor der Massenbildung" (Kurella 1959, S. 11) geworden. Eine Analyse der am meisten gelesenen Literatur ergibt, dass nur wenige der Bücher „sozialistischen Inhalts" eine unmittelbare Beziehung zu den geistigen, moralischen, ideologischen Vorgängen besitzen, die sich gegenwärtig in der DDR abspielen (vgl. Hörnig 1979, S. 279). Kritisiert wird, dass zu Themen wie „Antifaschistischer Widerstand", „Zweiter Weltkrieg", „Befreiung und Nachkriegszeit" wesentlich mehr Bücher publiziert werden als solche mit den eigentlichen Gegenwartsproblemen wie „Schwerpunkte des sozialistischen Aufbaus", „Großindustrie", „Chemieprogramm", „LPG" etc. Die Gegenwartsthemen werden auch nur von einem kleinen Kreis von Autoren, vorwiegend jungen Nachwuchsschriftstellern, behandelt. Zwölf Jahre nach Kriegsende ist die Zeit reif für die Aufarbeitung von Kriegserlebnissen durch die SchriftstellerInnen. Gleiches gilt für die LeserInnen, wie am Leseverhalten sichtbar ist. Nur die „jungen" Schriftsteller, die den Krieg nicht erlebt haben, schreiben über den sozialistischen Aufbau. Die Literatur des „sozialistische Realismus" bleibt „formalistisch", obwohl der Kampf dagegen schon zehn Jahre geführt worden ist. Offensichtlich ist das menschliche Dasein doch nicht von parteipolitischen Mechanismen steuerbar. Zu den am meisten gelesenen Büchern der Jahre 1957 bis 1959 gehören:

„Nackt unter Wölfen" von Bruno Apitz, „Arzt auf drei Kontinenten" von Allan Gordon, „Die Leute von Karvenbruch" und „Die Bauern von Karvenbruch" von Benno Voelkner, „Roheisen" von Hans Marchwitza, „Frühlingsstürme" von Owetschkin, „Die weiße Birke" von Bubbenow, „Tag im Nebel" von Annemarie Reinhard, „Der Ketzer von Naumburg" und „Der Sohn der Hexe" von Rosemarie Schuder. Diese Bücher rangieren mit 400.000 bis zu einer Million Exemplaren an der Spitze. Die Verlage verzeichnen wachsende Nachfrage bei Klassikern wie Scholochows „Der stille Don", John Reeds „Zehn Tage, die die Welt erschütterten" oder Andersen Nexös „Ditte Menschenkind". Diese von der Quantität her beeindruckenden Zahlen sagen wenig über die tatsächlich vorhandenen Schwierigkeiten aus, die bei der „Überwindung kleinbürgerlicher Bedürfnisse" zu bewältigen sind (ebenda, S. 279).

Eine große Kampagne gegen den „Formalismus" beginnt 1950, weil der III. Parteitag der SED „außerordentliche Schwächen auf kulturellem Gebiet" feststellt. Diese führt man darauf zurück, dass bei vielen Intellektuellen noch nicht die Erkenntnis gereift sei, dass „der Aufbau einer fortschrittlichen deutschen Kultur nur im unablässigen Kampf gegen die volksfeindlichen Theorien des Kosmopolitismus, gegen den bürgerlichen Objektivismus und gegen die amerikanische Kulturbarbarei" erfolgen kann. In der Literatur sind nur wenige bereit, sich der Gegenwartprobleme anzunehmen, in der bildenden Kunst gibt es „erst ganz bescheidene Anfänge des Realismus", und „besonders stark herrsche der Formalismus in der Architektur". Gerade beim

„Kampf um die Festigung der antifaschistisch-demokratischen Ordnung" kommt es darauf an, die Menschen dazu zu bewegen, „ihr ganzes Können in den Dienst des Friedens, des Fortschritts und der Demokratie zu stellen". Dies zu bewirken sei Sache der Kulturpolitik. Sie habe einen „unerbittlichen Kampf gegen die Lehren der imperialistischen Kriegshetzer" zu führen, keinerlei „Objektivismus" zuzulassen und stattdessen „einen radikalen Umschwung auf allen Gebieten des kulturellen Lebens" herbeizuführen.[202]

Die 5. ZK-Tagung der SED 1951 bemängelt, dass die Entwicklung auf kulturellem Gebiet nicht mit den Leistungen auf wirtschaftlichem und politischem Gebiet Schritt gehalten haben.[203] Was bis dahin noch als „Debatte" missverstanden werden konnte, offenbart sich jetzt ideologisch wie administrativ als rigide Durchsetzung der neuen Parteilinie gegenüber Künsten und Künstlern. Nun wird auch in der DDR das sowjetische Kunstverständnis verbindlich, wie es seit den 1930er Jahren von der KPdSU durchgesetzt wurde. „Stalin bezeichnet die Schriftsteller als ‚Ingenieure der menschlichen Seele' und wie alle anderen Kunstschaffenden als fähig, die Menschen ideologisch umzuformen und zu erziehen" (Heider 1993, S. 119). Dem entspricht der Auftrag, die Wirklichkeit , in ihrer revolutionären Entwicklung" darzustellen, das positive „Typische" zu betonen, „volksverbunden" oder „volkstümlich" zu gestalten und dem „Inhalt" den Vorzug vor der „Form" zu geben (ebenda, S. 118f.). Auf dem III. Parteitag der SED sagt Johannes R. Becher, dass viele der besten Vertreter der modernen deutschen Kunst in ihrem Schaffen vor dem großen Widerspruch zwischen einem neuen Inhalt und den unbrauchbaren Mitteln der formalistischen Kunst stünden.

> „Der Formalismus bedeutet Zersetzung und Zerstörung der Kunst selbst. Die Formalisten leugnen, dass die entscheidende Bedeutung im Inhalt, in der Idee, im Gedanken des Werkes liegt. Nach ihrer Auffassung besteht die Bedeutung eines Kunstwerkes nicht in seinem Inhalt, sondern in seiner Form. Überall wo die Frage der Form selbständige Bedeutung gewinnt, verliert die Kunst ihren humanistischen und demokratischen Charakter".[204]

Das wichtigste Merkmal des Formalismus besteht in dem Bestreben, unter dem Vorwand oder auch in der irrigen Absicht, etwas „vollkommen Neues" zu entwickeln, den Bruch mit dem klassischen Kulturerbe zu vollziehen.

> „Das führt zur Entwurzelung der nationalen Kultur, zur Zerstörung des Nationalbewußtseins, fördert den Kosmopolitismus und bedeutet damit eine direkte Unterstützung der Kriegspolitik des amerikanischen Imperialismus. Für den Formalismus ist weiter kennzeichnend die Abkehr vom Menschlichen, von der Volkstümlichkeit der Kunst, das Verlassen des Prinzips, dass die Kunst Dienst am Volke sein muß."[205]

---

202 Entschließung. Die gegenwärtige Lage und die Aufgaben der SED. Protokoll der Verhandlungen der III. Parteitages der SED 20./24.07.1950 in Berlin. In: Dokumente der SED. Bd. III., Berlin:1952, S. 97-130.
203 Der Kampf gegen den Formalismus in Kunst und Literatur, für eine fortschrittliche deutsche Kultur. In: Dokumente der SED. Bd. III. Berlin 1952, S. 433.
204 Ebenda, S. 434-435.
205 Ebenda, S. 435.

Mit der Formalismusdebatte beginnt die Abgrenzung der Intellektuellen[206] von der neuen Intelligenz[207] in Form von organisatorische Umstrukturierungen und Ausgründungen innerhalb des Kulturbundes nach dem 3. Bundeskongress (19.05.1951). Ende 1951 hat der Schriftstellerverband den Wunsch nach Verselbstständigung geäußert. Im Februar 1952 erklärt der Präsidialrat, dem Wunsch der Künstlerverbände zu folgen (vgl. Becher 1952, S. 6) und sie ab dem 01.04.1952 in selbstständige Organisationen zu verwandeln sowie die Laienspielgruppen und -chöre, je nach ihrem Charakter, in die „Deutsche Volksbühne, die FDJ oder den FDGB" zu überführen (Kulturbund zur demokratischen Erneuerung Deutschlands 1955, S. 79). Der Kulturbund begründet diese Trennung mit seiner verstärkten Konzentration auf die Schicht der Intelligenz. Erhofft wird, dass Chöre, Laienspiel- und Musikgruppen durch „ihre eigene Organisation, die Deutsche Volksbühne", besser gefördert werden können. Die Deutsche Volksbühne wird am Ende der Spielzeit im Januar 1953 aufgelöst, da es – „um eine fortschrittliche Spielplangestaltung unserer Theater und ihren Besuch durch die Werktätigen zu sichern" – keiner eigenen Organisation mehr bedürfe (Heider 1993, S. 165). Es erfolgt die Reorganisation der Theaterarbeit und die Überleitung der Deutschen Volksbühne an den FDGB.[208] Am 01.04.1952 gliedert sich der Schriftstellerverband, am 09.06.1952 der Verband Bildender Künstler und der Verband der Komponisten und Musikwissenschaftler aus dem Kulturbund aus und gründen selbstständige neue Organisationen. Offiziell wird diese Neuordnung, die die Funktionsbreite des Kulturbundes erheblich reduziert, damit erklärt, dass dieser bisher „seine Kräfte zersplittere", indem er „auf allen Hochzeiten tanzte, alles und jedes in Angriff nahm und nichts konkret und konzentriert durchzuführen imstande war" (Heider 1993, S. 151). Johannes R. Becher resümiert: „Der Kulturbund hat es nicht vermocht, ein wirklicher Sammelpunkt der Intelligenz zu werden, in den verschiedenen Städten und Dörfern unserer Republik ein ‚geistiges' Forum zu bilden und auf andere Organisationen in entscheidender Hinsicht anregend zu wirken" (Becher 1956, S. 42ff.).

Mit dem Kampf gegen den Formalismus beginnt der direkte politisch-ideologische Zugriff der SED auf die Künstler bzw. auf bürgerliche Intellektuelle. Der Kampf gegen den Formalismus wird zur Kampagne des sogenannten „sozialistischen Realismus". In diesem Kontext und vor allem als Folge des 17. Juni 1953 entsteht ein Ministerium für Kultur, das „im Rahmen des neuen Kurses eine Kulturpolitik in Aussicht stellt, die eher auf Überzeugung denn auf administrativen Zwang beruhen werde" (Ulbricht 1953, S. 121f.). Da sich der Staat von der künstlerischen Intelligenz Loyalität einfordert, erfolgt im Gegenzug die Forderung der Künstler nach Auflösung der

---

206 Mit „Intellektuelle" sind Künstler und die alte, aus dem Bürgertum stammende Intelligenz gemeint.
207 „Neue Intelligenz": meint akademisch qualifizierte Werktätige, aus der Arbeiter- und Bauernklasse stammend, die sich das neue System geschaffen hat
208 Reorganisation der Theaterarbeit und Überleitung der Aufgaben der Dt. Volksbühne in den FDGB. In: SAPMO. Bestand DY 1/228.

„verhaßten Kunstkommission", die aber die Gründung eines Kulturministeriums nach sich zieht, wo die „Zensur zwar gemildert, aber keineswegs abgeschafft wird" (Meuchel 1992, S. 156). Die Bildung des neuen Ministeriums erweist sich als „das einzig handfeste Ergebnis" (ebenda, S. 156) der politischen Initiative, aber es verfügt gegenüber dem Parteiapparat über keinerlei Macht. Das Ministerium für Kultur wird im Januar 1954 gegründet[209] und Johannes R. Becher als Minister berufen, „von dessen Person in diesem Amt die Regierung sich versprach, dass so einerseits Kompetenz und Ansehen in der Intelligenz, andererseits die nationale Politik der SED in der Kultur miteinander verbunden werden könnten, nach innen wie nach außen" (Schlenker 1977, S. 94).

Vom Ministerium für Kultur werden die Aufgaben und die Einrichtungen der Staatlichen Kommission für Kunstangelegenheiten, des Staatlichen Komitees für Filmwesen und der Abteilung Erwachsenenbildung beim Ministerium für Volksbildung übernommen. Es ist verantwortlich für Literatur, Kunst, Musik, Film und kulturelle Massenarbeit. Im Rahmen der „kulturellen Massenarbeit" hat es die kulturelle Tätigkeit der Massenorganisationen zu unterstützen und die Klubs und Kulturhäuser zu Stätten des kulturellen Lebens der arbeitenden Menschen zu machen.[210] Zur Schaffung und Unterstützung der „Klubs der Intelligenz" – bis zum Ende der DDR sind es 160 – gibt der Kulturbund im Jahre 1954 Richtlinien heraus (vgl. Kulturbund der DDR 1982, S. 4). Die Klubs werden dem Kulturbund unterstellt, nachdem sich in ihnen die „Theorie einer gewissen Unabhängigkeit vom Kulturbund und den Bestrebungen des Staates" entwickelt hat (Bundesministerium für gesamtdeutsche Fragen 1960, S. 204). Sie geben den Geistesschaffenden eine Stätte und sind „Zentren offener geistiger Auseinandersetzungen der Intelligenz", dies natürlich im Sinne der allgemeinen Orientierung des Kulturbundes (ebenda 1960, S. 204).

Die Kulturpolitik der SBZ/DDR verknüpft das Vehikel „sozialistischer Realismus" eng mit den ökonomischen und politischen Aufgaben des sozialistischen Staates. Diese neue Phase der „Kulturrevolution" verkündet auch der V. Parteitag der SED 1958. Die Aufgaben der „sozialistischen deutschen Nationalkultur" behandelt Walter Ulbricht auf der 1. Bitterfelder Konferenz, die am 24.04.1959 als Autorenkonferenz des Mitteldeutschen Verlages in Halle (Saale) stattfindet und unter der Losung „Greif zur Feder, Kumpel, die sozialistische deutsche Nationalkultur braucht Dich" bekannt geworden ist. Die 2. Bitterfelder Konferenz wird am 24./25.04.1964 von der Ideologischen Kommission des ZK der SED und dem Ministerium für Kultur veranstaltet. Sie findet im Kulturpalast des Elektrochemischen Kombinates Bitterfeld statt, wo die Brigade „Nicolai Mamai" die Arbeitskollektive mit der Losung „Sozialistisch

---

209 Verordnung über die Bildung eines Ministeriums für Kultur der DDR. In: GBL Nr. 5 vom 12.01.1954, S. 25-27.
210 Ebenda, S. 25.

arbeiten, sozialistisch lernen und sozialistisch leben" zum Wettbewerb um den Titel „Brigade der sozialistischen Arbeit" aufruft (Flacke 1995, S. 411).

„Die Hauptforderung der 1. Bitterfelder Konferenz war auf die Veränderung der Lebensweise der Kunstschaffenden gerichtet, auf ihre enge Verbindung mit der Arbeit und dem Leben der Werktätigen in Stadt und Land. ... Er wirkt vorrangig durch die Veränderung der Lebensweise der Kunstschaffenden auf ihre künstlerische Schaffensweise ein. Das erfordert vor allem die Formung der Individualität sozialistischer Künstlerpersönlichkeiten, der persönlichen Erlebniswelt der Kunstschaffenden durch enge, kontinuierliche Kontakte mit der Arbeit, dem Denken und Fühlen der Arbeiter und Genossenschaftsbauern" (ebenda, S. 411).

Während die Bitterfelder Konferenz die „Schreibende-Arbeiter-Bewegung" einleitet, sollen die „Berufsschriftsteller" *mit* dem Volk und nicht nur *für* das Volk schaffen. Das heißt, sie sollen ihre „Gewohnheiten individuellen Eigenbrötlertums preisgeben", in die Betriebe gehen und ihre „künftigen Werke in ständiger Auseinandersetzung mit den Werktätigen und ihrer Umwelt" produzieren. Die Ergebnisse der Bitterfelder Konferenzen verwischen die Grenzen zwischen professioneller Kunst und Laienkunst und laufen auf die „Unterstellung allen künstlerischen Schaffens unter die politischen Zielsetzungen des Kommunismus" hinaus (Bundesministerium für gesamtdeutsche Fragen 1960, S. 72). Die Verbindung der Kunstschaffenden mit der Arbeiterklasse besiegeln 1960 der FDGB und der Kulturbund.[211] Im Dezember 1962 verständigt sich der Kulturbund über seine Aufgaben in Vorbereitung des VI. Parteitages der SED (vgl. Abusch 1962, S 9f.). Anlässlich des 25. Jahrestages seiner Gründung charakterisiert er die „Entwicklung der sozialistischen Kultur in den 70er Jahren" (Kaminski 1970, S 3ff.) und berät 1971 über seine Aufgaben nach dem VIII. Parteitag.[212] Einen konzeptionellen Wandel hin zur Fixierung auf die sogenannte „Nationalkultur der DDR" gibt es 1972, was demonstrativ mit der Namensänderung in „Kulturbund der DDR"[213] einhergeht. Im Jahre 1976 befasst sich der Kulturbund mit „Aufgaben der sozialistischen Landeskultur"(Weinitschke 1977, S. 2ff.) und 1978 mit „kulturellen Aufgaben in der entwickelten sozialistischen Gesellschaft" (Schulmeister 1979, S. 2ff.).

„Unersetzbar ist der Anteil des Kulturbundes an der Entwicklung unserer sozialistischen Nationalkultur. Sein Beitrag zu einem reichen geistig-kulturellen Leben in Stadt und Land fördert die Persönlichkeitsbildung und die weitere Ausprägung der sozialistischen Lebensweise. Mit der weiteren Erhöhung des Kultur- und Bildungsniveaus, dem wissenschaftlich – technischen Fortschritt und der ständigen Verbesserung der

---

211 Vereinbarung über die Zusammenarbeit zwischen dem FDGB und der Dt. Kulturbund. In: Kulturelles Leben 7 (1960) 12, S. 26-28.
212 Die Aufgaben des Deutschen Kulturbundes nach dem VIII. Parteitag: Entschließung des Präsidialrates vom 24.09.1971. In: Mitteilungsblatt des Kulturbundes (1971)4, S. 4.
213 Zeitzeugengespräch mit Dr. Manfred Fiedler am 04.05.1994 zum Kulturbund der DDR.

Arbeits- und Lebensbedingungen werden die kulturellen Bedürfnisse der Werktätigen weiter zunehmen und sich differenzieren".[214]

Die Kulturpolitik der SED ist stets bestimmt von ihrem Verhältnis zur Intelligenz.

> „Die Intelligenz eines Staates hat eine Führungsrolle inne, die sie im Dritten Reich nicht wahrgenommen hat. Die deutsche Intelligenz, die zur Führung unseres Volkes berufen gewesen wäre, hat die geschichtliche Prüfung nicht bestanden, als es galt, das Verderben von Deutschland abzuwenden, den Krieg zu verhindern oder ihn wenigstens rechtzeitig zu beenden".[215]

Vermutlich wohl aus dieser Erfahrung heraus fördert die DDR ihre Intelligenz besonders, weil diese Schicht auch künftig eine vermeintliche Führungsrolle im Volke innehaben wird. Um das Verhältnis zwischen Intelligenz und Arbeiterklasse zu verbessern (vgl. Kulturbund zur demokratischen Erneuerung Deutschlands 1951, S. 14), schließt am 10.04.1951 der FDGB eine Arbeitsvereinbarung mit der DSF, der FDJ, der Deutschen Volksbühne, dem Kulturbund zur demokratischen Erneuerung Deutschlands, dem deutschen Sportausschuss ab (vgl. Gewerkschaftshochschule des FDGB 1987, S. 64). In diesem Vertrag wird die Hilfe des Kulturbundes bei der Vorbereitung von Vorträgen, bei der Schulung von Kulturfunktionären des FDGB, bei der Gründung und Anleitung von Freizeitgruppen in Betrieben sowie bei der Durchsetzung des Gesundheits-, Arbeits- und Brandschutzes vereinbart.[216] Auf dem III. Bundeskongress 1951 beschließt der Kulturbund, alle Angehörigen der Intelligenzberufe zu vereinigen (vgl. Kulturbund zur demokratischen Erneuerung Deutschlands 1951, S. 84). Zur Intelligenz in der SBZ/DDR werden einerseits die Intellektuellen bürgerlicher Herkunft gezählt, die dem neuen Staate loyal gesonnen sind und an deren politisches Bewusstsein der Staat keine großen Anforderungen stellt. Andererseits rekrutiert sich die SED selbst eine neue Intelligenz, vorrangig aus der Arbeiterklasse und der Bauernschaft, die sie zur Bewältigung technischer, wissenschaftlicher und künstlerischer Aufgaben braucht. Walter Ulbricht fordert (Ulbricht 1948, S. 150), dass besondere Aufmerksamkeit auf die Verbesserung der materiellen Lage der Ingenieure, Techniker und Werkmeister, Professoren und Wissenschaftler gelenkt werden soll. Mit der Intelligenz werden Einzelverträge abgeschlossen, Gehaltserhöhungen und Steuersenkungen verordnet, der Ausbau der Universitäten und die Wiedergründung der „Akademie der Wissenschaf-

---

214 Grußadresse an den X. Kongreß des Kulturbundes in der DDR vom 17.06.1982. In: Dokumente der SED. Bd. XIX. Berlin 1984, S. 98-99.

215 Manifest des Kulturbundes zur demokratischen Erneuerung Deutschlands. Manifest und Ansprachen, gehalten bei der Gründungskundgebung am 04.07.1945. Berlin, ohne Jahr.

216 III. Bundestag des Kulturbundes 1951. In: SAPMO. Bestand DY 27/1032

ten" beschlossen und „Nationalpreise eingeführt mit Dotierungen von 25.000 bis 100.000 DM".[217]

> „Die Spezialisten, die ihre Kenntnisse und Kräfte zum Wohl der Gesellschaft ehrlich und loyal zur Verfügung stellen, sind unserem Volke von großem Wert. Unsere junge demokratische Ordnung muß diesen Schichten ... bessere Bedingungen für ihr Leben und Schaffen bieten, als sie es unter der Herrschaft der Monopole erhielten, wo sie nur als Werkzeuge zur Vergrößerung der großkapitalistischen Profite behandelt werden. Trotz der schweren Zeit müssen wir eine bessere Versorgung unserer Spezialisten, insbesondere ihre Versicherung und Versorgung im Alter ermöglichen" (Schlenker 1977, S. 105).

Die SED versorgt ihre Intellektuellen so gut, dass sie, bei allem Zweifel, doch sehr lange Zeit nicht (einige niemals) den Wunsch realisieren, den „sozialistischen" Teil Deutschlands zu verlassen. Das „Sitzen zwischen allen Stühlen" (Klemperer 1999) bleibt ihnen jedoch erhalten, wie wir 50 Jahre später erfahren. Die Privilegierung wird an ihrer Bezahlung sichtbar, wenn man bedenkt, dass das Durchschnittseinkommen der Arbeiter und Angestellten im Jahr 1950 zwischen 157 und 277 Mark im Monat liegt, je nach Industriezweig (vgl. Staatliche Zentralverwaltung für Statistik 1956, S. 97).

> „Herbert Schaller, Direktor der Volkshochschule Leipzig, erhielt im April 1949 ein Gehalt von 1200,– Mark und bis auf weiteres wurde eine monatliche Dienstzulage von 300,– Mark vom Minister für Volksbildung gewährt."[218]

> „Victor Klemperer hat im Wintersemester 1950/51 Gastvorlesungen in Berlin gehalten, 68 Stunden zu einem Stundenhonorar von 35 Mark. Nun gibt man ihm den Lehrstuhl und einen Einzelvertrag mit dem für damalige Verhältnisse astronomischen Gehalt von 4000,- Mark. Solche Verträge schloß der Ministerrat, um Spitzenkräfte bürgerlicher Herkunft an die DDR zu binden und von der Flucht in den Westen abzuhalten" (Jacobs 1998, S. IV).

Im Jahr 1952 gibt es einen Beschluss über die Erhöhung der Löhne für qualifizierte Arbeiter, Meister und die wissenschaftlich-technische Intelligenz. Er wird wegen der in der DDR bestehenden Gleichmacherei in der Bezahlung von qualifizierter und unqualifizierter Arbeit als notwendig erachtet.[219] Da infolge der Privilegierung der Intelligenz Unruhen bei der Arbeiterschaft aufkommen, sollen Propagandamaßnahmen beschwichtigen helfen. Man macht den Arbeitern Zugeständnisse, um sie für den Aufbau des sozialistischen Staates nicht zu verlieren. Die Löhne vieler Arbeiter werden erhöht, die Lohn-

---

217 Der Kulturplan. Verordnung über die Erhaltung und Entwicklung der deutschen Wissenschaft und Kultur, die weitere Verbesserung der Lage der Intelligenz und der Steigerung ihrer Rolle in der Produktion und im öffentlichen Leben. Stenographischer Bericht über die Sitzung der Vollversammlung der DWK am 31.03.1949, Berlin o. J. (1949). Zitiert nach: Schlenker 1977, S. 49

218 Aufstellung der Gehälter der an der Volkshochschule Leipzig Beschäftigten und Schreiben vom 27.06.1949. In: Sächs. HStAD., Bestand LRS, Min. f. Volksb., 2024.

219 Verordnung über die weitere Verbesserung der Arbeits- und Lebensbedingungen der Arbeiter und die Rechte der Gewerkschaften. In: GBL. Nr. 129 vom 11.12.1953, S. 1219-1225.

steuer wird gesenkt. „Gesenkt wurden auch die Preise für Waren des Massenbedarf, wodurch sich das Realeinkommen der Arbeiter und der übrigen Werktätigen im Jahr 1952 um mehr als 2,7 Milliarden Mark erhöhte. Die Ausgaben für Kur- und Erholungseinrichtungen der Arbeiter und Angestellten wurden gesteigert. Die Ausgaben zur Zahlung von Renten betrugen im Jahr 1952 mehr als 3,0 Milliarden Mark und haben sich im Jahr 1953 weiterhin erhöht".[220] Tatsächlich ist es so, dass die Verbesserung im Sozialwesen und die Preissenkungen allen zugute kommen, die Arbeiterschaft wird als „Aushängeschild" benutzt und die „Intelligenz" belohnt.

Der Präsidialrat des Kulturbundes kümmert sich intensiv um die „Gewinnung der Intelligenz" für seine eigenen Reihen und um das „Nationale Aufbauprogramm von Berlin" (Heider 1993, S. 151). Dazu finden im Oktober/November 1952 Delegiertenkonferenzen zum Thema: „Aufgaben der Intelligenz beim Aufbau des Sozialismus" statt (Kulturbund der DDR 1982, S. 3). Gespräche zwischen Intelligenz und Mitgliedern sozialistischer Brigaden gibt es 1959 in Dresden (ebenda, S. 4). Im Jahre 1966 beschließt der Kulturbund die Förderung des geistig-kulturellen Lebens in sozialistischen Brigaden (ebenda, S. 6). Im Februar 1968 findet ein Kolloquium zum neuen Verhältnis zwischen Arbeiterklasse und Intelligenz statt. Selbst die medizinische Intelligenz wird kurze Zeit später in das geistig-kulturelle Leben als Zeichen der „Annäherung der Klassen und Schichten" einbezogen (Präsidium des Kulturbundes der DDR und des Ministeriums für Gesundheitswesen der DDR 1975). Die Wissenschaften generell gewinnen an Bedeutung, weil die Leistungsfähigkeit der naturwissenschaftlichen Grundlagenforschung erhöht werden soll (vgl. Scheler 1978, S. 2ff.).

Auch um die Jugendarbeit bemüht sich der Kulturbund zu allen Zeiten, beginnend 1958 in Vorbereitung der Schulreform. Mit Angehörigen der jungen Intelligenz findet dazu am 25.10.1958 eine Beratung des Kulturbundes, der Kammer der Technik und der Wirtschaftskommission beim ZK der SED statt. Seinen Beitrag zum „Aufbau der neuen Schule" von 1959 formuliert der Kulturbund ebenso wie seine „Aufgaben bei der Durchführung der Hochschulreform" von 1968. Im Jahr 1970 berichtet der Kulturbund über seinen „Beitrag für den VII. Pädagogischen Kongreß" (Kulturbund der DDR 1982, S. 4ff.). Im Jahr 1973 schließt der Kulturbund mit dem Staatssekretariat für Berufsbildung[221] und im Jahr 1974 mit der FDJ eine Vereinbarung ab.[222] 1974 gibt es eine gemeinsame Tagung zwischen Kulturbund und Ministerium für Volksbildung über die „kulturell-ästhetische Bildung und Erziehung der

---

220 Ebenda, S. 1219.
221 Vereinbarung zwischen dem Staatssekretariat für Berufsbildung und dem Präsidium des Kulturbundes der DDR über die Zusammenarbeit bei der weiteren Verbesserung des geistig-kulturellen Lebens in den Einrichtungen der Berufsbildung vom 19.06.1973. In: Mitteilungsblatt (1973)2, S. 10.
222 Vereinbarung zwischen der FDJ und dem Kulturbund der DDR über die Zusammenarbeit beim weiteren Ausbau des kulturellen Lebens der Jugend vom 21.03.1974. In: Sonntag 28 (1974) 13 (31.03), S. 2.

Schuljugend"[223] und eine Woche später über die „Gewinnung der jungen Intelligenz" für eine Mitwirkung im Kulturbund (vgl. Zillmann 1974, S. 2). Über die Arbeit „mit und für die Jugend" wird 1975 beraten (Zillmann 1975, S. 7ff.). Im Jahr 1979 referiert Gerhard Neuner über Probleme des geistig-kulturellen Lebens der Jugend auf dem VIII. Pädagogischen Kongress (vgl. Kulturbund der DDR 1979, S. 2ff.). Im Februar 1981 befasst sich der Kulturbund mit Fragen zur „jungen Intelligenz" (Seyfarth 1981, S. 8).

Im Jahr 1984, fast vierzig Jahre nach dem ersten Gesetzentwurf zum Büchereiwesen, erhalten „die Bibliotheken" einen politischen Auftrag. Neu ist, dass nicht mehr die BibliothekarInnen, sondern die Institution selbst einschließlich der Literatur einen Beitrag zur „Propagierung der SED-Politik" und zur „Bewußtseinsbildung der Menschen" zu leisten haben. „Die Bibliotheken" sollen dem „Volke die geistigen und materiellen Zeugnisse menschlicher Schöpferkraft" erschließen und bei der „Verbreitung des Marxismus-Leninismus" mitwirken. Sie bekommen den Auftrag, die „sozialistische Lebensweise" zu entwickeln, die „ästhetische Bildung und Erziehung" zu fördern und die „sozialistischen" Persönlichkeiten heranzubilden, weil nur 20 Prozent der Benutzer von Bibliotheken aus der Arbeiterschaft kommen.[224] Im Jahr 1984 ist das System schon so weit „entpersonifiziert" bzw. „entindividualisiert", dass nicht mehr Akteure einen politischen Auftrag zu erfüllen haben, sondern die Institutionen selbst sind dafür zuständig. Es gibt sozusagen keine Trennung mehr zwischen „Ross und Reiter". „Die Modalitäten" legt das ZK der SED oder das Politbüro fest.

Die Mitwirkung des Kulturbundes an der Staatsmacht und der Gesetzgebung sichert eine eigene „Fraktion in der Volkskammer mit 21 Sitzen", deren Beschlüsse die staatsrechtlich verbindliche Grundlage für die Tätigkeit der ausführenden Staatsorgane darstellen. Publiziert hat der Kulturbund seit 18.08.1945 im Berliner Aufbau-Verlag. Die Monatszeitschrift „Aufbau" erscheint von 1945 bis 1958. Ab 1946 erscheint die Wochenzeitung „Sonntag", ab 1952 die Monatsschrift „Kulturelle Massenarbeit" und von 1946 bis 1962 das Mitteilungsblatt „Die Aussprache". Im Jahre 1952 veröffentlicht der Kulturbund in den Schriftenreihen „Wissenschaft und Technik" und „Vorträge zur Verbreitung wissenschaftlicher Kenntnisse". Diese beiden Reihen werden von der Gesellschaft zur Verbreitung wissenschaftlicher Kenntnisse übernommen (vgl. Kulturbund der DDR 1982, S. 3).

Die Arbeit des Kulturbundes ist im Alltag für Unbeteiligte eher unauffällig, vielleicht auch deshalb, weil „Kulturbundmitglieder" gern „unter sich" bleiben, da sie sich als Angehörige einer privilegierten Oberschicht betrach-

---

223 Aus der Beratung des Ministeriums für Volksbildung und des Präsidiums des Kulturbundes der DDR über die kulturell-ästhetische Bildung und Erziehung der Schuljugend am 31.03.1974 in Berlin. (Mehrere Beiträge). In: Mitteilungsblatt (1974)1, S. 17-22.

224 Aufgaben der Bibliotheken in der entwickelten sozialistischen Gesellschaft vom 12.12.1984 (Auszug). In: Dokumente der Sozialistischen Einheitspartei Deutschland. Bd. XX. Berlin 1986, S. 180 ff.

ten, die ihre eigenen „Klubs der Intelligenz" für Zusammenkünfte besitzt. Nichtmitglieder haben außer bei öffentlichen Veranstaltungen keinen Zutritt. Der bekannteste „Klub der Intelligenz" war die „Möwe" in Berlin-Mitte. Außenstehende bemerken von der Kulturbundarbeit soviel, dass Mitgliederversammlungen, Münz- oder Briefmarkentauschbörsen, Theaterbesuche sowie Buchlesungen und Diavorträge für die Allgemeinheit durchgeführt werden. Die in den Stadtbezirken und Dörfern hängenden Schaukästen mit einer Wandzeitung, deren Überschriften mit den Schlagzeilen der Presse identisch sind, erwecken kein besonderes Aufsehen.

3.3. Gesellschaft zur Verbreitung wissenschaftlicher Kenntnisse

Paradox erscheint 1954 die Gründung der Gesellschaft zur Verbreitung wissenschaftlicher Kenntnisse (GwK), weil erst im Jahr 1953 den Volkshochschulen die Aufgabe zugewiesen wird, die Kulturhäuser durch „populärwissenschaftliche Vorträge" zu bereichern. In einer Veröffentlichung des Ministerium für Volksbildung heißt es:

> „Nach ... Übernahme der Aufgabe der Hebung des Niveaus der Allgemeinbildung sowie der Popularisierung von Gesellschaftswissenschaft, Naturwissenschaft und Technik, Literatur und Kunst durch die Kulturhäuser der Betriebe und Gemeinden im Jahre 1953 wird es eine wesentliche Aufgabe der Volkshochschule sein, die Arbeit der Kulturhäuser in jeder Weise zu unterstützen und einen bedeutenden Teil ihrer allgemeinbildenden und populärwissenschaftlichen Arbeit in die Kulturhäuser zu verlegen" (Pfaffe 1953, S. 4).

In derselben Veröffentlichung gibt es den Vorschlag, nach dem Muster der sowjetischen Vortragsbüros „Lektionsbüros" zu gründen, um das gesamte Vortragswesen der Volkshochschule und der Massenorganisationen zu koordinieren. Ende 1953 erscheint eine Richtlinie[225], die die Errichtung von „Kommissionen zur Verbreitung wissenschaftlicher Kenntnisse" vorsieht. Diese Kommissionen setzen sich aus Vertretern des Kulturbundes, der Volkshochschulen, des FDGB, der FDJ, der DSF, des DFD, der VdgB, der MTS, der KdT und verschiedenster Wissenschaftler zusammen. Zu ihren Aufgaben gehören u.a. die Planung, Koordinierung und Kontrolle des Vortragswesens und die Gewinnung neuer Referenten. Die Erfolge dieser Kommission bleiben jedoch gering, weil es nicht gelingt, das Vortagswesen in den Betrieben zu erweitern. Vom Ministeriums für Kultur werden daraufhin die Kreise und Bezirke verpflichtet, die Arbeit der Kulturhäuser zu koordinieren und Erfahrungsaustausche mit allen auf dem Gebiet der kulturellen Massenarbeit Täti-

---

225 Richtlinie für die Zusammenarbeit von Kulturbund und Volkshochschule bei der Koordinierung des populärwissenschaftlichen Vortragswesens vom 05.12.1953. In: Verfügungen und Mitteilungen des Ministeriums für Volksbildung 8 (1954) 1, S. 5.

gen durchzuführen.[226] Weil die Erfolge und der Wirkungsbereich der „Kommission zur Verbreitung wissenschaftlicher Kenntnisse" nicht den Erwartungen entsprechen, beginnt eine Umstrukturierung dieser Kommission in der Weise, dass daraus eine neue Institution hervorgeht. Die neue Institution hat aber nicht nur die Planungs-, Lenkungs- und Kontrollaufgaben inne, sondern sie fungiert selbst als Trägerin des populärwissenschaftlichen Vortragswesens. Es handelt sich bei diesem Vorgang um die Institutionalisierung der neuen „Gesellschaft zur Verbreitung wissenschaftlicher Kenntnisse". Auf Anregung des Kulturbundes, des FDGB und der FDJ wird am 17.06.1954 die „Gesellschaft zur Verbreitung wissenschaftlicher Kenntnisse" (GwK) offiziell ins Leben gerufen.[227] Ihre Arbeit besteht in der Propagierung der Politik der DDR. Sie ist nach dem Vorbild der sowjetischen „Allunionsgesellschaft zur Verbreitung politischer und wissenschaftlicher Kenntnisse" gegründet worden. „Dass bei der Gründung dieser Einrichtung in der DDR die ‚Gesellschaft für Verbreitung von Volksbildung', die bekannteste Institution zur Erwachsenenbildung im letzten Drittel des 19. Jahrhunderts, Pate gestanden hat, ist trotz gewisser Übereinstimmung zweifelhaft. Obgleich auch diese Volksbildungsgesellschaft im Gegensatz zur späteren Volkshochschule der zwanziger Jahre sich um eine extensive Kenntnisvermittlung durch Vorträge bemüht, wird sie in der DDR nicht als Vorläufer der GwK erwähnt" (Siebert 1970, S. 122). Die Neugründung wird von der Presse der SBZ stark beachtet. Man verspricht sich von der Arbeit dieser Gesellschaft, „die sich mit dem Tarnmantel der Wissenschaftlichkeit umgab" (Gutsche 1958, S. 123), eine wirksamere und breitere ideologische Beeinflussung der Bevölkerung, als sie bis zu diesem Zeitpunkt erreicht worden ist. Mit heftiger, wenn auch in Lob eingehüllter Kritik an den Volkshochschulen, dem Kulturbund und anderen Einrichtungen wird nicht gespart. Gleichwohl wird betont, dass alle am Vortragswesen beteiligten Einrichtungen zusammenarbeiten müssen und dass die neue Gesellschaft die Tätigkeit der Volkshochschulen, des Kulturbundes, der Gewerkschaften und der Parteikabinette der SED nicht beschränken soll. Starthilfe und zugleich ihren ersten „Erziehungsauftrag" bekommt die GwK von der 21. Tagung des ZK der SED, die vom 12.-14.11.1954 stattfindet (vgl. Ulbricht 1954, S. 20ff.). Sie erhält den Auftrag, alle Werktätigen zur „Anwendung der ökonomischen Gesetze des Sozialismus" zu befähigen. Im Dezember 1954 beginnt dann die Vortragstätigkeit der GwK, die jedoch eine Profilverengung für jede einzelne der anderen Organisation mit sich bringt.

> „Die Gesellschaft übernimmt nun die allgemeine populärwissenschaftliche Vortragstätigkeit des Kulturbundes und das gesamte Vortragswesen der Volkshochschulen. Unsere Betriebe, die Klub- und Kulturhäuser, die MTS, die LPG, die Bauernstuben,

---

226 Anordnung zur Koordinierung der Veranstaltungen in den Kultur- und Klubhäusern und zur vollen Ausnutzung ihrer Kapazitäten vom 29.09.1954. In: Zentralblatt 1954, S. 481.

227 Gründungskongreß der Gesellschaft zur Verbreitung wissenschaftlicher Kenntnisse. In: SAPMO. Bestand DY 11 1.

aber auch die Museen und ähnliche Einrichtungen werden zu ständigen Vortragsorten der Gesellschaft werden" (Mädicke 1955, S. 3).

In den Anfangsjahren wird der politischen und antireligiösen Erziehung der Vorrang vor der technisch-ökonomischen Schulung eingeräumt,[228] was sich aus der strikten Trennung von Kirche und Staat im Bildungswesen der DDR erklären lässt. Der Atheismus, für dessen Propagierung die GwK zuständig ist, besetzt die freie Stelle neben den Religionen im Sozialismus. Die GwK macht sozusagen der Kirche Konkurrenz. Weil aber zahlreiche Mitglieder Kritik an der atheistischen Propaganda der GwK üben, gibt es ab 1956 eine Akzentverlagerung hin zu Ökonomie und Technik. Von der III. Parteikonferenz der SED bekommt die GwK die Aufgabe übertragen, „die Macht der Arbeiter und Bauern in der DDR zu festigen und ein wissenschaftliches Weltbild zu vermitteln" (Schmittke 1957, S. 80), was mit anderen Worten bedeutet, ein „marxistisch-leninistisches" Weltbild zu verbreiten. Natürlich sollen fortan in der Gesellschaft nur noch „diejenigen mitarbeiten, die sich mit der Arbeiter- und Bauernmacht verbunden fühlen, die bereit sind, die Freundschaft zur Sowjetunion und allen anderen Ländern zu pflegen",[229] was nichts anderes heißt, als dass die Referenten zukünftig sorgfältiger als bisher ausgesucht und kontrolliert werden. Der Auftrag nach 1956 bleibt politisch-ideologisch ausgerichtet: „Neuerermethoden", „Atomenergie", „Politökonomie", „Plan- und Produktionspropaganda", „Automation", „Verbreitung des dialektischen Materialismus", „Erziehung zum proletarischen Internationalismus", „Auseinandersetzung mit westlichen Ideen", „Verbreitung der kommunistischen Moral" etc. sind die Schwerpunkte der Arbeit (vgl. Gutsche 1958, S. 130). Im Jahr 1957 kommt es zu internen Auseinandersetzungen über das Verhältnis zwischen „Neutralität" und „Wissenschaftlichkeit und Parteilichkeit", weil vermutlich viele Mitglieder bzw. Referenten die politische Indoktrination als überzogen beurteilen und versuchen, sich dagegen zu wehren.

„Die Auseinandersetzungen, die wir seit Monaten über die falschen Auffassungen von der ‚Neutralität' in unserer Arbeit, über die Parteilichkeit, über das Verhältnis der Einzelwissenschaften zur Philosophie führten, hat hierzu beigetragen, dass auch in sogenannten rein fachlichen Themen während der Wahlvorbereitung mehr echte Bezogenheiten zum gesellschaftlichen Geschehen hergestellt werden.". ... „Jeder wissenschaftlich einwandfreie Vortrag, ganz gleich, ob auf dem Gebiet der Agrarwissenschaften oder der Technik oder auf einem anderen Fachgebiet, dient objektiv mehr oder weniger dem sozialistischen Aufbau" (Mädicke 1957, S. 10).

Die Ansicht „Wer nicht für unsere Sache ist, ist gegen uns" herrscht in den meisten Organisationen und Institutionen während der Zeit des kalten Krieges vor. Kritische Äußerungen bleiben unerwünscht. Der politischen Erzie-

---

228 Gründungskongreß der Gesellschaft zur Verbreitung wissenschaftlicher Kenntnisse. Berlin 17.06.1954. In: SAPMO. Bestand DY 11 1
229 Zweiter Kongreß der Gesellschaft zur Verbreitung wissenschaftlicher Kenntnisse. In: Neues Deutschland vom 08.12.1956

hung der Werktätigen fühlt sich die GwK stets verpflichtet. Ihre Vortragsarbeit widmet sie der Schaffung einer „Nationalen Volksarmee"[230], der „Prager Deklaration"[231] ebenso wie nach dem Mauerbau 1961 der Propagierung von „Grenzsicherung, Friedenserhalt und gesellschaftlichem Fortschritt in der DDR". Mit den Konsequenzen des Mauerbaus befasst sich die 14. Tagung des ZK der SED (23.-26.11.1961) und stellt den Bildungs- und Kultureinrichtungen die Aufgabe, die „Zersplitterung auf dem Gebiet der Erwachsenenbildung zu beseitigen" (Gesellschaft zur Verbreitung wissenschaftlicher Kenntnisse 1986, S. 47). Der GwK geht es niemals primär um die Verbreitung von Wissen, sondern immer und vor allem um die politisch-ideologische Erziehung der Massen mittels „Propagandaveranstaltungen". Wissensvermittlung ist marginal, an erster Stelle steht die sozialistische Bewusstseinsbildung (vgl. Gesellschaft zur Verbreitung wissenschaftlicher Kenntnisse 1961, S. 7).

Um die Vortragstätigkeit zu erweitern und neue Mitglieder zu gewinnen, werden neue „Mitgliedergruppen" in Industrie und Landwirtschaft gebildet (ebenda, S. 30) Bei der Kollektivierung der Landwirtschaft übt die GwK propagandistischen Einfluss auf dem Land aus, so wie von der III. Parteikonferenz gefordert wird, „die Vorträge auf dem Land zu erhöhen".[232] Anfangs unterstützt die GwK durch Anleitung und Vermittlung von Referenten besonders das Vortragswesen der VdgB auf dem Land und analog auch das Vortragswesen der Gewerkschaften und der FDJ. Das ändert sich 1958 mit dem Entstehen der „Dorfakademien", die zu den Einrichtungen der Erwachsenenbildung zählen. Die „Dorfakademien" sind teilweise mit „Dorfklubs" verbunden und betreiben unter der Anleitung der GwK „populärwissenschaftliche Aufklärung", um höhere Produktionsergebnisse zu erzielen und die Umgestaltung der Landwirtschaft zu propagieren. Die Wirtschaftspläne der Jahre 1951, 1956, 1959 weisen diese Aufgabe aus:

> „Die Entwicklung der Landwirtschaft ist abhängig von der Demokratisierung des Dorfes, von der Verbreitung der fortschrittlichen agrartechnischen Erfahrungen und der Entwicklung des kulturellen Lebens. ... Die Massenarbeit der Vereinigung der gegenseitigen Bauernhilfe (BHG) ist durch die Erweiterung der gegenseitigen Hilfe, der agrarischen Schulung und durch weitere Entfaltung der Kulturarbeit ... zu verbessern. ... Es ist Aufgabe der demokratischen Parteien und Massenorganisationen ... die Bauern und die Landarbeiterschaft über die großen Aufgaben des Fünfjahrplanes aufzuklären".[233]

---

230 Gesetz über die Schaffung einer nationalen Volksarmee und des Ministeriums für nationale Verteidigung vom 18.01.1956. In: GBL. Teil I, Nr. 8 vom 24.01.1956, S. 81-84.

231 Gemeinsame Deklaration der Teilnehmerstaaten des Warschauer Vertrages über Freundschaft, Zusammenarbeit und gegenseitigen Beistand vom 28.01.1956. In: Dokumente zur Außenpolitik der Regierung der DDR. Bd. III. Berlin 1956, S. 161-167.

232 Die Verbesserung der Propagandaarbeit. Beschluß des ZK der SED vom 29.07.1956 (28. Tagung). In: Dokumente der SED. Bd. VI. Berlin 1958, S. 134.

233 Gesetz über den Fünfjahrplan zur Entwicklung der Volkswirtschaft der DDR (1951-1955). In: Gesetzblatt Nr. 128 vom 08.11.1951, S. 982.

„Die örtlichen Organe der Staatsmacht tragen in ihrem Bereich die volle Verantwortung für die Verwirklichung der sozialistischen Kulturpolitik. Die gesellschaftlichen Organisationen, besonders die Gewerkschaften, der Kulturbund, die Freie Deutsche Jugend und die Gesellschaft zur Verbreitung wissenschaftlicher Kenntnisse, sind aufgerufen, durch ihre aktive Tätigkeit die hohen Ziele der sozialistischen Kultur zu verwirklichen".[234]

„Das System der Erwachsenenqualifizierung ist allseitig zu erweitern und zu verbessern. Die Betriebs- und Dorfakademien sind zum Kern des einheitlichen Systems zur Qualifizierung der Werktätigen zu entwickeln. In diesen Akademien ist die gesamte Unterrichts- und Vortragstätigkeit auf den Gebieten der Erwachsenenqualifizierung ... abzustimmen".[235]

Zur Reformierung der Veranstaltungsformen von der extensiven zur intensiven Form kommt es 1964 mit der Übernahme von Qualifizierungsmaßnahmen durch die GwK. Das Jahr 1964 ist auch der Höhepunkt der Arbeit auf dem Lande, weil die Zuständigkeit der GwK für die Qualifizierung der Werktätigen in der Landwirtschaft vertraglich fixiert wird.[236] Die GwK hat „produktionswirksame landwirtschaftliche Schulungen" durchzuführen und Referenten vorrangig für „Instandhaltung, Kraftfahrerschulungen, Wartung und Pflege von Traktoren und Landmaschinen" und „Gesundheits-, Arbeits- und Brandschutzschulungen" zur Verfügung zu stellen. Seit der GwK die Spezialisten- und Facharbeiterausbildung zugewiesen ist, erfährt ihr traditionell extensiv verbreitendes Programm der Einzelvorträge eine Ergänzung der intensiven Form durch Lehrgänge und systematische Vortragszyklen. Damit werden ganze Bereiche der Dorfakademien von der GwK übernommen. Obwohl die GwK ihren gesellschaftlichen Charakter betont, ist sie zunehmend in das staatliche Bildungssystem integriert worden. Zwischen dem Ministerium für Volksbildung und dem Präsidium der GwK wird daraufhin eine Arbeitsvereinbarung getroffen, der zufolge die GwK an der Durchführung von Qualifizierungsmaßnahmen beteiligt ist.[237]

Das Bildungsgesetz von 1965 ändert nicht nur den bildungspolitischen Standort der GwK, sondern zugleich ihr inhaltliches Aufgabenprofil. Die GwK soll durch eine „pädagogische Propaganda" die Schulreform popularisieren und die Eltern von der Notwendigkeit der Zehnklassen-Schulpflicht

---

234 Gesetz über den 2. Fünfjahrplan zur Entwicklung der Volkswirtschaft der DDR (1956-1960). In: Gesetzblatt Nr. 5 vom 20.01.1958, S. 54.

235 Gesetz über den Siebenjahrplan zur Entwicklung der Volkswirtschaft der DDR (1959-1966). In: Gesetzblatt Nr. 56 vom 17.10.1959, S. 725.

236 Vereinbarung zwischen dem Vorsitzenden des Landwirtschaftsrates der DDR und dem Präsidenten der GwK über die Zusammenarbeit bei der Qualifizierung der Werktätigen der sozialistischen Landwirtschaft vom 19.01.1964. Abgedruckt bei Knoll/Siebert 1968, S. 125f.

237 Anweisung zur Arbeitsvereinbarung zwischen dem Ministerium für Volksbildung und dem Präsidium der GwK über die Zusammenarbeit der Volkshochschulen mit den Kreisvorständen der GwK vom 01.06.1964. Abgedruckt bei Knoll/Siebert 1968, S. 122f.

überzeugen.[238] Die Entscheidung zur Entwicklung des Schulwesens in der DDR, die das ZK der SED auf seiner 4. Tagung (15.-17.01.1959) beschlossen hat,[239] bringt für die GwK neue Arbeitsschwerpunkte, wie die Popularisierung der „polytechnischen Bildung" und die Propagierung der „sozialistischen Erziehung der Jugend". Interessant ist, dass die Elternseminare und Elternakademien, die 1949 die Volkshochschulen initiierten und 1951 vom DFD übernommen wurden, 1965 in die Zuständigkeit der GwK übergehen.

Vermutlich schon in Vorbereitung auf die Änderung des Schulsystems beginnt 1962 die pädagogische Qualifizierung der Dozenten. [240] Bereits im September 1962 wird von der GwK ein Beschluss zur „Verbesserung des Inhalts und der Methode der wirtschaftlichen Aufklärungsarbeit" erlassen.[241] Zur Verbesserung der Methodik veröffentlichen alle Sektionen der GwK „Schriften für den Referenten". Die Verbreitung populärwissenschaftlicher Kenntnisse wird jetzt mehr unter pädagogischen als unter fachwissenschaftlichen Aspekten erörtert. Die Frage der Übertragung von Forschungsergebnissen auf den Erfahrungshorizont des Laien klingt in allen Diskussionen als Problem an. Zwar kann die GwK auf gestiegene Zahlen von Veranstaltungen und Besuchern verweisen, aber die extensive Form der Wissensverbreitung selbst wird immer fragwürdiger. Obwohl mit dem Inkrafttreten des Gesetzes zum einheitlichen sozialistischen Bildungssystem auch die berufliche Erwachsenenbildung inklusive der Aus- und Weiterbildung der Werktätigen einen Aufschwung erfährt, wird sie 1965/66 in den Volkswirtschaftsplänen sparsam erwähnt:

„Die Kapazitäten der ... Akademien und Einrichtungen zur Weiterbildung sind rationell auszunutzen. ... Darüber hinaus ist die systematische Weiterbildung und Qualifizierung aller Werktätigen eine zwingende Notwendigkeit".[242]

„Die Organe des Bildungswesens haben in enger Zusammenarbeit mit den Wirtschaftsorganen und den örtliche Räten entsprechend der volkswirtschaftliche Perspektive im Jahr 1966 zu sichern: ... Alle kulturellen Einrichtungen müssen so wirken, dass für das geistig-kulturelle Leben der Bevölkerung – besonders unter den verbesserten Freizeitbedingungen – der größte Nutzen erzielt wird".[243]

---

238 Empfehlungen für die inhaltliche Gestaltung der pädagogischen Propaganda vom 01.09.1965. In: Verfügungen und Mitteilungen des Ministeriums für Volksbildung, Nr. 7 und Nr. 15, 1965.

239 Entwurf eines Gesetzes über die sozialistische Entwicklung des Schulwesens in der DDR. In: Bundesarchiv Berlin; Findbuch: Protokoll Sitzungen des Politbüros des ZK der SED, 1959 Nr. 23 vom 19.05.59, Sign. DY 30 J IV 2/2/647.

240 Bericht über die Arbeit der Gesellschaft zur Verbreitung wissenschaftlicher Kenntnisse. In: Bundesarchiv Berlin, Bestand: Protokoll Sitzungen des Politbüros des ZK der SED, 1960 Nr. 21 vom 09.05.60, Sign. DY 30 J IV 2/2/702.

241 Beschluß des Präsidiums der Gesellschaft zur Verbreitung wissenschaftlicher Kenntnisse: „Zur weiteren Verbesserung des Inhalts und der Methode unserer wissenschaftlichen Aufklärungsarbeit". In: Mitteilungen der GwK, 1962, Nr. 6, S. 6f.

242 Gesetz über den Volkswirtschaftsplan 1965. In: GBL. Teil I, Nr. 2 vom 14.01.1965, S. 48.

243 Gesetz über den Volkswirtschaftsplan 1966. In: GBL. Teil I, Nr. 6 vom 03.02.1966, S. 61.

Eine Zäsur bringt das Jahr 1966, als der IV. Kongress der GwK (25./26.01. 1966) die Gesellschaft zur Verbreitung wissenschaftlicher Kenntnisse in „Urania" umbenennt (vgl. Gesellschaft zur Verbreitung wissenschaftlicher Kenntnisse 1986, S. 71). Die Gründung und Strukturierung der Urania erfolgt nach sowjetischem Vorbild, und die Übereinstimmung beider Gesellschaften zeigt sich in ähnlichen Zeitschriftentiteln, bei der Dozentenauswahl, der politischen Propaganda, der atheistischen Aufklärung und der populärwissenschaftlichen Kenntnisvermittlung. Die Übereinstimmung ist größer als bei allen anderen Einrichtungen der Erwachsenenbildung der DDR. Doch ist mit dieser Feststellung die Frage nach dem Grad der Sowjetisierung der Erwachsenenbildung in der DDR nur halb beantwortet, wenn nicht die Frage nach den Motiven, die zur Übernahme des sowjetischen Vorbildes führten, gestellt wird. Die DDR hat 1954 als letzter Staat innerhalb der Warschauer Vertragsstaaten die Gesellschaft zur Verbreitung wissenschaftlicher Kenntnisse gegründet. Zweifellos führte primär die Unzufriedenheit mit der politischen Erziehungsarbeit der Volkshochschulen zu dieser Gründung und weniger das Bestreben, sowjetische Institutionen um jeden Preis zu kopieren (vgl. Siebert 1970, S. 122ff.).

Die Schaffung eines einheitlichen Systems der Weiterbildung, in dem die Urania ihren Platz hat, fordert der VII. Parteitag der SED (17.-22.04.1967). Die 6. Tagung des ZK der SED (06.-08.06.1968) fasst Beschlüsse zur „Ausgestaltung des einheitlichen sozialistischen Bildungssystems"[244] und zur Erarbeitung neuer „Grundsätze für die Allgemeinbildung". Die vom Ministerrat der DDR und dem FDGB vorgelegten „Grundsätze für die Aus- und Weiterbildung der Werktätigen"[245] beinhalten auch die Bildungsveranstaltungen der Urania und anderer gesellschaftlicher Organisationen. Neu ist das Einbeziehen einer außerschulischer Organisationsform in ein Bildungsgesetz.

Im Jahre 1967 bilden die Urania, der DFD und die Volkshochschule die ersten Frauenakademien.[246] In sechs Vortragszyklen werden insbesondere Hausfrauen und Frauen aus PGHs und Kleinbetrieben weitergebildet (vgl. dazu Siebert 1970, S. 77). Seit 1972 sind „Schulen der sozialistischen Arbeit" und „Schulen der genossenschaftlichen Arbeit" (Bundesvorstand des FDGB 1972, S. 29ff.) nach sowjetischem Vorbild ins Leben gerufen worden. Die Qualifizierung der Zirkelleiter obliegt seitdem der Urania (vgl. Bundesvorstand des FDGB 1977, S. 40f.). Eine massenwirksame, neue Form der Ura-

244 Beschlüsse für die Ausgestaltung des einheitlichen sozialistischen Bildungssystems. In: Protokoll der Verhandlungen des VII. Parteitages der SED. Beschlüsse und Dokumente, Bd. IV. Berlin 1967, S. 165-172.
245 Beschluß über die Grundsätze und Aufgaben der Weiterbildung vom 24.07.1968. In: GBL. Teil II, Nr. 76, 1968.
246 Trotz intensiver Werbung gehören 90% aller Arbeiterinnen und 83% aller weiblichen Angestellten nicht der DFD an. Da in der DDR mehr als 90% Frauen berufstätig und somit in betriebliche Qualifizierungsmaßnahmen einbezogen sind, gibt es die Notwendigkeit einer straffen Reglementierung und Beitrittspflicht nicht. Das Maß an Freiwilligkeit und Ungebundenheit ist hoch. Der DFD dient als Legitimationsorganisation, der die gesellschaftliche Stellung der Frau im Sozialismus repräsentiert.

nia-Arbeit besteht in der Nutzung von Massenmedien, um populärwissenschaftliche Inhalte bis in die Wohnstuben der HörerInnen zu transportieren. Im Jahr 1977 beginnen die „Sonntagsvorlesungen" und die Fernsehreihe „AHA" (Gesellschaft zur Verbreitung wissenschaftlicher Kenntnisse 1986, S. 145). Die „Neue Berliner Illustrierte" (NBI) veröffentlicht seit 1980 eine populärwissenschaftliche Serie „Die Wissenschaft und wir" (ebenda, S. 175).

Die GwK versteht sich in der DDR selbst als eine Organisation der „sozialistischen Intelligenz". Kurz gefasst, kann man sie als das offizielle „Propagandaorgan der SED" bezeichnen. Die SED sichert ihren Einfluss informell dadurch, dass die meisten der GwK-Mitglieder gleichzeitig SED-Mitglieder sind. Die GwK hat Einzelmitglieder, Ehrenmitglieder und Kollektivmitglieder (Mitgliedergruppen in den volkseigenen Betrieben und Massenorganisationen). Sie wendet sich vor allem an Techniker, Ärzte, Pädagogen, Schriftsteller, Agronomen, die der Gesellschaft zur Verbreitung wissenschaftlicher Kenntnisse selbst als Referenten zur Verfügung stehen. Jedes Mitglied hat pro Jahr zwei Vorträge zu halten, womit die Referentenfrage formal immer gelöst ist. Die weitaus meisten Vorträge hält die Urania in Betrieben, landwirtschaftlichen Produktionsgesellschaften, Dorfakademien und gesellschaftlichen Organisationen (FDGB, FDJ, DFD, KdT, GST, DRK). Jeder staatliche Betrieb hat einen Betriebskollektivvertrag (BKV) und verpflichtet sich im „Kultur- und Bildungsplan", eine bestimmte Anzahl von Vorträgen durchzuführen. Referenten der Urania werden zu den monatlich stattfindenden „Tag des Meisters"; „Tag des Ingenieurs" und „Tag des Ökonomen" verpflichtet. So ist immer eine ausreichende Teilnehmerzahl gewährleistet. Neben den betrieblichen und institutionellen Vorträgen gibt es eine breite Öffentlichkeitsarbeit. Zu öffentlichen Vorträgen der Urania kommen Personen aus allen Bevölkerungsschichten. Die Ankündigung der öffentlichen Vorträge ist im Gegensatz zu den Betriebsvorträgen sehr publikumswirksam gestaltet. Die Urania verfügt über eigene Vortragssäle, Klubs und Planetarien.[247]

In der Erwachsenenbildung leistet die Gesellschaft zur Verbreitung wissenschaftlicher Kenntnisse insbesondere einen politisch-erzieherischen Auftrag. Die Verbreitung der Wissensbestände erfolgt extensiv, bis auf eine kurze Episode Anfang der 1960er Jahre, wo die GwK für die Qualifizierung in den Dorfakademien zuständig ist. Ihre Aufgabe besteht in der populärwissenschaftlichen Verbreitung naturwissenschaftlich-technischer Themen, im Gegensatz zum Kulturbund, der sich intensiv um die Auseinandersetzung mit kulturell-künstlerischen Inhalten bemüht. Die Arbeit der GwK ist unter „kultureller Massenarbeit" zu subsumieren, die Horst Siebert 1970 bereits dezidiert dargestellt hat.

---

247 Zeitzeugengespräch mit Prof. Dr. Horst Mädicke am 04.05. 1994 zur Bildungsarbeit der Urania.

4. Die Institution „Volkshochschule"

4.1. Die Volkshochschule und der zweite Neubeginn „Antifaschistisch demokratische Umwälzung" (1946-1948)

Nachdem es im Juni 1945 erste Bestrebungen zur Neugründung der Volkshochschule durch private Initiativen gibt,[248] die den Anschein erwecken, sich durchaus der Weimarer Volkshochschultradition verpflichtet zu fühlen, die man selbstverständlich als „ersten Neubeginn" bezeichnen muss (vgl. Oppermann/Röhrig 1995), werden diese Entwicklungen ein halbes Jahr nach Kriegsende durch die Sowjetische Militäradministration Deutschlands (SMAD) abgebrochen. Der Befehlserlass zielt darauf hin, die Volkshochschule im Wortsinn als zu reglementierende „Schule" in der Sowjetischen Besatzungszone zu installieren.

> „Die bisherigen Volkshochschulen tragen lediglich den Charakter einer Vortragsreihe des Kulturbundes oder des Kulturamtes, stellen aber in Wirklichkeit keine Schule dar. Sie dürfen deswegen auch nicht die Bezeichnung ‚Volkshochschule' für sich in Anspruch nehmen. Jedoch kann das, was bisher geschaffen wird, durchaus zum Aufbau einer Volkshochschule im neuen Sinne, wie aus den beiliegenden Richtlinien ersichtlich, verwendet bzw. eingegliedert werden. Die Volkshochschule soll den Charakter eines Seminars tragen, in einem eigens dazu freigestellten Gebäude mit einem festen und einem beständigen Lehrkörper unter einer politisch zuverlässigen Leitung."[249]

Nach Abbruch der ersten privaten Gründungsinitiativen legt der vom Sowjetischen Oberbefehlshaber in Deutschland, Marschall Shukow, am 23.01.1946 erlassene Befehl Nr. 22 „Arbeit der höheren Volksschulen und Anordnung über die Eröffnung auf dem Gebiet der sowjetischen Besatzungszone in Deutschland (Volkshochschule)"[250] die Grundlage für die künftige Volkshochschulentwicklung in der Sowjetischen Besatzungszone. In dem Originalbefehl muss es tatsächlich „höhere Volksschule" geheißen haben, was

---

248 Beispielsweise gesellte sich in Dresden um den Buchhändler Artur Nestler ein Freundeskreis, der einen „Förderkreis der Volkshochschule" mit 150 Mitgliedern gründete, um die Finanzierung der Wiedereröffnung der VHS zu ermöglichen.

249 Schreiben der Landesverwaltung Sachsen, Inneres und Volksbildung, Abt. Landesnachrichtenamt vom 25.02.1946 an alle Oberbürgermeister und Landräte des Bundeslandes Sachsen. In: Sächs. HStAD., Bestand LRS, Min. f. Volksbild. 1908.

250 Als maschinenschriftliche Abschrift in der Volkshochschule Dresden gefunden, ohne Datum

verkürzt in „Volkshochschule" übersetzt wird. Ob es sich gar um einen Übersetzungsfehler handelt, ist nicht bekannt. Ein Quellenauszug lässt vermuten, dass die Originalfassung des russischen Befehls tatsächlich von der deutschen Druckfassung abweicht. Anzunehmen ist, dass man für die schulentwachsene deutsche Bevölkerung in der sowjetischen Besatzungszone eine Bildungseinrichtung schaffen will, in der sie unterschiedliche Schulabschlüsse und die Hochschulreife erwerben werden kann, wie das auch in der „Abend-Volks-Universität" (Wetschernij Narodnoij Universität) in der Sowjetunion möglich war. Deshalb sollte die neue Institution „Höhere Volksschule (Volkshochschule)" nach dem Konzept „Schule" funktionieren. Der Befehl Nr. 22 der SMAD[251] erteilt die Genehmigung zur Eröffnung von Volkshochschulen. Er geht trotz seiner knappen Abfassung sehr weit. Er regelt die Sicherstellung der Leitung, die Ausarbeitung von Lehrplänen, die Bereitstellung von Literatur, die Qualifikation der pädagogischen Lehrkräfte, das Netz der Volkshochschulen für das Jahr 1946, die Zahl der Teilnehmer und des leitenden und vortragenden Personals sowie die Kontrolle der Volkshochschularbeit.[252]

„Zwecks Verbreitung der allgemeinbildenden und gesellschaftspolitischen Kenntnisse in den breiten Schichten der Bevölkerung, welche dazu beitragen, die Erziehung als aktive Teilnehmer an der demokratischen Umgestaltung Deutschlands und eine Regelung in Betriebe der höheren Volksschulen in der sowjetischen Besatzungszone Deutschlands

befehle ich:
1) zu genehmigen die Eröffnung der Volkshochschulen in größeren Städten der Provinz der sowjetischen Besatzungszone Deutschlands;

2) die Bestimmungen über die Volkshochschulen zu bestätigen;

3) der Deutschen Verwaltung für Volksschulwesen in der sowjetischen Besatzungszone Deutschlands (Dr. Wandel):
a) Sicherstellung der Leitung der Lehrarbeiten an den Volkshochschulen: Ausarbeitung der Lehrpläne in den Schulen, Versorgung der Teilnehmer mit Lehrliteratur, Förderung der Qualifikation von pädagogischen Lehrkräften usw.;
b) vorzulegen zwecks Bestätigung der Abteilung Volksschulwesen in der sowjetischen Besatzungszone Deutschlands zum 25.01.1946: – entworfener Schulplan für die Volkshochschulen in der sowjetischen Besatzungszone Deutschlands, – Netz und administrativ-pädagogisches Personal der Volkshochschulen, welche in den Rayons des sowjetischen Besatzungssektors der Stadt Berlin eröffnet werden, Plan der Maßnahmen zur Versorgung der Volkshochschulen mit gesellschaftspolitischer und wissenschaftlicher Literatur, – Verzeichnis der Direktoren der Volkshochschulen, welche in den Provinzen und im Bundesland Sachsen der sowjetischen Besatzungszone Deutschlands eröffnet werden;

4) den Präsidenten der Provinzen der Bundesländer in der sowjetischen Besatzungszone Deutschlands zum 1. Februar 1946:

---

251 Befehl Nr. 22 der SMAD vom 23.01.1946. In: Sächs. HStAD., Bestand, LRS, Min. f. Volksb. 1908.

252 Befehl Nr. 22 der SMAD vom 23.01.1946. In: Sächs. HStAD., Bestand LRS, Min. f. Volksb. 1908.

a) festzulegen das Netz der Volkshochschulen für das Lehrjahr 1946, Vervollständigung der Schulen mit leitendem und vortragendem Personal, sowie Festlegung der Zahl der Teilnehmer;

b) Sicherstellung von notwendigen Räumen für die Volkshochschulen und Bestimmung von Geldmitteln für den Unterricht der Schulen;

c) vorzulegen zwecks Bestätigung den Chefs der SMA der entsprechenden Provinzen und des Bundeslandes Sachsen das Netzt der zu eröffnenden Volkshochschulen, das leitende und Lehrerpersonal;

5) den Chefs der Verwaltung der SMA der Provinzen und des Bundeslandes Sachsen:

a) zu bestätigen bis zum 10. Februar 1946 das Netz der Volkshochschulen, deren Leiter und Lehrerpersonal

b) Einführung einer Kontrolle über die Arbeit der Volkshochschulen."[253]

Dieser SMAD-Befehl steht im Grunde für den Abbruch der Weimarer Traditionen der Volkshochschulentwicklung. Mögen frühere Entwicklungen und Gründungen noch dieser Tradition verpflichtet gewesen sein (vgl. Siebert 1970, S. 26), so kann man nicht mehr von einem langsamen, kontinuierlichen Übergang in eine andere Entwicklung sprechen. Mit Hilfe der Volkshochschule will man in der SBZ eine neue politische und technische Führungsschicht herausbilden und die früheren Bildungsprivilegien des Bürgertums durch Bildungsprivilegien der Arbeiter- und Bauernschaft ersetzen. Noch vor der Gründung der DDR ist eine andere Struktur der Volkshochschule mit all ihren Wesensmerkmalen erkennbar. Zu diesen Charakteristika gehören die Zentralisierung und die Verstaatlichung des Volkshochschulwesens. Mit der Entscheidung zur politischen und fachlichen Bildung entfernt sich die Volkshochschule der SBZ von den Prinzipien der Volksbildung in den 1920er Jahren, die sich eine „Bildung vom Menschen aus" zum Ziel gesetzt hatte und sich parteipolitischen und/oder volkswirtschaftlichen Interessen gegenüber nicht verpflichtet fühlte. Betrachtet man die Volkshochschule der SBZ/DDR aus der Sicht der Abkehr gegenüber den Traditionen der Volkshochschule in der Weimarer Republik, indem man wie Horst Siebert davon ausgeht, dass sich die Volkshochschule der SBZ/DDR in den Jahren 1945/46 diesen Traditionen verpflichtet fühlt, so zeigen sich von Anfang an Diskrepanzen zu der traditionellen Volkshochschulidee, die darin liegen, dass die Volkshochschule in der SBZ von Anfang an staatlich reglementiert wird.

„Unter den Erwachsenen und Jugendlichen sind allgemeinbildende, wissenschaftliche und allgemeinpolitische Kenntnisse zu verbreiten, zur Hebung der allgemeinen Kultur und des allgemeinen Bildungsstandes beizutragen und die Bevölkerung im Geiste der Demokratie, des Antifaschismus und Antimilitarismus zu erziehen. Die Leiter und Lehrer an den Volkshochschulen werden unter den Professoren, Universitätsdozenten und aus anderen wissenschaftlichen Kreisen gesucht. Die Volkshochschule führt ihre

---

253 Befehl des Obersten Chefs der Sowjetischen Militäradministration des Oberbefehlshabers der sowjetischen Besatzungstruppen in Deutschland. Berlin. Befehl Nr. 22 vom 23. Januar 1946 „Arbeit der höheren Volksschulen und Anordnung über die Eröffnung auf dem Gebiet der sowjetischen Besatzungszone in Deutschland (Volkshochschule). Fundort: Volkshochschule Dresden, masch., ohne Datum.

Arbeit nach einem einheitlichen Lehrplan durch. Die Arbeitsgemeinschaft als Unterrichtsform ist der Vorlesung vorzuziehen. Hörer können alle Personen ab dem 17. Lebensjahr werden, unabhängig von Beruf, Bildung, Nationalität und Religion. Es bleibt dem Direktor unbenommen, nur bestimmte Personengruppen für Lehrgänge spezieller Art zuzulassen. Bescheinigungen über den Besuch von Lehrgängen an der Volkshochschule dürfen keine Beurteilungen, Zeugnisse usw. enthalten. Beim Direktor der Volkshochschule wird ein Dozentenrat geschaffen, der aus sämtlichen Lehrern der Volkshochschule und den Vertretern der öffentlichen Organisationen (demokratisch-antifaschistische Parteien, FDGB, Jugendausschuß, Frauenausschuß, Kulturbund) besteht."[254]

Der Befehl Nr. 22 ist der bildungspolitisch bedeutsamste für die Volkshochschularbeit der SBZ/DDR. Ihm liegen mehrere Anlagen und Ausführungsbestimmungen bei. So unterstehen die Volkshochschulen und ihre deutschen Verwaltungsbehörden in ihrer Arbeit den Befehlen und Anordnungen der Sowjetischen Militäradministration in Deutschland. Neben dem Befehl Nr. 22 gibt es ein Statut[255] der Volkshochschulen für die SBZ vom 15.10.1946, das im Wortlaut mit der Anlage 1 zum Befehl Nr. 22 übereinstimmt. Auch die Ausführungsbestimmungen zum Statut der Volkshochschulen weichen nicht ab vom Wortlaut der „Ausführungsbestimmungen zum Befehl Nr. 22"[256], so dass administrativ überhaupt kein Spielraum für die Akteure bleibt. Selbst die Transformation der Befehle auf die Landesebene ändert nichts an deren Reglement und Gültigkeit. So spiegelt eine Verwaltungsordnung für Volkshochschulen des Landes Sachsen, die lediglich Vergütung und Besoldung regelt, den Bezug zum Befehl Nr. 22 wider:

„Unterhaltsträger aller sächlichen Bedürfnisse ... ist die örtliche Selbstverwaltung. Im Einvernehmen mit der Landesregierung, Ministerium für Volksbildung können sich örtliche Selbstverwaltungen in Land- und Stadtkreisen zu Volkshochschulverbänden zusammenschließen. Ordentliche Einnahmen fließen der VHS zu, durch Hörereinschreibgebühren in Höhe von 0,50 RM, Teilnahmegebühren für berufsfördernde und fremdsprachliche Lehrgänge für 10 Doppelstunden mindestens 10,00 RM, bei allen anderen Lehrgängen nicht mehr als 5,00 RM, für Einzelvorträge und sonstige Veranstaltungen nicht mehr als 1,00 RM. Ordentliche Ausgaben erwachsen ... aus den Vergütungen der Dozenten für Fremdsprachen und berufsfördernde Lehrgänge 15,00 RM je Doppelstunde, für allgemeinbildende und wissenschaftliche Vorlesungen 20,00 RM je Doppelstunde und für Einzelvorträge mit besonderer wissenschaftlicher Qualität oder der Vorbereitung des Dozenten bis zu 75,00 RM. Unterrichts- und Büroräume einschließlich Inventar, Heizung, Beleuchtung, Reinigung und Unterhalt sind ... kostenlos zur Verfügung zu stellen. Unterhaltsträger aller persönlichen Bedürfnisse ... sind das Bildungsministerium der Landesregierung. Diesem erwachsen ordentliche Ausgaben aus: Besoldung hauptamtliches Personal (Direktor) in örtlichen Selbstverwaltungen bzw. Volkshochschulverbänden mit mehr als 300000 Einwohnern nach

254 Ausführungsbestimmungen zum Befehl Nr. 22 vom 23.01.1946. In: Sächs. HStAD., Bestand LRS, Min. f. Volksb. 1908.
255 Statut der Volkshochschulen in der sowjetischen Besatzungszone Deutschlands. In: Volkshochschule, 1 (1947) 1, S. 3-4.
256 Ausführungsbestimmungen zum Statut der Volkshochschulen in der sowjetischen Besatzungszone Deutschlands. In: Volkshochschule 1 (1947) 1, S. 5-7.

RBO Besoldungsgruppe A 2 b, sonst mindestens nach RBO Besoldungsgruppe A 2 c.
Dem Verwaltungspersonal in örtlichen Selbstverwaltungen mit mehr als 50000 Einwohnern stehen ... 1 Verwaltungsangestellter RBO Besoldungsgruppe A 5 b, ... zu.
Den technischen Hilfskräften in Selbstverwaltungen bis zu 200000 Einwohnern 1 technische Hilfskraft RBO Besoldungsgruppe A 9, ... Die Besoldung der hauptamtlich angestellten Dozenten soll nach RBO Besoldungsgruppe A 4 b 1, Stufe 1 erfolgen."[257]

Die sogenannten „Restbestimmungen über die Volkshochschulen in der Sowjetischen Besatzungszone"[258], eine Anlage zum Befehl Nr. 22, verfügen, dass Volkshochschulen in größeren Städten errichtet werden. Die Leitung jeder Volkshochschule hat durch einen Direktor zu erfolgen. Der Direktor muss auf Antrag des Amtes für Volksbildung des jeweiligen Bundeslandes von der Abteilung Schulwesen der SMA in Deutschland bestätigt werden, und die Personalien des gesamten Lehrkörpers werden erfasst, wie das in Dokumenten aus der Volkshochschule Dresden ersichtlich ist:

„Direktor:
Prof. Dr. V. *Klemperer,* geb. 9.10.1881, Wohn.: Dresden, Dölzschen, Am Kirchberg 18; Humanist. Gymnasium, Germanistik, Römische Sprachen. Vor 1933 Demokrat (ist durchgestrichen und handschriftlich hinzugefügt) – nicht politisch organisiert, jetzt KPD. Seit 15.12.45 vom Rat zu Dresden als wiss. Leiter der Volkshochschule bestätigt.

Physik
Dozent: Ingenieur Rudolf *Witting* , geb. 27.11.1899, Wohn.: Dresden A20, Waterloostr. 13; Techn. Physiker, Dipl. Ing., Wiss. Assistent, Polit. und rass. Verfemung (Jüd. Mischling 2. Grades). Parteilos

Chemie:
Dozent: Dr. Johannes *Hagemann,* geb. 25.11.1886, Wohn.: Dresden A21, Ermelstr. 1 II; Realgymnasium. Univ. Greifswald und Leipzig, Studienrat, vor 1933 parteilos, Aug. 1944 polit. Gemaßregelt

Geschichte der deutschen Literatur und Kunst:
Dozent: Frl. Dr. Helga *Reuschel,* geb. 2.7.1903, Wohn.: Dresden N6, Stolpenerstr. 4; Humanist. Gymn., Univ. Dr. phil., Höh. Lehramt, Franz. Engl. Ital. Lat. Griech. Schwed. Dän. Norw. Island. – Unpolitisch"[259]

Ein anderes Dokument, das die Reglementierung der neu aufzubauenden Institutionalform verdeutlicht – hier die Besetzung der Direktorenstelle und des Dozentenrates –, ist die Verfassung der Dresdener Volkshochschule. Bemerkenswert ist, dass von Anfang an die personelle Besetzung des Dozentenrates mit Vertretern der Parteien (bevorzugt KPD, später SED), des FDGB, der Jugend- und Frauenausschüsse und des Kulturbundes zur demokratischen Er-

257 Entwurf einer Verwaltungsordnung für die Volkshochschulen des Landes Sachsen, ohne Datum. In: Sächs. HStAD. Bestand LRS, Min. f. Volksb. 1986
258 Anlage zum Befehl Nr. 22 „Restbestimmungen über die Volkshochschulen in der Sowjetischen Besatzungszone' vom 23.01.1946. In: Sächs. HStAD., Bestand LRS, Min. f. Volksb. 1908
259 Schreiben vom 18.03.1946 an den Rat zu Dresden – Schulamt, Abteilung Volkshochschule. In: Sächs. HStAD, Bestand LRS, Min. f. Volksb. 2016.

neuerung Deutschlands erfolgt, sofern sie politisch, fachlich und pädagogisch geeignet erschienen. Ehemalige Mitglieder der NSDAP und deren Gliederungen sowie alle Personen, deren politische, wissenschaftliche und berufliche Betätigung in der Vergangenheit oder Gegenwart „keine Gewähr" für eine sogenannte „demokratische, antifaschistische und antimilitaristische Einstellung" bieten, kommen als Leiter und Lehrer an der Volkshochschule nicht in Frage.

> „Die Dresdener Volkshochschule ist eine städtische Einrichtung im Rahmen des Schulamtes. Ihr Auftrag ist die Befähigung der Hörer zur aktiven Mitarbeit, um das öffentlichen Leben auf einer demokratischen und friedlichen Grundlage wiederherzustellen. Die Volkshochschule bietet Lehrgänge zur Erwachsenenbildung, zur Jugendbildung und für die Sonderförderung zur Reifeprüfung. ... Der Direktor leitet die Arbeit der Volkshochschule. Die Vorschläge zur Besetzung der Direktorenstelle der VH wurden mit Verfügung V 131/46 vom 26. Januar 1946 angefordert. Er vertritt die Volkshochschule nach außen hin, unterzeichnet wichtige Schriftstücke, soweit dies nicht dem Geschäftsführer obliegt. Der Geschäftsführer wird auf Vorschlag des Verwaltungsausschusses vom Rat zu Dresden ernannt. Er ist unter Hochschullehrern oder anderen wissenschaftlichen Kreisen auszuwählen. Seine Besoldung entspricht der des Leiters einer höheren Schule. ... Sämtliche Mitglieder des Lehrkörpers bilden den Dozentenrat. Er hat sich mit der Prüfung und Beurteilung von Fragen wissenschaftlicher Art zu beschäftigen, die vom Dozentenrat angenommenen Beschlüsse bedürfen der Bestätigung durch den Direktor. Der Dozentenrat (ist Lehrkörper) wählt aus seinen Mitgliedern 8 Personen für den G.A. des Lehrkörpers."[260]

Nachdem im Januar 1946 die Eröffnung der ersten Volkshochschulen in fast allen Ländern und Provinzen der sowjetischen Besatzungszone bekannt gemacht wird, folgt im Sommer 1946 eine zweite Welle zur Eröffnung neuer, von der SMAD genehmigter Volkshochschulen. Besonders zahlreich entstehen sogenannte neue Volkshochschulen wieder in Thüringen und Sachsen, wie schon in den 1920er Jahren, obwohl sie einen völlig anderen Aufgabenbereich als in der Weimarer Republik abzudecken haben. Seit dem 30.04.1946 laufen mit Genehmigung der SMA Dresden in 11 Städten Sachsens Volkshochschulen, darunter in Dresden mit 13 zu lehrenden Fächern. Vier Volkshochschulen stehen in Sachsen unmittelbar vor ihrer Eröffnung.[261] Der Arbeitsplan der Abteilung Allgemeine Volkserziehung sieht vor, dass zum 01.07.1946 mindestens 5 Volkshochschulen im Sinne des Befehls Nr. 22 aufgebaut sein sollen. Vorgesehen sind die Städte Dresden, Chemnitz, Leipzig, Zwickau und Bautzen.[262] Bereits am 04.05.1946 erstattet das Ministerium für Volksbildung des Landes Sachsen Bericht über den Stand der Volkshochschulen im Land Sachsen an die Deutsche Zentralverwaltung für Volksbildung der Sowjetischen Besatzungszone in Berlin. Neben der Auflistung der

260 Verfassung Dresdener Volkshochschule: Rat zu Dresden vom 15.03.1946, Ms., unveröff., Fundort: Volkshochschule Dresden.
261 Schreiben an die Landesverwaltung Sachsen. Volksbildung. Abt. Allgem. Volkserziehung/Volksbildung III B. In: Sächs. HStAD, Bestand LRS, Min. f. Volksb. 2037.
262 Arbeitsplan der Abt. Allgemeine Volkserziehung vom 31.05.1946. In: Sächs. HStAD, Bestand LRS Min. f. Volksb. 2093.

einzelnen Volkshochschuldirektoren wird hauptsächlich über Schwierigkeiten mit der Eröffnungserlaubnis berichtet, weil ein Großteil der zur Bestätigung eingereichten Lehrpläne bei der SMAD in Karlshorst noch nicht wieder zur SMA Dresden zurückgeschickt worden ist.[263] Die SMAD in Berlin-Karlshorst als oberste Behörde arbeitet nach Ansicht der Sachsen zu langsam und behindert die Eröffnung weiterer Einrichtungen. Die zur Eröffnung erforderlichen genehmigten Lehrpläne liegen letztlich mit Stand vom 01.12. 1947 für die gesamte Sowjetische Besatzungszone vor.[264] Es handelt sich um einheitliche Rahmenlehrpläne für den Unterricht an Volkshochschulen, in denen die inhaltlichen Themenbereiche, der Stundenumfang und die Zeitdauer für jedes Angebot vorgegeben sind. Der einheitliche Rahmenlehrplan „Kunstbetrachtung und Geschichte der bildenden Künste" gliedert sich in „180 akademische Stunden". Ziel des Kurses ist die Abkehr von „bürgerlichen Kunstvorstellungen", methodisch sollen „aufgebaute Vortragsreihen und keine Einzelbetrachtungen" durchgeführt werden, und der Stoffplan gibt die Inhalte „Antike, Neuzeit und Gegenwart" vor.[265]

Fünf Monate nach Erlass des Befehls Nr. 22, der den Aufbau und die Schaffung von Strukturen für die Volkshochschule sichert, administriert die SMAD am 10.05.1946 die Durchführung von Qualifizierungsmaßnahmen von Arbeitskräften für die Hauptzweige der Industrie in der SBZ.[266] Vorgesehen ist die kurzfristige Umschulung von Tausenden von Werktätigen in den Wirtschaftszweigen Bergbau, Metallurgie, Bau- und Holzgewerbe sowie chemische, gummi-, textil-, glas- und papierverarbeitende Industrie.

„Der laufend steigende Bedarf der Wirtschaft an qualifizierten Arbeitern macht es erforderlich, neue Wege zur Heranbildung solcher qualifizierten Arbeitskräfte zu beschreiten. Neben der Sicherung der vermehrten Ausbildung von Lehrlingen und Umschülern sieht daher der Befehl Nr. 140 die Heranbildung zusätzlicher Kräfte für die Mangelberufe durch kurzfristige Anlernung von 4-8wöchiger Dauer vor."[267]

Nach dem Krieg besitzen auf dem Gebiet der sowjetischen Besatzungszone 21% der Arbeitskräfte eine Qualifikation als Facharbeiter und 3% einen

---

263 Bericht über den Stand der Volkshochschulen im Bundesland Sachsen vom 04.04. 1946 an die Deutsche Zentralverwaltung für Volksbildung der Sowjetischen Besatzungszone. In: Sächs. HStAD, Bestand LRS, Min. f. Volksb. 1986.
264 Deutsche Verwaltung für Volksbildung in der Sowjetischen Besatzungszone Deutschlands: Rahmenlehrpläne für den Unterricht an den Volkshochschulen in der sowjetischen Besatzungszone. Stand vom 01.12.1947. Manuskript. In: Sächs. HStAD, Bestand LRS, Min. f. Volksb. 1970.
265 Rahmenlehrplan für den Unterricht an den Volkshochschulen: Kunstbetrachtung und Geschichte der bildenden Künste. In: Sächs. HStAD, Bestand LRS, Min. f. Volksb. 1976.
266 Verordnung betreffend die Ausbildung von qualifizierten Arbeitskräften für Mangelberufe in den wichtigsten Zweigen der deutschen Industrie in der sowjetischen Besatzungszone gemäß Befehl Nr. 140 der SMAD vom 10.05.1946. In: Verordnungsblatt für die Provinz Sachsen, Nr. 36 vom 31.08.1946, S. 391-393.
267 Ebenda, S. 391.

Fach- oder Hochschulabschluss. 76% sind an- oder ungelernte Arbeitskräfte (vgl. Schneider 1989, S. 49). Die sich nach dem Volksentscheid in Sachsen (d.h. die Enteignung des Großkapitals und dessen Umwandlung in staatliches Eigentum) massenhaft vermehrenden Industriebetriebe benötigen neue und zusätzlich qualifizierte Arbeitskräfte. Auch der Bedarf an Führungskräften in Wirtschaft und Verwaltung steigt enorm an, da alle Führungsfunktionen mit sogenannten Kadern besetzt werden sollen, die in ihrer sozialen Herkunft der Arbeiter- und Bauernklasse zuzurechnen sind. Damit hat die Volkshochschule einen großen Beitrag zur Schaffung einer neuen sozialistischen Elite zu leisten. Die Volkshochschule ist beauftragt, Qualifizierungsmaßnahmen zunächst für Arbeiter und Angestellte in den Betrieben durchzuführen, weil es hierfür keine anderen Institutionen der SBZ gibt, die Erwachsene qualifizieren können.

In Thüringen werden bis Ende des Schuljahres 1946/47 in 276 Betrieben Volkshochschulzirkel gebildet. Im Land Brandenburg gibt es in 5 Betrieben Betriebsvolkshochschulen oder Außenstellen von Volkshochschulen, in Sachsen bestehen 37 und in Sachsen-Anhalt 36 Betriebsvolkshochschulen.[268] Die Arbeit der Volkshochschulen in den Betrieben geht einher mit einer veränderten Rolle der Gewerkschaften bei der fachlichen Qualifizierung. Die Industriegewerkschaften sind überwiegend koordinierend tätig und nicht mehr – wie unter kapitalistischen Verhältnissen – vorrangig für die Durchführung von Qualifizierungsmaßnahmen zuständig,. Im neuen System erfüllte der FDGB politische Aufgaben und wirkte in Sinne des SED-geführten Staates als Einheitsgewerkschaft.

> „Im Jahr 1946 hatte die IG Metall bereits 36 Lehrgänge zur fachlich-beruflichen Qualifizierung für 628 Teilnehmer organisiert. Bis zum Jahr 1949 stieg die Anzahl der Lehrgänge auf 396 mit rund 5.000 Teilnehmern. Die IG Handel bzw. die ehemalige Gewerkschaft für Angestellte hatte 1948/49 in 181 Orten 831 Lehrgänge mit 20.500 Teilnehmern durchgeführt. ... Die intensiven Bemühungen des FDGB um die fachliche Qualifizierung der Werktätigen hatte in der deutschen Gewerkschaftsbewegung eine lange Tradition. Unter kapitalistischen Bedingungen sind die Bildungsmöglichkeiten der Gewerkschaft häufig die einzige Möglichkeit für die Werktätigen, sich nach dem Besuch der Volksschule noch weiterzubilden. Mit der Entwicklung der antifaschistisch-demokratischen Ordnung verringerte sich die Notwendigkeit solcher fachlichen Qualifizierungsmaßnahmen durch die Gewerkschaft immer mehr, zumal ihre politischen Aufgaben ständig zunahmen. Andererseits bestand die Notwendigkeit und die Möglichkeit, die gesamte Arbeit zur Erwachsenenbildung zu koordinieren. In den meisten Großbetrieben entstanden Volkshochschulen bzw. Lehrgänge der Volkshochschulen" (Bundesvorstand des FDGB 1950, S. 215).

Der FDGB und die Industriegewerkschaften unterstützen von Anfang an die betrieblichen Bildungs- und Qualifizierungsaufgaben, da es erstens ihrem ureigensten gewerkschaftlichen Interesse entspricht und weil sie zweitens in enger Abhängigkeit zur SED entscheidenden Einfluss auf die soziale Umschichtung innerhalb der Bevölkerung haben. Auf dem 2. FDGB-Kongress (17.-19.04. 1947) erheben die Gewerkschaften die Forderung, in ihrer Kulturarbeit darauf

---

268 Kulturelle Betriebsarbeit. In: Arbeit und Sozialfürsorge, Heft 15/1947, S. 343ff.

hinzuwirken, eine höchstmögliche Steigerung des allgemeinen Bildungsniveaus insbesondere der werktätigen Bevölkerung zu erzielen. Jedem Begabten soll es ohne Rücksicht auf Herkunft oder Besitz möglich sein, nicht nur die Hochschulreife zu erlangen, sondern ein Hochschulstudium durchzuführen. Weiterhin sollen die Hand- und die Kopfarbeiter die allerbeste berufliche Aus- und Weiterbildung erhalten. Die Aufstellung der Lehr- und Studienpläne soll künftig unter Mitwirkung der Gewerkschaften erfolgen. Insbesondere soll der werktätigen Bevölkerung die Schaffung und Erhaltung von Kunst- und Kultureinrichtungen zugute kommen (vgl. Bundesvorstand des FDGB 1947, S. 237). Diese ideologisch pragmatischen Zielsetzungen des FDGB manifestieren sich ein halbes Jahr später im „Zweijahrplan" der Wirtschaft.

Nicht nur in offiziellen Verlautbarungen wird die Bildungsarbeit administriert und zentralisiert, sondern auch in halb offiziellen und internen Papieren, die Volkshochschulentwicklung betreffend. Von der Konferenz des Landesvorstandes Sachsen über Volkshochschulfragen vom 17.-19.05.1947 existiert ein interner Schriftverkehr „über den organisatorischen Aufbau der Volkshochschulen". Das Referat zu diesem Thema hält Wolfgang Richter, Zentralverwaltung Berlin. Das nachfolgend abgedruckte Protokoll wird von einem Mitarbeiter des Kreisvorstandes der SED Dresden, Abteilung Kultur und Erziehung, angefertigt.

„Die Merkmale der Volkshochschularbeit im Augenblick sind gegenüber denen vor 1933 folgende: Wir haben heute nur *eine* Form der VHS, die staatliche. Vor 1933 war die Verlagerung in die Kommunen angezeigt. Heute jedoch ist dies nicht der Fall. Darin liegt der grundsätzliche Unterschied. Durch die zentrale Leitung wird verhindert, dass ein wesentlicher Unterschied in der Gestaltung der VHS eintritt. Darum die Koordinierung der 5 Bundesländer in der Ostzone; um zu verhindern, dass föderalistische Gedankengänge in der VHS genährt werden. In Thüringen zeigen sich bereits solche Tendenzen. Die Volkshochschularbeit im Mecklenburg dagegen ist gut.

Die Sicherung der Finanzierung der VHS ist Angelegenheit der örtlichen Verwaltungsstellen. Es ist eine Verwaltungsordnung ausgearbeitet worden, die als Befehl herausgegeben werden soll. Wenn dieser Befehl nicht erfolgt, dann muß in den einzelnen Bundesländern versucht werden, sie in den Landesparlamenten durchzubringen, was jedoch schwerer sein wird. Die Befehlsanordnung scheint in diesem Falle am günstigsten. Diese Verwaltungsordnung sieht vor, dass der Direktor staatlich angestellt wird. Man versucht in Thüringen schon wieder, die Oberstudiendirektoren kommunal einsetzen zu lassen, was eine rückläufige Entwicklung darstellt.

Die Entwicklung soll dahin gehen, die VHS-Internate wieder zu schaffen, zumindest in jedem Land soll ein VHS-Heim bestehen. Auf dem Gebiet ist heute noch nichts geschehen. Die Partei war hier schneller! So ist z.B. Tinz, das einen Begriff darstellt, zur Parteischule geworden. Um Dreißigacker wird noch gekämpft. Hier jedoch um die Räumlichkeiten. Die dort vor 1933 geübten Lehrmethoden finden keine Wiederauferstehung. Die Sachsenburg als drittes bekanntes VHS-Internat vor 1933 ist völlig ausgeräumt. Zur Errichtung dieser Heime bedarf es jedoch eines neuerlichen Befehls. Wo derartige Vorarbeiten vorliegen, sind sie schnellstens der SMA zu melden, da dort diese Gedanken noch nicht bekannt sind.

Im Augenblick ist das allgemeine Niveau der VHS als miserabel zu bezeichnen. Dies liegt nicht etwa nur an der Hörerschaft, die sich noch in abwegigen Ideologien befindet, die Dozenten sind nicht besser. Als Beispiel hierfür mag die Tatsache dienen, dass es VHS gibt, wo alle Dozenten ehemalige Pg's sind. Sondertagungen in Berlin für die bestimmten Sachgebiete sollen erste Abhilfe schaffen, als solche sind zu nennen: Geschichtslehrertagung, Sonderkurse für Naturgeschichte und Philosophie und (für uns entscheidend) über politische Ökonomie. ... Die Aufgabe der Partei besteht nun darin, alle genössischen Dozenten zusammenzufassen, um eine zielbewußte Aufklärungsarbeit und die Schaffung einer grundsätzlichen Darstellung vorzubereiten.

Im Moment steht die Frage so, dass die VHS Dozenten von der Partei braucht, weil die VHS die schwächere Institution ist. Doch gibt es auch Orte, wo es umgekehrt der Fall ist. Jede Partei hat einen Vertreter im Dozentenrat. Dies ist unbedingt durchzuführen. Auch die anderen demokratischen Organisationen FDGB, DFD, FDJ und VdgB sollen Vertreter entsenden. Die Heranbildung von Direktoren für die VHS wird gewährleistet durch besondere Lehraufträge über die Erwachsenenbildung an der Universität in Leipzig. 35 Personen sind dort zusammengefaßt, die später über Volontärtätigkeit in einer Heimschule der VHS oder als Assessoren oder Referendare und über Dozententätigkeit zu Direktoren der VHS werden sollen. Man wird sie verpflichten, jährlich einen Beitrag zur Erwachsenenbildung zu veröffentlichen. Auch für die Universität Jena ist ein solcher Lehrauftrag erteilt worden, jedoch ist an dieser Universität noch nicht ein so geeigneter Professor vorhanden, wie in Leipzig.

Bei den VHS wird von den Hörern immer stärker die Behandlung des öffentlichen Rechts verlangt. Es ist ratsam zu warten, bis das neue demokratische Recht durch die Parlamente geschaffen worden ist. Wir haben kein Interesse daran, vorzeitig die Belange der Spießer (Erbschaftsrecht, Eigentumsauseinandersetzungen usw.) zu klären und zu befriedigen. Das Hauptmotiv der VHS ist die Schaffung einer guten Allgemeinbildung. Niemals darf sich die VHS in Fachsimpeleien verlieren. Man muß auch gleichzeitig erkennen, wenn man bestimmte Lehrgebiete an andere Organisationen oder Einrichtungen abzugeben hat. Die neu geschaffene Volksbühne wird der VHS einen wesentlichen Teil ihrer jetzigen Kursarbeit abnehmen".[269]

Dieses Protokoll verdeutlicht, dass eine „neue Volkshochschule" geschaffen werden soll, und das diese *eine* Form von Volkshochschule unbedingt durch eine einheitliche Gesetzgebung, am besten auf dem Befehlsweg, zu regeln ist. Künftige föderalistische Strukturen sind zu verhindern. Den Direktor der Volkshochschule will man staatlich eingesetzt wissen, um liberale Einflüsse von Seiten der Kommunen her zu verhindern und dafür zu sorgen, dass er in seiner Position parteipolitisch, dirigistisch, administrativ wirken kann. Man orientiert sich ohnehin an der SED, die schneller als die Volkshochschule Schulungsheime aufgebaut hat. Die Landesverbände der Volkshochschulen beabsichtigen, in jedem Land ein Volkshochschulheim zu errichten, das später als Landesvolkshochschule dienen soll. Von höchster Ebene beklagt man das miserable Niveau der Volkshochschularbeit. Man führt es auf die abwegige Ideologie sowohl der Hörer als auch der Dozenten zurück, die in manchen Volkshochschulen allesamt Pg's sind. Daher wird dringend angeraten, Abhilfe zu schaffen durch Sondertagungen für alle Fachdozenten. Die Volks-

---

269 Referat Wolfgang Richter in der Zentralverwaltung Berlin über den organisatorischen Aufbau der Volkshochschulen als Protokoll vom 22.05.1947. In: Sächs. HStAD., Bestand LRS, Min. f. Volksb. 2037.

hochschule versteht sich als die schwächere Institution gemessen an der SED und forderte daher von der Partei Unterstützung in Form von Bereitstellung der Dozenten. Um schnellstmöglich alle Direktoren staatlich einzusetzen, bekommt das Institut an der Universität Leipzig den Auftrag, künftige Direktoren auszubilden. Auch die Universität Jena erhält einen Lehrauftrag zur Qualifizierung von Erwachsenenbildnern, obwohl bisher die Professorenstelle nicht besetzt ist. Inhaltlich soll sich die Volkshochschule nicht auf bestimmte Interessen ihrer Hörer einlassen, also nicht nachfrageorientiert arbeiten, sondern angebotsorientiert muss sie den Hörern vermitteln, was beispielsweise „Rechtsstaatlichkeit" in der sowjetischen Besatzungszone heißt.

Das erste Gesetz über Volkshochschulen erlässt das Land Brandenburg am 05.12.1947. Das Gesetz sieht vor, den Unterricht an Volkshochschulen auf der Grundlage der vom Minister für Volksbildung, Wissenschaft und Kunst herausgegebenen einheitlichen Lehrpläne durchzuführen. Die neue Aufgabenzuweisung geht weg von Kursen mit politischer Tendenz und hin zu Kursen mit allgemeinbildenden und beruflichen Inhalten. Von der Volkshochschule wird erwartet, „die Hörer zu aktiven Teilnehmern am demokratischen Wiederaufbau Deutschlands (zu) erziehen, über die Berufs- und Fachbildung hinaus der schulentwachsenen Bevölkerung eine gediegene wissenschaftliche, künstlerische und politische Weiterbildung und interessierten Werktätigen den Erwerb der zum Studium an einer Hochschule erforderlichen Kenntnisse ohne Unterbrechung ihrer Berufstätigkeit (zu) ermöglichen" (Landtag des Landes Brandenburg 1948, S. 271). Die Schwerpunktverlagerung von politisch informierenden Kursen ab 1947 hin zu allgemeinbildenden und beruflichen Kursen erklärt sich durch den fortschreitenden wirtschaftlichen Aufbau und den Aufbau von politischen Schulungssystemen der Parteien und Massenorganisationen in den Betrieben. Die Volkshochschule hat nicht mehr, wie anfänglich gefordert, politisch-ideologische Kurse anzubieten, da es hierfür nunmehr andere Einrichtungen gibt. In den Dokumenten der Volkshochschule Dresden finden sich Belege, in denen die geringe Beteiligung der Bevölkerung an Geschichts- und gesellschaftswissenschaftlichen Lehrgängen beklagt wird. Das alte „Bildungsbürgertum" hat ohnehin wenig Interesse an derartigen Kursen und die neue bildungsprivilegierte Klasse der Arbeiter und Bauern besucht Kurse, die ihrem beruflichen Fortkommen dienen. Die Dresdener Volkshochschule versucht zwar, durch Werbung bei den Massenorganisationen ihre Teilnehmerzahlen zu erhöhen, was aber zu keinem spürbaren Erfolg führt.

„Auf Ankündigungen in den Lehrplänen melden sich Interessenten in derart ungenügender Zahl, dass die Mindestzahl zur Durchführung dieser Kurse nicht erreicht werden konnte. Wir haben nunmehr die Anschriften einzelner Interessenten für die verschiedenen Kurse geschichts- und gesellschaftswissenschaftlicher Art gesammelt und werden zu Beginn des neuen Arbeitsjahres durch persönliche Anschreiben an diese herantreten. Wir hoffen so, an die sich dann, wie wir glauben, weitere Kreise anschließen werden."[270]

---

270 Geschäftsbericht der Volkshochschule Dresden vom 07.06.1948. Fundort: Volkshochschule Dresden.

Mit der Losung „Mehr produzieren, gerechter verteilen, besser leben" gibt der II. Parteitag der SED (20.-24.09.1947) eine Richtung vor, die der Überwindung der wirtschaftlichen Schwierigkeiten und der Verbesserung der Lebenslage der Bevölkerung dienen soll. Der Befehl Nr. 234[271] vom 09.10.1947 beinhaltet Maßnahmen zur Arbeitsproduktivitätssteigerungen und trifft Festlegungen zur Qualifizierung von Arbeitskräften. Aus diesem Befehl ergeben sich für die Volkshochschule nicht nur inhaltliche Konsequenzen. Er hat ebenso auch strukturelle und personelle Auswirkungen, denn er zieht die Ausdehnung des Netzes der Volkshochschulen nach sich.

„Im Jahr 1946 bestanden im Land Sachsen 10 VHS, im Jahr 1947 gab es 18 Volkshochschulen. Sechs Monate nach dem Inkrafttreten des Befehles Nr. 5 der SMAD werden 24 Volkshochschulen neu ins Leben gerufen. Das Netz der selbständigen Volkshochschulen ist bis 30.06.1949 auf 33 selbständige Volkshochschulen erweitert worden."[272]

Mit dem Befehl Nr. 5 der SMAD vom 13.01.1948[273] wird der Ausbau des Netzes der Volkshochschulen auf dem Lande angeordnet. Die Listen mit den neu zu eröffnenden Volkshochschulen müssen ebenfalls von der SMAD genehmigt werden. Vor allem zur Realisierung des 1948 beschlossenen „Zweijahrplans" dient die Erweiterung des Netzes der Volkshochschulen. Im Jahr 1948 gibt es in der gesamten Sowjetischen Besatzungszone bereits 106 Volkshochschulen mit 241 Außenstellen.[274]

„Während ihrer zweijährigen Tätigkeit haben sich die Volkshochschulen, die die Grundform der Einrichtungen zur Erwachsenenbildung in der SBZ darstellen, eine große Arbeit hinsichtlich der Verbreitung allgemeiner, naturwissenschaftlicher und gesellschaftspolitischer Kenntnisse unter der deutschen Bevölkerung geleistet. Die demokratische Umerziehung in Deutschland, die alle Schichten des deutschen Volkes erfaßt hat, verlangt eine Vergrößerung des VHS-Netzes, insbesondere in ländlichen Gebieten, wo der Bildung der Erwachsenen in der Vergangenheit gar keine Aufmerksamkeit geschenkt wird. Die Ministerpräsidenten der SBZ haben die Erweiterung des Netzes der Volkshochschulen in den Hauptstädten der Landkreise, in Kleinstädten und in Großbetrieben in erster Linie durch Schaffung von Außenstellen bereits bestehender und neu zu errichtender Volkshochschulen zu genehmigen. Zur Unterrichtstätigkeit an den Volkshochschulen und den Außenstellen sind nicht nur Professoren und Dozenten der Universitäten und anderer Unterrichtsanstalten, sondern auch Fachleute aus verschiedenen Zweigen des öffentlichen und Berufslebens, der Wissenschaft, Literatur und Kunst heranzuziehen. Eine Fortbildung der pädagogischen Kräfte der Volkshochschulen und ihrer Außenstellen ist durch Schaffung von Umschulungskur-

271 Befehl Nr. 234 des Obersten Chefs der SMAD über Maßnahmen zur Erhöhung der Arbeitsproduktivität und zur weiteren Verbesserung der materiellen Lage der Arbeiter und Angestellten der Industrie und des Verkehrswesens vom 09.10.1947. In: Um ein antifaschistisch-demokratisches Deutschland, S. 504-511.
272 Über die Entwicklung der sächsischen Volkshochschulen vom 17.10.1949. In: Sächs HStAD., Bestand LRS, Min. f. Volksb. 1979.
273 Befehl Nr. 5 vom 13.01.1948: Erweiterung des Volkshochschulnetzes in der SBZ In: Befehle des Obersten Chefs der Sowjetischen Militärverwaltung in Deutschland.
274 Volkshochschule und Zweijahrplan. In: Volkshochschule 12 (1948) 2, S. 367.

sen für Dozenten, und zwar in erster Linie für solche der sozialökonomischen und humanistischen Fächer, zu organisieren. Die Chefs der sowjetischen Militärverwaltung haben das Netz der neu zu eröffnenden Volkshochschulen und ihrer Außenstellen sowie die leitenden und unterrichtenden Kräfte zu überprüfen und zu bestätigen. Sie haben eine Kontrolle der Personalbesetzung und der Arbeit der Volkshochschulen und ihrer Außenstellen einzuführen."[275]

Gegenüber dem Befehl Nr. 22 lässt der Befehl Nr. 5 eine Erweiterung des Personenkreises zu, die als Dozenten in der Volkshochschule eingesetzt werden können, weil nicht genug Akademiker als Dozenten zur Verfügung stehen. Fachleute aus Wirtschaft, Verwaltung, Wissenschaft, Technik, Kunst und Kultur dürfen künftig in der Volkshochschule unterrichten. Dazu allerdings benötigen sie eine pädagogische Befähigung. Der Befehl Nr. 5 berücksichtigt bereits die personelle Situation, die der Ausbau des Netzes der Volkshochschulen mit sich bringen wird. Selbst die berufliche Qualifizierungsoffensive des „Zweijahrplans" ist konzeptionell im Befehl Nr. 5 vorbereitet. Sowohl die Außenstellen der Volkshochschulen in Betrieben als auch die neu zu errichtenden Außenstellen auf dem Lande brauchen eine Vielzahl zusätzlicher Dozenten und Direktoren, die man didaktisch-methodisch schulen muss. Auf administrativer Seite glaubt man, dass die Dozenten generell zu wenig geschult seien. Man nimmt an, dass mit methodisch geschulten Dozenten der Fluktuation der Hörer entgegengewirkt werden könne. Außerdem will man von staatlicher Seite die Dozenten von den „inhaltlich neuen" Aufgaben der Volkshochschule im Zweijahrplan „überzeugen". Die inhaltliche Schulungsarbeit entspricht eher einer politisch-ideologischen Propaganda und es geht vor allem um die Auslese und Vorbereitung des künftigen Dozentenstammes.

„Die Erfahrungen haben gezeigt, dass der Dozentenschulung zu wenig Beachtung geschenkt wird. Sie müssen laufend nicht nur wissenschaftlich, sondern auch methodisch geschult werden. Die größeren VHS des Landes haben zu diesem Zweck eigene Dozentenseminare eingerichtet (Leipzig, Dresden, Chemnitz u.a.). ... Wenn der Dozent sein Stoffgebiet vollkommen beherrscht, dieses lebensnah, das heißt, dem Bildungsgrad der Hörer angepaßt darbietet, die Stunde interessant gestaltet, dass heißt, die richtige Methode anwendet, werden die Hörer gefesselt, zur aktiven Mitarbeit angeregt und bis zum Ende des Lehrabschnittes durchhalten. Die Schulung muß in erster Linie folgende Gebiete umfassen: Allgemeine Wissenschaft, Gesellschaftswissenschaft und Naturwissenschaft."[276]

Um die Arbeitsweise aller Dozenten in den sächsischen Volkshochschulen einheitlich anleiten und kontrollieren zu können, schließen sich im Land Sachsen alle Volkshochschulen zu einer „Arbeitsgemeinschaft" zusammen. Diesen Vorschlag unterbreiten die Direktoren der sächsischen Volkshoch-

---

275 Befehl Nr. 5 vom 13.01.1948: Erweiterung des Volkshochschulnetzes in der SBZ. In: Volkshochschule 1/2 (1948) 2, S. 2.
276 Bericht des Landes Sachsen vom 13.11.1948 über die Entwicklung der Volkshochschulen im Jahr 1947/48 an die Deutsche Verwaltung für Volksbildung Berlin. In: Sächs. HStAD., Bestand LRS, Min. f. Volksb. 1986.

schulen der Landesregierung. Die Geschäftsführung wird aus Zweckmäßig-keitsgründen der Volkshochschule Dresden übertragen, deren Direktor für die Einberufung der Konferenzen und Sitzungen der Arbeitsgemeinschaft ge-meinsam mit der Landesregierung zuständig ist. Die Aufgaben dieser soge-nannten Arbeitsgemeinschaft sind die Schaffung einer fest angestellten Do-zentenschaft, die Organisierung von Erfahrungsaustauschen (organisatorisch, methodisch, didaktisch) und von Arbeitstagungen, Wochenendkursen und Volkshochschulwochen im Kreis- und Landesmaßstab.[277] Interessant ist die Bezeichnung „Arbeitsgemeinschaft", die Assoziationen herstellt zur Arbeits-weise der Volkshochschule in der Weimarer Republik. Arbeitsgemeinschaft meint hier aber nicht eine didaktische Arbeitsform von Laien und Nichtlaien, sondern steht synonym für die kollektive Zusammenarbeit einzelner Volks-hochschulleiter.

Eine andere flächendeckende, wirkungsvolle Form zur Dozentenschu-lung und damit zur Unterstützung der Dozenten verfolgt man mit der Her-ausgabe einer Volkshochschulzeitschrift, die ihren Beitrag zur „Schulung" der künftigen Dozenten leisten wird. Ab Januar 1947 erhält die Volkshoch-schule mit der Zeitschrift „Volkshochschule" ein eigenes Publikationsorgan für Volkshochschullehrer und Volkshochschulleiter. Es soll über Vorgänge im Volkshochschulwesen berichten, um allen auf diesem Gebiet Tätigen ei-nen Überblick über die Arbeit zu geben. Zugleich soll es der Selbstbildung der Dozenten dienen, indem Fragen aufgeworfen und Untersuchungen an-stellt werden, die auf den „besonderen Charakter des Volkshochschulunter-richts" hinweisen.[278]

> „Dass eine solche Zeitschrift notwendig ist, erweist sich fast von selbst. ... Das ge-genwärtige Stadium unseres Aufbaus zwingt uns im verstärkten Maße zu einer voll-kommen neuen Ausrichtung."[279]

Die Herausgabe einer Volkshochschulzeitschrift für die SBZ/DDR ist unter den Aspekten „Vereinheitlichung", „Zentralisierung", „Verstaatlichung" und „Verschulung" der Volkshochschularbeit zu sehen. Dieses Publikationsorgan, das in Vorbereitung auf die „Qualifizierungsoffensive" erscheint, soll „die Volkshochschule vor Zweifelsfragen an Gehalt und Umfang ihrer Wirkungs-form (vor Kritikern) schützen."[280] Während der zurückliegenden Jahre gibt es immer wieder Kritik an den Verstaatlichungs- und Zertifizierungsabsichten der Volkshochschule. Die Akteure, die an den Weimarer Traditionen festhalten wollen, protestieren gegen die neuen Tendenzen (vgl. Siebert 1970, S. 27). Weil die Zeitschrift nur vier Jahre lang erscheint, ist es naheliegend zu vermuten, dass nach dieser Zeit die „Weimarer Akteure" durch neue Akteure für die „neuen Aufgaben der Volkshochschule" ersetzt werden konnten. In-

---

277 Arbeitstagung der Direktoren der sächsischen Volkshochschulen vom 22.10.1948. In: Sächs. HStAD., Bestand LRS, Min. f. Volksb. 1979
278 Vorwort der Redaktion. In: Volkshochschule 1 (1947) 1, S. 2
279 Ebenda 1947, S. 2
280 Ebenda 1947, S. 2

wiefern noch Spielräume bestehen, ist fraglich. Nach dem Erscheinen des Heftes 12/1950 wird die Zeitschrift „Volkshochschule" eingestellt. Ihre Stelle übernimmt fortan das ministerielle Verkündungsblatt „Verfügungen und Mitteilungen".

Über den Sinn und Zweck der Volkshochschule gibt es bis zum Beginn der „zentralistischen Planwirtschaft" im Jahr 1948 noch eine Vielzahl unterschiedlicher Meinungen. Offensichtlich arbeitet sie einigen Vertretern nicht zweckgerichtet genug und zu laienhaft. Anzunehmen ist, dass den Verantwortlichen das Reglement zu lasch und zu ziellos erscheint. Daher greift der Vizepräsident Marquart auf der Volkshochschultagung in der sowjetischen Besatzungszone vom 20.-22.04.1948 das Thema auf und referierte dazu:

> „Ist sie eine Schule oder eine Art Feiertagsveranstaltung? In den Vordergrund rückt zunächst die Zweckbildung mit der Richtung auf einen bestimmten Erfolg, der Sinn der Allgemeinbildung ging darüber verloren. Die Volkshochschule war zu professionell. Kommt es uns auf Spezialbildung an oder auf Allgemeinbildung? Von unseren Hörern werden Fragen gestellt, die sie mit wissenschaftlicher Klarheit und Gewissenhaftigkeit beantwortet haben wollen. Und mit der Entwicklung der modernen Naturwissenschaft werden diese Fragen immer dringlicher. Bei ihrer Beantwortung dürfen wir niemals aus dem Auge verlieren, dass wir als unsere Hauptaufgabe erkennen müssen, die Verbindung von Arbeit und Wissenschaft."[281]

Dass aus der Volkshochschule eine „Schule" und nicht „eine Art Feiertagsveranstaltung" wird, dafür sorgt die dritte Volkshochschuldirektorenkonferenz (17.-19.11.1948), die sich ausschließlich um das Thema „Volkshochschule und Zweijahrplan" dreht. Diese dritte Volkshochschuldirektorenkonferenz bezeichnet Horst Siebert als „ein entscheidendes Ereignis in der Entwicklung der deutschen Erwachsenenbildung" (Siebert 1970, S. 38). Nach dieser Konferenz erfolgen gravierende Veränderungen. Mit Hilfe der Volkshochschule soll, wie bereits gesagt, eine neue politische und technische Führungsschicht herausgebildet werden, d.h., die Bildungsprivilegien des früheren Bürgertums müssen in die Hände der Arbeiter- und Bauernschaft übergehen. Deshalb muss die Volkshochschule die Berechtigung erhalten, für ihre Lehrgangsabschlüsse auch Zeugnisse und Zertifikate vergeben zu dürfen. Die Zertifizierung setzt jedoch ein einheitliches, zu bewertendes Lehrprogramm voraus. Gerade diese zwei Kriterien, die allein der Umschichtung der Bildungsprivilegien zuträglich sind, hat man zunächst auf der 3. Direktorenkonferenz nicht bedacht und nicht in das neu verfasste Volkshochschulstatut aufgenommen. Bei den zwei Prinzipien aus der Weimarer Volkshochschultradition handelt es sich um das Recht der freien Lehrfachwahl durch den Hörer und den Verzicht der Volkshochschule auf die Erteilung von Zeugnissen (ebenda, S. 38).

Die DDR-Bildungshistoriker Günther/Uhlig bewerten die Beibehaltung der zwei Prinzipien der Weimarer freien Volksbildung als „aufgabenerschwe-

---

281 Niederschrift ohne Datum über die Tagung der Volkshochschulen in der sowjetischen Besatzungszone Deutschlands in Berlin vom 20.-22.04.1948. In: Sächs. HStAD., Bestand LRS, Min. f. Volksb. 1986.

rend", weil durch sie der Volkshochschule der „Charakter einer Schule" abgesprochen wird. Da über die Grundfragen der Erwachsenenqualifizierung, wie es Günther/Uhlig nennen, keine Klarheit besteht, verzögert sich die Realisierung des Beschlusses der dritten Volkshochschuldirektorenkonferenz (vgl. Günther/Uhlig ca. 1962, S. 125). Nach eingehender Diskussion beschließt man die „Stärkung des schulischen Charakters der Volkshochschule" und schreibt sie im „Arbeitsplan der Volkshochschulen der sowjetischen Besatzungszone Deutschlands von 1948-1950"[282] fest. Damit sind die beiden Prinzipien aus der Weimarer Zeit außer Kraft gesetzt und der Weg zur Realisierung der neuen Bildungsprivilegien für die Arbeiterschaft und Bauern ist frei. Die Einheit von politischer und fachlicher Bildung, die bereits im Zweijahrplan verankert ist, kann von der Volkshochschule nur dann verwirklicht werden, wenn sie auch ein „Recht der Zeugniserteilung" erhält und dadurch „Einfluß auf die Studienpläne" ihrer Hörer nehmen kann.[283] Um die notwendig gewordenen staatlichen Zeugnisse erteilen zu können, hat man die Volkshochschule zu einer staatlichen Institution umfunktioniert. Die Rahmenlehrpläne werden generell eingeführt und ihre Beachtung wird zur Pflicht gemacht. Das Lehrpersonal wird einer noch sorgfältigeren Auswahl und der Bestätigung der Landesregierung unterworfen. Die Unterhaltsfrage der Direktoren und DozentInnen ist im Großen und Ganzen geregelt. Die dritte Volkshochschuldirektorenkonferenz verdeutlicht, dass in der Sowjetischen Besatzungszone die Reform der Gesellschaftsstruktur durch Maßnahmen der Erwachsenenbildung beschleunigt werden sollen. Damit ist auch der Grundsatz der Weimarer Volkshochschulidee gebrochen, dass die Volkshochschule jedermann zugänglich zu sein hat.

> „Als Kursteilnehmer kommen nur nicht schulpflichtige Personen in Frage, die nach ihrer sozialen Herkunft und ihrer politischen und charakterlichen Bewährung eine besondere Förderung rechtfertigen".[284]

Victor Klemperer, kurzzeitig Direktor der Volkshochschule Dresden, äußert 1947 öffentlich als Einziger Kritik an der Umfunktionierung der Volkshochschule zu einer „Berechtigungsschule". Klemperer erkennt die neue gesellschaftliche und politische Funktion der Volkshochschule durchaus an, wendet sich jedoch gegen die Verschulung und die Berufsorientierung dieser Einrichtung. Klemperers Prioritätenliste der Bildungsinhalte basiert eindeutig auf neuhumanistischen Prinzipien.

> „Politik und volkswirtschaft bilden die eine, naturwissenschaft und technik eine zweite gruppe ... Anders dagegen steht es um die dritte gruppe, aus der ich das eigentliche zentrum der vhs gebildet wissen möchte, um die reine geisteswissenschaft ... Die beschäftigung mit dem vollkommen unpraktischen, dem rein geistigen hatte etwas

---

282 Arbeitsplan der Volkshochschulen der sowjetischen Besatzungszone Deutschlands von 1948-1950. In: Volkshochschule 12 (1948) 2, S. 388.
283 Volkshochschule und Zweijahrplan. In: Volkshochschule 12 (1948) 2, S. 386.
284 Abendoberschule in der Volkshochschule. In: Volkshochschule 12 (1948) 2, S. 394.

nachhaltig ausweitendes, befreiendes, erhellendes an sich. Warum sollte das dem arbeiter vorenthalten bleiben?" (Klemperer 1947, S. 22).

Wie sehr Victor Klemperer sich den Prinzipien der Weimarer Volksbildung verpflichtet fühlt, geht weiter aus seiner Ablehnung von Volkshochschulzertifikaten hervor. Vor dieser bildungstheoretischen Position kritisiert Klemperer die geplante Umstrukturierung der Volkshochschule nach dem Vorbild der sowjetischen Abendschule und will das Abendgymnasium scharf von der Volkshochschule getrennt wissen (vgl. Siebert 1970, S. 29).

„Die vhs sieht gerade ihre ehre darin, niemanden durch verleihung von titeln oder unmittelbar praktisch auswertbaren berechtigungen anzulocken, sie bietet nichts als bildung schlechthin, und wer zu ihr kommt, hat für seine bemühung keinen anderen lohn zu erwarten als inneres wachstum" (Klemperer 1947, S. 16).

Nachdem das Netz der Volkshochschulen erweitert, die Zeugniserteilung durchgesetzt und Rahmenlehrpläne eingeführt worden sind, werden mit Beginn des Zweijahrplans 1949 der Volkshochschule neue Aufgaben auferlegt. Das kulturelle Programm reduziert man auf ein Minimum, weil die Volkshochschule jetzt „gesellschaftswissenschaftliche, naturwissenschaftliche und technische Themen" zu behandeln hat, die mindestens 80 Prozent des gesamten Unterrichtsplanes bestreiten müssen.[285] Außerdem wird die Vortragstätigkeit eingeschränkt und die Lehrgangsform dominiert als Methode.[286] In den Jahren 1948 bis 1950 hat die Volkshochschule ihren bildungspolitisch höchsten Stellenwert, da sie berufliche Fachkurse durchzuführen hat, die dem FDGB unterstellt sind.[287] Die Volkshochschule erhält aktiven Anteil bei der Erfüllung der Volkswirtschaftspläne. Die volkseigene Wirtschaft benötigt Zehntausende qualifizierte Facharbeiter, die zu „schulen" sind. Diese Aufgabe wird der Volkshochschule übertragen, weil es dafür keine andere adäquate Institution gibt. Dass dieser Auftrag sie völlig zu überlasten droht und dem traditionellen Volkshochschulgedanken völlig konträr ist, zeigt eine Äußerung von Friedrich Bernt:

„400000 Nachwuchskräfte werden im Zweijahrplan gefordert. Die Volkshochschulen haben insgesamt vielleicht 250000 Hörer. Sie funktionieren jetzt am besten."[288]

Hier zeigt sich die Diskrepanz zwischen den Forderungen des ersten „Volkswirtschaftsplans" und dem Auftrag der Volkshochschule, wie ihn alte Volksbildner aus der Weimarer Zeit sehen. Nicht nur Victor Klemperer, sondern weitere Akteure der Weimarer Volksbildung wenden sich mehr oder weniger

---

285 Maßnahmen zur Durchführung der kulturellen Aufgaben im Rahmen des Zweijahrplans. In: Dokumente der SED, Bd. II. Berlin 1950, S. 189.
286 Arbeitsplan der Volkshochschulen der sowjetischen Besatzungszone Deutschlands für 1948-1950. Kurzfassung. In: Volkshochschule 12 (1948) 2, S. 389.
287 Arbeitsplan der Volkshochschulen der sowjetischen Besatzungszone Deutschland für 1948-1950. In: Volkshochschule 8 (1948) 2, S. 225.
288 Direktor Bernt in einer Dozentensitzung am 28.11.1948. In: Stadtarchiv Jena, Bestand VHS, Sign. Xa 1; Bl. 16.

öffentlich, auf jeden Fall ohne Erfolg, gegen die Entwicklung des Schulgedankens. Die Vermutung liegt nahe, dass die dritte Volkshochschuldirektorenkonferenz sich von denjenigen Akteuren trennen will, die an der Weimarer Volkshochschulidee festhalten – wie beispielsweise Friedrich Bernt –, denn mit ihrem historischen Wissen sind sie für die „neuen Aufgaben der Volkshochschule" nicht zu begeistern.

Friedrich Bernt, einer der beiden Überlebenden des Kreisauer Kreises um Helmut von Moltke, stammt aus Jena und ist seit 1930 wohnhaft in Berlin. Im Jahr 1945 kehrt er nach Jena zurück und wird auf Grund seiner Bekanntheit als Referent für Erwachsenenbildung im Bildungsamt Jena eingesetzt. Am 03.11.1946 initiiert er eine Gedenkfeier für seinen engen Freund Adolf Reichwein. Er will an die Traditionen des Weimarer Geistes anknüpfen. Sein Verdienst ist es, binnen dreier Jahre ein Volkshochschulwesen im Landkreis Jena mit 14 Außenstellen aufgebaut zu haben. Im Jahre 1950 wird Friedrich Bernt fristlos entlassen, weil er als „Verdienter Antifaschist" glaubt, eine eigene Meinung vertreten zu dürfen.[289] Seine Diskreditierung ist sogar aktenkundig. Beispielsweise dokumentiert er die Fluktuation von TeilnehmerInnen, weil die offizielle Volkshochschul-Statistik nur die „Beginner" und nicht die tatsächlichen „Abschließer" ausweist. Bernt führt eine zweite, inoffizielle Statistik an der Volkshochschule Jena, die ihm zum Verhängnis wird. Da die „Thüringer" und die VHS Jena für ihre aus der Weimarer Zeit herrührende Unabhängigkeit berüchtigt sind, wirft man Bernt neuerliche Alleingänge vor und unterstellt ihm, dass er bei einem erneuten „Regiewechsel" in der Lage wäre, aus dem Stand heraus auch in der Volkshochschule Jena einen Wechsel vornehmen zu können.

„Jena sei bekannt für seine Bildungsidee. Damit seien aber Gefahren verbunden. Wörtlich wird gesagt, die VHS Jena sei durchaus in der Lage, bei einem etwaigen Regiewechsel mit Mann und Maus einen solchen Wechsel mit vornehmen zu können. Auf Bitten berichtete Direktor Bernt genauer: ‚Die übliche Statistik gibt kein richtiges Bild. Es geht nicht daraus hervor, wie weit die Arbeit intensiv betrieben wird, d.h. wie lange der einzelne Hörer dem Kurs treu bleibt. Deshalb wird eine eigene Statistik zugelegt, die diese Aufschlüsse gibt.' Am nächsten Tag wurden die Äußerungen Direktor Bernts Wort für Wort ins Gegenteil verkehrt. Die Verkennung der Statistik beruhe auf Böswilligkeit. ‚Die Hörer nebst dem Direktor würden eines Tages vielleicht herumschwenken wie im tausendjährigen Reich'. Direktor Bernt antwortete nur, dass die zweite Statistik öffentlich ausliegt und sogar eine zusätzliche Arbeit bedeutet. Im übrigen bestehe kein Anlass, auf den gedankliche Spaziergang Dr. Schallers (der diese Äußerung getan hatte) weiter einzugehen. Man sieht, welche entscheidenden Veränderungen möglich sind, wenn wir nicht den alten, guten Bildungsgedanken im modernen Stil abwandeln."[290]

---

289 Gespräch mit Kurt Meinel im Sommer 1993. Siehe auch: Meinel, K. 1993, S. 111-115.
290 Sitzung der Dozenten am 28.11.1948. In: Stadtarchiv Jena, Bestand VHS, Sign. Xa 1; Bl. 16.

Andere Möglichkeiten eröffnen sich Akteuren der Weimarer Volksbildung, die den „neuen Ideen" zugewandt gegenüber stehen. So wird z.B. Dr. Herbert Schaller am 09.12.1948 als neuer Leiter des Instituts für Erwachsenenbildung in Leipzig zu einer Besprechung im Ministerium für Volksbildung bei Frau Dr. Dyck empfangen. In dem Gespräch geht es um die Aufgliederung von Stundenzahlen und Kursen innerhalb der Rahmenlehrpläne und solcher Fächer, die in Zukunft an den „Volkshochschulen im Zusammenhang mit dem Zweijahrplan" zu lehren sind. Dr. Schaller ist derjenige, der die politisch-ideologische Durchdringung der Lehrpläne für Studierende am Institut für Erwachsenenbildung vorantreibt und „brauchbare" Vorschläge für die neuen Fächerkombinationen entsprechend dem „Zweijahrplan" vorlegt. Er wird gebeten, eine „Verbindung von Fächern und Fachgruppen aufzustellen, die sich vom Standpunkt der Studierenden aus am besten eignen, miteinander gekoppelt zu werden",[291] wie beispielsweise historischer und dialektischer Materialismus mit Chemie, Physik und Darwinismus.[292] Weiterhin kommt zur Sprache, dass die Fächer „Historischer und dialektischer Materialismus" und „Politische Ökonomie" am Institut für Erwachsenenbildung gelehrt werden sollen. Der Leiter des Institut für Erwachsenenbildung an der Universität Leipzig, Dr. Herbert Schaller, ist eine „schillernde Figur", die von der dritten Volkshochschuldirektorenkonferenz gewählt wird.

> „Weiterhin muß das Institut für Erwachsenenbildung, das seit dem Tode von Dr. Schulze verwaist war, und jetzt einen neuen Leiter mit Dr. Schaller bekommen hat, neben seinen sonstigen Aufgaben, ... in erster Linie um die Dozentenausbildung bemühen, um deren wissenschaftliche, vor allem unterrichtliche und methodische Grundlagen einmal zu sichten und zu sichern. ... Es sei erwähnt, dass wir Kurs nehmen müssen auf die Anstellung hauptamtlicher Dozenten vor allem in den kleineren Volkshochschulen in den ländlichen Gebieten und darauf, die Stelle des Direktors der Volkshochschule *hauptamtlich* zu besetzen" (Richter 1948, S. 374).

Schallers Vorgänger, der erste Leiter des Institutes für Erwachsenenbildung an der Universität Leipzig, war Dr. Georg Schulze[293], der am 22.02.1948 in Bürgel (Thüringen) unerwartet verstarb. In Zeitzeugengesprächen ist von einer unnatürlichen Todesursache die Rede. Im Sommer 1947 begann er voller Enthusiasmus als Suchender und Abwägender mit dem Aufbau eines Erwachsenenbildungsinstitutes in Leipzig:

---

291 Schreiben vom 01.12.1948 betreffs Vorarbeiten zur Errichtung eines Institutes für Erwachsenenbildung an der Universität Leipzig. In: Sächs. HStAD., Bestand LRS, Min. f. Volksb. 1912.

292 Ebenda. In: Sächs. HStAD., Bestand LRS, Min. f. Volksb. 1912.

293 Georg Schulze war Mitarbeiter von Paul Hermberg, dem damaligen Leiter des Leipziger Volksbildungsamtes. Er kam 1927 zur Erwachsenenbildung, deren theoretischer Begründung und praktischer Gestaltung von dieser Zeit an seine Lebensarbeit galt. Georg Schulze war Mitherausgeber der Zeitschrift „Volkshochschule", Referatsleiter der Deutschen Verwaltung für Volksbildung und Direktor des Instituts für Erwachsenenbildung an der Universität Leipzig. In: Volkshochschule 1 (1948) 2, S. 1.

„Ein Institut für Erwachsenenbildung hat die wissenschaftliche Grundlegung der Erwachsenenbildung vorzunehmen und die Kräfte auszubilden, die dann als Lehrer und Leiter der speziellen Institutionen in der Erwachsenenbildung tätig sind. ... Die wissenschaftliche Grundlegung der Erwachsenenbildung ist eine umfangreiche und auch schwere Aufgabe. Sie muß zuerst entscheiden, welche Stellung ihr im Aufbau der öffentliche Bildungseinrichtungen zukommt, sie muß sich klar werden, welche Personenkreise sie in aller erster Linie ansprechen und welchen sie dienen soll, sie muß die Voraussetzungen genau untersuchen, unter denen diese Kreise in die Erwachsenenbildung eintreten und muß aus diesen Voraussetzungen zu einem eindeutigen, klar bestimmbaren und widerspruchsfreien Bildungsaufbau gelangen" (Schulze 1947, S. 186).

Die Äußerungen von Georg Schulze verweisen darauf, dass es für eine theoretische Grundlegung der Erwachsenenbildung der sowjetischen Besatzungszone noch keinerlei Konzepte gibt. Ebenso ungeklärt ist die Stellung der Erwachsenenbildung im Gesellschaftssystem (vgl. Siebert 1970, S. 148ff.). Selbst die Stellung der Volkshochschule klärt sich in den nächsten Jahren nicht, was an den künftigen Strukturentscheidungen zu sehen ist. Gegenwärtig hat die Institution „Volkshochschule" vor allem berufliche Qualifizierungsmaßnahmen durchzuführen, und strategisch wird sie auf die Durchführung staatlicher Schulabschlüsse vorbereitet, worin die Abkehr vom Bildungsauftrag dieser traditionellen Bildungseinrichtung liegt. Dem steht entgegen, dass in der sowjetischen Besatzungszone für die Volkshochschule kein Bildungsauftrag im Sinne von Weimar formuliert worden ist. Man kann die Institution Volkshochschule bereits 1946 als „flexibel arbeitendes Hilfssystem"[294] bezeichnen, weil sie auf Grund ihrer unabhängigen institutionellen Eigendynamik Bildungsinitiativen aufgreift, durchführt und transformiert. Die Volkshochschule ist eine „Mutterinstitution"[295], die ein Weiterbildungssystem geboren hat. Der erste Institutionalisierungsprozess dazu erfolgt mit der Errichtung von Außenstellen der Volkshochschule in den Betrieben, um vor Ort fachliche und berufliche Qualifizierung im großen Maße betreiben zu können. Indem die Volkshochschule in die Betriebe geht und sich der fachlich-beruflichen Qualifizierung annimmt, also in den Betrieben Außenstellen gründet, institutionalisiert sie neben der allgemeinen Weiterbildung die berufliche Weiterbildung außerhalb ihrer eigenen Institution.

Zusammenfassung

Nach Kriegsende besteht die Aufgabe der Volkshochschule der SBZ in der Aufklärung über den Nationalsozialismus, in der Erziehung des deutschen Volkes zur Demokratie und in der Heranbildung neuen Nachwuchses für den wirtschaftlichen, politischen und kulturellen Wiederaufbau Deutschlands.

---

294 Gieseke, W.: Antrag zum DFG-Projekt „Erwachsenenbildung in gesellschaftlichen Umbrüchen. Pilotstudie zur Volkshochschule Dresden 1945-1995", Berlin 1994.
295 Die Begriffsbildung geht auf Wiltrud Gieseke zurück.

Diese anfängliche Thematik hatte betont politische Tendenz. Die allgemeinbildenden Fächer (Deutsch, Mathematik, Physik, Chemie, Biologie u.a.) und
die Fertigkeiten (vorwiegend Stenographie, Maschinenschreiben, Buchführung) nahmen einen geringen Raum ein (vgl. Emmerling 1958, S. 81). In den
Jahren nach 1946 verringerten sich die Teilnehmerzahlen in den Volkshochschulen der SBZ erheblich. Das Bürgertum betrachtete die Volkshochschule
nicht mehr als „seine" Bildungseinrichtung und die Arbeiter machten von
dem Veranstaltungsangebot nicht hinreichend Gebrauch. Dieser Rückwärts-
entwicklung in den Teilnehmerzahlen wird entgegengewirkt durch Maßnahmen wie die Errichtung von Außenstellen in Großbetrieben auf Dörfern und
in Städten. In den Jahren 1947/1948 verstärkte sich dann, im Unterschied zu
den vorangegangenen Aufgaben von „Aufklärung" und Erziehung, die Ent-
wicklungstendenz zur Allgemeinbildung, zur Kunst, zur Entwicklung von
Fertigkeiten und zu den ersten Anfängen fachlicher Qualifizierung. Die
Volkshochschule war ab 1948 vorrangig für die Allgemeinbildung und die
fachliche Qualifizierung in den Betrieben zuständig. Formal betrachtet, löste
sich die SBZ von Traditionen der Volkshochschule der Weimarer Republik,
denen sie sich mit dem Befehl Nr. 22 bildungspolitisch ohnehin nicht verpflichtet fühlte, und trennte sich von den Akteuren, die an den Weimarer
Traditionen festhalten wollten. Die in den Nachkriegsjahren aufkommenden
Bildungsinitiativen erforderten zwangsläufig neue Institutionen und Organisationsformen, die zunächst von der Volkshochschule als „Mutterinstitution"
aufgenommen wurden. Nachdem diese Bildungsinitiativen in der Volkshochschule verortet sind, fand eine Transformation in die Außenstellen der Betriebe und in die Betriebsvolkshochschulen statt. Dieser Institutionalisierungsprozess ist als Beginn der beruflichen Erwachsenenbildung (des staatlichen Weiterbildungssystems der späteren DDR) außerhalb der Institution
Volkshochschule in der sowjetischen Besatzungszone anzusehen. Bis zur
völligen Selbstständigkeit der neuen Institution „Betriebsvolkshochschule"
blieb die Volkshochschule allein zuständig für die berufliche Qualifizierung.

4.2. Die Volkshochschule und der Beginn der Arbeiter-
und Bauernmacht
Zweijahrplan (1949-1950)

Nach der Sequestrierung großer Teile der Industrie beginnt die langfristige
zentrale Wirtschaftsplanung mit dem „Zweijahrplan" für die Jahre 1949/50,
der am 29./30.06.1948 auf einer Tagung des Parteivorstandes der SED verabschiedet wird. Vor allem geht es um die Steigerung der Produktion gegenüber
1947 um 35 Prozent und die Steigerung der Arbeitsproduktivität im Vergleich zu 1947 um mindestens 30 Prozent.[296] Neben den Produktionskennzif-

---

296 Der Zweijahrplan für 1949/1950. In: Dokumente der SED, Bd. II. Berlin 1950, S. 54ff.

fern weist der Zweijahrplan Qualifizierungskennziffern aus, was besonders für die Volkshochschule interessant ist. Das ist der Beginn einer breit angelegten beruflichen Qualifizierungsoffensive.

„Um die Steigerung der Arbeitsproduktivität anzuregen und zu erreichen, ist das Netz von Schulen und Kursen für die Berufsausbildung von Facharbeitern für Industrie und Transport bereits im Jahre 1948 zu erweitern, um 350000 Personen (gegen 300000 im Jahre 1947) auszubilden. In den Jahren 1949/50 ist eine Erweiterung der Ausbildung des Nachwuchses der Industrie, Transport und anderer Zweige der Volkswirtschaft dringend nötig. Die Heranbildung von Fachkräften ist entsprechend den Bedürfnissen der einzelnen Wirtschaftszweige zu planen, die sich aus dem Zweijahrplan ergeben. Hieraus folgt, dass der organisatorische Aufbau, die Struktur sowie Lehrplangestaltung aller Fach- und Wirtschaftsschulen von der DWK und den Länderministerien koordiniert gelenkt werden müssen. Der gewachsene Bedarf an leitenden technischen und wirtschaftlichen Fachkräften ist durch planmäßig gesteigerte Ausbildung von geeigneten Arbeitern zu decken."[297]

Im Rahmen dieser beruflich qualifizierenden Schwerpunktbildung hat beispielsweise die Volkshochschule Dresden unverzüglich 73 kulturelle Kurse gestrichen, darunter einen Kurs „Geschichte der griechischen Kunst", worüber sich der betreffende Dozent beim Ministerium für Volksbildung beschwert und dieses generelles Vorgehen anzweifelt. Er zieht einen karikierenden Vergleich zwischen den neuen Volkshochschulaufgaben und Investitionsschwerpunkten der Industrie. In der Industrie würde man trotz Schwerpunktbildung nicht massenhaft Fabriken stilllegen,[298] das heißt für die Volkshochschule übersetzt, dass man kulturelle Kurse nicht streichen darf.

„Die Vorträge und Kurse an den Volkshochschulen, die gesellschaftswissenschaftliche, naturwissenschaftliche und technische Themen behandeln, müssen mindestens 80% des gesamten Unterrichtsplanes bestreiten. Im Jahr 1949 sind 47 und im Jahr 1950 30 neue Volkshochschulen einzurichten. Die Zahl der Lehrgänge in den Betriebsvolkshochschulen ist zu erweitern. Ende 1949 müssen 1.500, Ende 1950 2.000 Lehrgänge an Betriebsvolkshochschulen durchgeführt werden. Die Volkshochschulen müssen neben ihren bisherigen Aufgaben besondere Kurse und Lehrgänge einrichten, um erwachsene Werktätige auf das Studium an einer Universität oder Technischen Hochschule vorzubereiten".[299]

Mit dem Zweijahrplan befasst sich die 1. Parteikonferenz der SED besonders intensiv (25.-28.01.1949), soll doch durch Maßnahmen zur Verbreitung von agronomischem, politischem und allgemeinem kulturellen Wissen die „Aufklärungs- und Kulturarbeit" unter der bäuerlichen Bevölkerung verstärkt werden. Die Volkshochschulen sind aufgefordert, ihre Tätigkeit entsprechend den Aufgaben des Zweijahrplans umzustellen. Da der Volkswirtschaftsplan die Aufgaben der Volkshochschularbeit für die nächsten zwei Jahre festlegt,

---

297 Ebenda, S. 63.
298 Brief von Dr. W. Hahn an Herrn Heyde im Ministerium für Volksbildung vom 07.04.1951. In: Sächs. HStAD., Bestand LRS, Min. f. Volksb. 1996.
299 Maßnahmen zur Durchführung der kulturellen Aufgaben im Rahmen des Zweijahrplans. In: Dokumente der SED. Bd. II. Berlin 1950, S. 189.

sind in diesen volkswirtschaftlichen Prozess von Beginn an alle Volkshochschulen einbezogen.

> „Die Volkshochschulen haben ihre Tätigkeit entsprechend den Aufgaben des Zweijahrplans umzustellen. ... Die Volkshochschulen müssen neben ihren bisherigen Aufgaben besonders Kurse und Lehrgänge einrichten, um erwachsene Werktätige auf das Studium an einer Universität oder Technischen Hochschule vorzubereiten. In der Arbeit der Erziehungseinrichtungen stehen die Probleme des Zweijahrplans und seiner Erfüllung im Vordergrund Die Aufgabe aller Erziehung war die Vorbereitung der Jugend auf ihre spätere Tätigkeit in einem sozialistischen Staatswesen und in einer von Frieden und Wohlstand geleiteten Produktion."[300]

So beginnt 1949 für die Volkshochschule ein neuer Entwicklungsabschnitt, der vom „zentralen Arbeitsplan der Volkshochschulen" geprägt ist und auf den sogenannten wirtschaftlichen „Zweijahrplan" fokussiert. Die Volkshochschule wird beauftragt, verstärkt fachliche Kurse für fast alle Berufsgruppen durchzuführen. Die inhaltlichen Konzeption dieser fachlichen Kurse setzt vor allem auf die Vermittlung von allgemeinen theoretischen Grundlagen, die man mit theoretischen Berufsschulunterricht vergleichen kann.

> „Der Arbeit der Volkshochschulen kommt dabei (bei der Erfüllung des Zweijahrplans K.O.) eine große Bedeutung zu. Sie haben durch politische und wissenschaftliche Lehrgänge in der Bevölkerung die ideologische Basis für die Verwirklichung des Zweijahrplans zu verbessern und zu befestigen; die *allgemeinen* theoretischen Grundlagen praktischer Berufsausübung den Schichten zu vermitteln, die bei der Durchführung des Zweijahrplans in vorderster Linie stehen, und also die besten Arbeiter, Ingenieure, Techniker, Angestellte und Bauern zur Entfaltung der Produktion und Findung neuer Rohstoffe zu befähigen; Kurse für Berufstätige, vor allem aus der Arbeiter und werktätigen Bauernschaft, zur Erlangung der Hochschulreife durchzuführen. ... Die Durchführung von Fachkursen zur Vermittlung *spezieller* Berufskenntnisse ist Aufgabe des FDGB und anderer Institutionen und Organisationen. Im Auftrag des FDGB und anderer Institutionen und Organisationen kann die Volkshochschule dort derartige Kurse übernehmen, wo andere Möglichkeiten nicht bestehen".[301]

In erster Linie sind es die Volkshochschuldozenten, die in den Jahren 1949/50 mit der Umsetzung des Zweijahrplans konfrontiert sind. Unter der Hand bekommt die Volkshochschule den Status einer Erziehungseinrichtung zugewiesen. Der „Zweijahrplan" postuliert einen Erziehungsauftrag und stellt Überlegungen an, welchen Beitrag die Volkshochschule zur Heranbildung einer der neuen Intelligenz beizutragen hat. Den „Zweijahrplan" betrachtet man als eine Art Pendant zum Marschallplan. Von der DDR-Führung wird der „Zweijahrplan" jedoch als „Plan der nationalen Selbsthilfe" bezeichnet, nach dem man die Volkswirtschaft entwickeln will, um so zu einem höheren Lebensstandard für die gesamte Bevölkerung zu gelangen.

---

300 Maßnahmen zur Durchführung der kulturellen Aufgaben im Rahmen des Zweijahrplans. In: Dokumente der SED. Bd. II. Berlin 1950, S. 189.
301 Arbeitsplan der Volkshochschulen der SBZ Deutschland für 1948-1950. In: Volkshochschule 8 (1948) 2, S. 225ff.

„Er wird zu einem politischen Plan und setzt andere Menschen voraus. Sie werden durch den Plan erzogen. Der Plan wird damit zu einem beachtlichen Erziehungsfaktor, trägt also sehr hohe ethische Werte in sich. Wir haben heute zu untersuchen, wie die Volkshochschule sich in den Dienst des Zweijahrplans stellen kann. Alle sind wir uns darüber im klaren, dass wir, soll der Plan gelingen, die Menschen umformen müssen. Sie müssen zur Bewußtheit erzogen werden, zu bewußten politischen Menschen, entsprechend dem politischen Wandel, der bei uns vor sich gegangen ist". ... „Noch eine besondere Aufgabe ist uns gestellt: Erziehung einer neuen Intelligenz, die hervorgegangen ist aus den Arbeitern und werktätigen Bauern, die ganz besonders geeignet ist, uns zu helfen, eine grundlegende politische, gesellschaftliche, wirtschaftliche und kulturelle Umgestaltung Deutschland herbeizuführen."[302]

Nachdem der bildungspolitische Auftrag für die Volkshochschule feststeht, ein Erziehungsauftrag formuliert ist, die Rahmenlehrpläne (Curricula) vorliegen, rücken nun die VolkshochschuldozentInnen in den Blick, die auszubilden bzw. den neuen Aufgaben entsprechend zu schulen sind. Hierfür werden neue Einrichtungen gebraucht. Die Schaffung einer entsprechenden zentralen Institution bringt einige Wirren mit sich. Aus dem Schriftverkehr des Ministeriums des Landes Sachsen ist zu schlussfolgern, dass zunächst – ehe später das Erwachsenenbildungsinstitut an der Universität Leipzig eingerichtet wird – die Stadt Leipzig mit der dazugehörigen Volkshochschule ausgewählt wird, um dort zentral die Erwachsenenbildung der Sowjetischen Besatzungszone zu etablieren. Dazu wird für die Ausbildung von Volkshochschuldozenten im Januar 1949 in Leipzig eine Heimvolkshochschule eingerichtet.[303] Weitere Aufgaben, die man in diesem Zusammenhang mit der Volkshochschule Leipzig diskutiert, sind ein Meinungsaustausch zur Monatszeitschrift für Hörer der Volkshochschulen der gesamten sowjetischen Zone, die Errichtung von 10 bis 15 neuen Außenstellen im Landkreis Leipzig, einer Volkssternwarte und einer Musikschule in der Stadt Leipzig. Das bedeutsamste Projekt allerdings ist der Erwerb und die Einrichtung eines Hauses der Volkshochschule, das sukzessive als Mittelpunkt der Erwachsenenbildung Leipzigs (im gewissen Sinne auch der gesamten sowjetischen Zone) eingerichtet werden soll.[304]

„Die erste Heimvolkshochschule soll im ehemaligen „Haus der Arbeit" (einer Heimvolkshochschule vor 1933) eröffnet werden. Im Jahr sollen 5-6 Lehrgänge stattfinden. Jeder Lehrgang dauert 2 Monate und erfaßt bis 30 Schüler. Heimleiter und zugleich Hauptlehrkraft ist Herr Franz Jahn, Mitglied der KPD. Die Gastlehrer gehören der allgemeinen Volkshochschule, Universität usw. an, oder sind Fachkräfte aus den antifaschistischen Parteien, der Gewerkschaft usw. Die Teilnehmergebühr beträgt für 2

---

302 Referat von Otto Staffel gehalten auf der Dozentenschulung in Dresden Wachwitz am 25.01.1949. In: Sächs. HStAD., Bestand LRS, Min. f. Volksb. 1974.

303 Besprechung mit Oberregierungsrat Adam vom Referat für Volkshochschulen der Landesregierung Sachsen vom 25.11.1948. In: Sächs. HStAD., Bestand LRS, Min. f. Volksb. 2024.

304 Schriftstück „Heimvolkshochschule" ohne Datum (abgelegt zwischen 19.06.1949 und 09.07.1949). In: Sächs. HStAD., Bestand LRS, Min. f. Volksb. 2024.

Monate etwa 150,- RM. Nach Möglichkeit sollen die Beträge durch Patenschaft der Betriebe, Gewerkschaften usw. übernommen werden."[305]

Die Zeit der Zentralisierung und Vereinheitlichung ist so schnelllebig, dass die kaum gegründete Heimvolkshochschule nach nur einem Jahr ohne Nennung von Gründen wieder aufgelöst wird, weil die Gründung von Landesvolkshochschulen attraktivere und effektivere Varianten zur Schulung der Volkshochschuldozenten zu sein schienen.

„Es wird die Meinung vertreten, dass zwar die Heimvolkshochschule Leipzig als Zweigstelle der Landesvolkshochschule aufgelöst werden soll, um alle Aufgaben konzentriert durchführen zu können, jedoch die bisherige Heimvolkshochschule als Unterrichtsgebäude der Volkshochschule Leipzig angegliedert wird."[306]

Zur Gründung der Landesvolkshochschulen kommt es im Winterhalbjahr 1948/49. Damit ist ein weiterer Schritt der Zentralisierung und Vereinheitlichung der Erwachsenenbildung vollzogen worden. In DDR-Veröffentlichungen wird die Gründung der Landesvolkshochschulen als „wichtiger Schritt zur wissenschaftlichen Durchdringung der Arbeit der Volkshochschulen" bezeichnet. Zwar knüpfen die Landesvolkshochschulen an Erfahrungen und Traditionen der früheren Heimvolkshochschulen an, „sie gehen aber in ihrer wissenschaftlichen Aufgabenstellung weit über sie hinaus" (Günther/Uhlig ca. 1962, S. 254). Zu den Aufgaben der Landesvolkshochschulen gehören die Ausarbeitung pädagogischer und psychologischer Grundlagen der Volkshochschularbeit, die Qualifizierung der Volkshochschuldozenten, die Erstellung von Materialien zur Stoffgliederung sowie zur Didaktik und Methodik der Unterrichtsarbeit mit Erwachsenen.

„Die bis 1947 in den Volkshochschulen noch dominierende unverbindliche, in letzter Konsequenz ziellose Aussprache zwischen Dozenten und Hörern wird immer mehr abgelöst durch den systematisch aufgebauten Unterricht, in dem die Lehrkräfte die führende Rolle einnahmen" (ebenda, S. 254).

Mit Wirkung vom 01.04.1949 wird die „Landesvolkshochschule Sachsen-Anhalt"[307] und am 05.01.1950 die „Landesvolkshochschule Sachsen" in Meißen-Siebeneichen errichtet. Den Landesvolkshochschulen sind ab 1950 „Instrukteurbrigaden" angegliedert, die prinzipiell alle Volkshochschulen kontrollieren und berechtigt sind, Weisungen und Auflagen zu erteilen. Bereits 1950 wird mit den sogenannten Instrukteurbrigaden im Volkshochschulbereich eine Kontrollinstanz etabliert. Ihre Existenz sichert den administrativen SED-Einfluss. Zu ihren Aufgaben gehören neben unzähligen formalen Angelegenheiten die Hospitationstätigkeit, die Delegierung von Volkshochschuldozenten an die Landesvolkshochschule, die Überprüfung der Dozenten

---

305 Ebenda. In: Sächs. HStAD., Bestand LRS, Min. f. Volksb. 2024.
306 Besprechung mit der Abteilung Volkshochschulen. Schreiben vom 18.11.1950. In: Sächs. HStAD. Bestand, LRS, Min. f. Volksb. 1989.
307 Schreiben vom 21.04.1949 an Ministerium Volksbildung, Kunst und Wissenschaft. In: Sächs. HStAD., Bestand LRS, Min. f. Volksb. 2001.

und Mitarbeiter, das Erstellen von Wochen-, Monats-, Quartalsplänen, die Zusammenarbeit mit dem Schulrat, der Kreisverwaltung und den Massenorganisationen, Kontrolle und Anleitung der Außenstellen, Wettbewerbsdurchführung, Kontrolle der Betriebslehrgänge und der Landarbeiter- und Bauernlehrgänge. Ihre Zuständigkeit erstreckt sich auf Hörerausweise, Rechnungswesen, Werbematerialien, Verwaltung, Karteiwesen, Bibliothek, Anmeldung, öffentliche Lehrgänge, Haushalt, Kasse, Statistik, Fahrzeuge, Lehr- und Lernmittel, Honorare und Gehaltseinstufung, Geschäftszimmer.[308] Indem man die Instrukteurbrigaden auffordert, Kritik an der Arbeit des Ministeriums für Volksbildung, an der Landesvolkshochschule selbst und an der Arbeit der Volkshochschulen zu üben, schafft man durch die Installierung der intermediären Ebene „Instrukteurbrigade" ein Gremium zur Realisierung von „Kritik und Selbstkritik".

> „Die Instrukteurbrigade führt ihre kollektiven Überprüfungen und Anleitungen als ständige Aufgabe auf der Grundlage des Dokuments über die ‚Aufgaben der Volkshochschulen des Landes Sachsen im Fünfjahrplan' durch. Grundsatz ist, die Ursache der Fehler aufzudecken, den besten Weg zu ihrer Überwindung zu ermitteln und diesen Weg konsequent zu beschreiten."[309]

Die Instrukteurbrigaden setzen sich aus 5 bis 6 SED-Kadern zusammen, die praktisch jede einzelne Volkshochschule in der SBZ/DDR über mehrere Tage hinweg kontrollieren, Protokolle verfassen und Auflagen erteilen. Die SED glaubt wohl, dass sich mit der Installierung dieser Instrukteurbrigaden die „wissenschaftliche" Unterrichtsarbeit der Volkshochschule erhöhen würde. Die Kontrolltätigkeit der Instrukteure erstreckt sich auf die Erstellung der Lehrpläne, die Anleitung der Dozenten, die Unterrichtsvorbereitung der Dozenten, die Hospitation der Dozenten, den Erfahrungsaustausch der Einrichtungen untereinander und die Arbeit mit sogenannten Dozentenfacharbeitsgemeinschaften.[310]

Der erste Lehrgang für alle Volkshochschuldirektoren der sowjetischen Besatzungszone findet vom 26.06.-09.07.1949 in der Heimvolkshochschule Sondershausen (Thüringen) statt. Die zweiwöchige Schulung widmet sich der „fachwissenschaftlichen Arbeit" und der „praktisch-pädagogisch-methodischen" Arbeit.[311] Die Volkshochschuldirektoren der SBZ und des sowjetischen Sektors von Groß-Berlin legen auf diesem Lehrgang Richtlinien für ihre künftige Arbeit fest. In den Richtlinien der Volkshochschularbeit werden die offizielle Bildungspolitik erneut bestätigt, aber Schwierigkeiten und Probleme, die der neue Entwicklungstrend mit sich bringt, kaum angedeutet.

---

308 Ständige Aufgaben der Instrukteurbrigade. Schreiben vom Ministerium für Volksbildung des Landes Sachsen. Referat Volkshochschulen vom 08.01.1951. In: Sächs. HStAD., Bestand LRS, Min. f. Volksb 1942.

309 Ebenda. In: Sächs. HStAD., Bestand LRS, Min. f. Volksb. 1942.

310 Vorschlag zur Änderung der Arbeitsmethode der Instrukteurbrigade bei der Überprüfung der Volkshochschulen vom 13.06.1951. In: Sächs. HStAD., Bestand LRS, Min. f. Volksb. 1942.

311 Zonentagung der Volkshochschuldirektoren. In: Volkshochschule 9 (1949) 3, S. 293f.

Den Unterricht der Volkshochschulen will man stärker als bisher auf Produktionsstätten und Betriebe verlagern. Neue Bildungsinhalte sollen aus spezifischen Produktionsaufgaben und der neuen sozialen Struktur entwickelt werden, ohne den wissenschaftlich-systematischen Charakter der Angebote aufzugeben. Allerdings lassen sich die Methoden der Abendlehrgänge auf die Betriebs- und Landarbeit nicht ohne weiteres übertragen. Daher will man weitere Betriebsvolkshochschulen und Betriebsvolkshochschul-Außenstellen errichten und künftige Dozenten nach Möglichkeit aus Betrieben gewinnen. Ein weitere Richtlinie des Volkshochschuldirektorenlehrgangs in Sondershausen spricht sich für eine Multiplikatorenrolle der Volkshochschuldozenten aus. Die DozentInnen sind diejenigen, die in ihrer Arbeit jede Möglichkeit ausnutzen sollen, um den Arbeitern ihre neue Stellung im Produktionsprozess bewusst zu machen. Daher werden die Notwendigkeit einer systematischen Dozentenfortbildung und eine verstärkte Kontrolle der Arbeit mit den Dozenten betont.

Wie rasant sich der Prozess der Schaffung von Außenstellen der Volkshochschule in den Betrieben und auf dem Land bzw. die Schaffung von Betriebsvolkshochschulen vollzieht, ist am sprunghaften Ansteigen der Kurse zu erkennen. Auf dem Lande befindet sich der institutionelle Schwerpunkt der Volkshochschularbeit in den Maschinen-Ausleih-Stationen (MAS) und in den Volkseigenen Gütern (VEG). Der statistische Arbeitsbericht für die Volkshochschule Dresden dokumentiert in den Jahren 1949/1950 die Entwicklung der Lehrgänge, die in Betrieben, Verwaltungseinheiten, Volkseigenen Gütern und Maschinen-Ausleih-Stationen stattfinden. Die Zahl der betrieblichen Lehrgänge verdreifacht sich von 140 im Schuljahr 1949/50 auf 419 im Schuljahr 1950/51. In den Programmankündigungen der Dresdener Volkshochschule der Jahre 1949/1950 ist eine Steigerung beruflicher Kurse von 87 (1.820 Stunden) auf 261 (6.347 Stunden) ausgewiesen. Den höchsten Anteil an beruflichen Kursen hat die Volkshochschule Dresden 1951 mit 661 Lehrgängen (19.946 Stunden) laut Plan. Das sind immerhin 47,6 Prozent des Gesamtangebotes. Bei den tatsächlich durchgeführten und abgerechneten Lehrgängen zeigt die Statistik folgendes Bild:

Statistik vom	Lehrgänge gesamt (davon MAS, VEG, Betriebe, Verwaltung)		Teilnehmer gesamt (davon MAS, VEG, Betriebe, Verwaltung)	
30.12.1949[312]	170	(50)	5932	(1889)
01.02.1950[313]	136	(0)	4793	(0)
20.06.1950[314]	333	(90)	9583	(2071)
09.12.1950[315]	501	(157)	15270	(4320)
19.03.1951[316]	532	(141)	16658	(4674)
20.06.1951[317]	479	(121)	14472	(4147)

Um auf dem Land eine erfolgreiche Volkshochschularbeit leisten zu können, werden ausgebaute „Kreisvolkshochschulen" mit einem hauptamtlichen Direktor und hauptamtlichen Dozenten etabliert. Im Vordergrund steht hier die Vermittlung der neuesten agrarwissenschaftlichen und agrartechnischen Erkenntnisse. Man verspricht sich dadurch die Konsolidierung der Bodenreformresultate sowie Produktionssteigerungen der Bauernschaft und der volkseigenen Güter. Auch auf dem Lande soll der systematische „Lehrgang" die vorherrschende Unterrichtsform darstellen. Man will wegkommen von Vorträgen und Einzelveranstaltungen. Musik, Laienspiel und Diavorträge benutzt man nur zur Werbung für Volkshochschulkurse auf den Dörfern. Die Maschinen-Ausleih-Station (MAS) ist zum kulturellen Mittelpunkt auf dem Dorf auserkoren und die Volkshochschule bekommt den Auftrag, mit ihren Ressourcen diesen Prozess zu unterstützen. Letztlich geht es mit der Etablierung dieser kulturellen Initiative um die Festigung des Bündnisses zwischen der Arbeiterklasse und den werktätigen Bauern.[318]

Im Kontext der Ausdehnung der Volkshochschularbeit auf das Land ist das Institut für Erwachsenenbildung der Karl-Marx-Universität Leipzig als Ausbildungsstätte für den hauptamtlichen Dozentennachwuchs beauftragt, einen Arbeitsplan für die Ausbildung von 25 hauptamtlichen Direktoren und 50 hauptamtlichen Dozenten vorzulegen. Mit Befremden wird festgestellt, dass bei der Deutschen Wirtschaftskommission über Aufgaben und Leistungen der Volkshochschule in der sowjetischen Besatzungszone keine Klarheit

312 Statistischer Arbeitsbericht für das I. Trimester des Unterrichtsjahres 1949/50 der VHS Dresden Stadt. In: Sächs. HStAD., Bestand LRS, Min. f. Volksb. 2043.

313 Statistischer Arbeitsbericht für das II. Trimester des Unterrichtsjahres 1949/50 der VHS Dresden Stadt. In: Sächs. HStAD., Bestand LRS, Min. f. Volksb. 2044.

314 Statistischer Arbeitsbericht für das III. Trimester des Unterrichtsjahres 1949/50 der VHS Dresden Stadt. In: Sächs. HStAD., Bestand LRS, Min. f. Volksb. 2045.

315 Statistischer Arbeitsbericht für das I. Trimester des Unterrichtsjahres 1950/51 der VHS Dresden Stadt. In: Sächs. HStAD., Bestand LRS, Min. f. Volksb. 2046.

316 Statistischer Arbeitsbericht für das II. Trimester des Unterrichtsjahres 1950/51 der VHS Dresden Stadt. In: Sächs. HStAD., Bestand LRS, Min. f. Volksb. 2047.

317 Statistischer Arbeitsbericht für das III. Trimester des Unterrichtsjahres 1950/51 der VHS Dresden Stadt. In: Sächs. HStAD., Bestand LRS, Min. f. Volksb. 2048.

318 Sonderdruck aus dem Mitteilungsblatt Nr. 10 des Min. für Volksbildung für das Land Sachsen. In: Sächs. HStAD., Bestand LRS, Min. f. Volksb. 1989.

besteht. Auch sind die Direktoren und Dozenten der Volkshochschulen von den „Maßnahmen zur Förderung der schaffenden Intelligenz" bisher ausgeschlossen. Die Deutsche Verwaltung für Volksbildung hat diese Fragen mit der Deutschen Wirtschaftskommission zu klären.[319]

Die Aufgabenerfüllung des „Zweijahrplans" erfordert zwangsläufig ein flächendeckendes System weiterer Institutionen, die komplementär und kompensatorisch Bildungs- und Qualifizierungsmaßnahmen anbieten. Teil eines solchen „Subsystems" ist die Fernschule, deren Aufbau nach sowjetischem Vorbild erfolgt. Hier können sich diejenigen Werktätigen weiterbilden, denen der Besuch systematischer Abendlehrgänge nicht möglich ist. Im Herbst 1948 entstehen fünf staatliche Landesfernschulen. Diese Fernschulen werden von den „Organen der Volksbildung" geleitet, sind auf das Selbststudium der Teilnehmer orientiert, umfassen ständige Lerngemeinschaften unter der Leitung von Mentoren, persönliche Konsultationen sowie Wochenend- und Ferienkurse. An Ober-, Fach- und Hochschulen werden Außenstellen mit Prüfungsberechtigung eingerichtet. Die Teilnehmer arbeiten mit Lehrbriefen der „Deutschen Fernschule" (vgl. Günther/Uhlig ca. 1962, S. 245). Die Landesfernschulen betreuen die Bezieher der Lehrbriefe und führen zur Ergänzung zusätzlichen Wochenendunterricht durch.

Eine andere Form der Qualifizierungsinitiative ist die Einrichtung von Studienlehrgängen seit dem 01.09.1949. In deren Vorfeld beschließt die dritte Volkshochschuldirektorenkonferenz die Prüfungsberechtigung und das Recht auf die Erteilung von Zeugnissen an den Volkshochschulen. Die Studienlehrgänge stehen im Zusammenhang mit dem Zweijahrplan der Volkswirtschaft und haben nichts mit den Oberschullehrgängen zum Erwerb der Hochschulreife gemein. Es handelt sich hier um eine neue Unterrichtsform, die in fast allen Fächern durchgeführt wird. „Studienlehrgänge" gibt es für alle „wissenschaftlichen" und „technischen" Lehrfächer. Sie dauern drei Unterrichtsjahre und vermitteln ein abgeschlossenes, systematisch gegliedertes und methodisch geordnetes Tatsachenwissen und leiten zum wissenschaftlichen Denken und Arbeiten an. Der Hörer soll bei erfolgreichem Besuch, der durch eine Abschlussprüfung nachzuweisen ist, zu eigenem Urteil, kritischer Beherrschung und selbstständiger Anwendung der erworbenen Kenntnisse befähigt sein. Zur Teilnahme an den Studienlehrgängen ist jeder „berechtigt, der den Zulassungsbestimmungen der Volkshochschule entspricht". Um die Einheit von politischer und fachlicher Bildung als Grundprinzip der Studienlehrgänge zu sichern, müssen von den Teilnehmern mindestens zwei Studienlehrgänge belegt werden, von denen einer gesellschaftswissenschaftliche Probleme umfasst. Die Studienlehrgänge werden nach den Lehrplänen für Volkshochschulen, die die Deutsche Verwaltung für Volksbildung herausgegeben hat, durchgeführt. Die Dozenten sind von den Ministerien für Volksbildung der Länder unter „Anlegung hoher wissenschaftlicher, pädagogischer

319 Ebenda. In: Sächs. HStAD., Bestand LRS, Min. f. Volksb. 1989.

und politischer Maßstäbe auf ihre Eignung zu überprüfen und zuzulassen".[320] Mit der genehmigten Prüfungsberechtigung erhält die Volkshochschule den Status einer „staatlichen Schule".

> „Durch die Einführung der Prüfung bekommt die Volkshochschule den Rang einer anerkannten Bildungsanstalt mit nachprüfbaren Leistungen. Damit trägt sie den Namen ‚Schule' mit Recht. Ihr neuer Wesenszug, der ‚schulische Charakter', wird der Leitgedanke ihrer erzieherischen Arbeit."[321]

Bis zum Frühjahr 1949 sind an mehreren Volkshochschulen auch die Voraussetzungen dafür geschaffen, Erwachsene zum Abitur zu führen, das nach einem Dreijahreslehrgang mit wöchentlich 16 Unterrichtsstunden erreicht werden kann. Unterrichtet werden die Fächer Deutsch, Gesellschaftswissenschaft, Geschichte, Geographie, Russisch, Biologie, Physik, Chemie und Mathematik. Dieser Zweig wird als Abendoberschule bezeichnet, um den Inhalt der Unterrichtsarbeit deutlicher zu charakterisieren und darauf hinzuweisen, dass der Unterricht nach der Arbeitszeit stattfindet.

> „Aufgenommen werden Arbeiter und Bauern, Opfer des Faschismus und deren Kinder, in der Regel von 18 bis 35 Jahren. Für die Aufnahme an die Arbeiter- und Bauernfakultäten gelten als Arbeiter: a) Personen, die nach Abschluß der Grundschule (Volksschule) als Arbeiter tätig sind oder waren; b) Kinder der unter a) genannten Personen. Als Bauern gelten a) Personen, deren nutzbares Grundeigentum 10 ha bei gutem Boden und 15 ha bei schlechtem Boden nicht übersteigt. Die Hektarbegrenzung gilt nicht in Fällen der Zuteilung des Bodens durch die Bodenreform; b) Kinder der unter a) genannten Personen."[322]

Vorteilhaft an der Volkshochschule ist, dass die Werktätigen erst nach der Arbeitszeit die Hochschulreife erwerben und tagsüber der Volkswirtschaft als Arbeitskräfte zur Verfügung stehen. Die Volkshochschule als Ergänzung zu den Vorstudienanstalten ist *eine* Variante. Eine andere Variante ist, die Volkshochschule als „Rettungsstelle" zu betrachten, weil sie dem Staat mindestens zwei Dienste leistet: erstens die Vorhaltung von Arbeitskräften für die Wirtschaft und zweitens die Schaffung einer „neuen Intelligenz".

Die bereits 1946 gegründeten Vorstudienanstalten zum Erwerb der Hochschulreife hat man 1949 in „Arbeiter- und Bauernfakultäten" nach sowjetischem Vorbild umstrukturiert. Diese Institution hat den Nachteil, dass die jungen Arbeiter und Genossenschaftsbauern während des Schulbesuchs ihren Beruf aufgeben müssen. Weil die Volkswirtschaft der DDR in der Phase des Wiederaufbaus nicht auf die jugendlichen Arbeitskräfte verzichten kann, bietet sich die Volkshochschule mit dem Nachholen von Schulabschlüssen bzw. dem „Zweiten Bildungsweg" als Lösung an. Die „Arbeiter- und Bauern-

---

320 Entwurf von Richtlinien für die Studienlehrgänge der Volkshochschulen in der SBZ vom 16.06.1949. In: Sächs. HStAD., Bestand LRS, Min. f. Volksb. 1979.
321 Zu den Studienlehrgängen der VHS. In: Volkshochschule 10 (1949) 3, S. 305.
322 Richtlinien für die Zulassung zu den Arbeiter- und Bauernfakultäten an den Universitäten und Hochschulen der Deutschen Demokratischen Republik vom 29.03.1950. In: Sächs. HStAD., Bestand LRS, Min. f. Volksb. 2000.

fakultäten" werden bis auf drei Einrichtungen 1960 stufenweise aufgelöst, weil die Volkshochschulen deren kompletten Aufgabenbereich übernehmen und so der Erwerb der Hochschulzugangsberechtigung für Erwachsene gesichert bleibt.

Die staatliche Einflussnahme vollzieht sich auf allen Ebenen. So sind in Vorbereitung des Volkshochschulgesetzes im Jahre 1949 „Kreisvolkshochschulen" geschaffen worden, wie sie in den „Volkshochschulrichtlinien" von Sondershausen eingefordert wurden, um die Qualifizierung auf dem Land voranzutreiben. Das geplante Volkshochschulgesetz sah vor, dass die Volkshochschulen sich gliedern in Stadt- und Kreisvolkshochschulen mit Außenstellen in Betrieben und Gemeinden, in Betriebsvolkshochschulen und in Heimvolkshochschulen. Außenstellen der Kreisvolkshochschule werden in solchen Orten eingerichtet, in denen in der Vergangenheit „Kurse nach Art der Volkshochschule" vom örtlichen Kulturamt abgehalten wurden. Es geht um eine flächendeckende Versorgung mit Institutionen, vor allem zur Qualifizierung der Bevölkerung und zur Entlastung der städtischen Volkshochschulen, die in den Jahren 1949/50 des „Zweijahrplans" für die Organisierung von Betriebsvolkshochschulkursen bzw. Volkshochschulfachkursen in den Betrieben zuständig sind. Das Volkshochschulgesetz kann im Jahr 1949 nicht verabschiedet werden, weil sich „wichtigere Gesetze" bereits in Vorlage befinden. Deshalb wird der Volkshochschulgesetzentwurf vom 20.05.1949 für die sowjetische Besatzungszone als bindend erklärt:

„Die Volkshochschulen sind Erziehungs- und Bildungseinrichtungen des Landes. Die Leitung und Aufsicht ob iegt dem Ministerium für Volksbildung. ... Aufgabe der Volkshochschulen ist die Erwachsenenbildung. Ihre Ziele sind: die Hörer zu aktiven Teilnehmern am demokratischen Aufbau Deutschlands zu erziehen, ihnen eine gediegene wissenschaftliche, künstlerische und politische Bildung zu vermitteln, befähigten Werktätigen den Erwerb der zum Studium an einer Hochschule erforderlichen Kenntnisse ohne Unterbrechung ihrer Berufstätigkeit zu ermöglichen. ... Die Dozenten der Volkshochschule werden vom Direktor vorgeschlagen und bedürfen der Bestätigung des Ministeriums für Volksbildung. ... Der Unterricht erfolgt nach den vom Ministerium für Volksbildung herausgegebenen Lehrplänen. ... Die sächlichen Kosten der Stadt- und Kreisvolkshochschulen mit Ausnahme der Reisekosten sind von den Stadt- und Landkreisen, die persönlichen Kosten, einschließlich Reisekosten, vom Land zu tragen. Betriebsvolkshochschulen tragen ein Drittel der vom Land festgesetzten sächlichen Aufwendungen, die persönlichen Kosten trägt das Land. Für Heimvolkshochschulen werden sämtliche Kosten vom Land getragen."[323]

Vermutlich bleibt es bei dem Gesetzentwurf, der für die nächste Zeit Orientierung bietet. An keiner anderen Stelle wird auf ein verabschiedetes Volkshochschulgesetz hingewiesen. Ein amtliches Gesetzblatt zur Arbeit der Volkshochschule ist nicht auffindbar. Wenn es tatsächlich nicht zur Verabschiedung eines Volkshochschulgesetzes gekommen ist, liegt der Grund da-

---

323 Schreiben vom 25.09.1949 zum Gesetzentwurf „Volkshochschulgesetz". In: Sächs. HStAD., Bestand LRS, Min. f. Volksb. 1908.

für in der Zuordnung der Volkshochschule 1951 zum Ministerium für Arbeit und 1954 zum Ministerium für Kultur.

Während die Jahre 1949/1950 durch die Arbeit der Volkshochschule in den Betrieben und auf dem Land gekennzeichnet sind, die fachliche Qualifizierung der Industriearbeiter und der Landbevölkerung im Vordergrund steht und sich das politische Erziehungsziel an der Planwirtschaft orientiert, tritt ab 1950 die Propaganda für die neue DDR-Regierung stärker in den Vordergrund. Nach der DDR-Gründung fordert die SED von den Volkshochschulleitern und -dozenten nicht mehr nur eine ideologische Akzentuierung der Unterrichtsfächer und eine Berücksichtigung aktueller politischer Ereignisse in ihren Kursen. Verschärft hinzu kommt die Forderung an die Volkshochschulakteure nach persönlichem Engagement in gesellschaftlichen und politischen Organisationen. D.h., die Volkshochschulakteure werden verpflichtet, wenn sie weiterhin in der Volkshochschule tätig sein wollen, eine Mitgliedschaft in den neu gegründeten gesellschaftlichen Organisationen zu erwerben. Der erzieherische Einfluss der Volkshochschule weitet sich auf immer größere Bevölkerungsschichten aus. Einen thematischen Schwerpunkt, mit dem die Volkshochschule die SED-Politik tatkräftig unterstützt, bilden die Elternseminare,[324] denn „Elternhaus und Schule" werden ideologisch auf eine gemeinsame Basis gestellt. Deshalb koordiniert die SED von nun an auch die Schul- und die Familienerziehung. Die Volkshochschule selbst beschreibt ihren Wirkungsgrad in der Weise,

> „dass sie einen nicht unbedeutenden Abschnitt in der ideologischen Front einnimmt und dabei einen wesentlichen Einbruch in die Masse der Parteilosen (75% der Hörer nach Schätzungen) erzielt hat."[325]

Durch die Analyse der Volkshochschularbeit sieht sich die „Abteilung Erwachsenenbildung/Volkshochschulen" der Landesregierung Sachsen zu der Erwartung berechtigt, dass die SED künftig die Volkshochschule mehr und besser als bisher zu unterstützen hat. Die Abteilung Erwachsenenbildung/ Volkshochschulen erwartet von der SED die ideologische Anleitung der Unterrichtsarbeit, die Mitarbeit der hauptamtlichen SED-Funktionäre als nebenberufliche Dozenten, die Anerkennung der Volkshochschularbeit als gesellschaftliche Arbeit und eine klare Festlegung der Aufgaben und des Wirkungsbereiches.[326] Die Volkshochschulen der DDR stellen selbstreflexiv fest, dass ihr „Beitrag zur Hebung des gesellschaftlichen Bewusstseins" in der Durchführung ihrer gesellschaftswissenschaftlichen Kurse zu sehen ist. Im Jahr 1951 laufen in der gesamten DDR 11.784 gesellschaftswissenschaftliche Lehrgänge mit 335.017 Teilnehmern.[327] Die Zahlen täuschen über die Unzu-

---

324 Anweisung Nr. 100: Durchführung der Elternseminare vom 30.03.1951. In: Sächs. HStAD., Bestand LRS, Min. f. Volksb. Nr. 1917.

325 Analyse der Arbeit der Volkshochschulen der DDR im Arbeitsjahr 1950/51 vom 22.10.1951, S. 1-12. In: Sächs. HStAD., Bestand LRS, Min. f. Volksb. 1949.

326 Ebenda, S. 12.

327 Ebenda, S. 3.

friedenheit mit der Hörerbeteiligung an diesen Kursen hinweg. Das generelle Absinken der Teilnehmerzahlen wird damit erklärt, dass frühere Teilnehmer jetzt das Parteilehrjahr, das FDJ-Lehrjahr oder die Betriebsabendschule in den neu aufgebauten Institutionen und Organisationen besuchen, wo zum Teil der gesellschaftswissenschaftliche und gegenwartskundliche Unterricht mit 25 bis 33 Prozent der Unterrichtszeit in den Bestandteil der fachlichen Lehrgänge eingeht und daher nicht mehr separat in der Statistik erscheint.[328]

Eine zentrale Frage ist die nach der „Wissenschaftlichkeit des Unterrichts auf der Grundlage des Marxismus-Leninismus,"[329] der man stets hohe Bedeutung beigemessen hat. Mit rückblickendem Wissen heißt die Metapher „Wissenschaftlichkeit" nichts anderes als die Durchdringung von Wissensbeständen mit der Ideologie des Marxismus-Leninismus. Der sogenannte „wissenschaftliche" Unterricht wird immer als weitgehend von der sorgfältigen Auswahl der Dozenten und ihrer ideologischen, fachlichen und methodischen Schulung abhängig erklärt. Es werden Personen gebraucht, die diesen Auftrag zu realisieren haben. Bei den gesellschaftswissenschaftlichen Kursen ist die Dozentenauswahl durch die SED daher eher gewährleistet als bei künstlerisch-kulturellen oder naturwissenschaftlichen Kursen.

> „In der Volkshochschule darf kein Dozent tätig sein, der nicht von der Personalabteilung des Ministeriums für Volksbildung des Landes bestätigt ist. ... Während im allgemeinen die Dozenten der gesellschaftswissenschaftlichen Lehrgänge besonders durch die Mitwirkung der Kreisleitungen der SED verantwortlich ausgewählt wurden, sind gerade die Dozenten für Deutsch, für Kunst und Literatur in ideologischer Hinsicht noch schwach."[330]

Die sogenannte „Wissenschaftlichkeit" der Lehrpläne soll zunehmend durch Arbeitsplanüberprüfungskommissionen gewährleistet werden. „An die Stelle der früher oft reißerischen Ankündigungen traten wissenschaftlich einwandfreie Ankündigungen und klare Stoffgliederungen".[331] Eng verbunden mit der Frage der „Wissenschaftlichkeit" des Unterrichts ist stets die (Personal-)"Kaderfrage", also die SED-Zugehörigkeit. In der Analyse der Volkshochschularbeit wird beklagt, dass es neben den insgesamt 330 hauptberuflichen Lehrkräften noch 12.000 nebenberufliche Dozenten gibt, die sich nur mangelhaft kontrollieren und anleiten lassen und damit für die Unwissenschaftlichkeit im Unterricht verantwortlich sind. Interessant ist, dass von den 330 hauptberuflichen Akteuren (Instrukteure, Direktoren, Dozenten) im Jahr 1951 bereits 312 Mitglieder der SED sind. Davon wiederum gehörten 53 (16%) Akteure der früheren NSDAP und ihren Gliederungen an. Den größten Teil der hauptberuflichen Dozenten hat man schon in den gesellschaftswis-

---

328 Ebenda, S. 4.
329 In der DDR stellt die wissenschaftliche Weltanschauung des Marxismus-Leninismus die einzig legitime Weltanschauung dar, verkürzt genannt: „Wissenschaft" bzw. „Wissenschaftlichkeit".
330 Analyse der Volkshochschularbeit der DDR im Arbeitsjahr 1950/51 vom 22.10.1951, S. 6. In: Sächs. HStAD., Bestand LRS, Min. f. Volksb. 1949.
331 Ebenda, S. 7.

senschaftlichen Kursen eingesetzt, ein weiterer großer Teil arbeitet als Dozenten für Agrarwissenschaften. Die nebenberuflichen Dozenten kommen größtenteils (60%-70%) aus dem Lehrkörper von Grund-, Ober- und Berufsschulen, von ihnen sind mehr als die Hälfte SED-Mitglieder (Brandenburg 62% und Mecklenburg 52%), etwa ein Viertel von ihnen ist parteilos, der Rest gehört anderen Parteien an.[332]

> „Der NSDAP gehörten nach den Feststellungen der Länder an: Sachsen 14,4% der nebenberuflichen Dozenten, Brandenburg 12,5%, Thüringen 18%, Mecklenburg 10,07%, Sachsen-Anhalt 12%. Der niedrige Anteil der ehemaligen Pg's an der Gesamtzahl der nebenberuflichen Dozenten ist das Ergebnis eines jahrelangen Ringens um einen ideologisch einwandfreien Lehrkörper der Volkshochschulen. Ein großer Teil der jetzt noch als Dozenten tätigen ehemaligen Pg's ist wieder hauptberuflich im Schuldienst eingestellt."[333]

Zur ideologischen, fachlichen und methodischen Schulung der Dozenten sind 1949, wie erwähnt, Landesvolkshochschulen eingerichtet worden, die mehrheitlich nur die hauptberuflichen und nicht die nebenberuflichen Lehrkräfte erfassen. Außerdem ist die Teilnahme von Grund- und Hauptschullehrern aus den Kindertagesschulen, die abends in der Volkshochschule unterrichten, an Landesvolkshochschulen fast unmöglich. Daher wird dafür plädiert, den Anteil der hauptberuflichen Lehrkräfte in der Volkshochschule zu verstärken, um die ideologischen Schwierigkeiten zu überwinden.[334] Mit dem rückblickendem Wissen heißt das, die Volkshochschulen der DDR waren personell gut ausgestattet, weil hauptberufliche Lehrkräfte sich ideologisch leichter in das System einbinden und kontrollieren ließen. Es gibt in den Jahren 1948 bis 1950 Bestrebungen, sukzessive unliebsame Dozenten loszuwerden. Sie werden durch TeilnehmerInnen aus den eigenen Reihen, nachweislich aus den Studienlehrgängen, die im Rahmen des Zweijahrplans die Volkshochschule in ihrem Repertoire hat, ersetzt.

> „Der Überalterung der Dozenten an den Volkshochschulen muß nach und nach Abhilfe geschaffen werden. Es kann zum Beispiel für Kunst und Literatur Nachwuchs aus den Reihen der Volksbibliothekare gewonnen werden. Bei der Übernahme von Englisch-Unterricht in Sonderfällen (wie Vorbereitung der Weltjugendfestspiele) sollte man auf junge Kräfte zurückgreifen. Um das Verhältnis der Biologiedozenten (jetzt zum größten Teil Lehrer) zu verbessern, sollen fortschrittliche Bauern und Landarbeiter gewonnen werden."[335]

Mit dem „Arbeitsplan der Volkshochschulen 1948-1950"[336] sind weitreichende Entscheidungen über die Zukunft der Volkshochschule in der DDR

---

332 Ebenda, S. 8.
333 Ebenda, S. 8.
334 Ebenda, S. 9.
335 Bericht der Landesvolkshochschule Sachsen Meißen-Siebeneichen vom 30.03.1951 über das I. Quartal 1951. In: Sächs. HStAD., Bestand LRS, Min. f. Volksb. 1960.
336 Arbeitsplan der Volkshochschulen der sowjetischen Besatzungszone Deutschland für 1948 bis 1950. Hrsg. von der Deutschen Verwaltung für Volksbildung am 11.09.1948. In: Volkshochschule 7 (1948) 2, S. 225-235.

getroffen worden. Der staatliche Charakter zeigt sich nicht nur in ihrer Organisation und ihrer Finanzierung, sondern weit mehr in der Tatsache, dass der Unterricht nach einheitlichen Lehrplänen erteilt wird (vgl. Siebert 1970, S. 33). Die Umformung der Volkshochschule in eine „Abendschule für Erwachsene" impliziert zugleich einen Verzicht auf das Prinzip der freiwilligen Teilnahme. Obwohl ihre Traditionen auf staatlicher Unabhängigkeit basieren und dieses Prinzip durch die einheitlichen staatlichen Lehrpläne und das Recht auf Zeugniserteilung durchbrochen wird, obwohl Maßnahmen der Verstaatlichung und politischen Kontrolle sich verschärfen, lässt sich die Volkshochschule in der SBZ/DDR nur unvollkommen in das öffentliche Schulsystem integrieren.[337] Sie kann sich teilweise der gewünschten Standardisierung des Programms entziehen, weil das Ministerium für Volksbildung nie allein die Volkshochschularbeit reglementiert. Die staatliche Kontrolle wird dadurch erschwert, dass Volkshochschuldirektoren trotz allem eine gewisse Bewegungsfreiheit in der Programmgestaltung außerhalb der staatlichen Lehrpläne besitzen. Dieser Spielraum ist aufgrund von regionalen Besonderheiten[338] und aufgrund des unterschiedlichen Bildungsinteresses der Bevölkerung[339] gegeben. Administrative Eingriffe von Seiten des Ministeriums für Volksbildung finden dann statt, wenn einzelne Volkshochschulakteure von der politischen Linie abzuweichen drohen. In solchen Fällen werden Grundsatzentscheidungen getroffen, die dann generelle Auswirkungen auf das Programmangebot haben, wie beispielsweise die Reduzierung der Englischkurse in einem konkreten Fall Anfang der 1950er Jahre: Anlass dazu bot eine Tagung von Englischdozenten in Leipzig, die von Hallenser Englischdozenten beim Ministerium für Volksbildung in Sachsen kritisiert wurde, weil von den Referenten neben ihren Fachkenntnissen auch politische Verlautbarungen erwartet wurden. Da sich auf der Tagung herausstellte, dass die Englisch-Sachkenntnisse der Referenten unzureichend waren, verfassten die Englischdozenten der

---

337 Die Gleichschaltung der Volkshochschule mit dem öffentlichen Schulsystem war nur bei Lehrgängen zum Nachholen von Schulabschlüssen möglich.

338 In Jena traf das zu, weil die Stadt und deren Bevölkerung geprägt sind durch die Universität und durch engste Verknüpfung von Wissenschaft, Technik und Produktion in den Betrieben Carl Zeiss, Schott, Jenapharm und dem Zentralinstitut für Mikrobiologie & experimentelle Therapie. Das Zeiss-Planetarium, die Zeiss-Werkstatt, das Phyletische Museum, das Optische Museum, das Stadtmuseum, die Universitätsbibliothek, der Botanische Garten mit seinen Gewächshäusern, die Ernst-Abbe-Bücherei, das Volkshaus und die Institute der Universität bereicherten die Arbeit der Volkshochschule Jena schon seit ihrer Gründung im Jahre 1919.

339 In Dresden traf das zu, weil die Stadt und deren Bevölkerung geprägt sind nicht nur durch die Technische Universität, die Pädagogische Hochschule und durch engste Verknüpfung von Wissenschaft, Technik und Produktion in den Betrieben Sachsenwerk, Zeiß-Ikon, Deutsche Werkstätten Hellerau, Kamerawerk Niedersedlitz, Röntgenwerk, Pentacon, Mikromat, Schokopack, Meßelektronik, Mimosa, ROBOTRON, Krankenhaus Johannstadt, Medizinische Akademie Carl Gustav Carus, das Deutsche Hygienemuseum, sondern auch durch die Staatliche Kunstsammlungen Dresden, Semperoper, Gemäldegalerie Alte Meister, Zwinger, Albertinum, Pallucaschule usw.

Landesvolkshochschule Sachsen-Anhalt einen Beschwerdebrief an das Ministerium für Volksbildung des Landes Sachsen. Die Rückantwort vom Ministerium für Volksbildung des Landes Sachsen, die namentlich an Dr. Erich Emmerling, den damaligen Direktor, erging, hat folgenden Wortlaut:

„Wir wissen, lieber Kollege Emmerling, wohin solche Fachsimpelei führt. Die Leipziger Tagung wird nur unter einem Gesichtspunkt durchgeführt: Gelangung zur ideologischen Klarheit. Mit Erschrecken wird festgestellt, dass gerade die Dozenten, die aus anderen Ländern als Gäste anwesend sind, durch ihre anglophile Einstellung, durch ihre wohlwollende Meinung über die gegenwärtigen gesellschaftlich-ökonomischen Verhältnisse in der DDR glänzten. Selbstverständlich sind wir auch nicht mit unseren sächsischen Englischkollegen zufrieden. Das Ergebnis der Tagung war, dass wir noch mehr als bisher sämtliche Englischkurse reduzieren werden, bis das politische Niveau der Englisch-Dozenten gehoben ist. Die konservative und rückschrittliche Einstellung der Englisch-Fachdozenten war ein Beispiel dafür, wie wir es nicht machen sollen, nämlich eine neutrale Stellung einnehmen. Da wir eine unsachliche Kritik nicht auf uns beruhen lassen können, werden wir durch das Ministerium für Volksbildung der Deutschen Demokratischen Republik erwirken lassen, dass es zu einer Auseinandersetzung zwischen der Tagungsleitung, den verantwortlichen Referenten und den obengenannte Dozenten kommt, in der Klarheit geschaffen wird."[340]

Auf diesen Brief antwortet Dr. Erich Emmerling als Direktor der Landesvolkshochschule Sachsen-Anhalt:

Lieber Kollege Heyde, ... Da als Ziel der Tagung ideologische Klärung gesteckt war, so hätte es einer um so sorgfältigeren Auswahl der Referenten bedurft, um den Fachdozenten, d.h. den Nur-Fach-Dozenten, zu beweisen, dass man sein Fach ausgezeichnet beherrschen und trotzdem eine fortschrittliche Linie vertreten kann. Wenn aber die Referenten nur Linie zeigen und von Fachkenntnissen nicht besonders beschwert sind, dann wird man kaum überzeugend auf kritisierende Fachleute einwirken können, sondern sie in der Meinung bestärken, dass es bei uns anscheinend auf Fachkenntnisse nicht mehr ankommt, wenn man nur linientreu ist. ... Ganz und gar falsch aber ist es, wenn man alle Fachdozenten für konservativ und rückschrittlich erklärt, ihre Kurse reduziert und lieber auf die Darbietung des Gegenstandes verzichtet als sich ernstlich die Mühe zu machen, diesen Fachdozenten auch ein politisches Bewußtsein beizubringen. Hier setzen nämlich die Aufgaben einer Landesvolkshochschule wie auch eines Institutes für Erwachsenenbildung an der Universität ein. ... Ich empfinde die Kritik der Kollegen aus Halle eher als den Ausdruck der Sorge dafür, dass man durch falsch vorbereitete Tagungen leicht mehr Porzellan zerschlagen kann als in unserem Sinne zu wirken, nämlich auch Englischkurse zu einem Instrument der politischen Willensbildung zu machen. Gleiches gilt übrigens nicht nur für den Gegenstand Englisch, sondern auch für jeden anderen. ... Diese Bedingungen (eindeutiges politisches Bewußtsein im fortschrittlichen Sinne, bestes Fachwissen und einwandfreie pädagogische Fähigkeiten) scheinen mir bei der Leipziger Tagung nicht gegeben gewesen zu sein, weshalb es angezeigt sein dürfte, sie erst bei künftigen Tagungen immer zu gewährleisten, damit man entscheiden kann, ob geübte Kritiken tatsächlich ‚unsachlich' sind."[341]

---

340 Schreiben vom 18.02.1950 des Ministeriums für Volksbildung Sachsen, Herrn Heyde, an die Landesvolkshochschule Sachsen-Anhalt, Herrn Dr. Emmerling. In: Sächs. HStAD., Bestand LRS, Min. f. Volksb. 2001.
341 Ebenda 1950. In: Sächs. HStAD., Bestand LRS, Min. f. Volksb. 2001.

Bereits 1950 geht man verschärft gegen Dozenten vor, die es wagen, an irgendeiner „Führung" Kritik zu üben, und sei es nur an einem Weiterbildungskurs für Dozenten. Mit dem abwertenden Begriff „Fachsimpelei", mit dem in der SBZ/DDR die Volkshochschularbeit der Weimarer Republik stets geringgeschätzt wird, hat man von ministerieller Seite die Kritik an der Englischdozenten-Tagung als ebenso geringschätzig abgewiesen. Mit dem Wort „Fachsimpelei" beabsichtigt das Ministerium die Erzeugung illoyaler Assoziationen bei den kritischen Dozenten und suggeriert ihnen ein Unrechtsbewusstsein, womit im Gegenzug das Ministerium für Volksbildung als loyales Rechtsorgan in Erscheinung treten will. Alles „Neutrale" erscheint den DDR-Machthabern ohnehin gefährlich, weil „Neutralität" immer dem sogenannten „Klassenfeind" dient. Bis zum Ende der DDR gibt es einen Slogan, der lautet: „Wer nicht für uns ist, ist gegen uns". Die Kritik der Englischdozenten als „unsachlich" zu bezeichnen, dient einzig der Demonstration von Macht. In der DDR gelten „Kritik" und „Selbstkritik" als allgegenwärtige Erziehungsmethoden. Erich Emmerling hingegen verwahrt sich gegen die dogmatische Einstufung der Englischdozenten als konservativ und reaktionär. Als besonders negativ schätzt er die Tatsache ein, dass diejenigen, die „linientreu" sind, keine Fachkenntnisse mehr brauchen. Die sogenannten konservativen Englischdozenten werden nach den III. Weltfestspielen 1951 in Berlin aus den Volkshochschulkursen entfernt, weil für dieses Großereignis massenhaft Dolmetscher aus den Reihen der FDJ qualifiziert werden. Aus dem gesamten Schriftverkehr mit übergeordneten Arbeitsebenen geht immer auch hervor, dass die „wissenschaftlich-ideologischen" Planungen keineswegs von den Volkshochschuldozenten und den TeilnehmerInnen so glatt adaptiert worden sind, wie sie zwischen den professionellen Ebenen ausgehandelt werden. Vieles wird über Zwischenkonzepte realisiert und höchst konfliktbehaftet auf der personalen Ebene durch Entlassungen und durch vernichtende „Kritik und Selbstkritik" umgesetzt.

Zusammenfassung

Zur Erfüllung des Zweijahrplans hat die Volkshochschule hunderttausende Werktätige zu qualifizieren. Dazu werden neben der „Institution Volkshochschule" ein System weiterer Institutionen und ein differenziertes System von Bildungsinitiativen geschaffen. Dabei handelt es sich um Landesvolkshochschulen, Fernschulen, Studienlehrgänge und Abiturlehrgänge. Der Schwerpunkt der Volkshochschularbeit liegt in den Betrieben und auf dem Lande. Im Zentrum stehen gesellschaftswissenschaftliche und naturwissenschaftlich-technische Themen. Diese Thematik soll auf den neuen sozialistischen Staat vorbereiten. Mit der Publizierung einer Zeitschrift „Volkshochschule" 1947 und der Gründung der Landesvolkshochschulen 1949 werden Möglichkeiten zur Schulung von Dozenten geschaffen. Die Bildung der neuen Ministerien in Berlin leitet sukzessive einen Umstrukturierungsprozess der gesamten Gesellschaft ein. Die Umwandlung der Volkshochschulaußenstellen in den Betrieben in neue selbstständige Betriebsvolkshochschulen ab 1950 ist ein Institutionalisierungsprozess, den die Volkshochschule in Gang setzt. Die Volkshochschule transformiert quasi die Qualifizierungsinitiativen und institutionalisiert die berufliche Weiterbildung in der DDR.

4.3. Die VHS und der Beginn der sozialistischen Kulturrevolution
Fünfjahrplan (1951-1955)

Ähnlich wie das Volkshochschulgesetz, das zunächst als Entwurf Gültigkeit erhält, wird die Anweisung über die „Maßnahmen zur fachlichen Qualifizierung der Arbeitskräfte in der volkseigenen Wirtschaft"[342] ergänzt, weil ein neu zu entwickelndes System der fachlichen Qualifizierung auf dem bereits vorhandenen betrieblichem System aufgebaut werden soll.[343] Der zunehmende Arbeitsumfang der fachlichen Qualifizierung erfordert die Schaffung überbetrieblicher Einrichtungen, was drastische Konsequenzen für die Volkshochschularbeit nach sich zieht. Die beruflichen Kurse in den Volkshochschulen, die ca. 40 bis 50 Prozent ihres Gesamtangebots ausmachen, stehen ab 1951 unter der Obhut des Ministeriums für Arbeit, obwohl die Volkshochschule institutionell und strukturell bis zur Auflösung der Länder 1952 den Ministerien für Volksbildung der Länder zugeordnet bleibt.

> „Es wird vorgeschlagen, den Namen „Volkshochschulen" in „Schulen der Werktätigen" zu ändern. Die Koordinierung, Kontrolle und Anleitung aller Maßnahmen der fachlichen Qualifizierung obliegt dem Ministerium für Arbeit. Dazu muß eine Abteilung im Ministerium für Arbeit geschaffen werden, die die Grundsätze und Methodik erarbeitet, die Organisierung der schulischen Durchführung und Koordinierung der praktischen Qualifizierung am Arbeitsplatz übernimmt sowie die Entwicklung und Anleitung der Lehrkräfte".[344]

Neu an der Situation der Volkshochschule ist jetzt, dass die Betriebs-, Kreis-bzw. städtischen Volkshochschulen die schulischen Maßnahmen zur fachlichen Qualifizierung der Werktätigen durchzuführen haben. Beabsichtigt ist, den gesamten Apparat der Volkshochschulen, einschließlich Landesvolkshochschulen, aus dem Ministerium für Volksbildung herauszulösen und dem Ministerium für Arbeit zu unterstellen. Seit 1951 obliegt dem Ministerium für Arbeit bereits die Koordinierung, Kontrolle und Anleitung der fachlichen

---

342 Maßnahmen zur fachlichen Qualifizierung der Arbeitskräfte in der volkseigenen Wirtschaft. In: GBl. Nr. 61 vom 25.05.1951.

343 Schreiben vom 22.06.1951. In: Sächs. HStAD., Bestand LRS, Min. f. Volksb. 1944.

344 Ergänzung zur Anweisung über die „Maßnahmen zur fachlichen Qualifizierung der Arbeitskräfte in der volkseigenen Wirtschaft" (GBl. Nr. 61 vom 25.05.1951). In: Sächs. HStAD., Bestand LRS, Min. f. Volksb. 2006.

Qualifizierung. Dazu wird eine extra Abteilung im Ministerium für Arbeit eingerichtet, die Grundsatzarbeit leistet: Sie erarbeitet die Methodik (Lehrpläne, Stoffpläne, Lehr- und Lernmittel), koordiniert die Organisierung der schulischen Durchführung und Koordinierung der praktischen Qualifizierung am Arbeitsplatz und stellt die Anleitung der Lehrkräfte sicher. In einer ergänzenden Anweisung wird vorgeschlagen, den Namen „Volkshochschulen" in „Schulen der Werktätigen" zu ändern, was die Zugehörigkeit der Institution Volkshochschule zum Ministerium für Arbeit legitimieren soll. In den späteren Jahren gibt es erneut Versuche zur Namensänderung der Institution „Volkshochschule", was tatsächlich 1956 eintrifft. Strukturverändernde Bestimmungen mit weitreichenden Konsequenzen kündigen sich langfristig an. In einem Rundschreiben vom 04.07.1950 wird eine neue Struktur der Landkreise avisiert und indirekt darauf vorbereitet, dass die Volkshochschule aus dem Ministerium für Volksbildung ausscheidet. Beispielsweise soll in den Landkreisen des Landes Sachsen das Dezernat Volksbildung folgendermaßen gliedert werden:

> „Dezernatsverwaltung: Planung, Statistik, Investitionen, Personal (nur für Angestellte des Landes) Unterricht und Erziehung: Vorschulische Erziehung, Allgemeinbildende Schulen, Berufsbildung (BS und BBS), Jugendhilfe/Heimerziehung, Kreisbild- und Lehrmittelstelle, Kunst und Literatur: Darstellende Kunst und Musik, Literatur und Büchereiwesen, Bildende Kunst und Museen, Volkskunst, Kulturarbeit in Betrieben und auf dem Lande. ... Dem Leiter des Dezernates Volksbildung unterstehen weiterhin dienstaufsichtsmäßig die nachgeordneten Dienststellen des Ministeriums für Volksbildung: Kreisvolkshochschule, Kreisbücherei, Kreisbesoldungsstelle für Lehrer. Wir bitten dafür Sorge zu tragen, dass diese einheitliche Struktur in allen Landkreisen Anwendung findet."[345]

Der überlieferte Schriftverkehr beweist, dass schon vor der DDR-Gründung bekannt war, dass umwälzende Veränderungen auf dem Gebiet der sowjetischen Besatzungszone stattfinden werden. Irritationen gibt es beim Ministerium für Volksbildung des Landes Sachsen, weil MitarbeiterInnen der Landesvolkshochschule Meißen-Siebeneichen als nachgeordnete Dienststelle des Landesministeriums ohne Kenntnis des sächsischen Volksbildungsministeriums nach Berlin eingeladen werden, wo zentrale, weitreichende Fragen besprochen werden.[346] Die unübersichtliche Volkshochschulsituation Anfang der 1950er Jahre bleibt von den massenhaften Umstrukturierungen in der gesamten Gesellschaft auch nicht verschont:

> „Ab 01.01.1951 soll eine Hauptabteilung Erwachsenenbildung im Ministerium für Volksbildung der DDR eingerichtet werden. In der Hauptabteilung Erwachsenenbildung wird eine Abteilung Volkshochschulen gebildet, die sich wie folgt gliedern soll: „Leiter, Sachbearbeiter, Stenotypistin, 1. Hauptreferent, Referent für Kreisvolkshoch-

---

345 Aus dem Mitteilungsblatt Nr. 18 vom 15.09.1950. In: Sächs. HStAD., Bestand LRS, Min. f. Volksb. 1948.

346 Schreiben des Ministeriums für Volksbildung des Landes Sachsen an das Ministerium für Volksbildung der DDR vom 09.08.1951. In: Sächs. HStAD., Bestand LRS, Min. f. Volksb. 1984.

schulen, Referent für Betriebsvolkshochschulen und Betriebsarbeit, Referent für Landarbeit, Referent für Oberschullehrgänge und TAL, Referent für Fachlehrgänge, 2. Hauptreferent, Referat für Lehrplanfragen, Referat für pädagogische und methodische Fragen. Für den Dozentennachwuchs und die Dozentenschulung wird eine besondere Abteilung im Ministerium für Volksbildung der DDR zuständig sein. Die Länder werden gebeten, sich darüber Gedanken zu machen, welche Vorschläge sie für die Besetzung der neuen Abteilung im Ministerium für Volksbildung der DDR machen können. In den Ländern ist ebenfalls eine Abteilung Volkshochschulen geplant mit einer entsprechend geringeren Anzahl von Referenten."[347]

Eine Verbesserung der Erwachsenenbildungsarbeit in der DDR will man durch eine Veränderung der Verwaltungs- und Leitungsstrukturen erreichen, so diskutiert die 7. ZK-Tagung der SED (20.10.1951). Durch Strukturänderungen soll die Qualität der Erwachsenenbildung, die als ungenügend gilt, verbessert werden.

„Die Veranstaltungen öffentlicher wissenschaftlicher Lektionen sind bisher völlig ungenügend. Das ZK hält es daher für angebracht, dass eine zentrale Kommission zur Koordinierung und zur Verbreitung dieser Arbeit in der gesamten Republik gebildet wird."[348]

Noch im November 1951 errichtet das Land Sachsen eine selbstständige „Abteilung Erwachsenenbildung", überträgt jedoch dem Ministerium für Volksbildung der DDR in Berlin die Zuständigkeit für Entscheidungen innerhalb ihrer eigenen Ressorts.[349] Nach Ausgliederung der „Hauptabteilung Kunst und Literatur" wird im Ministerium für Volksbildung des Landes Sachsen eine „Abteilung Erwachsenenbildung" eingerichtet. Da nicht feststeht, ob verschiedene Museen und Ausstellungen zum Aufgabenbereich der Abteilung Erwachsenenbildung gehören werden, soll das Ministerium für Volksbildung der DDR schnellstens eine Klärung herbeiführen. Die Hauptverwaltung der staatlichen Museen, Gärten, Schlösser teilt der Verwaltung für Kunstangelegenheiten des Landes Sachsen mit, dass ihr insgesamt 5 Museen verwaltungsmäßig unterstehen. Geklärt werden muss, ob auch Zoologische Gärten zum Aufgabenbereich der Erwachsenenbildung gehören und ob dafür 1952 Mittel einzuplanen sind.[350] Diese labilen strukturellen Verortungen der Volkshochschule sind Ausdruck einer nicht vollzogenen Standortbestimmung der Erwachsenenbildung im Gesellschaftssystem der DDR. Mit Bezug auf die 7. ZK-Tagung schlägt das Hauptreferat Volkshochschulen im Ministerium für Volksbildung der DDR am 30.01.1952 die Bildung einer „Staatlichen Kommission für Erwachsenenbildung" vor, die das gesamte Vortragswesen zu koordinieren hat. Man will die Zusammenarbeit mit den Massenorganisationen durch zentrale Arbeitsvereinbarungen sichern.

---

347 Referentenbesprechung im Ministerium für Volksbildung der DDR am 18.11.1950. In: Sächs., HStAD. Bestand LRS, Min. f. Volksb. 1989.
348 Die wichtigsten ideologischen Aufgaben der Partei. In: Dokumente der SED. Bd. III. Berlin 1952, S. 583.
349 Ebenda, S. 583.
350 Aktennotiz vom 07.11.1951. In: Sächs. HStAD., Bestand LRS, Min. f. Volksb. 1987.

„Die neu zu bildende ‚Staatliche Kommission für Erwachsenenbildung' sollte die Arbeitsgebiete: Organisations- und Instrukteur-Abteilung, Personal; Haushalt; Bibliothekswesen; Museen; Ausstellungswesen; Zoologische Gärten; Volkshochschulen umfassen. Die Regelungen bedeuten, dass die bisherigen Abteilungen Erwachsenenbildung aus dem Ministerium für Volksbildung herausgelöst und in die Arbeitsgebiete der ‚Staatlichen Kommission für Erwachsenenbildung' eingegliedert werden. Damit erhält das Ministerium für Volksbildung seinen eigentlichen Charakter als ‚Ministerium für Unterricht und Erziehung'. In den Ländern sind entsprechende ‚Landesverwaltungen für Erwachsenenbildung' zu schaffen. In den kreisfreien Städten und Landkreisen wird beim Stadt- bzw. Kreisrat für Volksbildung neben der bereits bestehenden ‚Abteilung Unterricht und Erziehung' sowie der ‚Abteilung für Kunstangelegenheiten' die neue ‚Abteilung Erwachsenenbildung' geschaffen. Damit wird der Zustand einer direkten Verantwortlichkeit für die Erwachsenenbildung in der Kreisebene erreicht. ... „Mit dieser Regelung wäre dann in unserem demokratischen Staatsapparat die bisherige Lücke zwischen Berufs- und Fachschule und Hochschule geschlossen. Der Sektor Volksbildung wäre dann in unserem Staatsapparat wie folgt gruppiert: Ministerium für Unterricht und Erziehung; Staatsekretariat für Berufsausbildung; Staatliche Kommission für Erwachsenenbildung; Staatliche Kommission für Kunstangelegenheiten; Staatssekretariat für Hochschulwesen".[351]

Gegen den Entwurf gibt es Einwände wegen der Reihenfolge der Arbeitsgebiete und der Benennung der Abteilung, die der Instrukteurabteilung des „Ministeriums des Inneren" nahe kommt. Weiterhin bedürfen die Aufgabengebiete „Reifeprüfung", „Elternseminare" und „Kunstabendschule" einer Klärung, ebenso wie die Frage, ob in den Ländern eine Landesverwaltung für Erwachsenenbildung geschaffen werden soll.[352] Es ist sozusagen alles offen. Wohl um diesen frei fluktuierenden Zustand der Volkshochschule zu beenden, wird den Volkshochschuldirektoren verpflichtend mitgeteilt, dass im Mai 1952 eine Gesamtdirektorenkonferenz Sachsens stattfindet, auf der ein Kollege des Ministerium für Volksbildung der DDR über die zukünftigen Aufgaben der Volkshochschule spricht. Als Schwerpunkte des Referates werden angekündigt:

„1. Umbildung der Abteilung Erwachsenenbildung Berlin in Hauptabteilung „Kulturelle Aufklärungsinstitutionen" (Begriff Erwachsenenbildung ist zu weit gespannt). 2. Gleiche Umbenennung in den Ländern. 3. Landesvolkshochschulen werden als „Schulen für kulturelle Aufklärung" als Institutionen Berlin direkt unterstellt. 4. In den Städten und Kreisen werden je nach Größe Abteilungen oder Referate „Kulturelle Aufklärungsinstitutionen" gebildet. (Besonders diskutieren, da nach unserer Meinung diese Stellen nur die Rolle eine Briefträgers spielen – Direktor 700,-; Referent im Kreis ca. 400,- bis 500,-) 5. Übergabe der Betriebsvolkshochschulen in ihrer gesamten

351 Hauptreferat Volkshochschulen zur Verbesserung der Arbeit der Erwachsenenbildung in der DDR vom 30.1.1952. In: Sächs. HStAD., Bestand LRS, Min. f. Volksb. 1949.
352 Schreiben an den Kollegen Schönian von Herrn Heyde vom 04.02.1952. In: Sächs. HStAD., Bestand LRS, Min. f. Volksb. 1948.

Arbeit an die Betriebe. 6. Volkshochschulen bekommen eng begrenztes Aufgabenge-
biet: a) Gesellschaftswissenschaften; b) Naturwissenschaften; c) Allgemeinbildung; d)
Popularisierung der Wissenschaften durch Einzelvorträge. Schwerpunkte: Auf allen
anderen Gebieten helfen wir (fachliche Qualifizierung). Die Staatsmittel sind in erster
Linie für die Schwerpunkte zu verwenden. 7. Volkshochschulen nachgeordnete
Dienststellen der Dezernate Volksbildung. 8. Volkshochschulen führen auf Wunsch
durch: für das Staatssekretariat für Hochschulwesen die Fachabendschulen (bisher
TAS); für das Staatssekretariat für Berufsbildung die Lehrgänge mit Berufsschulcha-
rakter; für das Ministerium für Arbeit die fachliche Qualifizierung; für zentrale Vor-
stände der Massenorganisationen die methodische und fachliche Qualifizierung von
Kulturfunktionären."[353]

Am 05.05.1952 wird die „Abteilung Erwachsenenbildung" beim Ministerium
für Volksbildung in Berlin nicht wie beabsichtigt in eine „Staatliche Kommission für Erwachsenenbildung", sondern in eine Hauptabteilung „Kulturelle Aufklärungsinstitutionen" umgewandelt. Sie soll der Vereinheitlichung,
Verbesserung und Weiterentwicklung der kulturellen Aufklärungsinstitutionen (Bibliotheken, Volkshochschulen, Kulturhäuser, heimatkundliche und
naturkundliche Museen, Zoologische und Botanische Gärten) dienen.[354] Im
Detail sieht das so aus, dass für alle Abteilungen die Aufgaben festgeschrieben werden. So ist das Ressort „Volkshochschule" zuständig für die Kontrolle der Lehrinhalte und die Anleitung aller Betriebsvolkshochschulen in ihrer allgemeinbildenden und ideologischen Arbeit. Weiterhin hat der Bereich
„Volkshochschule" die systematische, ideologische, methodische Qualifizierung der Dozenten zu sichern und zu kontrollieren sowie die zentralen Rahmenlehrpläne für die Volkshochschulen herauszugeben. Die Betriebsvolkshochschulen werden den Betrieben unmittelbar unterstellt und arbeiten dann
als Bildungszentren der Betriebe unter Anleitung der Werkleitung in enger
Verbindung mit der Kommission für kulturelle Massenarbeit.

> „Die Aufgabe der Volkshochschule ist die Hebung des ideologischen Niveaus und die
> Erweiterung des Allgemeinwissens der Werktätigen auf der Grundlage fortschrittli-
> cher Wissenschaft".[355]

Die Aufgabe des Ressorts „Bibliothekswesens" besteht in der ideologischen
und fachlichen Anleitung aller öffentlichen Bibliotheken, in der ministeriel-
len Anleitung und Kontrolle der Errichtung von Betriebs-, MAS-, Heim- und
Anstaltsbibliotheken, in der Aus- und Weiterbildung der Bibliothekare, in der
Anleitung der Bibliothekarfachschulen, in der Herausgabe von Lehrplänen, in
der Qualifizierung der Lehrkräfte an den Bibliothekarfachschulen, in der Zu-

---

353 Schriftstück des Herrn Schönian vom Referat Volkshochschule VIII/051 vom 04.02.
1952. In. Sächs. HStAD., Bestand LRS, Min. f. Volksb. 1951
354 Verordnung zur Entwicklung und Verbesserung der Arbeit der kulturellen Aufklärungssituation vom 05.05.1952. In: Sächs. HStAD., Bestand LRS, Min. f. Volksb.
1950
355 Verordnung zur Entwicklung und Verbesserung der Arbeit der kulturellen Aufklärungsinstitutionen vom 05.05.1952. In: Sächs. HStAD., Bestand LRS, Min. f. Volksb.,
1907

sammenarbeit mit dem Staatssekretariat für Hochschulwesen. Die ehemaligen Landesvolkshochschulen werden dem Ministerium für Volksbildung der Regierung der DDR, Hauptabteilung „Kulturelle Aufklärungsinstitutionen" direkt unterstellt und in „Schulen für kulturelle Aufklärung" umgewandelt. Sie arbeiten nicht mehr w e bisher nach Richtlinien der Länder sondern denen des Ministeriums für Volksbildung der DDR. Die sogenannten kulturellen Aufklärungsinstitutionen dienen der Ausbildung aller dieser Hauptabteilung unterstellten Einrichtungen der DDR. Der Stellenplan der Hauptabteilung „Kulturelle Aufklärungsinstitutionen" für die Abteilung ,Volkshochschulen' sieht einen Abteilungsleiter mit Sekretärin und vier Hauptreferate vor, die sich gliedern in „Gesellschaftswissenschaften" mit 5 Referenten, in „Literatur/Kunst" mit 2 Referenten, in „Naturwissenschaft/Technik" mit 3 Referenten und in „Organisatorische Arbeit" mit 3 Referenten.[356]

> „Die bisherigen Landesvolkshochschulen werden dem Ministerium für Volksbildung der Regierung der DDR, Hauptabteilung „Kulturelle Aufklärungsinstitutionen" unmittelbar unterstellt und werden in „Schulen für kulturelle Aufklärung" umgewandelt. Die Betriebsvolkshochschulen werden den Betrieben unmittelbar unterstellt. Die Abteilungen bzw. Referate Erwachsenenbildung der Ministerien für Volksbildung der Länder werden in Abteilungen „Kulturelle Aufklärungsinstitutionen" umgewandelt. Die Aufstellung der Struktur- und Stellenpläne erfolgt für die gesamte Deutsche Demokratische Republik einheitlich."[357]

Da die Kulturhäuser und Kulturräume ganz typisch die sogenannten kulturellen Aufklärungsinstitutionen repräsentieren, werden genau für sie Richtlinien herausgegeben, die die künftigen Aufgaben festlegen und die Ausbildung bzw. Qualifizierung der Leiter und hauptamtlichen Mitarbeiter regeln. Die heimat- und naturkundlichen Museen, sofern sie nicht dem Staatssekretariat für Hochschulwesen unterstehen, sollen von den sogenannten Aufklärungsinstitutionen angeleitet und kontrolliert; die Qualifizierung der Mitarbeiter gesichert und „unter Berücksichtigung der Erfahrungen aus der Sowjetunion" umgestaltet werden. Die zoologischen und botanischen Gärten werden direkt angeleitet, kontrolliert und in die kulturelle Aufklärungsarbeit einbezogen.[358]
Aufgrund der neuen Struktur bekommt die Volkshochschule neue Aufgaben übertragen, die eine Verordnung zur „Entfaltung der kulturellen Massenarbeit in Betrieben" vom 03.05.1952 regelt. Die Volkshochschule hat jetzt Kulturfunktionäre für die volkseigenen Betrieben zu qualifizieren. Ihre Zuständigkeit erstreckt sich darüber hinaus auf die Durchführung fachlicher

---

356 Stellenplan der Hauptabteilung „Kulturelle Aufklärungsinstitutionen" im Ministerium für Volksbildung der Deutschen demokratischen Republik. In: Sächs. HStAD., Bestand LRS, Min. f. Volksb. 1948.
357 Verordnung zur Entwicklung und Verbesserung der Arbeit der kulturellen Aufklärungssituation vom 05.05.1952. In: Sächs. HStAD., Bestand LRS, Min. f. Volksb. 1950, S. 1-6.
358 Ebenda, S. 1-6.

Qualifizierungslehrgänge der Werktätigen in Industrie und Landwirtschaft.[359] Eine weitere Richtlinie vom 05.05.1952, die „Verordnung zur Entwicklung und Verbesserung der Arbeit der kulturellen Aufklärungsinstitutionen" nennt für die Volkshochschulen noch drei Arbeitsschwerpunkte:

> „a) Festlegung und Kontrolle der Lehrtätigkeit; b) Sicherung und Kontrolle der systematischen Qualifizierung der Volkshochschuldozenten, insbesondere ideologisch und methodisch; c) Herausgabe von zentralen Rahmenarbeitsplänen und Richtlinien zur organisatorischen Arbeit".[360]

Beabsichtigt wird damit zwar die Hebung des Niveaus der Volkshochschularbeit, jedoch sorgen in praxi die Verordnungsentwürfe für Chaos. Ein sogenannter vertraulicher Schriftverkehr vom 16.07.1952 legt Absprachen für die künftigen strukturellen Veränderungen der nachgeordneter Dienststellen der Abteilung Erwachsenenbildung fest.

> „Es ist bekannt, dass an Stelle der Länderregierungen Bezirksverwaltungen treten werden. Aus diesem Grunde bitten wir das Ministerium für Volksbildung der Deutschen Demokratischen Republik sofort um Entscheidung, welche Regelung hinsichtlich nachgeordneter Dienststellen auf dem Gebiet der Erwachsenenbildung unseres Ministeriums getroffen werden soll. Wir schlagen dazu selbst folgende Regelung vor: Laut der zu erwartenden Regierungsverantwortung über die Aufgaben der Erwachsenenbildung sollen die Landesvolkshochschulen die Funktionen von Schulen der kulturellen Aufklärungsinstitutionen übernehmen und direkt dem Ministerium für Volksbildung unterstellt werden."[361]

Die sogenannten kulturellen Aufklärungsinstitutionen bekommen in Vorbereitung auf die Gebietsreform von 1952 die Aufgabe zugewiesen, Schulungs- und Versammlungsräumen vorzuhalten, damit man dort propagandistische Veranstaltungen durchführen kann. Aus diesem Grund werden Anfang der 1950er Jahre in den fast allen Dörfern und Gemeinden Kulturhäuser gebaut und Kulturräume[362] geschaffen.

> „Durch die Zusammenarbeit aller gesellschaftlichen und kulturellen Organisationen sollte das Kulturhaus zum kulturellen Zentrum werden. Verantwortlich für die Orga-

359 Schreiben von Abteilung VIII/051 Volkshochschulen an Abt. VIII/05 Erwachsenenbildung vom 03.05.1952 zwecks Termin 05.05.1952 Entfaltung der kulturellen Massenarbeit. In: Sächs. HStAD., Bestand LRS, Min. f. Volksb. 1983.

360 Verordnung zur Entwicklung und Verbesserung der Arbeit der kulturellen Aufklärungsinstitutionen" vom 05.05.1952. In: Sächs. HStAD., Bestand LRS, Min. f. Volksb. 1907.

361 Vertrauliches Schreiben vom 16.07.1952 an die Regierung der DDR, Ministerium für Volksbildung. In: Sächs. HStAD., Bestand LRS, Min. f. Volksb. 1907.

362 Anordnung zur Schaffung von Kulturräumen oder Kulturhäusern in den Gemeinden der Deutschen Demokratischen Republik vom 17.03.1952. In: Sächs. HStAD., Bestand LRS, Min. f. Volksb. 1949 und 1907.

nisation und Leitung der Veranstaltungen sind die Kreisvolkshochschule, die FDJ, die DSF, der DFD und der Kulturbund."[363]

Der Aufbau von Kulturräumen und Kulturhäusern findet zeitgleich mit der Ausgliederung der beruflichen Kurse aus der Volkshochschule statt. Die beruflichen Kurse werden den Fachministerien, die Elternseminare dem DFD und die Technischen Abendlehrgänge den Betrieben übertragen. Durch die Transferierung dieser Aufgaben wird die Volkshochschule frei für andere Aktivitäten. Den Freiraum füllt sie mit der Qualifizierung von Kulturfunktionären, die in den neuen Kulturinstitutionen als Führungskräfte gebraucht werden. Anfang der 1950er Jahre gibt es massenhaft Vorschläge, Pläne, Lehrgänge und Aktivitäten, mit denen die kulturpolitische Arbeit verbessert werden soll.[364] Einen Umschwung in der kulturpolitischen Arbeit erfährt 1951 auch die Volkshochschule infolge des 1. Gesamtdeutschen Kulturkongresses.

„Auch die Kunsterziehung in der Erwachsenenbildung ist dazu berufen, das nationale, einheitliche deutsche Erbe der realistischen Leistungen in Kunst und Literatur der Gegenwart den Massen der Werktätigen zu vermitteln. ... die Bevölkerung über die Gefahren des Formalismus aufzuklären. ... auch in der Kunstgeschichte muß eine radikale Umstellung erfolgen und die Wissenschaft des historischen Materialismus angewandt werden. ... Ziel dieser Aufgabe ist es, den Geschmack des Volkes ständig zu entwickeln."[365]

„Es müssen in einer großen Zahl kulturpolitische Lehrgänge eingerichtet werden für Kunstgeschichte, Literaturgeschichte, sowjetische Literatur, Volkskunst Fachlehrgänge für industriell und handwerklich angewandte Kunst, z.B. Möbeltischler, Textilentwerfer, Spielzeugherstellung, keramische Industrie, usw.".[366]

Neben den kulturpolitischen Anweisungen bekommt die Volkshochschule wirtschaftspolitische Anweisungen aus dem sogenannten Fünfjahrplan 1951-1955 erteilt. In den volkseigenen Betrieben und auf dem Land hat sie Unterstützung zu leisten im „Kampf um den Frieden", im Ringen um „die nationale Einheit Deutschlands' und bei der „Erfüllung des Fünfjahrplanes". Die Volkshochschule wird als Institution in nahezu allen politischen Aktionen des DDR-Systems verankert. Der Fünfjahrplan gilt als Richtlinie für die gesamte Volkshochschularbeit. Ihre Arbeit erfährt darin eine weitere Modifizie-

363 Verordnung über die weitere Verbesserung der Arbeits- und Lebensbedingungen der Arbeiter und Angestellter und die Rechte der Gewerkschaften vom 10.12.1953. In: GBl. Nr. 129 vom 11.12.1953, S. 1219.

364 Plan zur Entfaltung der kulturellen Massenarbeit durch die Volkshochschulen des Landes Sachsen vom 06.06.1951. In: Sächs. HStAD., Bestand LRS, Min. f. Volksb. 2076.

365 Aufruf der Landesvolkshochschule Meißen-Siebeneichen vom 29.04.1951 über die Aufgaben der Volkshochschulen des Landes Sachsen im Kampf gegen den Formalismus in Kunst und Literatur, für eine fortschrittliche deutsche Kultur. In: Sächs. HStAD., Bestand LRS, Min. f. Volksb. 1970.

366 Auswertung des 1. Gesamtdeutschen Kulturkongresses Leipzig 1951 vom 01.06.1951. In: Sächs. HStAD., Bestand LRS, Min. f. Volksb. 2076.

rung durch einen ideologischen, kulturellen und fachlichen Qualifizierungs-
auftrag.[367] Die Volkshochschule soll ihre TeilnehmerInnen an die Politik der
DDR heranzuführen und sie zur Mitarbeit an der neuen gesellschaftlichen
Ordnung befähigen. Fortan wird die Volkshochschularbeit durch Kulturein-
flüsse der Sowjetunion, die russische Sprache und das sogenannte „fortschrittliche" Kulturerbe des deutschen Volkes bestimmt. Politisches Ziel ist
die Entfaltung einer sogenannten „neuen fortschrittlichen, einheitlichen deutschen Kultur", die man durch Selbstbetätigung der Werktätigen in Kunst und
Kultur erreichen will. Dazu werden gesonderte betriebliche Maßnahmen eingeführt. Das sind systematische, gestufte, langfristige Schulungen nach Berufsbildern, einschließlich Zwischen- und Abschlussprüfungen mit Zeug-
niserwerb sowie Sonderlehrgänge für sogenannte „Brigadiere", „Aktivisten"
und Meister. Dieser Auftrag erfordert für die Volkshochschule die Etablierung anderer, neuer Institutionalformen, wie Abendoberschulen und Techni-
kerabendschulen (TAS). Hinzu kommt, dass diese neuen Institutionalformen
auch ausgebildetes pädagogisches Personal benötigen. Weil das aber nicht
vorhanden ist, werden als Dozenten die betrieblichen Meister, die sogenannten „Aktivisten" und die restliche betriebliche Intelligenz herangezogen.
Auch „Nationalpreisträger", „Helden der Arbeit" und „Verdiente Aktivisten"
kommen zum Einsatz. Sie führen Gastlektionen und Konsultationen durch.
Die fachliche Kompetenz der letztgenannten Personengruppen ist nicht einzuschätzen. Sie erklärt allerdings den hohen Anteil von Dozenten ohne pädagogischen Abschluss in den Statistiken der 1950er Jahre.

Die Arbeitsschwerpunkte auf dem Land sind in diesen Jahren die Ver-
mittlung der Lehren der sowjetischen Biologen Mitschurin und Lyssenko.
Zur Vorbereitung der Dozenten wird ein zentraler, einheitlicher Mitschurin-
lehrgang vom 01.03.-15.05.1951 in Meißen-Siebeneichen eingerichtet. Die
Dozenten sollen als Multiplikatoren DDR-weit wirken. Die Wirtschaft der
DDR benötigt dringend neue und verbesserte Pflanzensorten und Viehrassen
mit erheblich höheren Leistungen, besserer Futterverwertung, rascherem
Wachstum, früherer Reife, größerer Fruchtbarkeit und höherer Widerstands-
fähigkeit, die gegenüber Seuchen, Ungeziefer, Hitze, Kälte, Dürre und
Feuchtigkeit resistent sind. Zu diesen „Mitschurinzirkeln" werden die sogenannten „fortschrittlichsten, fachlich und politisch qualifiziertesten werktätigen Bauern, Jugendfreunde, Agronomen und Aktivisten der MAS" delegiert.[368]

Trotz der Vielzahl an politischen Aktivitäten bleibt nach Meinung der
SED der ideologische Einfluss der Volkshochschule auf die Bevölkerung un-
befriedigend. Der Grund zur Sorge scheint so groß zu sein, dass sich Ende

---

367 Die nächsten Aufgaben der Volkshochschule des Landes Sachsen, in den Betrieben
und auf dem Lande, ohne Datum. In: Sächs. HStAD., Bestand LRS, Min. f. Volksb.
2071.
368 Die nächsten Aufgaben der Volkshochschule des Landes Sachsen, in den Betrieben
und auf dem Lande, ohne Datum. In: Sächs. HStAD., Bestand LRS, Min. f. Volksb.
2071.

des Jahres 1951 das Sekretariat der SED-Bezirksleitung Leipzig „streng vertraulich" mit den Mängeln der ideologischen und organisatorischen Arbeit der Volkshochschulen befasst und Konsequenzen androht.[369]

> „Die Verbreitung der marxistisch-leninistischen Lehre wird nicht intensiv genug bei gleichzeitiger Überwindung feindlicher Ideologien geführt. Die Auswertung von Stalins Arbeit in den Sprachwissenschaften ist ungenügend. Schwächen gibt es in den Lehrgängen Sprachen, Kulturpolitik sowie Kunst und Literatur. Eine Reihe von Dozenten wird entlarvt und aus dem Unterricht entfernt. In den beruflich qualifizierenden Kursen sind die Dozenten zwar fachlich gut geeignet, aber ihr politisches Niveau und ihre pädagogischen Kenntnisse entsprachen nicht den gesellschaftlichen Anforderungen. Es wird nicht genügend Sorgfalt bei der Auswahl der Dozenten geübt. Der Unterricht wird mangelhaft angeleitet und überwacht."[370]

Zum Jahresbeginn 1952 veröffentlicht die Abteilung Erwachsenenbildung einen mit „ideologischen Schwächen" überfrachteten Jahresbericht. Sehr heftig wird der Arbeitsbereich „Büchereiwesen" kritisiert, der es trotz Einsatz von Instrukteurbrigaden nicht geschafft hat, die „bürgerlichen Tendenzen des Objektivismus, des Kosmopolitismus und des Neutralitätsstandpunktes" zu überwinden. Obwohl massenhaft Bücher ausgesondert und „348.520 neue Bände angeschafft" sind und in den Gesamtbestand immerhin „35% Sowjetliteratur" eingehen, wird das Ergebnis als unakzeptabel eingeschätzt. Im Büchereiwesen kündigt man daraufhin eine generelle Personenüberprüfung sowie eine straffere Auswahl der Teilnehmer an Bibliothekarlehrgängen an.[371] Grotesk sind auch Inhalte von Berichten aus anderen Institutionen. Die Dauerstreitigkeiten der Volkshochschule mit dem FDGB verdichten sich in der Form, dass sich der FDGB von der Volkshochschule reglementiert fühlt. Die Volkshochschule wiederum wirft dem FDGB mangelnde Verantwortung für „Kunstangelegenheiten" und „Laienkunst" vor und bemängelt seine Nichtbeteiligung an den III. Weltfestspielen.[372] Sie beklagt auch die mangelnde „Wissenschaftlichkeit" seines Unterrichts. Die Vorwürfe der Volkshochschule beantwortet der FDGB mit einem Arbeitsplan für kulturelle Massenarbeit, indem er die Zusammenarbeit des Vortragswesen, der Massenorganisationen, der Produktionspropaganda, der KdT, der FDJ, der DSF, der Betriebsbibliotheken, der Volkskunstarbeit und der Kulturstätten reglementiert.[373]

---

369 Vorlage für das Sekretariat vom 18.12.1951. In: Sächs. HStAD., Bestand LRS, Min. f. Volksb. 1949.
370 Vorlage für das Sekretariat vom 18.12.1951, S. 1-17. In: Sächs. HStAD., Bestand LRS, Min. f. Volksb. 1949.
371 Jahresbericht 1951 der Abteilung Erwachsenenbildung vom 07.01.1952. In: Sächs. HStAD., Bestand LRS, Min. f. Volksb. 2007.
372 Stellungnahme zur Arbeit der Abteilung Kultur beim FDGB Landesvorstand Sachsen vom 18.01.1952. In: Sächs. HStAD., Bestand LRS, Min. f. Volksb. 2098.
373 Entwurf eines Arbeitsplanes für kulturelle Massenarbeit (Februar/März 1952) vom FDGB, Landesverband Sachsen, Abteilung kulturelle Massenarbeit vom 28.01.1952. In: Sächs. HStAD., Bestand LRS, Min. f. Volksb. 2098.

Am Kampf gegen die „ideologischen Schwächen" beteiligen sich auch die Landesvolkshochschulen. Sie organisieren Erfahrungsaustausche und benennen „Zentrale Schulungskommissionen" in der DDR. Nach Meinung der Landesvolkshochschulen ist „die Frage der Kader von entscheidender Bedeutung", um die besagten „ideologischen Schwächen" zu beseitigen. Daher soll an jeder Landesvolkshochschule ein stabiler „wissenschaftlich" qualifizierter Dozentenkörper geschaffen werden, dessen Mitglieder als „wissenschaftliche Mitarbeiter" zu betrachten sind. Bei Dozentenschulungen soll die sogenannte „Wissenschaftlichkeit" durch das Studium des Marxismus-Leninismus und der Sowjetpädagogik sowie durch Erfahrungsaustausche erzielt werden. Auf Grund der Verantwortung, die wissenschaftliche Mitarbeiter im Landesmaßstab tragen, sind sie bei entsprechender Qualifikation den Direktoren der Kreisvolkshochschulen in ihrer Gehaltseinstufung gleichzustellen. Hervorragende Leistungsträger bekommen Einzelarbeitsverträge.[374]

Auch die sogenannte „demokratische" Öffentlichkeit ist für den „Kampf gegen ideologische Schwächen" mobilisiert. Sie übt Kritik an der Arbeit des Ministerium für Volksbildung des Landes Sachsen. In den großen Tageszeitungen ‚Neues Deutschland', ‚Tribüne', ‚Leipziger Volkszeitung' und im „Frischen Wind' wird das Ministerium für Volksbildung des Landes Sachsen wegen *einer* falschen Gehaltsüberweisung und *einer* verspäteten Prämienzahlung öffentlich an den Pranger gestellt.[375] Hinter allen diesen lancierten propagandistischen Aktionen versteckt sich die Absicht, die bisherigen intermediären Institutionen auszuschalten. Die Bevölkerung wird mit banalen Informationen über sogenannte „ideologische Schwächen" auf die Auflösung der Länderstrukturebenen vorbereitet, ihr stillschweigendes Einverständnis wird vorausgesetzt. Naheliegend ist die Vermutung, dass alles auf die bevorstehende Gebietsreform 1952 hinzielt.

In die Rubrik der lancierten „ideologischen Schwächen" gehört ein Schreiben des Direktors der Volkshochschule Chemnitz mit der Frage: „Entspricht die gegenwärtige Struktur und der ideologische Zustand der Volkshochschulen den zu lösenden Aufgaben?" Nach genereller Beanstandung der Volkshochschularbeit an der Wirtschaftsplanerfüllung folgt Kritik am Ministerium für Volksbildung und die Erkenntnis, dass sich die Volkshochschulen in den Ländern zum „Mädchen für alles" entwickeln und die Aufgaben von Institutionen übernommen haben, die sie selbst nicht oder nur schlecht durchführen. Nach Meinung des Briefschreibers steht die Existenz der Volkshochschule zur Disposition, und deshalb müsse die Daseinsberechtigung der Volkshochschule geprüft werden.[376] Sein Antrag jedoch ist zum Scheitern

374 Bericht über den Erfahrungsaustausch der Landesvolkshochschulen der DDR am 02./03.02.1952. In: Sächs. HStAD., Bestand LRS, Min. f. Volksb. 1984.

375 Schreiben an die Kanzlei des Ministerpräsidenten vom 16.02.1952 betreffs: Vorlage zum Punkt der Tagesordnung für die Ministerratssitzung am 21.02.1952. In: Sächs. HStAD., Bestand LRS, Min. f. Volksb. 1983.

376 Abschrift: Entspricht die gegenwärtige Struktur und der ideologische Zustand der Volkshochschulen noch den zu lösenden Aufgaben? Vom Direktor der VHS Chem-

verurteilt, weil die Daseinsberechtigung der Volkshochschule durch den Befehl Nr. 22 und den Befehl Nr. 5 der SMAD geregelt ist.

Zum Thema „ideologische Schwächen" melden sich auch vier Volkshochschuldirektoren aus Zwickau. Sie fragen an, ob eine „Neuordnung in der Erwachsenenbildung notwendig"?[377] sei. Eine Aussprache mit dem Abteilungsleiter für Erwachsenenbildung beim Ministerium für Volksbildung der DDR offenbart, dass „Strukturfragen der gesamten Erwachsenenbildung durch eine neue Regierungsvero-dnung" gelöst werden sollen. Diese neue Regierungsverordnung wird für die Volkshochschulen die „Durchführung des Minimalprogramms" vorschreiben.[378]

Da mit der zu erwartenden Gebietsreform die Landesvolkshochschulen direkt dem Ministerium für Volksbildung der DDR unterstellt werden sollen, hätten zwangsläufig auch die Instrukteurbrigaden direkt dem Ministerium für Volksbildung unterstellt werden müssen, zumal in Sachsen und Sachsen-Anhalt, weil dort die Instrukteurbrigaden an die Landesvolkshochschule angeschlossen sind, wovon man sich für die Zukunft einen Prestigegewinn erhofft. Die Instrukteurbrigaden „werden künftig den Auftrag als pädagogische Berater in den Kreisen haben." Als nicht günstig beurteilt wird, dass sich das Institut für Erwachsenenbildung Leipzig, „nachdem es seit einem halben Jahr seine Arbeit wieder aktiv aufgenommen hat", starke Verbindung nach Sachsen-Anhalt sucht, wo doch in der Landesvolkshochschule Sachsen (Meißen-Siebeneichen) große Erfahrungen bestehen.[379] Eine sogenannte „weitere Demokratisierung der Verwaltung" bedeutet für die DDR, „an die Stelle der Länderregierungen treten Bezirksverwaltungen".[380] Laut Aktenlage zur Neustruktur der Länder soll jeder Kreis eine Außenstelle der Volkshochschule einrichten, die die Grundlage einer später zu bildenden Kreisvolkshochschule ist. Die Landesvolkshochschulen bleiben bis zur Übernahme von Berlin zunächst dem jeweiligen Bezirk unterstellt.

> „In Berlin vertritt man die Meinung, dass man mit den durchzuführenden Maßnahmen nicht gleich weittragende strukturelle Veränderungen der nachgeordneten Dienststellen vornehmen soll, um die Situation nicht komplizierter zu machen. Man soll die

nitz, H. Lachmann, ohne Datum, abgelegt im Frühjahr 1952. In: Sächs. HStAD., Bestand LRS, Min. f. Volksb. 2008.

377 Neuordnung der Erwachsenenbildung notwendig? Mit dem handschriftlichen Vermerk vom 07.03.1952 „Vorlage wird nach Diskussion mit den unterzeichnenden Kollegen nicht abgesandt.' In: Sächs. HStAD., Bestand LRS, Min. f. Volksb. 1949.

378 Aussprache mit dem Kollegen Zahn, Abteilungsleiter für Erwachsenenbildung beim Ministerium für Volksbildung der DDR, vom 04.06.1952. In: Sächs. HStAD., Bestand LRS, Min. f. Volksb. 1949.

379 Ebenda, S. 2.

380 Strukturelle Veränderungen der nachgeordneten Dienststellen der Abteilung Erwachsenenbildung des Landes Sachsen vom 16.07.1952. In: Sächs. HStAD., Bestand LRS, Min. f. Volksb. 1907.

nachgeordnete Dienststelle ‚Instrukteurbrigade' der Landesvolkshochschule übertragen, und eine Neuregelung dann später vornehmen".[381]

Neben den administrativen organisatorischen Absprachen beginnt 1950 intern verstärkt eine Kontroll- und Überwachungstätigkeit in den Volkshochschulkursen. Die externe Kontrolltätigkeit der Instrukteure findet zusätzlich statt. Diese Indikatoren lassen eine Entwicklung der Volkshochschule auf einen Tiefpunkt hin vermuten.

> „Zur Überprüfung des Unterrichts ist von Bedeutung, dass der Unterricht von innen heraus kontrolliert und überwacht wird. Kommissionen und Inspekteure können nie die Aufgabe erfüllen, eine rasche und übersichtliche Kontrolle zu gewährleisten. Außerdem werden sie nie einen tatsächlichen Gesamtüberblick erhalten. Es ist daher erforderlich, dass die fortschrittlichen Kräfte der Hörer, insbesondere die Jugend (FDJ) zum Unterricht Stellung nimmt und den Dozenten charakterisiert. Hörervertretungen sind deshalb eine entscheidende Aufgabe, wenn es sich um tatsächlich fortschrittliche Kräfte handelt. Eine Überprüfung des Unterrichts muß in erster Linie in den Gesellschaftswissenschaften und den Gesellschaftswissenschaften verwandten Fächern erfolgen."[382]

In der Volkshochschule vollzieht sich die Herauslösung der beruflich-fachlichen Qualifizierung und deren Übergabe an die Betriebe zum Herbstsemester 1952/53.[383] Von Seiten der Volkshochschule befürchtet man allerdings eine damit im Zusammenhang stehende Mittelkürzung im Haushaltsplan 1952 und einen Rückgang der Hörerzahlen. Das Volksbildungsministeriums beschwichtigt die Ängste, denn alle Personen, die sich in irgendeiner Weise kulturell betätigten, werden im Volkswirtschaftsplan abgerechnet.

> „Minister Wandel erklärte, dass sich die Hörerzahlen im Volkswirtschaftsplan nicht nur aus den Hörern der Volkshochschule zusammensetzen, sondern diese Zahl umfaßt die Erwachsenenbildung allgemein, z.B. Besuche von Museen, Ausstellungen, Besucher von populärwissenschaftlichen Veranstaltungen usw."[384]

Bereits in den Jahren 1950/1951 entstehen in der DDR 92 selbstständige betriebliche Bildungseinrichtungen, indem die Außenstellen der Volkshochschulen und die Betriebsvolkshochschulen den Werkleitungen der Betriebe unterstellt werden (vgl. Schneider 1988, S. 54). In der volkseigenen Maxhütte, den Zeiss-Werken Jena und im Betrieb „BMW" in Eisenach werden die

---

381 Aussprache mit Kollegen Zahn, Abt.ltr. Erwachsenenbildung im Ministerium für Volksbildung der DDR, vom 21.07.1952. In: Sächs. HStAD., Bestand LRS, Min. f. Volksb. 1907.

382 Protokoll einer Besprechung des Herrn Heyde vom Ministerium für Volksbildung Sachsen mit dem Minister Holtzhauer vom Ministerium für Volksbildung der DDR am 06.02.1950. In: Sächs. HStAD., Bestand LRS, Min. f. Volksb. 2079.

383 Schreiben vom Instrukteur Schuster an das Ministerium für Volksbildung der DDR Kollegen Däbritz vom 07.02.1952. In: Sächs. HStAD., Bestand LRS, Min. f. Volksb. 1951.

384 Aktennotiz über die Besprechung am 08.02.1952 im Ministerium für Volksbildung, Berlin mit den Kollegen Zahn, Kühne und Däbritz vom 09.02.1952. In: Sächs. HStAD., Bestand LRS, Min. f. Volksb. 1924.

ersten selbstständigen Betriebsvolkshochschulen in Thüringen eingerichtet.[385] Während dieser Zeit hat die Volkshochschule ihren höchsten bildungspolitischen Stellenwert, da sie berufliche Fachkurse durchführt, die bis dahin dem FDGB unterstellt sind. Dabei kommt es bisweilen zu Kompetenzstreitigkeiten zwischen dem FDGB und den Volkshochschulen. Der FDGB fordert spezielle Fachlehrgänge für die Arbeiterschaft, insbesondere um Hilfsarbeiter und Angelernte zu qualifizieren. Vom Ministerium für Volksbildung wird dem fachlichen Qualifizierungsanliegen des FDGB ein ideologisches Schulungskonzept entgegengestellt.

> „Es ist jedoch anzustreben und in den Vereinbarungen festzulegen, dass die Fachkurse sich nicht auf die Darstellung eng begrenzter fachlicher Fragen beschränken, sondern diese stets im Zusammenhang mit den wissenschaftlich-kulturellen und politischen Problemen behandeln. Wo dies aus personellen oder sachlichen Gründen in einem Lehrgang nicht gewährleistet ist, sollte der Pflichtbesuch eines zweiten politischen oder wissenschaftlichen Lehrgangs gefordert werden."[386]

Mehrfach wechselt die Zuständigkeit für die betriebliche Bildung, ohne dass eine befriedigende Lösung gefunden wird. Die Arbeitsteilung zwischen dem FDGB und der Volkshochschule besteht darin, dass die BGL die systematische, stufenweise fachliche Schulung und die allgemeinbildenden Lehrgänge organisieren und die TeilnehmerInnen erfassen. Die Volkshochschulen sind mit den betrieblichen Organen verantwortlich für die Erstellung der auf Berufsbildern der neuen Berufsausbildung basierenden Stoffpläne und die Durchführung der schulischen Lehrgänge. Im Gegenzug werden alle in den Betrieben laufenden allgemeinbildenden Lehrgänge in die Volkshochschule überführt. Der FDGB organisiert das Vortragswesen, für das die Referenten gemeinsam mit dem Kreisausschuss für die Kulturarbeit in den Betrieben, auf dem Lande und in den Volkshochschulen auszuwählen sind. Weiterhin organisiert der FDGB sogenannte „Kowaljow-Aktivisten-Schulungen", um die Entwicklung rationeller Arbeitsmethoden, Verbesserungsvorschläge und Erfindungen zu verbessern. Die Schulungsarbeit in den Betrieben und die „kulturelle Massenarbeit" regeln im gegenseitigen Einvernehmen die Schulungs- und die Kulturkommission der BGL.[387] Dem „Dauerstreit" zwischen dem FDGB und der Volkshochschule setzt 1953 die „Verordnung über die Ausbildung und Qualifizierung der Arbeiter in volkseigenen und ihnen gleichge-

385 Verstärkung der Volkshochschulen im Betrieb und auf dem Lande. In: Das Volk. Ausgabe Jena. 5 (1950-08-15) 188, S. 5.
386 Schreiben des Ministeriums für Volksbildung der DDR an das Ministerium für Volksbildung des Landes Sachsen vom 25.01.1950 zum Betreff Fachkurse der Gewerkschaften an den Volkshochschulen. In: Sächs. HStAD., Bestand LRS, Min. f. Volksb. 2000.
387 Vgl. Richtlinien für die Arbeit der Volkshochschulen des Landes Sachsen in den Betrieben in Zusammenarbeit mit dem FDGB vom 27.03.1951. In: Sächs. HStAD., Bestand LRS, Min. f. Volksb. 2071.

stellten Betrieben"[388] ein Ende. Die Zuständigkeit für die Ausbildung und Qualifizierung der Arbeiter geht an die Betriebe, und das Ministerium für Arbeit regelt fortan Grundsatzfragen der Ausbildung und Qualifizierung. Mit dieser Verordnung wird einerseits der Volkshochschule die Zuständigkeit für berufliche Qualifizierungsmaßnahmen abgesprochen. Daher bedeutet die Verordnung eine tiefgreifende Zäsur in der Entwicklung der Volkshochschule, weil sich ihr Aufgabenbereich stark einschränkt. Einige Volkshochschulvertreter sahen bereits im Vorfeld der Übergabe der beruflich-qualifizierenden Kurse das Ende der Volkshochschularbeit, weil die berufliche Qualifizierung den größten Anteil in ihrer bisherigen Arbeit ausmachte. Andererseits wird durch diesen Institutionalisierungsprozess die berufliche Erwachsenenbildung auf ein höheres Niveau gehoben, weil am 05.03.1953 die Betriebsvolkshochschulen in „Technische Betriebsschulen" umgewandelt werden.[389] Die „Technischen Berufsschulen" haben ab sofort Qualifizierungsmaßnahmen zur Vorbereitung neuer beruflicher Tätigkeiten bis zur Ausbildung in einem neuen Beruf zu gewährleisten.[390] Dadurch, dass 1952 die berufliche Erwachsenenbildung den zuständigen Fachministerien übertragen wird, haben nun die „Technischen Betriebsschulen" die Verantwortung für volkswirtschaftlich notwendige Maßnahmen zur Aus- und Weiterbildung.[391] Mit dem Entstehen „Technischer Betriebsschulen", vor allem aber mit der Durchführung des „Technischen Minimums"[392], wird erstmals der direkte Einfluss sowjetischer Organisationsformen auf die Struktur der Erwachsenenbildung in der DDR sichtbar. Da einige Jahre später die Volkshochschule zu einer „Abendschule für Erwachsene" nach sowjetischem Muster umgewandelt und zeitgleich eine Gesellschaft zur Verbreitung wissenschaftlicher Kenntnisse in Anlehnung an die gleichnamige sowjetische Einrichtung aufgebaut wird, kann man vom „Beginn der Sowjetisierung der Erwachsenenbildung in der DDR" (Siebert 1970, S. 81) sprechen.

Für die Volkshochschule geht nach der Gebiets- und Verwaltungsreform 1952 das abwechslungsreiche Dasein weiter. Sie wird zum Spielball unterschiedlicher Interessen, ehe sie für einige Zeit in der Bedeutungslosigkeit versinkt. Zwar bleibt sie zunächst dem Ministerium für Volksbildung zugeordnet, allerdings nur im Abteilungsstatus des „Ressorts Erwachsenenbildung". Neben der Volkshochschule führen weitere Institutionen (Betriebsvolkshochschulen und Kreisvolkshochschulen) Erwachsenenbildungsmaßnahmen durch. Daneben existiert ein Netz von nichtinstitutionalisierten Maßnahmen (Oberschullehrgänge, Technische Abendlehrgänge, Fachlehrgänge,

---

388 Verordnung über die Ausbildung und Qualifizierung der Arbeiter in den volkseigenen und ihnen gleichgestellten Betrieben vom 05.03.1953. In: GBl. Nr. 33 vom 12.03.1953, S. 406ff.
389 Ebenda, S. 406-408.
390 Ebenda, S. 407.
391 Ebenda, S. 406ff.
392 Technisches Minimum ist das Maß an Kenntnissen, das ein Arbeiter erwerben muß, um sich für eine höhere Lohngruppe zu qualifizieren.

Qualifizierungsmaßnahmen auf dem Land und in Betrieben), die ebenfalls der Weiterbildung dienen Analog zu den Institutionen und Initiativen sind gleichnamige Referate in der Abteilung Erwachsenenbildung des Ministeriums für Volksbildung Berlin eingerichtet worden, woran man die hohe gesellschaftliche Bedeutung von Qualifizierungsinitiativen ermessen kann.

Infolge der Verwaltungsreform entsteht für die Volkshochschulen eine völlig neue Situation, weil die Länder der DDR und damit zugleich auch die Volksbildungsministerien aufgelöst werden.[393] Die einzelnen Länder bewahrten sich bis dahin eine gewisse Eigenständigkeit aufgrund ihrer regionalen Unterschiede. Dieser begrenzte Kulturföderalismus ist jetzt beendet. Der Prozess der Vereinheitlichung und Zentralisierung des Bildungswesens beschleunigt sich. Entscheidende Veränderungen treten ein, als am 07.01.1954 in der DDR ein eigenes Ministerium für Kultur gebildet wird, dem die Volkshochschule zugeordnet ist.[394]

> „Dieses Ministerium, das unter der Leitung des Stalinpreisträgers J. R. Becher steht, hat eine umfassende gesamtdeutsche Aufgabe. Diese gesamtdeutsche Aufgabe muß in alle Dörfer getragen werden, wobei die LPG ... und Schulen zu Schwerpunkten erklärt werden müssen. Es gilt mehr denn je, unser bestes Kulturgut in die Dörfer zu tragen, damit auch vom Dorf aus ein neuer Impuls ausgeht, für die Verständigung aller deutschen Patrioten zu kämpfen".[395]

Mit diesem Tag stellt die Abteilung Erwachsenenbildung des Ministeriums für Volksbildung ihre Arbeit ein. Für das Volkshochschulwesen ist nunmehr das Ressort „Kulturelle Massenarbeit" zuständig. Der Wechsel der Volkshochschule zum Ministerium für Kultur dient dem Zweck, im Rahmen der sogenannten „sozialistischen Kulturrevolution in der DDR" das Bildungs- und Kulturniveau der Bevölkerung zu erhöhen. In diesen Prozess ist die Volkshochschule einbezogen und zuständig für die Erhöhung der Allgemeinbildung. Die Umsetzung der Regierungsverordnung von 1954 wird in unterschiedlichen Gremien debattiert. Berichtet wird von aktionistischen Konferenzen der Kulturschaffenden, von Brigadeeinsätzen, von Buchbesprechungen, von Filmvorführungen („Der Vorführer war in einem Falle betrunken", steht wörtlich im Protokoll), von Theateraufführungen, von Laienspiel u.a.[396] Eine Geringschätzung der Volkshochschularbeit, die sich im Ministerium für Kultur fortsetzt, zeichnet sich schon seit 1950 ab. Die Volkshochschule ver-

---

393 Gesetz über die weitere Demokratisierung des Aufbaus und der Arbeitsweise der staatlichen Organe in den Ländern der Deutschen Demokratischen Republik. In: GBl. Nr. 99 vom 23.07.1952, S. 613.

394 Verordnung über die Bildung eines Ministeriums für Kultur der deutschen Demokratischen Republik. In: GBl. Nr. 5 vom 12.01.1954, S. 25.

395 Ratsvorlage vom 06.06.1954 für Rat des Bezirkes Dresden: Berichterstattung und Diskussion über die Erfüllung der Aufgaben nach der Bildung eines Ministeriums für Kultur in der Gemeinde See. In: Sächs. HStAD., Bestand Bezirkstag, Rat des Bezirkes Dresden 2/1557.

396 Protokoll über die 90. Sitzung des Rates des Bezirkes Dresden am 11.06.1954. In: Sächs. HStAD., Bestand Bezirkstag, Rat des Bezirkes Dresden 2/1557.

liert mehr und mehr ihre dominierende Rolle in der Erwachsenenbildung der DDR. Hingegen rücken die betrieblichen Bildungsinstitutionen und die gesellschaftlichen Organisationen stärker in das bildungspolitische Interesse.

Hierzu zählt auch die neu gegründete „Gesellschaft zur Verbreitung wissenschaftlicher Kenntnisse" (GwK) im Juni 1954. Mit ihrer Etablierung wird ein nicht zufälliges Exempel statuiert. Der neuen Gesellschaft überträgt man mit Beginn des Lehrjahres 1955/56 das gesamte populärwissenschaftliche Vortragswesen, was automatisch der Volkshochschule entzogen wird. Dieser Prozess verläuft ganz offiziell und planmäßig.

> „Die Volkshochschulen führen ihre geplanten Einzelvorträge und Vortragsreihen bis Ende des 2. Semesters 1954/55 weiter durch. Dabei ist eine weitgehende Zusammenarbeit und Koordinierung dieser Vortragstätigkeit mit der Gesellschaft zur Verbreitung wissenschaftlicher Kenntnisse, dem Kulturbund zur demokratischen Erneuerung Deutschlands und den demokratischen Massenorganisationen notwendig."[397]

Die Argumentation für den Entzug des Aufgabenbereiches ist die Entlastung der Volkshochschule von organisatorischen und verwaltungstechnischen Aufgaben, die viel Zeit beanspruchen. Die Volkshochschulmitarbeiter selbst sind froh, von dieser immensen organisatorischen Arbeit entlastet zu werden. Eine DDR-Interpretation ist, „dass die Volkshochschule, trotz ihres gut ausgebauten Apparates nicht imstande war, als einzelne Institution die neuesten Erkenntnisse der Wissenschaft zu vermitteln und gleichzeitig das allgemeine Bildungsniveau aller Werktätigen erhöhen zu helfen" (Emmerling 1958, S. 91). Richtiger ist wohl, dass die VHS politisch-ideologisch nicht so wirkt, wie sich das die führenden Ideologen und Bildungspolitiker vorstellen. Für den Aufbau der Gesellschaft zur Verbreitung wissenschaftlicher Kenntnisse nutzt man die Ressourcen der Volkshochschulen. Diese Hilfeleistung wird vom Staatssekretär angeordnet.

> „Den Kreissekretariaten der Gesellschaft zur Verbreitung wissenschaftlicher Kenntnisse ist für ihre Arbeit in den Sekretariaten der Volkshochschule ein Raum zur Verfügung zu stellen. ... Die technischen Kräfte der Volkshochschulen sind ebenfalls für Arbeiten, die sich auf die Vorbereitung und Durchführung des populärwissenschaftlichen Vortragswesens beziehen, der Gesellschaft zur Verbreitung wissenschaftlicher Kenntnisse mit zur Verfügung zu stellen. ... Sofern die Volkshochschule über einen PKW verfügt, ist dieser der Gesellschaft zur Verbreitung wissenschaftlicher Kenntnisse zur Beförderung der Referenten zur Verfügung zu stellen. ... Die Leitungen der Volkshochschule beantragen gemeinsam mit den Kreisvorständen der Gesellschaft zur Verbreitung wissenschaftlicher Kenntnisse die Erhöhung des Treibstoffkontingentes für den Personenkraftwagen der Volkshochschule. ... Für das Jahr 1955 werden die technischen Kräfte, die Kraftfahrer, die Kraftfahrzeuge sowie Inventar und Räumlich-

---

397 Anweisung an die Abteilungen für Kultur bei den Räten der Bezirke und Kreise über die Zusammenarbeit zwischen den Volkshochschulen der DDR und der Gesellschaft zur Verbreitung wissenschaftlicher Kenntnisse. In: Verfügungen und Mitteilungen des Ministeriums für Kultur, Nr. 9 vom 01.07.1955.

keiten der Volkshochschule der Gesellschaft zur Verbreitung wissenschaftlicher Kenntnisse kostenlos zur Verfügung gestellt."[398]

Die Unterstützung durch die Volkshochschule erfolgt in der Weise, dass in die Geschäftsstelle ein zweiter Schreibtisch gestellt wird, an dem der Kreissekretär der Gesellschaft zur Verbreitung wissenschaftlicher Kenntnisse seinen Arbeitsplatz bekommt. Inhaltlich kümmert der Sekretär sich nun um die Einzelvorträge und Vortragsreihen und der Direktor der Volkshochschule um die übrigen Kurse. Nach einer längeren Anlaufphase bekommt der Vorsitzende der Gesellschaft zur Verbreitung wissenschaftlicher Kenntnisse eine eigene Geschäftsstelle und nimmt die Vorträge/Reihen mit, die seinen künftigen Arbeitsinhalt ausmachen. Diese Transformation verläuft völlig reibungslos, weil die Volkshochschulakteure froh sind, von dem organisatorischen Zeitaufwand befreit zu sein. Der Anlass der Gründung einer solchen Organisation ist der Vorwurf an die Volkshochschule von Seiten der SED-Führungsspitze, ihren vermeintlichen „Erziehungsauftrag" nicht genügend wahrzunehmen. Daher wird eine neue Institution gegründet, die als Propagandaorgan der SED fungiert.

Bemerkenswert ist, dass sich der sozialistische Staat durch die Schaffung einer neuen Massenorganisation seinen ideologischen Einfluss sichert und gleichzeitig der Volkshochschule freie Kapazitäten verschafft für die Übernahme weitreichender anderer Aufgaben. Die Volkshochschulen bekommen den Erziehungsauftrag, „den Menschen ihre neue Stellung in der sozialistischen Gesellschaft bewusst werden zu lassen, und sie zum aktiven Handeln zu führen" (Emmerling 1958, S. 92). Diese Argumentation wertet die Volkshochschule in ihrer Bedeutsamkeit auf, obwohl sie ihre dominierende Rolle in der Erwachsenenbildung bereits verloren hat. Die Volkshochschule in der DDR pendelt zwischen ideologischer Unzuverlässigkeit und gesellschaftlicher Bedeutsamkeit.

Bereits am 11.01.1955 wird die Volkshochschule in einem Papier der Landesvolkshochschule Meißen-Siebeneichen, das „Gedanken zur Verbesserung der Volkshochschularbeit"[399] formuliert, als die stabilste Institution bezeichnet. Ihre künftige Aufgabe will man in der Popularisierung wissenschaftlicher Kenntnisse sehen. Die „Volkshochschule nimmt Anteil an der kulturell-erzieherischen Funktion des Staates, die in Bezug auf die systematische Erziehungs- und Bildungsarbeit von keiner anderen Institution wahrgenommen wird".[400] Charakterisiert wird die Volkshochschule als „Instrument der kulturellen Massenarbeit", die jetzt den „Sprung in eine neue Qualität" schaffen muss, nämlich die „Abkehr vom starren Schulsystem hin zur kultu-

---

398 Ebenda. In: Verfügungen und Mitteilungen des Ministeriums für Kultur, Nr. 9 vom 01.07.1955.

399 Gedanken zur Verbesserung der Volkshochschularbeit vom 11.01.1955. In: Bundesarchiv Berlin, Bestand DR 2 5450.

400 Ebenda. In: Bundesarchiv Berlin, Bestand DR 2 5450.

rellen Massenarbeit".[401] Das Zentrum der kulturellen Massenarbeit soll in den betrieblichen und kommunalen Kulturhäusern liegen, also in Stadt und Land, in Industrie- und landwirtschaftlichen Betrieben. Die Organisationsform soll sich ändern: weg vom 15-Doppelstunden-Lehrgang hin zu kurzen Vortagszyklen, bestehend aus Einzelvorträgen. Die sogenannte „Kaderausbildung" wird aus finanziellen Gründen verkürzt. Die erforderlichen Kenntnisse sind in Kurzlehrgängen von 4 bis 10 Wochen zu vermitteln, so dass bis 1956 alle Lehrkräfte der Volkshochschule zum Abschluss gelangen.[402] Die Aktivitäten resultieren aus der allgemein unbefriedigenden politisch-ideologischen Situation in der DDR. Trotz voranschreitender Vergesellschaftung des Eigentums und der Propagandaaktionen verhält sich die Masse der Bevölkerung zunehmend skeptisch und gegenüber dem System eher ablehnend. Über die angespannte politische Situation in der DDR und die kritische Einstellung vieler TeilnehmerInnen wird auf einer Arbeitskonferenz der Volkshochschuldirektoren in Dresden debattiert.[403] Auf dieser Konferenz werden sogenannte „bürgerliche" Dozenten angeprangert, deren Kurse einen Zulauf von 150 bis 200 Personen haben. Ein Dozent erwartet auf Grund hoher Teilnehmerzahlen 40 Mark Honorar pro Abend. Dagegen polemisiert der Volkshochschuldirektor, dass er durchaus mit weniger Hörern zufrieden gewesen wäre: „Ich will lieber wenige Hörer, aber aus dem Kreis, den ich will. ... Der alte Dozent ist daraufhin zur Gesellschaft zur Verbreitung wissenschaftlicher Kenntnisse gegangen und hat nun dort 150 bis 200 Hörer aus dem Spießbürgertum".[404] Bei Englischkursen sind ebenfalls enorm hohe Anmeldungen zu verzeichnen, bei Russischkursen dagegen gar keine. Aufgrund dieser Diskrepanz begutachten die Volkshochschuldirektoren die Hörerkarten, um herauszufinden, „wer sich wofür anmeldet". Einige Direktoren haben herausgefunden, „dass Literatur und Malen und Zeichnen Sammelpunkt für Bürgerliche sind".[405] Zusammenfassend wird vorgeschlagen, dass man sich Gedanken machen soll, „welche Dozenten weiter zu beschäftigen und welche zu ersetzen sind. ... Eine andere Aufgabe ist die Auswahl der Hörer, die in den einzelnen Lehrgängen zusammensitzen werden. ... Stellen wir uns vor, es findet einmal ein Prozess statt und wir stellen fest, dass sich die Vorbereitung in den Volkshochschulen vollzogen hat. Das ist ein unmöglicher Zustand".[406]

Im Jahr 1955 sehen viele Volkshochschuldirektoren die Gefahr, dass sich aus der Volkshochschule heraus eine aufrührerische Bewegung gegen die DDR etablieren könne, die insbesondere vom „Bildungsbürgertum" ausgeht. Die Angst ist groß. Demzufolge kontrolliert und überwacht man alle Aktivi-

---

401 Ebenda. In: Bundesarchiv Berlin, Bestand DR 2 5450.
402 Ebenda. In: Bundesarchiv Berlin, Bestand DR 2/5450.
403 Diskussion auf der Arbeitskonferenz der Volkshochschuldirektoren des Bezirkes Dresden am 22.09.1955, S. 1-5. In: Sächs. HStAD., Bestand Bezirkstag, Rat des Bezirkes Dresden 2/6466.
404 Ebenda, S. 3.
405 Ebenda, S. 2.
406 Ebenda, S. 4.

täten und Personen und verdrängt weiterhin unliebsame Dozenten aus der Volkshochschule. Wie schon öfter, steht die Volkshochschule wieder an einem Wendepunkt in ihrer Entwicklung.

Zusammenfassung

Das Entstehen von selbstständigen betrieblichen Bildungseinrichtungen aus den Betriebsvolkshochschulen und den Außenstellen der Volkshochschulen ist der zweite Institutionalisierungsprozess, den die Volkshochschule vorbereitet und ausübt. Die Verantwortung für berufliche Kurse übernimmt 1953 komplett der FDGB. Mit der Gründung der Technischen Betriebsschulen im Jahr 1953 gehen die beruflich-qualifizierenden Kurse vollständig in die Verantwortung der Betriebe über. Damit ist die Volkshochschule von der beruflichen Qualifizierung entlastet und hat freie Kapazitäten für die kulturelle Massenarbeit zur Verfügung. Ein weiterer Institutionalisierungsprozess, der aus der Volkshochschule hervorgeht und den sie mit ihren eigenen Ressourcen unterstützt, weil man ihr vorwirft, dass sie ihren vermeintlichen „Erziehungsauftrag" nicht genügend wahrnimmt, ist die Gründung der Gesellschaft zur Verbreitung wissenschaftlicher Kenntnisse. Dieser neuen Gesellschaft wird das gesamte Vortragswesen von der Volkshochschule übertragen. Da die Volkshochschule nun keine Einzelvorträge und keine beruflich qualifizierenden Kursen mehr anbietet, verliert sie ihre dominierende Stellung auf dem Gebiet der Erwachsenenbildung. Sie hat selbst als „Mutterinstitution" ein System neuer Institutionalformen aufgebaut, das Weiterbildungsmaßnahmen durchführt. Die neuen Organisationen und Institutionen genießen jedoch eine weitaus höhere gesellschaftliche Reputation, als sie der Volkshochschule selbst jemals zuteil wird. Bereits 1951 geht die Verantwortung für die beruflich-fachliche Qualifizierung an das Ministerium für Arbeit über. Im Jahr 1954 erfolgt der Wechsel der Volkshochschule zum Ministerium für Kultur. Dort wird die Volkshochschule als die „stabilste Institution" und als „Instrument der kulturellen Massenarbeit" charakterisiert. Das Ministerium für Kultur benutzt die Flexibilität der Institution Volkshochschule und ihre flächenmäßig dichte Ausdehnung, um in der gesamten DDR „kulturelle Massenarbeit" betreiben zu können.

4.4. Die VHS und der Beginn des „Zweiten Bildungsweges"
Fünfjahrplan (1956-1960) versus Siebenjahrplan (1959-1965)

Am 27.03.1956 erlässt der Ministerpräsident der DDR, Otto Grotewohl, eine Verfügung[407], der zufolge die Volkshochschulen aus dem Verantwortungsbereich des Ministeriums für Kultur herausgelöst und erneut dem Volksbildungsministerium zugeordnet werden (vgl. Emmerling 1958, S. 94). Diese strukturelle Neuordnung resultiert aus dem zweiten Fünfjahrplan der Volkswirtschaft. Auch die Neuordnung der Volkshochschule ist eine bildungspolitische Entscheidung, die eine langfristige Strategie verfolgt. Der künftige Einsatz moderner Technik erfordert eine Forcierung der beruflichen Erwachsenenbildung und diese wiederum setzt eine hohe Allgemeinbildung voraus. Um diese den Werktätigen im Sinne eines „Zweiten Bildungsweges" zugänglich zu machen, braucht man eine Institution mit entsprechendem Profil. Im DDR-Sprachgebrauch handelt es sich um das Nachholen von Schulabschlüssen der Klassenstufen 8, 9, 10, 11 und 12, worauf die Volkshochschule strukturell vorbereitet wird. So verwundert es nicht, dass die Volkshochschule erneut dem Ministerium für Volksbildung zugeordnet wird. Damit beginnt eine neue Etappe der Volkshochschulentwicklung. Man hat die Volkshochschule sozusagen aus der Bedeutungslosigkeit, in die man sie durch Aufgabenentzug versenkt hat, wieder auferstehen lassen. Die ministerielle Verfügung von 1956 ist für die gesamte Volkshochschulentwicklung in der DDR bedeutsam, weil zum Schuljahresbeginn 1956/57 die Volkshochschulen den Status selbstständiger, den Abteilungen Volksbildung bei den Räten der Kreise nachgeordneter, „allgemeinbildender Schulen für Erwachsene" erhalten.[408]

> „In der Hauptsache sollen die Volkshochschulen Lehrgänge durchführen, die den Werktätigen auf der Grundlage der Lehrpläne der Grund-, Mittel- und Oberschulen die Möglichkeit geben, den besonders von Jugendlichen in der Vergangenheit nicht erreichten Abschluß der 8. Klasse der Grundschule zu erlangen und sich das Wissen der Mittleren Reife und der Reife der Oberschule anzueignen. Es ist unbedingt notwendig, dass die Fachministerien die volle Verantwortung für die fachliche Qualifizierung der in ihren Industriezweigen beschäftigten Werktätigen selbst übernehmen, damit die Volkshochschulen ihre Hauptaufgabe – das Niveau der Allgemeinbildung der Werktätigen zu heben – besser als bisher lösen können. ... Aus diesem Grunde wird folgendes verfügt: Ab 01.04.1956 werden die Volkshochschulen aus dem Verantwortungsbereich des Ministeriums für Kultur herausgelöst und dem Ministerium für Volksbildung eingegliedert. Bis zum 01.09.1956 übernehmen die Fachministerien alle bisher von den Volkshochschulen zur fachlichen Qualifizierung der Werktätigen durchgeführten Lehrgänge und treffen Maßnahmen zum raschen Aufbau bzw. zur Er-

---

407 Verfügung vom 27.03.1956 des Ministerpräsidenten „Über die Veränderung der Aufgaben der Volkshochschulen und die weitere Durchführung der fachlichen Qualifizierung der Werktätigen". In: Bundesarchiv Berlin, Bestand DR 2/ 2531.
408 Ebenda. In: Bundesarchiv Berlin, Bestand DR 2/2531.

weiterung der Technischen Abendschulen in der Industrie und in der Landwirtschaft."[409]

Die Volkshochschule wird strukturell und hierarchisch dem Ministerium für Volksbildung als „Abendoberschule für Erwachsene" unterstellt und wirkt als „Schule des Zweiten Bildungsweges". Lediglich der Arbeitsbereich „Erwerb von Schulabschlüssen" ist dem Schulsystem zugeordnet, weil die Volkshochschule mit nahezu den gleichen Lehrplänen arbeitet wie die Kinderschule. Die Volkshochschule Jena druckt zum Herbstsemester 1958 erstmals den Untertitel „Abendschule für Erwachsene" im Arbeitsplan.[410] In Dresden heißt die Aufschrift zum Herbstsemester 1957 „Allgemeinbildende Abendschule".[411] Diese Neustrukturierung erbringt für die Volkshochschule wesentliche inhaltliche Veränderungen. Entsprechend der Verfügung des Ministerpräsidenten der DDR „Über die Veränderung der Aufgaben der Volkshochschulen und die weitere Durchführung der fachlichen Qualifizierung der Werktätigen" vom 27.03.1956 wird das Lehrprogramm der Volkshochschule begrenzt. Auch diese Reduktion erweckt den Anschein, dass die Volkshochschule dem Schulsystem angegliedert ist, weil andere Arbeitsbereiche kaum mehr thematisiert werden. Ihr Lehrprogramm darf jetzt lediglich noch Lehrgangsgruppen erfassen, die der Allgemeinbildung zuzuordnen sind.

„I. Systematische Lehrgänge auf der Grundlage der Lehrpläne der allgemeinbildenden Schulen, sie enden mit einer Prüfung. II. Lehrgänge ohne Prüfungsabschluß und sonstige Lehrgänge: a) in Gesellschaftswissenschaften; b) in Fremdsprachen, die nicht in den allgemeinbildenden Schulen unterrichtet werden; c) in Literatur, Kunsterziehung, Musik; d) in Pädagogik, Psychologie; e) in Staatsrecht, Wirtschaftspolitik; f) aus Wissensgebieten entsprechend der örtlichen Bedürfnisse und Voraussetzungen, soweit sie keine Berufsaus- und -weiterbildung beinhalten."[412]

Die ministerielle Weisung hat zur Folge, dass die Volkshochschule keine über die Allgemeinbildung hinausgehenden Lehrgänge mehr anbietet. Diese Kurse werden den neu gegründeten Massenorganisationen und Institutionen übertragen. Die bis dahin von der Volkshochschule wahrgenommen Aufgaben gehen in neue Verantwortungsbereiche über:

„1. Lehrgänge zur fachlichen Qualifizierung werden z.B. TBS und Fachabteilungen der Räte der Kreise (Koordinierung durch die Abteilung Örtliche Industrie), von den MTS und Fachschulen auf dem Lande (Koordinierung Abteilung Landwirtschaft) der

409 Verfügung des Ministerpräsidenten über die Veränderungen der Aufgaben der Volkshochschulen und die weitere Qualifizierung der Werktätigen vom 27.03.1956. Schreiben vom Ministerium für Volksbildung, HA Unterricht und Erziehung, an die Leiter der Abteilungen Volksbildung, an alle Direktoren der Volkshochschulen und Abendoberschulen vom 15.06.1965. In: Bundesarchiv Berlin, Bestand DR 2/2531.
410 Arbeitsplan der Volkshochschule Jena, Herbstsemester 1958. In: Stadtarchiv Jena, Bestand VHS, Sign. X a 18, Bl. 1.
411 Dresden Stadt-Lehrprogramm, Lehrabschnitt September-Dezember 1957.
412 Über die Veränderungen der Aufgaben der Volkshochschulen und die weitere Durchführung der fachlichen Qualifizierung der Werktätigen. In: Verfügungen und Mitteilungen des Ministeriums für Volksbildung, Jahrg. 1957, Nr. 19 vom 13.07.1957, S. 99.

Handwerkskammer übernommen. Umgekehrt werden die zur Zeit an einigen TBS und Fachschulen laufenden allgemeinbildenden Lehrgänge von den Volkshochschulen weitergeführt. 2. Einzelvorträge und Vortragsreihen organisieren die Gesellschaft zur Verbreitung wissenschaftlicher Kenntnisse, der Kulturbund und die Gesellschaft für Deutsch-Sowjetische Freundschaft. 3. Die Kursus- und Zirkelarbeit übernehmen der DFD (Schneidern, Kochen, Säuglingspflege), die Kulturhäuser der Betriebe, Klubhäuser der FDJ, Sektionen des Kulturbundes, die Volkskunstkabinette (Schach, Foto; Tanz, künstlerisches Laienschaffen, usw.). 4. Lehrgänge und Vorträge zu Fragen des Arbeitsrechts, des Arbeitsschutzes, der Sozialversicherung, usw. organisiert der FDGB."[413]

Am Beispiel der Volkshochschule Jena ist die Ausgliederung von Volkshochschulkursen, die nicht der Allgemeinbildung zugerechnet werden, und deren Verteilung auf andere Institutionen bzw. Organisationen im Territorium der Stadt Jena exemplarisch nachzuvollziehen.

„Im Schuljahr 1956/57 wurden Lehrgänge und Lehrgangsgruppen, die nicht allgemeinbildenden Charakter trugen, an Einrichtungen, Fachabteilungen des Rates der Stadt und Organisationen abgegeben: ‚Funktechnik Teil I und II' an die Kammer der Technik; ‚Fotografie' an den Kulturbund; Schneidern, Kochen, Gymnastik und Umgangsformen' an den DFD; Buchführung, sozialistische Wirtschaft' an die Abt. örtliche Wirtschaft; ‚Rechnungsführung' an die Abt. Arbeit und Berufsausbildung; ‚Intensivobstbau im Kleingarten, Pilzkunde' an die Abt. Park- und Grünanlagen; ‚Kraftfahrerschulung' an die Abt. Verkehr; ‚Frauenheilkunde, Geburtenhilfe, Säuglingspflege' an die Abt. Gesundheitswesen; ‚Was muß ich vom Arbeitsrecht wissen?' an das Arbeitsgericht; ‚Stenographie und Schreibmaschine' an die Gesellschaft für Stenographie."[414]

Als Hauptaufgabe verbleiben der Volkshochschule die Oberschullehrgänge (8.-10. Klasse), die dezentral an einer oder mehreren allgemeinbildenden Schulen im Territorium durchgeführt werden. Es verbleiben die systematischen Lehrgänge zur Vorbereitung auf das Abitur an der Volkshochschule, die an einer ausgewählten Oberschule im Territorium stattfinden. Die Anmeldung und Bezahlung erfolgt in den Sekretariaten der allgemeinbildenden Schulen und Oberschulen, weil die Verrechnung der Gebühren mit der Volkshochschule intern geschieht. Die finanzielle Verrechnung mit der Volkshochschule legitimiert formal, dass das Nachholen der Schulabschlüsse auf das Konto der Volkshochschule geht. Viel Mühe wird darauf verwendet, Gerüchten einer Auflösung der Volkshochschule entgegenzuwirken. Die Dezentralisierungsaktivitäten erwecken in der Tat den Anschein, dass es sich

---

413 Verfügung des Ministerpräsidenten über die Veränderungen der Aufgaben der Volkshochschule und die weitere Qualifizierung der Werktätigen vom 27.03.1956. Schreiben vom Ministerium für Volksbildung, HA Unterricht und Erziehung an die Leiter der Abteilungen Volksbildung, an alle Direktoren der Volkshochschulen und Abendoberschulen vom 16.06.1965, S. 8. In: Bundesarchiv Berlin, Bestand DR 2 / 2531.

414 Zum Stand der Volkshochschularbeit in Jena Stadt vom 15.05.1957. In: Stadtarchiv Jena, Bestand VHS, Sign. X a 25, Bl. 41

um eine völlig andere Form von Schule handelt, als man bisher unter „Volkshochschule" verstand.

„Das Ziel ist die allgemeinbildende Schule mit Abendstudium, das vom Direktor der Volkshochschule angeleitet wird. In diesem Zusammenhang ist falschen Argumenten von einer Auflösung der Volkshochschule entgegenzuwirken."[415]

„Alle örtlichen Möglichkeiten für eine Vereinfachung und Dezentralisierung der Volkshochschularbeit sollen genutzt werden."[416]

In den Kontext, dass die Volkshochschule in der DDR ihre dominierende Rolle in der Erwachsenenbildung verloren hat, gehört auch, dass sie sich ab 1956 kaum mehr von der regulären Kinderschule unterscheidet. Alle Aktivitäten sind so zu interpretieren, dass sich die Volkshochschule im Schulsystem assimiliert, was bildungspolitisch vermutlich bezweckt wird. Die Volkshochschulen sind nun selbstständige, den Abteilungen Volksbildung nachgeordnete, allgemeinbildende Schulen für Erwachsene. Das heißt nichts anderes, dass am Tage in den allgemeinbildenden Schulen die Kinder und abends die Erwachsenen beschult werden. Volkshochschule in der DDR arbeitet in diesen Jahren weitgehend nach einem schulischen Konzept.

Durch diese Regelung verringert sich der Verwaltungsaufwand für die Volkshochschule, und es kommt zu einer Neuregelung des Stellenplanes, die auch Stellenstreichungen beinhaltet, weil „die Lehrer der allgemeinbildenden Schulen als nebenamtliche Lehrer der Volkshochschule eingesetzt und ... die hauptberuflichen Dozenten abgegeben werden können".[417] Die Streichung von Stellen betrifft vor allem die bisher hauptberuflich tätigen Landwirtschaftsdozenten. Sie werden an die Abteilungen Landwirtschaft der Räte der Kreise abgegeben. Durch diese personelle Umverteilung können bei den Räten der Kreise Kreislandwirtschaftsschulen gegründet werden, die sozusagen ein Pendant zur Volkshochschule bilden und die Werktätigen in der Landwirtschaft qualifizieren sollen. Ein Teil der Dozenten ist durch den Wechsel dem Zugriff des Volksbildungsministeriums entgangen. Die MitarbeiterInnen der Kreislandwirtschaftsschulen betrachteten sich jedoch aufgrund ihrer gemeinsamen Herkunft der Volkshochschule bis zum Ende der DDR verbunden.

„Da jede MTS eine technische Betriebsschule einrichten wird (Kaderbedarf), können auf dem Lande auch Dozenten für Gesellschaftswissenschaften den Abteilungen Landwirtschaft für die neuen Aufgaben in den MTS zur Verfügung gestellt werden. Die wertvollen Erfahrungen dieser Kollegen auf dem Gebiet der Erwachsenenbildung

415 Verfügung des Ministerpräsidenten über die Veränderungen der Aufgaben der Volkshochschulen und die weitere Qualifizierung der Werktätigen vom 27.03.1956. Schreiben vom Ministerium für Volksbildung, HA Unterricht und Erziehung an die Leiter der Abteilungen Volksbildung der Räte der Bezirke und Kreise, an alle Direktoren der Volkshochschulen und Abendoberschulen vom 16.06.1965, S. 10. In: Bundesarchiv Berlin, Bestand DR 2/2531.
416 Ebenda, S. 10.
417 Ebenda, S. 11.

auf dem Land können so den größten Nutzen für die Gesellschaft bringen. Außerdem würde in diesem Falle die unbedingt notwendige Zusammenarbeit zwischen Volkshochschule und MTS auf dem Land wesentlich erleichtert."[418]

Die Arbeit der Volkshochschule auf dem Land wird als unerlässlich angesehen, weil zwischen Arbeiterschaft und Bauernschaft ein Bündnis hergestellt werden soll. Ort der gemeinsamen Arbeit ist die Maschinen-Traktoren-Station (MTS), für die die Volkshochschule sozusagen als Transmissionsriemen wirkt. Die „Bündnispolitik" der SED will die Unterschiede von Klassen und Schichten, von Stadt und Land sowie von geistiger und körperlich schwerer Arbeit beseitigen. Nachdem der Ruf „Industriearbeiter aufs Land" die Gründung der MTS beflügelt, soll nun auch in der Landwirtschaft, ebenso wie in der Industrie seit 1951 begonnen, eine Qualifizierungsoffensive einsetzen. Im weitesten Sinn geht es um die Industrialisierung der Landwirtschaft, denn in den MAS (Maschinen-Ausleih-Stationen) und MTS (Maschinen-Traktoren-Stationen) reproduziert sich eine neue soziale Schicht. Unqualifizierte Landarbeiter, die bislang körperliche Schwerstarbeit verrichteten, sollen die Möglichkeiten einer Berufsausbildung erhalten. Eine qualifizierte Landbevölkerung ist Voraussetzung, um späterhin Landwirtschaft industriemäßig zu betreiben. Anfangs sind es die Traktoristen, die als Landarbeiter eine technische Qualifikation erhalten. Im Jahr 1958 erlässt das Ministerium für Land- und Forstwirtschaft eine „Anweisung über die Ausbildung von Traktoristen der MTS in einen zweiten Beruf", damit die Traktoristen „während der für sie arbeitsarmen Zeit andere für die Stärkung der LPG wichtige Arbeiten ausführen" können. Geplante Ausbildungsberufe sind Traktoren- und Landmaschinenschlosser, Elektriker, Klempner, Maurer, Zimmerer, Stellmacher, Dachdecker, Glaser, Maler.[419]

Die Aufgabenentflechtung zwischen Volkshochschule und „Technischer Betriebsschule" zeigt sich noch einmal in der „Anweisung über die veränderten Aufgaben der Technischen Betriebsschulen und der Volkshochschulen". Diese Anweisung legt fest, dass die „Volkshochschule ab 01.09.1956 ihrem Charakter nach eine allgemeinbildende Schule für die Erwachsenenbildung mit dem Ziel der Erreichung der Grund-, Mittel- und Oberschulreife" ist. Diese Anweisung ergänzt die Verordnung vom 27.03.1956. Sie regelt die Übergabe der technischen Lehrgänge von der Volkshochschule in die Technische Betriebsschule.

„Deshalb müssen alle bisher von der Volkshochschule durchgeführten fachlichen Lehrgänge von den Technischen Betriebsschulen übernommen werden."[420]

---

418 Ebenda, S. 12.
419 Anweisung über die Ausbildung von Traktoristen der MTS in einen zweiten Beruf. In: Verfügungen und Mitteilungen des Ministeriums für Land- und Forstwirtschaft der Regierung der DDR Nr. 11 vom 15.10.1958, S.1 und Bundesarchiv Berlin, Bestand DR 2/4336.
420 Anweisung über die veränderten Aufgaben der Technischen Betriebsschulen und der Volkshochschulen vom 18.09.1956 des Ministeriums für Kohle und Energie. In: Bundesarchiv Berlin, Bestand DR 2/5376.

Trotz Informationen, Absprachen, Festlegungen und Reglementierungen bleiben Schwierigkeiten bei der Übergabe von Kursen und Lehrgängen der Volkshochschulen an andere Einrichtungen und Massenorganisationen. Beispielsweise ist für die Technischen Betriebsschulen nicht geregelt, wie die Finanzierung bei Lehrgangsbesuchen von Nichtberufstätigen, Berufsfremden und Betriebsfremden erfolgen soll, da die Technischen Betriebsschulen durch die Betriebe finanziell unterstützt werden.[421]

Im Jahr 1958 ist der Umstrukturierungsprozess der Volkshochschulen in „allgemeinbildende Schulen für Werktätige" abgeschlossen. Alle 220 Stadt- und Landkreise haben eine hauptamtlich geleitete Volkshochschule eingerichtet. Die Zahl der Nebenstellen steigt nicht mehr an. „De facto bedeutet die Umstrukturierung das Ende der traditionellen Volkshochschule in der DDR" (Siebert 1970, S. 62), wenn man unterstellt, dass die SMAD sich der Volkshochschultradition jemals verpflichtet fühlte. Bisher blieb die Volkshochschule, in Übereinstimmung mit ihrem traditionellen Selbstverständnis, trotz zahlreicher Verflechtungen mit dem Schulsystem von der Grundschule bis zur Universität, außerhalb lokalisiert. Sie leistet zwar vielfältige Zubringerdienste für die verschiedenen Schulen und ist in das System der beruflichen Weiterbildung eingeschaltet. Dennoch bleibt sie bis zu diesem Zeitpunkt ein relativ eigener Bildungsweg für die Bevölkerung, was sich nunmehr zu ändern scheint. Die Volkshochschule bekommt im Hinblick auf das bevorstehende Schulgesetz von 1959, das die Zehnklassenschulpflicht avisiert, eine zentrale Rolle als Institution des Zweiten Bildungsweges zugeschrieben. In der Volkshochschule verbleiben:

„Lehrgänge, die zum Abschluß der Grundschulausbildung führen; Lehrgänge für die Vorbereitung auf das Hochschulfernstudium; Lehrgänge über Fragen der Gesellschaftswissenschaft für parteilose Hörer und Blockparteien; Lehrgänge für spezielle Kreise über Fragen des Staatsrechts, der Wirtschaftspolitik, der Pädagogik; Lehrgänge in Fremdsprachen; Literatur, Musik, Kunst und Kunsterziehung; Stenographie, Maschineschreiben für solche Kreise, die diese Fertigkeiten für ihren täglichen Gebrauch erlernen. Vermittlung umfangreiche Kenntnisse auf einzelnen Gebieten für die berufliche Arbeit, zur Ablegung von Prüfungen, für die Vorbereitung von Lehrgängen, Einrichtung von Abend-Mittel und Abend-Oberschulen. ... Die VHS erhalten Berechtigungen, Zeugnisse für den Abschluß der Grund-, Mittel- und Oberschulen auszustellen."[422]

Dass in den meisten Verlautbarungen betont wird, die Volkshochschule sei nun Teil der allgemeinbildenden Schule, erklärt das Fehlen von Quellen zur Volkshochschularbeit in diesen Jahren. Die Quellen beziehen sich auf Sachverhalte aus der allgemeinbildenden Schule, insbesondere auf den Personen-

---

421 Schreiben an das Ministerium für Volksbildung vom 05.12.1956 von der Abteilung Volksbildung des Magistrates von Groß-Berlin. In: Bundesarchiv Berlin, Bestand DY 2/5376.

422 Notiz über die veränderten Aufgaben der Volkshochschulen vom 26.03.1956 vom Rat des Bezirkes Dresden. Stellvertreter des Vorsitzenden. In. Sächs. HStAD., Bestand Bezirkstag, Rat des Bezirkes Dresden 2/6465.

kreis Lehrer. Vor allem erklärt es die Tatsache, dass es von 1952 bis 1972 kein statistisches Formblatt zur Volkshochschule gibt, weil vermutlich die Abendgrund-, Abendmittel- und Abendoberschule in der Statistik der allgemeinbildenden Schulen erfasst worden sind.

Die Reorganisation der Erwachsenenbildung erlangt in der DDR bildungspolitisch eine so hohe Bedeutung, dass für die staatspolitischen Schulungen spezielle Materialsammlungen erscheinen. In diesen Schulungen erfährt die Volkshochschule einen Bedeutungszuwachs, weil ihr als Institution für die wirtschaftliche Entwicklung des Landes hoher Einfluss zugeschrieben wird. Betont wird die Notwendigkeit, „dass in den Kaderentwicklungsplänen und Betriebskollektivverträgen die Delegierung von Werktätigen und deren Entlastung für das Studium einen immer breiteren Raum einnehmen".[423] Die Schulungen sollen alle Mitarbeiter der Organe für Volksbildung befähigen, ihre Aufmerksamkeit der Erwachsenenbildung zuzuwenden und die Arbeit der Volkshochschule politisch und fachlich zu unterstützen.[424] Die Notwendigkeit der Reorganisation wird damit begründet, dass „die frühere Schulbildung des größten Teiles der Werktätigen und das Erwachsenenbildungssystem nach 1945 nicht den Anforderungen einer gründlichen und systematischen Weiterbildung entsprachen".[425]

> „Es ist deshalb kein Zufall, wenn zum Zeitpunkt des schrittweisen Übergangs zur obligatorischen Mittelschulbildung und der Verwirklichung der Polytechnischen Bildung die Partei der Arbeiterklasse und die Regierung der Deutschen Demokratischen Republik ihr besonderes Augenmerk der Erwachsenenbildung zuwenden. ... Die Volkshochschulen sind in Zukunft Bestandteil der deutschen demokratischen Schule. ... Die Lehrer der Volkshochschüler, die im Regelfalle hauptberuflich in den allgemeinbildenden Schulen tätig sind, werden es zum größten Teil mit Menschen zu tun haben, die dem Neuen in unserer gesellschaftlichen Entwicklung aufgeschlossen gegenüber stehen, über eine gewisse Lebenserfahrung verfügen und eine bewußte Einstellung zum Leben mitbringen. ... Selbstverständlich wird in den Volkshochschulen unterrichtet (keine Vorlesungen). Die Lehrer müssen aber ständig beachten, dass die Lehrgänge von Erwachsenen und nicht von Schülern besucht werden."[426]

Unmissverständlich formuliert ist die Hauptaufgabe der Volkshochschule, die Hebung und Verbesserung des Niveaus der Allgemeinbildung:

> „Entsprechend der neuen Aufgabenstellung für die Volkshochschulen ist das Lehrprogramm dieser Schulen gegliedert nach den Lehrgangsgruppen ‚Abendgrundschule'; ‚Abendmittelschule'; ‚Abendoberschule' und ‚sonstige Lehrgänge'. Der Unterricht der Volkshochschulen findet vorwiegend in den Räumen der Mittel-, Ober- und Berufsschulen statt. Dadurch stehen den Volkshochschulen alle Fachkabinette und Lehrmittel dieser Schulen zur Verfügung. Die staatlichen Schulzeugnisse, die nach bestandener Prüfung ausgegeben werden, besitzen dokumentarische Gültigkeit. ...

---

423 Ebenda, S. 5.
424 Material für staatspolitische Schulung „Die politische Bedeutung der Reorganisation der Erwachsenenbildung" vom 18.10.1956 für das Zentralinstitut für Lehrerweiterbildung, S. 1-18. In: Bundesarchiv Berlin, Bestand DR 2/2087.
425 Ebenda, S. 2.
426 Ebenda, S. 8.

Gegenwärtig setzen sich besonders die Mittelschullehrgänge durch. ... Im Schuljahr 1956/57 bereiteten sich in den Volkshochschulen 5150 Werktätige auf die Mittlere Reife vor. 1958/59 sind es 9250 Werktätige."[427]

Das sogenannte „Abendmittelschulprogramm" war attraktiv für breite Bevölkerungsschichten. Viele Berufstätige, wie Verwaltungsangestellte, Buchhalter, Lehrer, Krankenschwestern usw., erwerben einen Schulabschluss. Auch die Bereitschaftspolizei[428] und das Ministerium für Nationale Verteidigung machen davon Gebrauch, um das Niveau der Allgemeinbildung von Soldaten und Offizieren der Nationalen Volksarmee „systematisch und zentral gelenkt" zu erhöhen, was „im Interesse der Gewährleistung des sicheren Schutzes der Deutschen Demokratischen Republik liegt". Der Unterricht soll von Lehrkräften erteilt werden, die „politisch und fachlich gut qualifiziert" sind und „die vom Leiter der Abteilung Volksbildung des Rates des Kreises für diese Arbeit persönlich verpflichtet" werden müssen.[429] Weil zur Sicherung des polytechnischen Unterrichts an den allgemeinbildenden Schulen – in Vorbereitung des 1959er Bildungsgesetzes – Materialien vorrangig erarbeitet werden, können keine Stoffübersichten für die allgemeine Abendschulung der Nationalen Volksarmee erstellt werden. Es gibt nur Hinweise für die ersten Unterrichtswochen.[430]

Die parteipolitische Offensive des V. Parteitag der SED 1958, der die Übergangsperiode vom Kapitalismus zum Sozialismus als beendet betrachtet und eine „sozialistische Revolution" auf dem Gebiet der Ideologie und Kultur fordert, prägt auch das Bildungswesen der nächsten Jahre. Im Dezember 1959 beschließt die Volkskammer das „Gesetz über die sozialistische Entwicklung des Schulwesens in der Deutschen Demokratischen Republik".[431] Es enthält die bildungspolitisch bedeutsame Festlegung, dass im Laufe der nächsten fünf Jahre für alle Kinder eine zehnklassige, allgemeinbildende, polytechnische Oberschulbildung eingeführt wird. Der zehnklassige Oberschulabschluss bildet dann die Grundlage der Berufsausbildung, der Weiterbildung und aller weiterführenden Bildungsgänge. Die Institution Volkshoch-

427 Argumentationspapier „Volkshochschulen" vom 12.12.1958, S. 1-6. In: Bundesarchiv Berlin, Bestand DR 2/3974.

428 Schreiben vom Ministerium für Volksbildung, HA Unterricht und Erziehung, Abteilung Schulorganisation und Erziehung an den Rat des Bezirkes Dresden, Abt. Volksbildung vom 16.01.1958. In: Sächs. HStAD.; Bestand Bezirkstag, Rat des Bezirkes 2/6466.

429 Vereinbarung zwischen dem Ministerium für Volksbildung und dem Ministerium für Nationale Verteidigung zur systematischen Erhöhung des Niveaus der Allgemeinbildung der Soldaten, Unteroffiziere und Offiziere der nationalen Volksarmee vom 24.03.1958. Sächs. HStAD.: Bestand Bezirkstag, Rat des Bezirkes Dresden 2/6466.

430 Hinweise für die Arbeit in den ersten Unterrichtswochen an Volkshochschulen, die am 01.10.1958 mit der allgemeinbildenden Abendschulung für Angehörige der nationalen Volksarmee beginnen. Schreiben vom 17.09.1958. In: Sächs. HStAD.; Bestand Bezirkstag, Rat des Bezirkes Dresden 2/6466.

431 Gesetz über die sozialistische Entwicklung des Schulwesens in der Deutschen Demokratischen Republik. In: GBl. Teil I, Nr. 67 vom 07.12.1959, S. 859-863.

schule ist namentlich *nicht* in diesem Gesetz erwähnt. Sie wird implizit als Möglichkeit einer weiterführenden Schulbildung genannt: „Besuch einer Abendoberschule (mit Abschluss Abitur)".[432] Für Erwachsene besteht die Möglichkeit des Nachholens von Schulabschlüssen in der Volkshochschule.

Der Ministerrat der DDR bestätigt am 30.06.1960 die Vorschläge des ZK der SED zur Qualifizierung der Werktätigen und zur Entwicklung der Berufsausbildung als „Grundsätze zur weiteren Entwicklung des Systems der Berufsbildung in der DDR" (Min. f. Volksbildung und Bundesvorstand des FDGB 1960, S. 182ff.). Für die Volkshochschulentwicklung ist das insofern von Interesse, weil die Verwertbarkeit der Schulabschlüsse weitreichende Konsequenzen mit sich bringt. Die Berufsausbildung baut künftig auf dem Zehnklassenabschluss auf und ist wiederum eng mit der Produktion verflochten. Daher ist der allgemeinbildende und der naturwissenschaftliche Unterricht zu verstärken. Auch der Hauptweg zur Entwicklung von Hochschulkadern soll über den zehnklassigen Schulabschlusse und eine Berufsausbildung führen (ebenda, S. 185f.). Das Berufsbildungsgesetz von 1960 manifestiert sozusagen das Schulgesetz von 1959, weil es die Zehnklassenschulpflicht zur Grundlage der Berufsausbildung erhebt. Sowohl das Bildungsgesetz von 1959 als auch der Berufsbildungsbeschluss von 1960 werden in einer Zeit verabschiedet, wo der Alltag immer weniger mit der offiziellen Parteilinie übereinstimmt. In einem Protokoll des Bezirkstages zu Dresden ist die pädagogische Situation in Dresdens Schulen beschrieben. Auch die Atmosphäre in der DDR im Zeichen des bevorstehenden Mauerbaus spiegelt sich wider.

„Eine große Rolle spielen die Probleme Ideal und Wirklichkeit. ... Daß unsere Arbeit mit den Lehrern nicht in Ordnung ist, zeigt die Tatsache, daß die Republikflucht der Lehrer (13 im I/60 zu 28 in I/61) gestiegen ist, wobei insbesondere die Gruppe der Kindergärtnerinnen und Erzieherinnen einen wesentlich höheren Anteil hat. ... Ein sehr wichtiges Problem ist das Verhältnis der Lehrer zu den Schülern. Tatsache ist, daß in den letzten Monaten konzentriert Selbstmorde und Selbstmordversuche von Schülern vorliegen. Obgleich das die sensibelsten Schüler sind, zeigt das doch, daß sie weder ein echtes Vertrauen zu den Lehrern noch zu ihren Eltern gehabt haben. ... Gegenwärtig wird stark die Zensierung diskutiert, besonders im Fach Staatsbürgerkunde. Es entsteht oft die Frage: Stimmen die Zensuren mit dem Verhalten überein. ... Koll. Eichorn sieht einen Widerspruch darin, dass in diesem Jahr von 18.000 Oberschulabgängern an Studienplätzen insgesamt nur 16.000 gegenüberstehen. ... An Hoch- und Fachschulen zeigt sich wiederholt, daß hinsichtlich der Perspektivzahlen der einzelnen Fachrichtungen keine Klarheit besteht. ... Eine weitere Frage ist die Republikflucht und ihr ständiges Anwachsen. Das trifft auf Bauingenieure genauso zu (seit Ostern 10 Fälle). Dabei sind es bis jetzt ohne Ausnahme alles Kader, die vor etwa einem Jahr unsere Hochschulen verlassen haben. Ist das die ähnliche Tendenz bei Lehrern? Das ist meiner Meinung nach nicht mehr zufällig. ... Es fehlt der Masse unserer Jugend die Begeisterung für den Sozialismus. 45% aller Republikflüchtigen sind Jugendliche im Alter bis zu 25 Jahren. Das heißt, daß wir untersuchen müssen, ob es nicht große Lükken gibt in der Erziehung unserer Kinder an Schulen und Hochschulen. ... Zum Ver-

---

432 Ebenda, S. 861.

such zahlreicher Eltern, ihre Kinder – nachdem sie sie vorher zur 10-klassigen und zur Erweiterten Oberschule schicken wollten –, in Lehrverhältnisse zu geben. Hier spielen auch die ganzen materiellen Bedingungen eine Rolle. Es gibt viele Beispiele, wo junge Menschen ohne Ausbildung einen relativ hohen Verdienst haben. ... Die Schüler haben ein Kulturprogramm vorgetragen, dann gab der Lehrer das Ergebnis einer Umfrage bekannt, die dahinging, welcher Lehrer der Schule den Kindern der Liebste ist, dann mußten die Schüler sagen, warum sie dem betreffenden Lehrer ihr Vertrauen geben. Das war sehr interessant. ... Am deutlichsten wird uns, daß wir die Arbeit ändern müssen durch die drei Selbstmorde in Dresden. ... Wir untersuchen auch die Republikfluchtfälle von drei Frauen. Interessant ist dabei: es sind meist junge Kolleginnen, die nach 1945 ausgebildet wurden. Es ergibt sich auch, daß unsere jungen Kolleginnen mit familiären Problemen nicht mehr fertig werden. Es gibt Ehestreitigkeiten, Liebschaften mit verheirateten Männern, Nichtfertigwerden mit den Problemen der eigenen Arbeit als Lehrerin, und dann steht in jedem Falle fest, das Kollektiv, wo die betreffende Kollegin gearbeitet hat, kennt diese Konflikte gar nicht. Es hat nicht geholfen, diese Konflikte zu überwinden. Einige Fakten, Praktiken wie sie unsere sozialistischen Brigaden anwenden – dass sie auch in der Freizeit sich kennen lernen und auch die Familienangehörigen – brauchen wir in unseren Lehrerkollektiven an den Schulen ... Auf Seite 4 wird die Frage des Wohnraumes angeschnitten. Ich denke wir müssen uns als Rat jetzt darüber im klaren sein, es hat keinen Sinn, den Räten der Kreise zu sagen, wir empfehlen auch, die Wohnraumfrage in Ordnung zu bringen, sondern wir müssen uns jetzt überlegen, wie wir das lösen. Das ist doch ein Politbürobeschluß, und er wird deshalb gefaßt, weil das eine wichtige Bündnisfrage ist. Wir tragen hier wirklich Verantwortung."[433]

Diese 1961 auf Bezirksebene erörterte politische Lage zeigt, dass der avisierte „Sieg der sozialistischen Produktionsverhältnisse" noch längst nicht vollzogen ist, auch wenn das der V. Parteitag der SED (10.-16.07.1958) prophezeit. Die DDR befürchtet, insbesondere die „neue Intelligenz" an den Westen zu verlieren. Die Maßnahmen zur „Sicherung des Systems" erfolgen am 13.08.1961 mit dem Mauerbau in Berlin und dem Bau der Grenzsicherungsanlagen an den westlichen Grenzen der DDR. Innerhalb des DDR-Systems finden auf dem Gebiet der Ideologie und Kultur „Maßnahmen zur sozialistischen Umwälzung" statt, die im Bereich der Erwachsenenbildung neue Formen hervorbringen.[434] Vor allem unter der Arbeiterschaft wird eine Bewegung des Lernens initiiert, die zwangsläufig den Aufbau betrieblicher Qualifizierungssysteme nach sich zieht. Im Hinblick auf den beschleunigten Ausbau der betrieblichen Erwachsenenbildung wird das Netz der Technischen Betriebsschulen erweitert,[435] und die Verantwortlichkeiten für die betriebliche Weiterbildung werden außerhalb der Volkshochschule verankert. So übernehmen für die berufliche Qualifizierung der Beschäftigten im Handel und

433 Rat des Bezirkes Dresden. Beschlußprotokoll der 73. Sitzung des Rates des Bezirkes Dresden am 15.05.1961 vom 16.05.1961, S. 38-47. In: Sächs. HStAD., Bestand Bezirkstag, Rat des Bezirkes Dresden 2/1771.
434 Beschluß des V. Parteitages (15.07.1958). In: Dokumente der SED. Bd. VII. Berlin 1961, S. 231.
435 Beschluß des Sekretariates des ZK der SED über die Aufgaben der Volkshochschulen und die weitere Durchführung der fachlichen Qualifizierung der Werktätigen vom 09.02.1956 (unveröffentlicht). Abgedruckt in: Schneider 1988, S. 59.

im Handwerk die Handelsorgane und die Handwerkskammer die Verantwortung. Ähnlich verläuft die Entwicklung in der Landwirtschaft. Es werden Bildungsbereiche in den „Maschinen-Traktoren-Stationen" (MTS) in „Volkseigenen Gütern" (VEG) und „Landwirtschaftlichen Produktionsgenossenschaften" (LPG) errichtet (vgl. Schneider 1989, S. 59). Aus der Bildungsarbeit der „MTS-Schulen" und den Außenstellen der Volkshochschulen auf dem Lande entwickeln sich nahezu gleichzeitig etwa 1.500 „Dorfakademien" in Anlehnung an das Modell „Betriebsakademie". Allerdings sind die „Dorfakademien" nicht in gleicher Weise wie die Betriebsakademien institutionalisiert. Der Unterschied zur Betriebsakademie liegt darin, dass Dorfakademien meist nur einen Verantwortlichen, eine Postanschrift, ein Telefon, aber keine eigenen Räume aufweisen. Der Verantwortliche für die „Dorfakademie", der auch die Veranstaltungspläne und Referenten koordiniert, ist oft der LPG-, VdgB-, BHG- oder Dorfclub-Vorsitzende. Inhaltlich führt die „Dorfakademie" Vortragszyklen zu landwirtschaftlichen und gesellschaftspolitischen Themen, Winterschulungen bzw. Mitschurin-Lehrgänge für Genossenschaftsbauern durch, meist in den Wintermonaten. „Dorfakademien" und „Betriebsakademien" sind zur Koordinierung der Bildungsmaßnahmen in den Territorien vorgesehen. Die bildungspolitische Bedeutsamkeit der beiden Institutionalformen der Erwachsenenbildung betont der III. Berufspädagogische Kongress (vgl. Bley 1960, S. 3).

> „Die Dorfakademie ist die gesellschaftliche Bildungseinrichtung zur Qualifizierung der Genossenschaftsbäuerinnen und -bauern und der übrigen Landbevölkerung. Ihre Bildungs- und Erziehungsarbeit umfaßt die berufliche Weiterbildung, insbesondere kurzfristige Qualifizierungsmaßnahmen; die planmäßige systematische berufliche Ausbildung im Rahmen der abschnittsweisen Qualifizierung in Zusammenarbeit mit der Volkshochschule; das Gebiet der Allgemeinbildung, insbesondere der Gesellschaftswissenschaften, Mathematik und Naturwissenschaften; die Qualifizierungsmaßnahmen für Frauen; Förderungslehrgänge für Genossenschaftsbäuerinnen zur Vorbereitung auf eine Weiterbildung für mittlere und leitende Funktionen."[436]

Die Neuordnung der Bildungseinrichtungen fällt zeitlich mit der Bekanntgabe des ersten Siebenjahrplanes zusammen. Der Wirtschaftsplan, so die offiziellen Verlautbarungen, ist nur durch eine rasche Verbesserung des Bildungsniveaus und der Qualifikationsstruktur der Werktätigen zu realisieren. Man hat bei der Volkswirtschaftsplanung bewusst einkalkuliert, dass Qualifizierungsmaßnahmen zur Planerfüllung beitragen, und daher vor allem der Erwachsenenqualifizierung eine hohe gesellschaftliche Bedeutung beigemessen. Durch das System der Lohngruppenqualifizierung ist die Anhebung des beruflichen Bildungsniveaus offensichtlich nicht zu erreichen gewesen. Der Aufbau und der Inhalt der Qualifizierungsabschnitte werden seit 1959 von der Qualifikationsstruktur der Berufe her bestimmt. So ist die Abkehr von der Lohngruppenqualifizierung und die Hinwendung zur sogenannten „ab-

---

436 Verordnung über die Bildungseinrichtungen zur Erwachsenenqualifizierung vom 27.09.1962. In: GBl. Teil II, Nr. 77 vom 13.10.1962, S. 689.

schnittsweisen Qualifizierung" zu erklären, was eine Qualifizierung „vom Ungelernten zum Professor" bedeutet. Der Ansatz beinhaltet das Recht auf Bildung und die Durchlässigkeit des Bildungssystems.

In der DDR beginnt nach dem Mauerbau eine „neue kulturelle Phase" (Heitzer 1979, S. 147). Die Qualifizierung von Facharbeitern und sogenannten „Kadern" wird auf der Grundlage einer einheitlichen Konzeption aller Erwachsenenbildungseinrichtungen forciert. Die „Verordnung über die Bildungseinrichtungen zur Erwachsenenqualifizierung"[437] legt fest, dass die Erwachsenenbildung ein organischer Bestandteil des Volksbildungswesens der DDR werden soll, der „als staatlich gelenkter, einheitlicher Bildungs- und Erziehungsprozess durchzuführen ist. Diese Verordnung wird als „das bildungspolitisch wichtigste und umfassendste Dokument der Erwachsenenbildung in der DDR bezeichnet, weil sie die jahrelange Phase des Experimentierens beendete und die Grundlage für weitere Anordnungen wird" (Niehuis 1973, S. 126). Horst Siebert bezeichnet diese Entwicklungen als die „tiefgreifendste Zäsur in der Entwicklung der beruflichen Erwachsenenbildung" (Siebert 1970, S. 89). Mit einer einheitlichen Konzeption will man eine optimale Koordinierung der bestehenden Einrichtungen verwirklichen. In der „Verordnung über die Bildungseinrichtungen zur Erwachsenenqualifizierung" wird der Status der Betriebsakademie geregelt, sie wird zur staatlichen Bildungseinrichtung erklärt. Die erste Betriebsakademie (BAK) der DDR entsteht im Rahmen des „Chemieprogramms" am 01.09.1959 in Bitterfeld/Wolfen (vgl. Lindenthal 1977, S. 14). Nachdem die Betriebsakademien im Jahre 1962 staatliche Einrichtungen werden, sind sie berechtigt zur Durchführung von Facharbeiterausbildungen, d.h. zur Vergabe staatlicher Zeugnisse. Die Staats- und Parteiführung unter Walter Ulbricht will das einheitliche sozialistische Bildungssystem ergänzen mit einem einheitlichen System der Aus- und Weiterbildung der Werktätigen, wobei die Berufsausbildung konsequenter auf den höheren Vorleistungen der Allgemeinbildenden Polytechnischen Oberschule aufzubauen hat. Die zu enge Spezialisierung der Ausbildungsberufe und die organisatorische Trennung von beruflicher Grundlagenbildung und Spezialisierung muss schrittweise überwunden und mehrere Ausbildungsberufe müssen zu Grundberufen zusammengefasst werden (vgl. Klassenkampf-Tradition-Sozialismus 1974, S. 278f.). Diese Aussage ist aus heutiger Sicht 2003 bedeutsam, weil bildungspolitisch der hohen Anspruch besteht, die Allgemeinbildung und die berufliche Bildung nicht zu trennen, die Vorlauffunktion der Allgemeinbildung zu sichern, auf der die berufliche Bildung aufbaut, gleichzeitig aber auch die berufliche Bildung mit allgemeinbildenden Inhalten aufzuwerten. Dieser Anspruch ist nicht verwirklicht worden, weil das Staatssekretariat für Berufsbildung 1970 die allgemeinbildenden Inhalte in den Lehrplänen der Berufsausbildung für Erwachsene aus finanziellen Gründen vernachlässigt. Für verwandte Berufe wird eine ein-

437 Verordnung über die Bildungseinrichtungen zur Erwachsenenqualifizierung vom 27.09.1962. In: GBl, Teil II, Nr. 77 vom 13.10.1962.

heitliche Grundausbildung eingeführt und darauf die spezielle Ausbildung für einen bestimmten Beruf aufgebaut. Die einjährige Grundlagenbildung und die ein- bzw. eineinhalbjährige Spezialisierung sollen den Werktätigen die Möglichkeit eröffnen, sich in der Erwachsenenbildung kurzfristig für einen weiteren Beruf oder eine andere Tätigkeit zu qualifizieren. In größeren Betrieben ohne „Technische Betriebsschulen" wird mit der Bildung von Betriebsakademien die Voraussetzung zur eigenverantwortlichen Durchführung beruflicher Bildungsmaßnahmen geschaffen. Das ist bereits der Anfang eines späteren Statuswechsels. Die tatsächliche Umwandlung der Betriebsakademien von koordinierenden Zentren in staatliche Bildungseinrichtungen der volkseigenen Betriebe und der Organe des Staatsapparates erfolgt mit der „Verordnung über die Bildungseinrichtungen zur Erwachsenenqualifizierung" vom 27.09.1962.[438]

> „Die Betriebsakademie wird zur staatlichen Bildungseinrichtung der Erwachsenenqualifizierung volkseigener Betriebe sowie der Organe des Staatsapparates und deren Institutionen entwickelt. Die Technischen Betriebsschulen sind zu Betriebsakademien bzw. zu deren Außenstellen weiterzuentwickeln. Bestehen in einem Betrieb eine Technische Betriebsschule und eine Betriebsakademie, so ist die Technische Betriebsschule in die Betriebsakademie einzugliedern. Gleichermaßen sind die Betriebsoberschulen in die Betriebsakademien einzugliedern."[439]

Deutliche Veränderungen sind in der Volkshochschule zu Beginn des Jahres 1965 zu verzeichnen. In diesem Lehrabschnitt steigt die Zahl der TeilnehmerInnen in allen Lehrgängen erheblich an, nachdem sie „aufgrund der Neuordnung der Volkshochschulen im Jahr 1956 zu einem Absinken der Belegungen um über eine halbe Million auf 377761 geführt hat" (vgl. Deutsches Institut für Zeitgeschichte 1957, S. 209). Durch das Bildungsgesetz vom 25.02.1965 soll die Erwachsenenbildung in der DDR entsprechend ihrer Bedeutung für die Bildung und Entwicklung der Menschen als „fester Bestandteil des einheitlichen sozialistischen Bildungswesens" fixiert werden. Im Gesetz selbst sind die Betriebsakademien und die Volkshochschulen nicht explizit als Institutionen genannt. Ihre Aufgaben sind unter „Aus- und Weiterbildung der Werktätigen" subsumiert.

> „(1) Die *Betriebsakademien* führen die Aus- und Weiterbildung der Werktätigen entsprechend den Erfordernissen der Betriebe und Wirtschaftszweige durch und sichern die Erhöhung des Niveaus der Allgemeinbildung. Die BAK lösen ihre Aufgaben mit den wissenschaftlich-technischen Fachkräften der Betriebe und der wissenschaftlichen Institute. Sie arbeiten mit den anderen Bildungseinrichtungen und den gesellschaftlichen Organisationen zusammen. Sie können als Außenstellen der Hoch- und Fachschulen tätig sein.
>
> (3) Die *Volkshochschulen* führen Lehrgänge zum Abschluß der Oberschule, der Erweiterten Oberschule und zum Abschluß einzelner Unterrichtsfächer sowie auf ver-

---

438 Verordnung über die Bildungseinrichtungen zur Erwachsenenqualifizierung vom 27.09.1962. In: GBl. Teil II, Nr. 77 vom 13.10.1962, S. 687-689.
439 Ebenda, S. 688-689.

schiedenen anderen Wissensgebieten durch. Sie übernehmen berufliche Qualifizierungsmaßnahmen, die von anderen Bildungseinrichtungen nicht wahrgenommen werden."[440]

Die Verflechtung von Wirtschaftsplanung und Bildungspolitik zeigt sich im
Perspektivplan 1965-1970, in dem die Entwicklung der Polytechnischen
Oberschule als Hauptaufgabe für den Bereich Volksbildung genannt ist.

„ ... die ... Polytechnische Oberschule ist zur grundlegenden Schulform im einheitlichen sozialistischen Bildungssystem zu entwickeln. Ihr Aufbau ist bis 1970 abzu-
schließen, dass etwa 80% aller Schüler, die den Abschluß der 8. Klasse erreichen, in
die 9. Klasse der zehnklassigen bzw. erweiterten Oberschule aufgenommen werden."[441]

Perspektivisch wird bis 1970 die Zehnklassenschulpflicht durchgesetzt, d.h.
dass für die kommenden Schülergenerationen ein früheres Ausscheiden aus
der Schule nur in den seltensten Ausnahmefällen möglich ist, wenn Schüler
leistungsbedingt die Schule abbrechen müssen. Für die Volkshochschule hat
das Gesetz die Konsequenz, dass die Klientel zum Nachholen von Schulabschlüssen langfristig kleiner wird. Zwischen dem Beginn der „Abendschule
für Erwachsene" 1956 und der Vollendung der „Allgemeinbildenden Polytechnischen Oberschule" 1970 liegt ein Zeitraum von 14 Jahren, in dem massenhaft Schulabschlüsse von der Kriegs- und Nachkriegsgeneration nachge-
holt werden. Für die folgenden Generationen ist der Zehnklassenschulab-
schluss im regulären Schulsystem garantiert. Demzufolge ist es zutreffend,
wenn die DDR-Volkshochschule von 1956 bis Mitte der 1970er Jahre vorrangig als Schule des „Zweiten Bildungsweges" bezeichnet wird.

Zusammenfassung

Mit der Rückkehr zum Ministerium für Volksbildung erfährt die Volkshochschule eine gesellschaftliche Aufwertung, allerdings nicht als Volkshochschule, sondern als „Abendoberschule für Erwachsene". Die Umwandlung
der 220 Volkshochschulen in „Abendoberschulen für Erwachsene" dauert
von 1956 bis 1958. Es ist beabsichtigt, dass die Volkshochschule mit ihrem
alten Namen auch ihre alte Identität verliert. Vorrangig ist sie nun für den
Zweiten Bildungsweg zuständig und führt Kurse und Einzellehrgänge zum
Nachholen von Schulabschlüssen der 8.; 10. und 12. Klasse durch. Alle Kurse, die nicht der Allgemeinbildung zuzurechnen sind, übernehmen Massenorganisationen und andere staatliche Institutionen, wodurch sich das Angebotsprofil der Volkshochschule vorerst verengt. Sie wird niemals vollkommen

---

440 Gesetz über das einheitliche sozialistische Bildungssystem. In: GBl. der DDR, Teil I,
Nr. 6 vom 25.02.1965, S. 98.
441 Was ergibt sich aus der Direktive zum Perspektivplan bis 1970? Hauptaufgaben zur
Entwicklung des Bildungsniveaus der Werktätigen, ohne Datum, ohne Unterschrift,
ohne Ort. In: SAPMO, Bestand DY 34/3949.

vom Ministerium für Volksbildung im Schulsystem vereinnahmt, denn ca. ein Viertel bis ein Drittel aller Kurse laufen außerhalb des „Zweiten Bildungsweges" als Kernangebote der Volkshochschule weiter. Ab 1965 darf sie erneut berufliche Qualifizierungsaufgaben durchführen, wenn es dafür keine anderen Institutionen im Territorium gibt. Ihr Aufgabengebiet wird mit dem Bildungsgesetz von 1965 punktuell erweitert. Die Volkshochschule wird wie eine Institution des staatlichen Schulsystems administriert, obwohl sie Aufgaben der Erwachsenenqualifizierung wahrnimmt. Sie untersteht seit 1956 dem Ministerium für Volksbildung und untersteht der kommunalen Verwaltung der Städte und Stadtbezirke. Die Umwandlung der Technischen Betriebsschulen in Betriebsakademien beginnt ab 1959. Im Jahr 1962 erhalten die Betriebsakademien den Status einer staatlichen Bildungseinrichtung. Mit dem Zeitpunkt der Verstaatlichung wird ab 1962 nicht mehr von „Erwachsenenbildung", sondern von „Erwachsenenqualifizierung" gesprochen, weil die Betriebe für die Qualifikation, aber nicht für die „Bildung" zuständig sind. Ab 1965 wird die Erwachsenenqualifizierung im Gesetz über das einheitliche sozialistische Bildungssystem unter „Aus- und Weiterbildung der Werktätigen" verortet. Die Erwachsenenqualifizierung bzw. die Aus- und Weiterbildung der Werktätigen umfasste auch die Allgemeinbildung, die die Institution Volkshochschule zur Verfügung stellt.

4.5. Die VHS und die Aus- und Weiterbildung der Werktätigen
Fünfjahrplan (1966-1970)

Mit dem Bildungsgesetz von 1965 ist die Integration aller Institutionen in das Bildungssystem der DDR nach ihrem Status unter der Prämisse von Einheitlichkeit und Durchlässigkeit vollzogen. Das „einheitliche sozialistische Bildungswesen" will man durch ein „einheitliches System der Aus- und Weiterbildung der Werktätigen" ergänzen. Zu diesem Zweck ist eine Neufassung der Systematik der Ausbildungsberufe notwendig. Künftig werden die Fächer Grundlagen der Elektronik, Datenverarbeitung und BMSR-Technik die Basis aller Ausbildungsberufe bilden (vgl. Klassenkampf-Tradition-Sozialismus 1974, S. 728f.). Die Erarbeitung eines einheitlichen Weiterbildungssystems gestaltet sich anfangs unübersichtlich, weil begriffliche Unstimmigkeiten einer Klärung bedürfen. Man einigt sich darauf, zwischen Ausbildung und Weiterbildung zu unterscheiden.

> „Unter beruflicher Ausbildung sind die drei Niveauebenen Facharbeiter, Fachschulausbildung und Hochschulausbildung zu verstehen. Unklarheiten gibt es darüber, wo die Ausbildungsberufe Meister, Techniker und Technologe einzuordnen sind. ... Zunächst wird Einigung darüber erzielt, dass die Berufsausbildung mit der Facharbeiterausbildung beginnt und die berufliche Ausbildung mit der Hochschulausbildung bzw. der Promotion endet.

Die Weiterbildung muß ein Minimum an Grundwissen vermitteln, die Vermittlung von Fachwissen muß einen breiteren Raum einnehmen und dem Spezialwissen muß ein umfangreicher Raum eingeräumt werden. ... Im Inhalt der Weiterbildung muß zwischen berufsbildender und berufserhaltender Weiterbildung unterschieden werden."[442]

Vom Gesetz über das einheitliche sozialistische Bildungssystem im Jahr 1965 ist der Bereich der Erwachsenenbildung weniger betroffen. Unmittelbaren Einfluss hat jetzt jedoch die einsetzende Verwissenschaftlichung der Erwachsenenbildung in Theorie und Praxis als Konsequenz des Neuen Ökonomischen Systems der Leitung und Planung. Jetzt werden erstmals juristische Grundlagen für die Erwachsenenbildung erlassen. Die „Anordnung über die Aus- und Weiterbildung der Frauen für technische Berufe und ihre Vorbereitung für den Einsatz in leitenden Tätigkeiten"[443] gehört in diesen Kontext. Mit der Verwissenschaftlichung der Didaktik und der Bildungsorganisation bekommt die kulturelle und ideologische Bildung wieder höheres Gewicht. Bereits der VII. Parteitag der SED (1967) fordert die Erhöhung von kultureller Bildung ein. Ohne dass sich die Bedeutung für die berufliche Erwachsenenqualifizierung verringert, erfährt die kulturelle Massenarbeit eine deutliche Aufwertung, nicht zuletzt durch die Einführung der Fünftagearbeitswoche, die den Werktätigen mehr Freizeit beschert. Für die Volkshochschule sind Aussagen des VII. Parteitag der SED insofern interessant, als sie beauftragt wird, für die Bevölkerung eine Vielzahl von differenzierten Bildungsangeboten bereitzustellen, um das geistig-kulturelle Lebensniveau zu erhöhen. Der Ruf nach „Universalität" der Volkshochschulen wird laut (vgl. Ulbricht 1967, S. 264). In der Folgezeit werden große Anstrengungen unternommen, um die „Verbreiterung des inhaltlichen Profils" der Volkshochschulen zum Bestandteil eines vielseitigen und niveauvollen geistig-kulturellen Lebens zu machen. Verfolgt man die einzelnen Jahre, so fällt auf, dass die Volkshochschule stets globale, aber abgegrenzte Aufgaben zu lösen hat. Für berufstätige Erwachsene erfüllt sie eine Qualifizierungsfunktion, die im regulären Schulsystem nicht nachzufragen ist. Dazu gehören beispielsweise „Frauensonderlehrgänge zur Vorbereitung auf ein Fachschulstudium, EDV-Kurse und Betriebslehrgänge" in großer Anzahl.[444]

Das Angebotsspektrum der Volkshochschule unterliegt dabei stets der staatlichen Kontrolle. Inwiefern sie sich Freiräume erhalten kann, ist fraglich. Man kann mit Recht vor einer „Feuerwehrfunktion" sprechen, die jedoch

---

442 Über die Arbeit der Unterarbeitsgruppe zur Erarbeitung eines Systems der Weiterbildung der Werktätigen am 24./25.07.1967 in Ludwigsfelde. In: SAPMO, Bestand DY 34/5389.

443 Anordnung über die Aus- und Weiterbildung der Frauen für technische Berufe und ihre Vorbereitung für den Einsatz in leitenden Tätigkeiten vom 07.07.1966. In: GBL. Sonderdruck Nr. 545/1966.

444 Information des Direktors der VHS Dresden-Stadt an den Rat der Stadt Dresden, Abt. Volksbildung, z.H. Studienrat Stange, Stadtschulrat vom 21.07.1969. In: Stadtarchiv Dresden, Bestand Abt. Volksbildung, Nr. 245.

nicht inhaltlich ideologisch ausgewiesen wird. So erklärt es sich wohl, dass die Volkshochschule aus den Dokumenten sukzessive verschwindet, obwohl sie in Wirklichkeit differenzierte gesellschaftliche Aufgaben wahrnimmt. Sie ist sozusagen eine Institution am Rande des Schulsystems, was ihre gesellschaftliche Reputation anbelangt. Was ihre Leistungsfähigkeit betrifft, „ist sie als flexibel arbeitendes Hilfssystem eine Transformationsinstitution der Moderne".[445] Ihre hohe Flexibilität, die Fähigkeit, aus dem Stand heraus auf neue Bildungsinitiativen reagieren zu können, erwecken den Anschein relativer Unabhängigkeit und Autonomie. Das bedeutet aber auch: Die Volkshochschule reagiert unmittelbar auf staatliche Vorgaben, die aus ökonomischen und anderen, selbst produzierten Zwängen des Sozialismus resultieren. Der dominierende Einfluss der SED auf alle Institutionen hat zur Folge, dass deren Aufgaben und Formen sehr stark von politischen und ökonomischen Konsequenzen bestimmt sind. Über einen längeren Zeitraum betrachtet, kann man sogar behaupten, dass ein alternierender Wechsel zwischen politisch-ideologischen und beruflich-ökonomischen Schwerpunkten in den bildungspolitischen Dokumenten auszumachen ist. Das Angebot der Volkshochschule ist keinesfalls nachfrageorientiert, sondern immer gesteuert und zweckbestimmt. Die einzelne historischen Etappen unterscheiden sich danach, „ob mehr die bildungsorganisatorischen oder didaktischen Reformen, die offiziellen Verordnungen oder ihre praktische Verwertbarkeit als Maßstab der Zäsuren" (Siebert 1970, S. 144) herangezogen werden.

Im Jahr 1968 gibt es zwei für die Volkshochschule bedeutsame Ereignisse. Das ist zum einen die Verabschiedung der Verfassung, in der die Volkshochschule nicht mehr explizit als Bildungseinrichtung ausgewiesen ist (vgl. Verfassung der DDR 1976, S. 18). Die 1968er Verfassung gibt vor, dass sich eine hohe „Bildung" aus den gesellschaftlichen Verhältnissen der DDR ableitet, dass diese „Bildung" dazu angetan ist, die sozialistische Gesellschaft zu gestalten, und dass diese „Bildung" für die Mitwirkung an der sozialistischen Demokratie ausreicht (ebenda, S. 18).

„Mit dem einheitlichen sozialistischen Bildungssystem sichert die Deutsche Demokratische Republik allen Bürgern eine den ständig steigenden gesellschaftlichen Erfordernissen entsprechende hohe Bildung. Sie befähigt die Bürger, die sozialistische Gesellschaft zu gestalten und an der Entwicklung der sozialistischen Demokratie mitzuwirken" (ebenda, S. 18).

Zum anderen verabschiedete der Ministerrat der DDR 1968 einen Beschluss über „Grundsätze und Aufgaben zur Entwicklung der Weiterbildung in den Betrieben, Einrichtungen, Genossenschaften, Volkshochschulen sowie den Universitäten, Hochschulen, Fachschulen und wissenschaftlichen Einrichtungen".[446] Der Beschluss bestimmt die Volkshochschule als „Einrichtung der

---

445 Gieseke, W.; Opelt K.: Erwachsenenbildung in politischen Umbrüchen. Opladen 2003.

446 Beschluß über die Grundsätze und Aufgaben zur Entwicklung der Weiterbildung in den Betrieben, Einrichtungen, Genossenschaften, Volkshochschulen sowie den Uni-

Organe der örtlichen Staatsmacht", die ein hohes allgemeinbildendes Niveau der Werktätigen im Territorium sichern muss und in erster Linie die Qualifizierung zu realisieren hat, die von den „örtlichen Volksvertretungen und ihren Organen" vorgegeben wird. D.h., fortan werden die konkreten Lehrgangsangebote der Volkshochschulen durch die örtlichen Vertretungen (Räte der Bezirke; Räte der Stadtbezirke; Räte der Kreise) und ihre Organe (Bezirksschulräte; Stadtschulräte, Kreisschulräte) festgelegt. Nach diesem Beschluss bestimmt eine Vielzahl unterschiedlichster Amtsträger die Arbeit der Volkshochschule.

> „Mit dieser Entwicklung reifte die Aufgabe heran, Bilanz zu ziehen und die konkreten Erfordernisse und Maßnahmen bei der Verwirklichung des Bildungsgesetzes für alle Bereiche der Erwachsenenbildung auf weite Sicht zu bestimmen, weiter gesteckte Ziele zu präzisieren. Es werden Experten aller Einrichtungen der Erwachsenenpädagogik, Wissenschaftler aus dem Bereich der Erwachsenenpädagogik und Berufspädagogik, Bildungsfunktionäre der Gewerkschaften usw. zusammengeführt, die im Auftrag des Ministerrats und des Bundesvorstandes des FDGB ein bilanzierendes und zugleich weiterführendes Dokument erarbeiten, das von der Volkskammer der DDR im September 1970 verabschiedet wird" (Schneider 1989, S. 67).

Nachdem dieser Beschluss zwei Jahre mit unterschiedlichsten Experten diskutiert worden ist, hat man daraus 1970 ein Gesetz verabschiedet. Bei dem Gesetz handelt es sich um die „Grundsätze für die Aus- und Weiterbildung der Werktätigen im entwickelten gesellschaftliche System des Sozialismus in der Deutschen Demokratischen Republik"[447]. Darin ist festgelegt, dass die Qualifizierungsmaßnahmen in der Aus- und Weiterbildung der Werktätigen zum untrennbaren Bestandteil des gesellschaftlichen Reproduktionsprozesses gehören. Besonders die Volkshochschulen sollen die Werktätigen in ihrem Streben nach höherer Allgemeinbildung unterstützen.

> „Sie (die Volkshochschulen, K.O.) konzentrieren sich auf Lehrgänge zur Erweiterung und Vertiefung der Allgemeinbildung, zur Einführung in spezielle Gebiete der Wissenschaft und andere Bereiche des geistig-kulturellen Lebens der Werktätigen, zur Vorbereitung der Werktätigen auf höhere schulische Abschlüsse. Das Ministerium für Volksbildung trägt die Verantwortung für die Entwicklung der Volkshochschulen, die sich auf die Erweiterung und Vertiefung der Allgemeinbildung der Werktätigen konzentrieren. Es ist verantwortlich für die Bestimmung des Inhalts der Allgemeinbildung in der Aus- und Weiterbildung der Werktätigen, vor allem für Bildungsmaßnahmen mit dem Ziel des Abschlusses der 8.; 10. und 12. Klasse der Oberschule insgesamt oder in einzelnen Unterrichtsfächern. Die pädagogisch-psychologische und didaktisch-methodische Qualifizierung der nebenberuflichen Lehrkräfte ist auf der Grundlage eines einheitlichen Lehrprogramms, das vom Staatssekretariat für Berufsbildung

---

versitäten, Hochschulen, Fachschulen und wissenschaftlichen Einrichtungen vom 24.06.1968. In: GBl Teil II, Nr. 76 vom 17.07.1968, S. 559.

447 Beschluß der Volkskammer der DDR über die Grundsätze für die Aus- und Weiterbildung der Werktätigen in der DDR vom 16.09.1970. In: GBl. Teil I, Nr. 21 vom 02.10.1970, S. 291-297.

herausgegeben wird, durch spezielle Lehrgänge an den Volkshochschulen zu organisieren."[448]

Die Trennung zwischen Schul- und Erwachsenenbildungssystem ist nicht mehr eindeutig auszumachen. Ihre Aufgaben vermischen sich zunehmend. Die Volkshochschule lässt sich nach wie vor nicht eindeutig zuordnen, weil die allgemeine Erwachsenenbildung in den Volkshochschulen strukturell dem Ministerium für Volksbildung und die berufliche Weiterbildung sowie die Berufsausbildung dem seit 1970 neu gegründete Staatssekretariat für Berufsbildung untersteht. Die „ministerielle" Aufwertung der Berufsbildung stellt insofern einen Fortschritt dar, weil mit dem Staatsekretariat für Berufsbildung ein Pendant zum Ministerium für Volksbildung geschaffen und die Bedeutsamkeit der Weiterbildung in der Gesellschaft anerkannt wird. Das neugegründete Staatssekretariat für Berufsbildung[449] trägt nun die Verantwortung für die Erwachsenenbildung und sieht sich vor der Aufgabe, die berufliche Erstausbildung und die berufliche Weiterbildung curricular zu gestalten. Angestrebt sind Lehrpläne, in denen die Anforderungen für die beruflichen Grundlagenfächer, sowohl für die Ausbildung als auch für die Weiterbildung, festgelegt werden sollen, um insgesamt die Qualität der Aus- und Weiterbildung zu erhöhen. Die Grundlagenfächer der Berufsausbildung sollen jedem Werktätigen für seine Weiterbildung offen stehen. Die weit vorausschauende Absicht des Staatssekretariats, eine möglichst enge Verzahnung von beruflicher Erstausbildung und Weiterbildung herzustellen und die Lehrpläne in vollem Umfang für die berufliche Aus- und Weiterbildung verbindlich zu erklären, stößt jedoch auf Kritik und teilweise sogar auf Ablehnung in den Betrieben. Insbesondere werden die im Lehrplan vorgesehenen Teile der Allgemeinbildung als zu überhöht und die Ausbildungsinhalte als nicht genügend betriebsspezifisch angesehen, so dass schließlich das Staatssekretariat für Berufsbildung seine Forderungen aufgibt und die berufliche Grundlagenbildung nicht für die Weiterbildung als verbindlich beibehält (vgl. Schäfer 1990, S. 377ff.). Das Staatssekretariat beugt sich dem Druck der Betriebe und nimmt die als überzogen bezeichneten allgemeinbildenden In-

---

448 Ebenda, S. 295-297.

449 Das Staatssekretariat für Berufsbildung war ein Organ des Ministerrates der DDR und zuständig für die Leitung und Planung der staatlichen Bildungspolitik auf dem Gebiet der Berufsausbildung der Lehrlinge, der beruflichen Aus- und Weiterbildung der Facharbeiter und Meister und der Berufsberatung. Es existierte als solches seit 1966. Die Aufgabenwahrnehmung der Berufsbildung lag vorher von 1945 bis 1949 bei der Dt. Verwaltung für Volksbildung und der Dt. Verwaltung für Arbeit und Sozialfürsorge bzw. der HV Hauptverwaltung und Sozialfürsorge der DWK. Die Aufgaben der Berufsbildung werden von 1949 bis 1950 vom Min. für Volksbildung wahrgenommen, von 1950 bis 1954 vom Staatssekretariat für Berufsausbildung, von 1954 bis 1958 vom Ministerium für Arbeit und Berufsausbildung, von 1958 bis 1964 vom Ministerium für Volksbildung, Stellvertreterbereich für Berufsbildung, und von 1964 bis 1966 von der Staatlichen Plankommission.

halte der Grundlagenfächer teilweise zurück.[450] Die Entscheidung zur bewussten Abkehr von der Allgemeinbildung zugunsten von betriebsspezifischen Qualifikationen (neudeutsch: Kompetenz) hat langfristig negative Folgen für die Qualifikations-, und Bildungsstandards sowie für die Beherrschung der Technologien, weil die DDR den Anschluss an die führenden Industrienationen dadurch verliert. Das Tragische dabei ist, dass die Wirtschaft sich selbst von den neuen Entwicklungstrends abkoppelt. Sie ist nicht bereit, die Allgemeinbildung für Erwachsene zu finanzieren, die als Grundlage für jede Berufsausbildung und schon gar für jegliche Qualifikation anzusehen ist. Da Allgemeinbildung zu teuer ist, fokussiert man stattdessen auf anforderungs- und betriebliche Bedarfsorientierung. Mit der „aufgaben- und objektbezogenen Qualifizierung" soll eine arbeitsplatznahe Konzeption der Weiterbildung profiliert und entfaltet werden. Die spezifischen Interessen der Betriebe erhalten wieder ein primäres Gewicht. Die berufliche Weiterbildung ist in dieser Phase auf den absoluten Arbeitsplatzbezug zugeschnitten (vgl. Düsseldorf 1997, S. 103).

Die Neugründung des Staatsekretariats für Berufsbildung und auch die Auflösung des Leipziger Instituts für Erwachsenenbildung 1970, über die im Detail bis heute nur spekuliert werden kann, erklärt sich aus der III. Hochschulreform, in deren Folge es zu Umstrukturierungen der ehemaligen Fakultäten der Universitäten und Hochschulen kommt, was insbesondere für das „Schaller-Institut" an der Universität Leipzig zur Folge hat, dass sich die Arbeitsgruppe um Erdmann Harke dem neu etablierten sogenannten Wissenschaftsbereich, der sich mit Hochschuldidaktik und Kybernetik beschäftigt, nicht mehr zugehörig fühlt, deshalb eine neue wissenschaftliche Heimat sucht und die Universität Leipzig verlässt. Die neue Wirkungsstätte für Erdmann Harke ist ab 1970 die Humboldt-Universität zu Berlin. Hier erfüllen sich seine Hoffnungen jedoch auch nicht, die Leipziger Arbeit fortzusetzen und seine Forschung, im wahrsten Sinne des Wortes, der Erwachsenenbildung und der Volkshochschule zu widmen. Der ihm in Berlin versprochene Lehrstuhl wird mit einer fachfremden Person besetzt, die der Erwachsenenbildung bis dahin völlig fern steht. Erdmann Harke, nach jahrelangen Repressalien endlich 1976 zum außerordentlichen Professor ernannt, ist wegen fortgesetzter personeller und inhaltlicher Streitigkeiten gezwungen, seine Arbeitsstelle und damit seinen Arbeitsschwerpunkt zu wechseln. Er geht 1976 an das Zentralinstitut für Berufsbildung (ZIB) und 1978 an das neu gegründete Institut für Berufliche Entwicklung (IBE) und widmet sich fortan mit hoher internationaler Reputation der Berufsbildung in den Ländern der Dritten Welt. Für die Volkshochschulforschung allerdings war Harke damit verloren.[451]

---

450 So geschehen auch beim Grundberuf „Elektronikfacharbeiter", den die Autorin von 1970 bis1972 in Kondensatorenwerk Gera selbst erlernte.

451 Gespräch mit Prof. Dr. Erdmann Harke im Herbst 1993 und am 23.01.2000 mit seiner Ehefrau Hanna Harke. Prof. Dr. Erdmann Harke verstarb am 03.03.1995.

Zusammenfassung

Analog dem einheitlichen sozialistischen Bildungssystem soll eine Verein-heitlichung für das System der Aus- und Weiterbildung der Werktätigen vor-genommen werden. Die Volkshochschule gehört zum einheitlichen sozialisti-schen Bildungssystem, nachdem ihre Identität nicht mehr erkennbar ist. Als namenlose Institution ist sie für die Allgemeinbildung von Erwachsenen zu-ständig. In der Aus- und Weiterbildung der Werktätigen stellte sie die Lehr-gänge zum Nachholen von Schulabschlüssen bereit. Ihr Allgemeinbildungs-auftrag scheint zwar die Zuordnung zum Schulsystem zu rechtfertigen, be-trifft aber immer nur den „Zweiten Bildungsweg". Alle darüber hinausgehen-den Angebote, die nicht auf einem staatlichen Lehrplan basieren und die da-mit der Weiterbildung zuzurechnen sind, werden nicht vom Ministerium für Volksbildung reglementiert, sondern vom Staatssekretariat für Berufsbildung. Durch die Situation der Volkshochschule ist ihre Zuordnung zum Schulsy-stem bzw. zum Erwachsenenbildungssystem unmöglich. Es bietet sich die Kategorie „einheitliches sozialistisches Bildungssystem" als Verortung an, weil sich darunter alle Bildungsinstitutionen subsumieren lassen. Die Erwei-terung der „Universalität" des inhaltlichen Profils der Volkshochschulen ist vorgesehen, weil die allgemeinbildenden Inhalte in der Erwachsenenbildung künftig zunehmen werden. Geplant ist vom neu gegründeten Staatssekretariat für Berufsbildung die Übernahme der Lehrpläne der beruflichen Erstausbil-dung (Grundberufe) auch für die berufliche Erwachsenenbildung, um eine enge Verzahnung beruflicher Erstausbildung und beruflicher Weiterbildung zu gewährleisten. Im Jahr 1970 macht das Staatssekretariat für Berufsbildung diese Entscheidung rückgängig, was sich im Nachhinein als ein bildungspo-litisch, ökonomisch und strategisch nicht wieder gut zu machender Fehler erweist.

4.6. Die VHS und die sozialistische deutsche Nation *VIII. Parteitag der SED (1971-1975)*

Mit dem VIII. Parteitag der SED kommt es 1971 zur Korrektur in der berufli-chen Erwachsenenbildung. Es beginnt mit der „aufgaben- und objektbezoge-ne Qualifizierung"[452] eine nicht unerhebliche Reform. Nachdem die „Grund-sätze für die Aus- und Weiterbildung der Werktätigen im entwickelten gesell-

---

452 Direktive des VIII. Parteitages der SED zum Fünfjahrplan für die Entwicklung der Volkswirtschaft der DDR von 1971-1975. Beschluß des VIII Parteitages der SED (15.-19.06.1971). In: Dokumente der SED. Bd. XIII. Berlin 1974, S. 121.

schaftliche System des Sozialismus der DDR"[453] erlassen worden sind, hört man auf, sich mit der Volkshochschule zu befassen. Man kann von Stillstand sprechen, d.h., es gibt keine neuen Entwicklungen, keine Innovationen, obwohl die Arbeit in den Volkshochschulen auf Hochtouren läuft. Bereits Anfang der 1970er Jahre sind die Strukturbildungsprozesse im gesamten Bildungssystem abgeschlossen. Sowohl das Schulsystem als auch das Erwachsenenbildungssystem ist gesetzlich geregelt und staatlich verankert. Die Notwendigkeit von Veränderungen steht nicht an. Die Gesellschaftspolitik schlägt den Kurs einer verstärkten Sozialpolitik ein, was mit dem Regierungswechsel zu tun hat. Bekanntlich hat der VIII. Parteitag der SED das sozialpolitische Programm beschlossen, das sehr langfristige Wirkungen hat, von denen fast alle Bevölkerungsschichten profitieren. Im Zentrum stehen das Wohnungsbauprogramm und die Verbesserung der Arbeits- und Lebensbedingungen der Bevölkerung. Letztmalig für einen längeren Zeitraum würdigt die SED auf einem Parteitag die Arbeit der Volkshochschule.

„Einen wichtigen Beitrag für die Qualifizierung der Werktätigen leisten die Volkshochschulen und betriebliche Bildungseinrichtungen".[454]

Im Fünfjahrplanzeitraum wird kein Gesetz zur Volkshochschule erlassen, da sie ihren festen Platz im einheitlichen sozialistischen Bildungssystem hat, an das Schulsystem angedockt und in das System der Aus- und Weiterbildung der Werktätigen integriert ist. Es folgen Anordnungen zum Hoch- und Fachschulwesen sowie eine „Verordnung über die Aus- und Weiterbildung der Meister".[455] Auch das „Gesetz über den Fünfjahrplan 1971-1975"[456] erwähnt die Volkshochschule nicht. Es ist zu vermuten, dass neue Aufgaben auf sie zukommen werden.

Nach Abschluss der Strukturbildungsprozesse soll nun die „sozialistische Kultur" in der „sozialistischen deutschen Nation" in allen Lebensbereichen entwickelt werden, so die 6. ZK-Tagung (06.-07.07.1972), die sich auf den VIII. Parteitag (15.-19.06.1971) und das IX. FDJ-Parlament (25.-29.05.1971) bezieht. Wenn alle Werktätigen sich als Produzenten und Konsumenten der von ihnen geschaffenen materiellen Güter und als Gestalter der sozialistischen Lebensweise begriffen, so glaubt die SED-Führung, hätten die Werktätigen die sozialistische Kultur in ihrer Tiefe und Breite verstanden.

---

453 Grundsätze für die Aus- und Weiterbildung der Werktätigen bei der Gestaltung des entwickelten gesellschaftlichen Systems des Sozialismus in der DDR vom 16.09. 1970. In: GBL Teil I, Nr. 21 vom 02.10.1970.

454 Bericht zur Direktive des VIII Parteitages der SED zum Fünfjahrplan für die Entwicklung der Volkswirtschaft der DDR in den Jahren 1971-1975. Berichterstatter: Willi Stoph. Berlin 1972, S. 53.

455 Verordnung über die Aus- und Weiterbildung der Meister vom 27.06.1973. In: GBL Teil I, Nr. 33 vom 22.07.1973, S. 342.

456 Gesetz über den Fünfjahrplan für die Entwicklung der Volkswirtschaft der DDR 1971-1975 vom 20.09.1971. In: GBL. Teil I vom 24.12.1971, S. 187.

„Immer stärker entwickelt sich eine Atmosphäre des Lernens. Schon heute verfügt die Mehrheit aller Arbeiter über eine abgeschlossene Fachausbildung. Überall begegnet uns das Streben nach hoher politischer, weltanschaulicher, ökonomischer und fachlicher Bildung, nach neuen Kenntnissen und Einsichten. Viele Werktätige haben ein großes Bedürfnis, sich in Abendkursen systematisch kulturelle und künstlerische Kenntnisse anzueignen. Die Ministerien für Kultur und für Volksbildung sollen gemeinsam Voraussetzungen schaffen, damit die Volkshochschulen den interessierten Werktätigen noch umfassender kulturell-künstlerische Kenntnisse vermitteln können. Die vorhandenen Einrichtungen der Erwachsenenbildung, die Betriebs- und Dorfakademien sollen mehr Kulturfragen in ihre Lehrpläne aufnehmen oder auch spezielle Kurse vorsehen. Die Urania könnte ihre Vortragstätigkeit zur Kulturpolitik, Kunst und Literatur wesentlich verstärken" (Hager 1972, S. 5 und 73 f.).

Diese Kampagne wirkt sich auf die Volkshochschularbeit im Zeitraum 1972 bis 1977 anhand steigender Teilnehmerzahlen bei kurzfristigen allgemeinbildenden Lehrgängen aus. An den Volkshochschulen insgesamt ist ein Anstieg von 7.919 auf 11.228 Lehrgänge zu verzeichnen (vgl. Grimm 1979, S. 2). Besonderes Interesse finden fremdsprachliche Lehrgänge, was aus dem visafreien Verkehr nach Polen und der CSSR resultiert. Auch kulturell-ästhetische Lehrgänge nehmen zu, ebenso Lehrgänge zu Themen wie „Elternfragen und Familienerziehung", „Sozialistische Menschenführung", „Umweltschutz", „Arbeitsschutz" „Gesunde Lebensweise", „Familiengründung", und „Sozialistische Rechtsprechung". Im Programmangebot der Volkshochschulen setzt die auf dem VII. Parteitag der SED 1967 avisierte inhaltliche „Universalität" ein. In einer Konzeption zur Entwicklung der Volkshochschule Dresden 1975-1980 ist angekündigt, dass die Volkshochschule zur Erhöhung der Allgemeinbildung der Bürger der Stadt Dresden beizutragen hat. Kritisch angemerkt wird das Nichtzustandekommen von Kursen zum Nachholen von Schulabschlüssen, was auf den zurückgegangenen Bedarf schließen lässt und auf die Streichung von gesellschaftswissenschaftlichen Kursen, weil andere Institutionen dieses Metier übernommen haben.

> „Die meisten Streichungen sind bei Kursen in den Gesellschaftswissenschaften, Mathematik und den Bildungsstufen. In den Bereichen der betrieblichen und gesellschaftlichen Bildungseinrichtungen der Kultur und Kunst wurden demgegenüber die besten Ergebnisse erzielt."[457]

Führten bislang die Volkshochschulen das „pädagogische Minimum" für nebenberufliche Lehrkräfte der Volkshochschulen und Betriebsakademien durch, so wird mit der Bildung der Bezirks- und Kreiskabinette für Weiterbildung 1971 das „pädagogische Minimum" fortan von den neuen Einrichtungen übernommen, die auch für die inhaltlich konzeptionelle Ausrichtung verantwortlich sind. Dass solch ein Lehrprogramm eher ideologische als pädagogische Inhalte aufweist, zeigt folgendes Beispiel:

---

457 Information Nr. 3/I/80 der Arbeiter- und Bauerninspektion zur Kontrolle der Verwirklichung der vom Rat der Stadt beschlossenen Entwicklungskonzeption der Volkshochschule Dresden für die Jahre bis 1980 vom 08.02.1980. In. Stadtarchiv Dresden, Bestand Abt. Volksbildung, 279.

„1. Die Bildungspolitik der Arbeiterklasse, ihrer marxistisch-leninistischen Partei und der Regierung der DDR bei der Gestaltung der entwickelten sozialistischen Gesellschaft. 1.1. Die Anwendurg der Lehren des Marxismus-Leninismus über das Verhältnis von Macht und Bildung (2 Std.). 1.2 Das sozialistische Bildungs- und Erziehungsziel, der Einsatz nebenberuflicher Lehrkräfte in der Berufsbildung als wichtige Aufgabe bei der Wahrnehmurg der Verantwortung der sozialistischen Betriebe und Einrichtungen für den beruflichen Bildungsprozeß (2 Std.). 2. Wesen und Entwicklung der Persönlichkeit. 2.1. Die marxistisch-leninistische Auffassung vom Wesen der Persönlichkeit und ihrer Entwicklung (1 Std.). 2.2. Die Bedeutung der Bildung und Erziehung für die Entwicklung der sozialistischen Persönlichkeit (4 Std.). 2.3. Pädagogisch psychologische Grundfragen der Aus- und Weiterbildung von Jugendlichen und Erwachsenen (4 Std.). 3. Einführung in die Gestaltung des beruflichen Unterrichts. 3.1 Die Berücksichtigung der Leninschen Widerspiegelungstheorie im beruflichen Unterricht. 3.2. Die Beachtung der Ziel-Inhalt-Methoden-Relation bei der Gestaltung des beruflichen Unterrichts (2 Std.). 3.3. Didaktische Prinzipien, didaktische Funktionen, Methoden im Unterricht (4 Std.). 3.4. Grundlagen der Planung und Vorbereitung des beruflichen Unterrichts (8 Std.). 3.5. Die Unterrichtsdurchführung und der Einsatz von Unterrichtsmitteln (10 Std.). 3.6. Leistungsbewertung und analytische Tätigkeit (3 Std.). – Gesamtzahl der Stunden: 19 Std. Vortrag, 13 Std. Seminar, 8 Std. Übung".[458]

Von der Volkshochschule Dresden liegt für das Jahr 1971 ein Programm zur „pädagogisch-psychologischen Qualifizierung" („pädagogisches Minimum") der nebenberuflichen Lehrkräfte vor. Es hat einem Umfang von 40 Stunden, davon sind 19 Stunden Vortrag, 13 Stunden Seminar und 4 Stunden Übungen. Die Dresdener Betriebsakademien melden im Frühjahrssemester 1972 einen Bedarf von ca. 500 Plätzen, ohne dass der Bedarf der Volkshochschule dabei berücksichtigt worden ist.[459] Die abrupte Übernahme der pädagogisch-psychologischen Qualifizierung für die nebenberuflichen Lehrkräfte lässt darauf schließen, dass es keine Abstimmung zwischen den Institutionen gibt, was nicht verwunderlich ist, denn die Volkshochschule untersteht dem Kreisschulrat und die neuen Bezirkskabinette dem Leiter der Abteilung Berufsbildung bei den Räten der Kreise/Stadtbezirke. Mit der Gründung der „Bezirkskabinette für Weiterbildung der Kader der Berufsbildung" verkleinert sich der Aufgabenbereich der Volkshochschulen erneut um die pädagogisch-psychologischen und die didaktisch-methodischen Kurse für nebenberufliche Lehrkräfte. Indem 1970 das Institut für Erwachsenenbildung in Leipzig aufgelöst wird und nicht mehr für die Weiterbildung von Dozenten der Erwachsenenbildung zur Verfügung steht, gleichzeitig ein Staatsekretariat für Berufsbildung seine Arbeit aufnimmt, ist mit der Bildung der „Bezirks- und Kreiskabinette für Weiterbildung der Kader der Berufsbildung" eine Lücke zur Weiterbildung von Dozenten geschlossen worden, allerdings mehr unter dem Fokus der betrieblich-beruflichen Weiterbildung. Das „Bezirkskabinett für Weiterbildung der Kader der Berufsbildung" ist eine Bildungseinrichtung

---

458 Lehrprogramm zur pädagogisch-psychologischen und didaktisch-methodischen Qualifizierung nebenberuflicher Lehrkräfte vom 15.12.1971. In: Stadtarchiv Dresden, Bestand Abt. Volksbildung, 245.
459 Ebenda. In: Stadtarchiv Dresden, Bestand Abt. Volksbildung, 245.

„für leitende Kader, Lehrkräfte und Erzieher der Berufsbildung",[460] so dessen Selbstbeschreibung. Die Strukturänderung erfolgt doppelgleisig. Das Staatssekretariat für Berufsbildung wird neu gegründet, während sich das „Schaller-Institut" an der Universität Leipzig auflöst. Die Volkshochschulen geben die Weiterbildung der Dozenten ab an die neu gegründeten Kreis-, und Bezirkskabinette für Weiterbildung. Es etabliert sich die berufliche Weiterbildung zu Ungunsten der allgemeinen Weiterbildung.

Ein übergreifendes, gravierendes bildungstheoretisches Problem bringt die Vereinheitlichung im Bildungssystem mit sich: Die Unterscheidung zwischen allgemeiner und beruflicher Bildung ist nicht mehr eindeutig zu leisten. Genau so uneindeutig ist nun auch eine Zuordnung von Bildungsaufgaben zu einzelnen Institutionen geworden, da die meisten Betriebe/Institutionen eigene Betriebakademien und Kulturhäuser errichtet haben. Auch die Massenorganisationen und Parteien verfügen über ein Netz von Weiterbildungseinrichtungen. Für einige Volkshochschuldirektoren ist dieser unübersichtliche Zustand Anlass zur Sorge, vermutlich weil das „Profil" der Volkshochschule zu verschwinden droht, zumal die Schwerpunktaufgabe, das Nachholen von Schulabschlüssen („Zweiter Bildungsweg") beendet ist. So klagt der Direktor der Volkshochschule Dresden über eine mangelnde Koordination von Qualifizierungsmaßnahmen im Territorium, weil es zunehmend schwieriger wird, zwischen allgemeinbildender und berufsbildender Weiterbildung zu unterscheiden.[461] Es zeichnet sich eine Stagnation der Volkshochschulentwicklung ab.

Zusammenfassung

Die Institution „Volkshochschule" steht weiterhin unter einem mehrfachen Verwertungsinteresse. Da sie eine flexibel arbeitende Institution ist, bietet sie eine Vielzahl eher kurzfristiger allgemeinbildender Kurse an. Diese Kurse entsprechen ihrem klassischen traditionellen Programmangebot in der Weimarer Republik. Da neue gesellschaftliche Innovationen fehlen, geht von der Volkshochschule auch keine Transformationsfunktion aus. Mit der Verbreiterung ihres inhaltlichen Profils kompensiert sie allerdings den Rückgang der Lehrgänge zum Nachholen von Schulabschlüssen. Das „pädagogische Minimum" wird der Volkshochschule entzogen und den neu eingerichteten Bezirks-/Kreiskabinetten für Weiterbildung übertragen, weil diese Institutionen nach Auflösung des Leipziger Instituts für Erwachsenenbildung nunmehr für die Qualifizierung der nebenberuflichen Dozenten verantwortlich zeichnen. Allgemeinbildende und berufsbildende Weiterbildungsmaßnahmen sind nicht

---

460 Anordnung über die Bezirkskabinette für Weiterbildung der Kader der Berufsbildung vom 15.09.1971. In: GBL. Teil II; Nr. 67 vom 29.09.1971, S. 580.

461 Probleminformation an den Stadtschulrat OStR Stange vom Direktor der VHS, Herrn Fleischer, vom 02.07.1079. In: Stadtarchiv Dresden, Bestand Abt. Volksbildung, Nr. 279.

mehr eindeutig den Institutionen zuzuordnen. Ebenso ist zwischen allgemeiner und beruflicher Bildung nicht mehr eindeutig zu unterscheiden.

4.7. Die VHS und die Einheit von Wirtschafts- und Sozialpolitik
IX. Parteitag der SED (1976-1980)

Der IX. Parteitag der SED (1976) legt fest, dass sich die Erwachsenenbildung in der DDR verstärkt nun ihrer „eigentlichen Funktion", der „Reproduktion des Qualifikationsniveaus der Werktätigen", zuzuwenden hat. Dieser Parteitag bildet den Ausgangspunkt für einen neuen Trend der künftigen Volkshochschularbeit. Die „sozialistische Persönlichkeitsentwicklung" soll sich durch „lebenslanges Lernen" vollziehen und die Erwachsenenbildung soll die Werktätigen verstärkt zum selbstständigen Wissenserwerb befähigen. Da zunehmend mehr Werktätige über eine abgeschlossene Oberschulbildung und eine darauf aufbauende Berufsausbildung verfügen, soll sich die Erwachsenenbildung stärker auf die Reproduktion und Erweiterung des vorhandenen Qualifikationsniveaus orientieren. Das ohnehin hohe Qualifikationsniveau zieht wiederum eine neue Art von Freizeitverhalten der Werktätigen nach sich. Aus diesem Zusammenhang wird für die Volkshochschule abgeleitet, dass sie ein interessantes, universelles Bildungsangebot und vielfältige Realisierungsformen für eine neue Freizeitgestaltung zu gewährleisten hat (vgl. Bauer 1982, S. 335). Die Volkshochschulen beginnen, „Lehrgänge zur Vertiefung und Erweiterung der Allgemeinbildung differenziert und vielschichtig auszubauen" (Schneider 1989, S. 77). Zunehmend angeboten werden Lehrgänge zur Unterstützung der beruflichen Weiterbildung der Werktätigen, wie „Grundlagen der angewandten Elektronik", „Mikrorechentechnik", „Wissenschaftliche Arbeitsorganisation", „Materialökonomie", „Qualitätssicherung" und „andere übergreifende Inhalte" (ebenda, S. 77). Beispielsweise hat im Schuljahr 1976/77 die Volkshochschule Jena für die Aus- und Weiterbildung der Werktätigen 129 Lehrgänge für rund 2.500 Teilnehmer durchgeführt.

„15 Hörer legten das Ab tur ab, Teilabschlüsse der 11. und 12. Klasse erwarben 49 Teilnehmer. 19 Teilnehmer haben den Gesamtabschluß der 10. Klasse und 80 Teilnehmer einen Teilabschluß erworben. Einen Facharbeiterabschluß in den Richtungen Schreibtechnik oder Wirtschaftskaufmann oder den Befähigungsnachweis als staatlich geprüfte Sekretärin erwarben 60 Werktätige. Es konnten 30 Qualifikationsnachweise als Reiseleiter und 21 als Stadtbilderklärer vergeben werden. Umfangreich ist die Sprachausbildung an der Volkshochschule. Hier bezieht das Angebot ‚Touristenlehrgänge' und Lehrgänge zur Ablegung der Sprachkundigenprüfung ein. Englisch, Französisch und Spanisch, Russisch, Polnisch, Tschechisch, Ungarisch, Bulgarisch und Rumänisch sind ebenso im Lehrplan vertreten wie Latein-Grundkurse für medizinische und technische Berufe. Großes Interesse besteht für die ‚Hobby-Lehrgänge'. Besuche des Phyletischen Museums stehen genauso auf dem Programm wie Pilzlehrgänge, autogenes Training, Kfz-Technik für Laien oder Kurse über mikroskopische Präpariertechnik Neu aufgenommen werden Sprachkurse für Anfänger und Lektionen für Mikroelektronik. Das Kollektiv der Volkshochschule ist sich seiner Verantwortung für die Aus- und Weiterbildung der Werktätigen bewußt."[462]

In der gesamten DDR haben im Zeitraum von 1956 bis 1979 an den Volkshochschulen ca. 250.000 Werktätige den Oberschulabschluss und 60.000 Werktätige das Abitur erworben, fast 300.000 Werktätige besuchen Sonderlehrgänge zur Vorbereitung auf ein Fachschulstudium. Im Schuljahr 1978/79 nehmen ca. 250.000 Werktätige an gesellschaftswissenschaftlichen, mathematisch-naturwissenschaftlichen, fremdsprachlichen, technischen oder kulturell-künstlerischen Lehrgängen teil (vgl. Jahnke 1979, S. 13).

Nachweislich unterliegt die Volkshochschule in den 1970er Jahren verstärkt der zentralstaatlichen Anleitung, Kontrolle und Reglementierung. Da Innovationen fehlen und keine neuen bildungspolitischen Konzepte zu realisieren sind, geht es nicht mehr um Inhalte oder neue Aufgaben der Volkshochschule, sondern um die Kontrolle der Direktoren und hauptamtlichen Mitarbeiter. Immer dann, wenn Entwicklungen ausbleiben, wenn Stillstand eintritt, treten Qualitätsfragen und statistische Erhebungen in den Vordergrund der Arbeit. Zudem werden die Akteure zunehmend kontrolliert und reglementiert. Inhaltlich wird an den traditionellen Aufgaben festgehalten, so auch in der Volkshochschule. Beispielsweise gibt es in Jena „Konzeptionen zur Kontrolle der Führung des Unterrichts an der Volkshochschule"[463] mit folgenden Fragestellungen:

„Welchen Einfluß hat der Direktor auf die Ergebnisse des Unterrichts? Wie wertet er die Ergebnisse an den Beschlüssen der Partei und der Lehrpläne? Kennt er die Fortschritte bzw. Probleme und ihre Ursachen? In welcher Qualität erfolgt die Weiterbildung der Pädagogen im Prozeß der Arbeit? Welche differenzierten Aufträge haben die Pädagogen und wie erfüllen sie diese? Wie verschafft sich der Direktor einen konkreten Einblick in die Bewußtseinsprozesse der Pädagogen und Hörer? Welche Fragen bewegen gegenwärtig die Pädagogen? Wie arbeitet er zur inhaltlichen Koordinierung mit der Partei- und Gewerkschaftsleitung zusammen? Wie ist die Zusammenarbeit mit anderen gesellschaftlichen Kräften? Wie werden die kadermäßigen, materiellen und schulorganisatorischen Bedingungen gesichert? Kontrollmethoden: Studium und Wertung schriftlicher Materialien, wie Arbeitsplan der Schule, Einschätzung des Unterrichts, Kontrolle der Klassenbücher und Unterrichtsvorbereitungen. – Teilnahme des Direktors an Hospitationen, Aussprachen mit Direktor, stellvertretendem Direktor, Parteisekretär und Gewerkschaftsvorsitzenden. – Teilnahme an Beratungen. – Auswertung durch den Leiter der Inspektion."[464]

Letztmalig zeichnet sich im Jahr 1979 eine Schwerpunktverlagerung in der Erwachsenenbildung ab. Neben der Kompensation von Allgemeinbildung, die von den Betrieben nicht getragen und vom Staatssekretariat für Berufsbil-

---

462 Mikroelektronik und Schach. In: Thüringische Landeszeitung. Ausgabe Jena, 33 (1977-08-25) 201, S. 8.
463 Konzeptionen zur Kontrolle der Führung des Unterrichts an der Volkshochschule vom 22.01.1979. In: Stadtarchiv Dresden, Bestand Abt. Volksbildung, Nr. 279.
464 Ebenda. In: Stadtarchiv Dresden, Bestand Abt. Volksbildung, Nr. 279.

dung deshalb 1971 zurückgenommen wird, erhalten die Volkshochschulen jetzt die Aufgabe, den Bereich der kurzfristigen Lehrgänge verstärkt auszubauen. Dieser neue Abschnitt für die Volkshochschularbeit beginnt mit dem „Gemeinsamen Beschluß des Ministerrates der DDR und des Bundesvorstandes des FDGB vom 21.06.1979 für eine weitere Erhöhung des Niveaus der Erwachsenenbildung".[465] Der Beschluss trifft umfangreiche Festlegungen für einen längeren Zeitraum. „Die Erwachsenenbildung als Teil des einheitlichen sozialistischen Bildungssystems"[466] wird als Ausdruck „sozialistischer Lebensweise" betrachtet, die mit dem volkswirtschaftlichen Reproduktionsprozess eng verbunden ist. Als Voraussetzung für die ökonomische Leistungsfähigkeit der DDR wird verstärkt die „sozialistische Persönlichkeitsentwicklung" angesehen.

> „Die Volkshochschulen tragen im Territorium zur Entwicklung des allgemeinen Bildungsniveaus der Bürger und zur Bereicherung des geistig-kulturellen Lebens in den Wohngebieten entscheidend bei. Sie haben vor allem Lehrgänge zur Erweiterung und Vertiefung der Allgemeinbildung der Werktätigen auf verschiedenen Wissensgebieten durchzuführen. Ihre Tätigkeit hat den territorialen Erfordernissen und Möglichkeiten, den wachsenden und differenzierten Weiterbildungsbedürfnissen sowie den Arbeits- und Lebensbedingungen der Werktätigen zu entsprechen. Schrittweise sind Voraussetzungen zu schaffen, damit Werktätige unter günstigeren Bedingungen bei voller Berufstätigkeit höhere schulische Abschlüsse und fremdsprachliche Kenntnisse erwerben können. Ein abgestimmtes Handeln zwischen den Volkshochschulen und den betrieblichen Bildungseinrichtungen, den Kulturhäusern und den gesellschaftlichen Organisationen erweist sich als erforderlich. Das Ministerium für Volksbildung trägt die Verantwortung für die Entwicklung der Volkshochschulen. Es bestimmt den Inhalt der Allgemeinbildung in der Erwachsenenbildung, vor allem für den Erwerb schulischer Abschlüsse insgesamt oder in einzelnen Unterrichtsfächern."[467]

Der Beschluss zur Erwachsenenbildung von 1979 versucht mit allen Mitteln, die Arbeit der einzelnen Institutionen zu koordinieren, um das Niveau der Erwachsenenbildung zu erhöhen. Auch dieser Beschluss wird erlassen, weil Entwicklungen stagnieren und die berufliche Weiterbildung hinter den gesellschaftlichen Anforderungen zurückgeblieben ist. Am Perspektivplan der Volkshochschule Dresden für die Jahre 1980 bis 1985[468] ist erkennbar, dass sowohl die Akteure als auch die Kursinhalte umfassend kontrolliert werden. Man hat die Bereiche „Gesellschaftswissenschaften"; „Mathematik-Naturwissenschaften-Technik"; „Sprachen"; „Kultur und Kunst"; „Gesundheitserziehung" und „Bildungsstufen" noch einmal untergliedert in die Rubriken „Inhaltliche Linienführung" und „Führungsmaßnahmen". Daran zeigt sich

---

465 Gemeinsamer Beschluß des Ministerrates der DDR und des Bundesvorstandes des FDGB vom 21. Juni 1979 „Für eine weitere Erhöhung des Niveaus der Erwachsenenbildung". In: Verfüg. u. Mitteilungen des Staatssekretariates für Berufsbildung Nr. 6 vom 03.08.1979, S. 73-77.
466 Ebenda, S. 73.
467 Ebenda, S. 75f.
468 Entwicklung der Volkshochschule Dresden-Stadt in den Jahren 1980-1985. 2. Entwurf. In: Stadtarchiv Dresden, Bestand Abt. Volksbildung, Nr. 279.

das neuerliche administrative Reglement. Interessant ist, dass die Arbeitsgebiete inhaltlich die traditionellen Aufgaben der Volkshochschule, die sie bereits 1919 bei ihrer Gründung vertritt, widerspiegeln. Durch den Erwachsenenbildungsbeschluss sind die klassischen, traditionellen Volkshochschulangebote gesetzlich verankert worden.

Zusammenfassung

Mit dem „Gemeinsamen Beschluß zur Erwachsenenbildung" von 1979 wird versucht, die Fehlentscheidung des Staatssekretariates für Berufsbildung aus dem Jahr 1970 zu kompensieren. Die Allgemeinbildung, die die Volkshochschule bereitstellt, wird aufgewertet, um für die berufliche Weiterbildung komplementär zur Verfügung zu stehen. Die Volkshochschule, die in den zurückliegenden Jahren diese komplementäre und zugleich kompensatorische Aufgabe immer innehatte, baut den Bereich der kurzfristigen Lehrgänge aus, weil die Weiterbildung den Anschluss an das Niveau der Schulbildung und der beruflichen Erstausbildung verloren hat. Das lebenslange Lernen der Werktätigen wird nun für die Reproduktion des Qualifikationsniveaus als zwingend angesehen. Auch kommt die Erwachsenenbildung wieder ihrer eigentlichen Funktion nach, nämlich der Reproduktion des gesellschaftlichen Arbeitsvermögens. Bemerkenswert ist, dass ihr klassisches, traditionelles Kernangebot, das sie seit der Weimarer Republik vertritt, nun in der DDR zentralistisch administriert wird, weil neue gesellschaftliche Entwicklungen ausbleiben.

4.8. Die VHS und die ökonomische Strategie der 1980er Jahre
X. Parteitag der SED (1981-1985)

In den 1980er Jahren beginnt die Globalisierung der Ziele, die sich immer weniger in konkrete Arbeitsschritte umsetzen und sich als Pläne vom tatsächlichen Leben abheben. Die Volkshochschule selbst ist Bestandteil des systemimmanenten Entwicklungsprozesses. Obwohl sie zum einheitlichen sozialistischen Bildungssystem gehört, nimmt sie darin eine Außenseiterrolle ein. Angedockt an das Schulsystem, ist sie weder unabhängig noch autonom, sondern sie wird reglementiert, bevormundet und kontrolliert. Die Schärfe der Administration durch den Staat nimmt zu und wird festgeschrieben in einer neuen „Volkshochschulordnung".[469] Ab 1982 ist die Volkshochschule ei-

---

469 Anordnung über Aufgaben und Arbeitsweise der Volkshochschulen (Volkshochschulordnung) vom 05.05.1982. In: GBl der DDR. Sonderdruck 1094 vom 30.06. 1982, S. 1-4.

ne „staatliche Einrichtung der Erwachsenenbildung",[470] die den Bürgern die Möglichkeit bietet, ihre Algemeinbildung systematisch zu erweitern und zu vertiefen. Im Gegensatz zu früher erlassenen Verordnungen ist die Arbeitsgrundlage jetzt gesetzlich fixiert und Abweichungen sind nicht mehr möglich. Stark anzuzweifeln ist, dass die Volkshochschule jemals eine „Nische" gefunden hat, in der sie ihre Autonomie im DDR-Bildungssystems bewahren konnte.

> „Grundlage der Arbeit der Volkshochschule sind die Beschlüsse der SED und des Ministerrats der DDR, die Gesetze und andere Rechtsvorschriften, die Weisungen des Ministers für Volksbildung, die staatlichen Lehrpläne und Lehrprogramme, die verbindlichen Stundentafeln sowie die Beschlüsse des Bezirks- und Kreistages (der Stadtverordneten- bzw. Stadtbezirksversammlung) und ihrer Organe".[471]

Das Lehrangebot hat den gesellschaftlichen Erfordernissen zu entsprechen und soll den Weiterbildungsbedürfnissen der Bevölkerung gerecht werden. Die Arbeits- und Lebensbedingungen der Werktätigen sollen in den Lehrangeboten Berücksichtigung finden. In der neuen Volkshochschulordnung sind alle Lehrgänge festgelegt, die künftig durchzuführen sind:

> „– Erwerb des Abschlusses der zehnklassigen allgemeinbildenden polytechnischen Oberschule; – Erwerb der Hochschulreife; – Vermittlung fremdsprachlichen Wissens und Könnens; – Erweiterung und Vertiefung der Allgemeinbildung auf mathematischem, naturwissenschaftlich-technischem, gesellschaftswissenschaftlichem und kulturell-ästhetischem Gebiet; – Ausbildung von Grundfertigkeiten im Stenographieren und Maschinenschreiben."[472]

Diese gesetzlich einheitlich vorgegebene Struktur spiegelt sich auch in der Gliederung der Lehrprogramme der meisten Volkshochschulen wider: Angeboten werden „Gesamtlehrgänge zum Abschluss der 8., 10., 12. Klasse, HS und FS- Vorbereitungslehrgänge, Einzellehrgänge im Mathematik, Physik, Chemie, Biologie, Deutsch, Geografie, Statistik, Fremdsprachenlehrgänge, spezielle Lehrgänge, Lehrgänge für Stenographie und Maschinenschreiben."[473] In Dresden[474] beispielsweise fallen im Jahr 1982 berufliche Kurse nicht mehr ins Gewicht. Die Zahl der Angebote zur Erlangung von Schulabschlüssen sinkt gegenüber dem Jahr 1972, als sie ihren Höchststand hatte, um fast die Hälfte. Ein Dritte aller Angebote sind Sprachkurse und ein Viertel sind Stenographie und Maschinenschreibkurse. In den 1980er Jahren steigen „spezielle Lehrgänge" zahlenmäßig an. Darunter zählen Kurse zu „Kunst und Kultur", „Gesellschaftswssenschaften", „Betriebsökonomie", „Techniken geistigen Arbeitens", „Körperkultur und Sport".

470 Ebenda, S. 1.
471 Ebenda, S. 1.
472 Ebenda, S. 1.
473 Lehrprogramm der Volkshochschulen. Schuljahr 1978/79. Hrsg. Vom Magistrat von Berlin, Hauptstadt der DDR, Abt. Volksbildung, Januar 1978.
474 Siehe Gieseke, W.; Opelt K.: Erwachsenenbildung in politischen Umbrüchen. Opladen 2003

73 Lehrgänge zum Erwerb von Schulabschlüssen (9.483 Stunden)	10,8%
124 Einzellehrgänge (2.696 Stunden)	18,3%
202 Fremdsprachenlehrgänge (11.072 Stunden)	9,8%
180 spezielle Lehrgänge (2.595 Stunden)	26,7%
84 Stenographie und Maschinenschreibkurse (4.013 Stunden)	2,4%
14 berufliche Kurse (428 Stunden)	2,0%

Mit der „Volkshochschulordnung von 1982" entsteht aufgrund der stagnierenden oder ausbleibenden Entwicklungen die paradoxe Situation, dass die Volkshochschule, bei gleichzeitiger straffer Reglementierung, auf ihr Kernangebot, das sie schon in der Weimarer Zeit angeboten hat, per Gesetz verpflichtet wird. Nun ist zu fragen, ob von staatlicher Seite die Gesellschaftsentwicklung als abgeschlossen betrachtet wird oder ob über die Bedeutung von Volkshochschule, die als flexibel arbeitendes Hilfssystem Bildungsinitiativen aufnimmt, fördert, entwickelt und wieder einstellt, kein historisches Wissen bei den Akteuren existiert. Beide Vermutungen sind wohl zutreffend, bezieht sich doch die Volkshochschulordnung von 1982 allein auf das Bildungsgesetz von 1965, in dem die Institution „Volkshochschule" als staatliche Einrichtung deklariert wird. Da sowohl das Weiterbildungssystem als auch das Schulsystem lückenlos in staatliche Strukturen eingebunden sind, erfolgt deren Institutionalentwicklung zwangsläufig analog der gesellschaftlichen Entwicklung.

Auffallend ist, dass die Reglementierungen der Leitungshierarchie in der 1982er Volkshochschulordnung bedeutend mehr Raum einnimmt, als das in früheren Zeiten jemals der Fall gewesen war. So wird darin angeordnet, dass die Volkshochschule von einem hauptamtlichen Direktor nach dem „Prinzip der Einzelleitung" geführt wird. Der Direktor hat die Konzeption für Lehrgänge, die nicht auf der Grundlage zentraler staatlicher Lehrpläne und Lehrprogramme durchgeführt werden, zu bestätigen. Er wird dazu verpflichtet, über das gesamte Schuljahr hinweg unter Anwendung vielfältiger Methoden den Unterricht zu kontrollieren. Die Anleitung und Kontrolle des Direktors erfolgt durch den zuständigen Kreisschulrat (Stadt-, Stadtbezirksschulrat). Der Direktor wird ferner dazu verpflichtet, Rechenschaft über die Aufgabenerfüllung gegenüber dem für seine Berufung zuständigen Rat des Kreises (Rat der Stadt bzw. des Stadtbezirkes) und dem Kreisschulrat (Stadt-, Stadtbezirksschulrat) abzulegen. Zu den Aufgaben gehören die Beratung von Maßnahmen zur weiteren Erhöhung des Niveaus der Weiterbildung der Bürger auf der Grundlage der Beschlüsse der SED und des Ministerrates der DDR, der Gesetze und anderer Rechtsvorschriften, der Weisungen des Ministers für Volksbildung und der Beschlüsse der örtlichen Volksvertretungen und ihrer Organe.

„Aufgabe aller Lehrkräfte ist es, einen wissenschaftlichen, parteilichen, lebensverbundenen und erwachsenengemäßen Unterricht zu erteilen. ... Die Unterrichtsarbeit der nebenberuflichen Lehrkräfte ist eine wichtige gesellschaftliche Tätigkeit, die anzuerkennen und zu würdigen ist. Für die Zulassung der Teilnehmer „zu Lehrgängen, die zur Hochschulreife führen, gelten die entsprechenden Bestimmungen. ... Mit der Anmeldung übernimmt der Bürger die Verpflichtung, die Lehrveranstaltungen regelmä-

ßig zu besuchen, zielstrebig zu lernen, die Hausordnung einzuhalten und das gesellschaftliche Eigentum sorgsam zu behandeln."[475]

Von solcher Art Reglementierungen war im Bildungsgesetz von 1965 noch
keine Rede. Dort wird die Volkshochschule lediglich als eine Institution zur
Aus- und Weiterbildung der Werktätigen bezeichnet, die Lehrgänge zum Abschluss der Oberschule, der erweiterten Oberschule und zum Abschluss einzelner Unterrichtsfächer sowie auf anderen Wissensgebieten durchzuführen
hat.

„Sie übernimmt berufliche Qualifizierungsmaßnahmen, die von anderen Bildungseinrichtungen nicht wahrgenommen werden".[476]

Mit dem Gesetz von 1982 wird die Volkshochschule in ihrer Personal- und
Organisationsstruktur in gleicher Weise wie alle anderen staatlichen Einrichtungen des Schulsystems reglementiert. Paradox ist wiederum, dass die
„Volkshochschulordnung" von vielen Volkshochschulvertretern als Fortschritt angesehen wird. Das liegt vermutlich daran, dass die Direktoren nach
jahrelangem Schattendasein in der bildungspolitischen Diskussion mit dem
Gesetzeserlass eine gebührende Anerkennung ihrer Arbeit und ihres Status
erfahren haben. Im Vergleich zum Ansehen der übrigen Einrichtungen des
Schulsystems und des Erwachsenenbildungssystems war die Volkshochschule immer von geringerer Bedeutung. Ein Volkshochschulgesetz musste
1982 erlassen werden, weil der Erwachsenenbildungsbeschluss von 1979
keine Auswirkung auf die Institutionen des Schulsystems hatte, dem die
Volkshochschule angegliedert ist. Der Erwachsenenbildungsbeschluss von
1979 läuft quasi an der Volkshochschule, der Trägerin der allgemeinen Weiterbildung, vorbei, weil sie genau in diesem Teil wie eine Institution des
Schulsystems administriert wird. Der Beschluss von 1979 gilt zwar als Wegweiser für die Erwachsenenbildung, kann aber auch in den Betrieben nicht
administrativ umgesetzt werden. Indem man die Volkshochschule nicht
durchgängig konsequent aus dem Verantwortungsbereich des Ministeriums
für Volksbildung herausgehalten hat, konterkariert man auch die Gesetzeserlasse für die Erwachsenenbildung, weil sie einen wichtigen Träger – die
Volkshochschule – gar nicht erreichen.

Zusammenfassung

Paradox erscheint die Zeitgleichheit der gesetzlichen Administrierung der
Volkshochschule und ihres traditionellen Kursangebots. Je mehr die Volkshochschule in ihrem Programm zum traditionellen, allgemeinbildenden Kern-

---

475 Anordnung über Aufgaben und Arbeitsweise der Volkshochschulen (Volkshoch-
    schulordnung) vom 05.05.1982. In: GBl der DDR. Sonderdruck 1094 vom 30.06.
    1982, S. 1-4.
476 Gesetz über das einheitliche sozialistische Bildungssystem. In: GBL. Teil I , Nr. 6
    vom 25.02.1965, S. 98.

angebot zurückkehrt, um so mehr wird sie reglementiert und kontrolliert, ab 1982 mit einer Volkshochschulordnung. Damit ist die These bestätigt, dass ein Bruch mit der Weimarer Tradition angestrebt ist. Man will zwar die organisatorische Hülle „Volkshochschule" aber keinesfalls das inhaltliche Konzept. Die Kurse „Fremdsprachen", „Stenographie/Maschinenschreiben", „Kunst/Kultur" und „Naturwissenschaften/Technik" nehmen seit den 1970er Jahren einen übermäßig breiten Raum ein, weil es keine neuen Bildungsinitiativen mehr gibt. Daran zeigt sich, dass Traditionen Langzeitwirkung haben, auch über verschiedene Staatsformen hinweg. Da das Kernangebot der Volkshochschule, auf das sie ständig und zu allen Zeiten zurückgreifen kann, „unpolitisch" bzw. „unideologisch" determiniert ist, hat sie ihre Überlebenschance in unterschiedlichen Gesellschaftssystemen. D.h. auch, dass die VHS ein eigenes Institutionen-Konzept – basierend auf ihrem Programm – verkörpert. Die ausschließlich ideologischen Ziele der DDR lassen sich ab 1982 nicht mit Inhalten untersetzen. Für die ideologischen Ziele gibt es auch keine Möglichkeit der schriftlichen Reflexion und damit sind auch keine entsprechenden Quellen zur Volkshochschularbeit überliefert. Seit dieser Zeit arbeitet die Volkshochschule der DDR in traditionell klassischer Weise, ohne es zu beabsichtigen. Die Gesetzeserlasse im Bereich der Erwachsenenbildung erweisen sich als wenig tragfähig, weil sie die Volkshochschule, als die Trägerin der allgemeinen Erwachsenenbildung, aufgrund ihrer nicht konsequenten Abgrenzung vom Schulsystem niemals zur Gänze betroffen haben.

4.9. Die VHS und die ökonomische Strategie mit Blick auf das Jahr 2000
XI. Parteitag der SED (1986-1990)

Der XI. Parteitag der SED (1986) legt die Wirtschaftsstrategie bis in das Jahr 2000 fest. In der Präambel steht, dass die Vorzüge des Sozialismus mit der wissenschaftlich-technischen Revolution verbunden werden müssen. Die Aufgaben zur Erreichung dieses Zieles sind, ebenso wie die in den vorangegangenen Parteitagsbeschlüssen, global formuliert und vom tatsächlichen Leben abgehoben, so dass sie irrelevant für praktisches Handeln bleiben. Den Alltag beherrschen politische Diskussionen zu „Glasnost und Perestroika", zum „Sputnikverbot", zur „Solidarnocz-Bewegung in Polen" sowie zur chronischen Mangelwirtschaft in der Versorgung der eigenen Bevölkerung. Der Volkshochschulalltag hingegen verläuft in gewohnten Bahnen, und von Demokratisierungsbewegungen in der DDR ist hier keine Rede.

In vielen Volkshochschulen werden Kooperationsvereinbarungen auf dem Gebiet der Erwachsenenbildung mit anderen Einrichtungen aus der Region abgeschlossen. Zum Beispiel unterzeichnet die Volkshochschule Jena die folgende mittelfristige Kooperationsvereinbarung:

„In den Kommunalverträgen mit dem Kombinat VEB Carl Zeiss Jena und der Friedrich-Schiller-Universität sind Festlegungen zur Gewinnung von nebenberuflichen Lehrkräften und Fachkadern sowie zur Mitnutzung von rechnergestützten Systemen und Computerkabinetten zu vereinbaren. Die Durchsetzung des Grundprofils der Tätigkeit der Volkshochschulen ist in Jena zu gewährleisten. Das erfordert die planmäßige Durchführung von Lehrgängen zum Erwerb des Abschlusses der 10. und 12. Klasse, Lehrgänge zur Vermittlung fremdsprachlichen Wissens und Könnens, Lehrgänge zur Erweiterung und Vertiefung der Allgemeinbildung, Lehrgänge in Stenographie und Maschineschreiben."[477]

Die Volkshochschule Jena will man als Vorzeigevolkshochschule entwickeln und bis zum Jahr 1988 zur Konsultationsschule für Fremdsprachen ausbauen. Ihr inhaltliches Profil und die potentiellen Teilnehmerzahlen sind bis 1990 folgendermaßen beziffert:

Klassen 8-12	ca.	200 Hörer
Sprachen mit Abschluß	ca.	350 Hörer
Sprachen ohne Abschluß	ca.	700 Hörer
Mathematik/Naturwiss./Technik	ca.	150 Hörer
Gesellschaftswissenschaften	ca.	150 Hörer
Kunst und Kultur	ca.	400 Hörer
Schreibtechnik	ca.	150 Hörer
	ca.	2.100 Hörer[478].

Von staatlicher Seite gibt es noch eine sich der Volkshochschularbeit widmende Aktivität, die ihr letztmalig einen Bedeutungszuwachs verschafft: Die Gründung eines wissenschaftlichen Beirates für Volkshochschulforschung am 16.10.1987 in der Akademie der Pädagogischen Wissenschaften der DDR vollzieht sich im Kontext der Vervollkommnung des „Bildungssystems als Ganzem, in dem auch der wichtige Bereich der Allgemeinbildung für Erwachsene eingeschlossen ist" (Bauer 1988, S. 428ff.). Mit der Gründung dieses wissenschaftlichen Beirates will man die Basis einer Volkshochschulforschung vorbereiten, die planmäßige wissenschaftliche Arbeit ausgestalten und ein noch engeres Zusammenwirken von Theorie und Praxis erreichen. „Als Ausdruck des Entwicklungsstandes der Erwachsenenbildung und im besonderen der Volkshochschulforschung ist die Schaffung eines solchen Gremiums möglich und notwendig" (ebenda, S. 428). Während dieser Tagung wird betont, „dass die an vielen Volkshochschulen durchgesetzte Struktur des Lehrgangsangebotes den Bildungsbedürfnissen der Werktätigen entspricht und dass Allgemeinbildung für Werktätige zunehmend bestimmt wird durch die Wechselwirkungen zwischen allgemeiner und beruflicher Erwachsenenbildung" (ebenda, S. 430). Der wissenschaftliche Beirat für Volkshochschulforschung widmet sich dem Thema der verfehlten Allgemeinbildung in der beruflichen Weiterbildung und beabsichtigt nachzuweisen, dass die Volkshochschule durch ihre hohe Flexibilität auf dem Gebiet der Allgemeinbildung

---

477 Volkshochschule Jena, Konzeption zur Entwicklung der Kreisvolkshochschule von 1987-1990, unveröff., Fundort: VHS Jena.
478 Ebenda, S. 3.

diese Aufgabe zu lösen vermag. Die Gründung des Beirates zu diesem Zeitpunkt ist im Zusammenhang mit der Amtsübernahme einiger der Volkshochschule wohlwollend gegenüberstehender Wissenschaftler an der Akademie der Pädagogischen Wissenschaften zu sehen. Das Forschungsinteresse bezieht sich auf die „Ausgestaltung der schulischen Abschlusslehrgänge", die „Lehrgänge zur Vertiefung und Erweiterung der Allgemeinbildung", die „erwachsenengemäße Gestaltung von Lehr- und Lernprozessen", die „Weiterentwicklung der Volkshochschulen als Zentren der allgemeinen Erwachsenenbildung nach 1990." Experten auf dem Gebiet der DDR-Volkshochschule bezeichnen diesen Kraftakt als „Sieg ohne Ergebnis".[479] Festzustellen bleibt: Es sind immer Einzelakteure am Werk oder es gibt einen bildungspolitischen Klimawechsel, wenn für die Volkshochschularbeit neue Hoffnung keimt.

Im Zentrum des bildungspolitischen Interesses steht in den 1980er Jahren die „Vervollkommnung der Allgemeinbildung". Selbst der Volkswirtschaftsplan 1988 gibt vor, dass das Bildungswesen auf qualitativ höherem Niveau weiterzuentwickeln und in der Volksbildung „die Vervollkommnung der sozialistischen Allgemeinbildung" fortzuführen ist.[480] Die große Wichtigkeit von Schlüsseltechnologien für alle Werktätigen betont auch der IX. Pädagogische Kongress 1989:

> „Entwicklung, Einführung und Nutzung der Schlüsseltechnologien führen in eine neue Etappe der Verbindung von Produktion, Wissenschaft und Bildung. Dabei geht es um die große Aufgabe, dass die Wissenschaft in größerer Breite auf die Produktion angewendet, Wissen in Technik und Technologie umgesetzt wird im Interesse höherer Produktivität der Arbeit, eines hohen ökonomischen und sozialen Effekts. Das verlangt ein hohes Bildungsniveau der Werktätigen, ihre Bereitschaft zu ständiger Weiterbildung" (M. Honecker 1989, S. 14).

Mit dem Blick auf das Jahr 2000 werden an die Erwachsenenbildung neue Anforderungen gestellt. In Vorbereitung des XII. Parteitages der SED, in Auswertung des IX. Pädagogischen Kongresses und in Verbindung zum 40. Jahrestag der DDR sollen die Pädagogenkollektive die Qualität ihrer Arbeit verbessern.[481]

> „Lehrgänge zur Einführung in die Mikroelektronik sowie zur Arbeit mit Büro- und Personalcomputern sind an der VHS Jena sehr gefragt. Kurse zum Umgang mit Grundlagen von Schlüsseltechnologien werden ebenen anlaufen. Dazu gehören Lehrgänge zur Informatik sowie zum Erlernen der Computersprache ‚BASIC'. Die Bildungsstätte unterstützt dabei Kleinbetriebe, die mit moderner Rechentechnik ausgestattet werden, wie die PGH ‚Heinrich Hertz' oder die ‚Kreisdirektion der Staatlichen Versicherung'. Die Dozenten kommen von der Sektion Physik, Mathematik, Technologie und vom Rechenzentrum der Friedrich-Schiller-Universität. Das Bildungsangebot umfaßt rund 100 Kurse. Neben dem traditionellen Schulabschluß der 8. bis 12.

---

479 Zeitzeugengespräch mit Dr. Manfred Bauer am 19.04.1994 zur Volkshochschule der DDR.
480 Gesetz über den Volkswirtschaftsplan 1988 vom 18.12.1988. In: GBL. Teil I, Nr. 30 vom 23.12.1987, S. 293.
481 Volkshochschule Jena, Arbeitsplan 1989/90, S. 1, Fundort: VHS Jena.

Klasse stehen auf dem Programm zahlreiche Sprachlehrgänge von Russisch, Englisch und Spanisch bis Japanisch sowie Kurse zur Stadtgeschichte, zu ausgewählten Themen von Kunst und Kultur, zum Erlernen alter Handarbeitstechniken oder zur Touristik. Jährlich besuchen mehr als 2000 Interessenten die Jenaer Schule. Sie werden von 13 hauptamtlichen und über 50 nebenberuflichen Mitarbeitern unterrichtet, unter ihnen Pädagogen, Ingenieure des Kombinates VEB Carl Zeiss Jena, Angestellte des Reisebüros und Arbeitsgemeinschaftsleiter des Kulturbundes der DDR."[482]

Die gesellschaftlichen Visionen zerplatzen wie eine Seifenblase spätestens in der Nacht vom 09./10.11.1989 mit der Grenzöffnung zum Westen. In der „Wendezeit" 1989/1990 machen sich die Mitarbeiter der Volkshochschule Jena erste Gedanken zur Erneuerung der Volkshochschulen im Land DDR. Interessant ist, dass tatsächlich 1989 aus Jena die ersten demokratischen Reformversuche für eine Umwandlung bzw. für einen Neuanfang der Volkshochschule ausgingen. Republikweit werden sie unterbreitet und andere Volkshochschulen in den Erneuerungsprozess einbezogen. Bereits 1948 sorgte man sich auf der dritten Volkshochschuldirektorenkonferenz, dass die Volkshochschule Jena bei einem Umschwung der Verhältnisse führend beteiligt sein könnte (man erinnere sich an die Denunzierung und Relegierung Friedrich Bernts, des ersten Direktors der Volkshochschule Jena nach dem Krieg). Reformen und Innovationen hat man den Thüringern und der Jenaer Volkshochschule schon immer zugetraut und unterstellt.[483] Im einem Brief an das Ministerium für Bildung unterbreiten die Akteure aus Jena im Jahr 1989 folgende Vorschläge:

„Wir brauchen eine neue Volkshochschulordnung, die von zu großer Reglementierung und parteipolitischer Unterstellung Abstand nimmt. Die Volkshochschulen sollen sich in Eigenverantwortlichkeit als Institutionen einer vielfältigen Erwachsenenbildung profilieren können. Die erhöhte Eigenständigkeit sollte auch auf die Finanzen, die Rechtsträgerschaft und die Ausgestaltung des Bildungsangebotes erweitert werden. Die Gebührenordnung sollte überarbeitet werden im Hinblick auf eine verstärkte Eigenwirtschaftung der Mittel. Die hauptamtlichen Lehrer der Volkshochschulen werden in sozialer und rechtlicher Hinsicht den Pädagogen anderer Schulen gleichgestellt. Der ‚Verschulung' der Volkshochschule sollte durch organisatorische Möglichkeiten und durch erwachsenengerechte Lehrmittel entgegengewirkt werden. Die Abiturstufe muß allen interessierten Bürgern offen stehen. Jede Reglementierung nach Studienwunsch oder anderen Kriterien muß entfallen."[484]

Im Januar 1990 ruft die Volkshochschule Jena republikweit alle Interessenten zur Unterstützung eines selbstständigen Bereiches Volkshochschulen im Ministerium für Bildung auf. „Auf keinen Fall darf es eine Angliederung an die

---

482 „Nach Feierabend an den Computer/Rund 100 Lehrgänge an Jenaer Volkshochschule". Allgemeiner Deutscher Nachrichtendienst. Gera. 9.2.1987 Fax, unveröff., Fundort: VHS Jena.

483 Vermutlich ist aus diesem Grund das Institut für Erwachsenenbildung nicht in Thüringen, sondern im sächsischen Leipzig etabliert worden.

484 Vorschläge zur weiteren Gestaltung und Veränderungen der Volkshochschulen. Brief der VHS Jena an das Ministerium für Bildung vom 19.12.1989, unveröff., Fundort: VHS Jena.

Abteilung Schulwesen oder Berufsausbildung geben, schon gar nicht eine Vereinnahmung durch die Urania."[485] Gleichzeitig wird die Bildung eines Interessenverbandes der Volkshochschulen vorgeschlagen. Dieser Aufruf bringt der Volkshochschule Jena eine positive Resonanz von den engagiertesten Volkshochschulen der DDR. Gleichlaufend mit der Jenenser Initiative sind auch andere Volkshochschulen des Landes aktiv geworden. Sie gründen am 25.01.1990 eine ‚Arbeitsgruppe Volkshochschulen' in Berlin und eine ‚Initiative Volkshochschule'. Der Magistrat der Stadt Jena erlässt am 27.09. 1990 einen Beschluss mit der vorläufigen Satzung der Volkshochschule Jena:

> „Die Stadt Jena betreibt und unterhält die Volkshochschule Jena als eine gemeinnützige öffentliche Einrichtung der Erwachsenenbildung, als eine der ersten Volkshochschulen in der DDR, die in kommunale Trägerschaft übernommen wird."[486]

Diese Aktivitäten sind die letzten in der Geschichte der Volkshochschule der SBZ/DDR. Gemäß Artikel 23 des Grundgesetzes der BRD tritt am 03.10. 1990 die Deutsche Demokratische Republik der Bundesrepublik Deutschland bei. Eigentümlicherweise steht die Volkshochschule auch in den Wirren der „Wende" nicht zur Disposition. Da sie eine staatliche Einrichtung der DDR war, verbleibt sie, wie alle staatlichen Einrichtungen des Schulsystems, zunächst in kommunalem Eigentum. Durch die Unterstützung des Deutschen Volkshochschul-Verbandes (DVV) und seiner Pädagogischen Arbeitsstelle (PAS) in Frankfurt/Main – mit ihrem langjährigen Leiter, Hans Tietgens, – bleiben alle 220 Volkshochschulen bis zur Gebietsreform 1992 erhalten.

Zusammenfassung

Die Volkshochschule überlebt die DDR, weil sie als flexibel arbeitendes Hilfssystem in der SBZ/DDR aktuelle Bildungsinitiativen aufnimmt und neue Institutionalisierungsprozesse in Gang setzt. Auch wenn sie durch staatliche Reglementierungen einen anderen Namen bekommt („Abendoberschule für Erwachsene") oder nicht bei ihrem Namen genannt wird („zuständig für den Erwerb der Hochschulzugangsberechtigung"), scheinbar ihre Identität aufgibt und ihren Auftrag wechselt, so bleibt sie letztlich doch die „Institution", von der jede/r weiß, dass sie die Volkshochschule ist. Seit der Jahrhundertwende hat sich an der „Institution Volkshochschule" kaum etwas geändert. Auch in der SBZ/DDR behalten die Volkshochschulen ihren Ort, einen Teil ihrer Mitarbeiter und Teile des herkömmlichen Programms und auch die Öffentlichkeitsarbeit erfolgt nach herkömmlichen Regeln. Allerdings transportieren sie über die Wende hinaus ein von Schule geprägtes Konzept weiter, das sich im Laufe von 40 Jahren verfestigt hat. Paradox ist, dass die aktuellen Veränderungen, was die Volkshochschule betrifft, als weniger radikal erlebt wer-

---

485 Sprecherrat der „Initiative Volkshochschule" vom 02.03.1990. In: Info 1/90, Fundort: VHS Jena.
486 Stadt Jena, Der Magistrat, Beschluß Nr. 067/90 vom 26.09.1990, Fundort: VHS Jena.

den, verglichen mit den Veränderungen in der beruflichen Weiterbildung, ja selbst als die Veränderungen im regulären Schulsystem. Die Volkshochschule als Institution stel t, obwohl sie von Rückdifferenzierungsprozessen betroffen ist, ein Moment der Kontinuität dar. Kurse in Schreibmaschine, Stenographie, Fremdsprachen sowie Kunst und Kultur bilden zu allen Zeiten das Kernangebot dieser Institution. In Krisen- und Umbruchzeiten (1946, 1953, 1961, 1990) bietet die Volkshochschule verstärkt gesellschaftswissenschaftliche und naturwissenschaftlich-technische Kurse an. Auf alle weiteren Modernisierungsanforderungen der sozialistischen Gesellschaft reagiert die Volkshochschule als Seismograph mit flexiblen Bildungsangeboten, die sich teilweise selbst verinstitutionalisierten. Der Eigensinn bestimmter Organisationsstrukturen und die langfristige Wirkung von Begründungsmustern bei gleichzeitiger Anpassungsfähigkeit geben etwas von der Dynamik dieses Bildungskonzeptes, das sich Volkshochschule nennt, wider. Die Volkshochschule kann als die Transformationsinstitution der Moderne bezeichnet werden, die systemübergreifend ihrer Eigendynamik folgt. Sie bleibt auch in der SBZ/DDR die „Mutterinstitution", von der unterschiedliche Institutionalisierungsprozesse von Bildungsinitiativen ausgingen.

5. Resümee: „Volkshochschule" als Transformationsinstitution der Moderne

Die Volkshochschulen und die Arbeiterbildungsvereine sind aus Bildungsbewegungen im 19. und beginnenden 20. Jahrhundert mit unterschiedlichen politischen Interessen hervorgegangen. Die Arbeiterbildung ist eng verbunden mit der Sozialdemokratischen Partei. Sie findet in der Weimarer Republik ihre Fortsetzung bei den Schulungszirkeln der Kommunistischen Partei und den Bildungsvereinen der Sozialdemokratie. Sowohl die Volkshochschulbewegung als auch die Arbeiterbildung treffen sich in dem Anspruch, die Arbeiterschicht politisch zu schulen oder zu bilden wie auch ihre allgemeine Bildung zu verbessern. In der Weimarer Republik, dem ersten demokratischen Versuch in Deutschland, stellt sich die Erwachsenenbildung (als Volkshochschule, als Arbeiterbildung, als kirchliche Bildung) dem Anspruch, Demokratisierungsvorstellungen in die Bevölkerung zu tragen. Dabei realisieren sich unterschiedliche Interpretationen über die gesellschaftliche Wirklichkeit. Die Institutionalisierung der Bildungsbewegung als Volkshochschulbewegung bringt in einigen Städten Deutschlands nicht nur die Verwirklichung der Ideen aus der liberal-konservativen Volkshochschulbewegung, sondern es realisieren sich in den Volkshochschulen auch Konzepte zur Arbeiterbildung. Vielleicht ist das ein Grund, aus dem sich die Volkshochschulen nach 1945 in der Sowjetischen Besatzungszone erhalten und durch die SED in das staatliche Bildungssystem der DDR integriert werden. Die Zeit von 1945 bis 1949 in der Sowjetischen Besatzungszone ist interessant, weil sie eine relative Offenheit suggeriert. Weil die Volkshochschule eine Einrichtung demokratischer Verhältnisse ist, wäre es für die DDR zwingend gewesen, analog dem Nationalsozialismus, diese Institution zu schließen. Das Gegenteil passiert.

In der Sowjetischen Besatzungszone wird die Volkshochschule 1946 durch den SMAD-Befehl Nr. 22 als Institution wieder eröffnet. Ihre traditionelle bildungspolitische Konzeption bleibt jedoch unberücksichtigt. Als Institution gehört sie per Bildungsgesetz von 1946 nicht zur „demokratischen Einheitsschule", per Bildungsgesetz von 1959 wird sie nicht in die „sozialistische Entwicklung des Schulwesens" einbezogen und per Bildungsgesetz von 1965 wird sie als Institution nicht zum „einheitlichen sozialistischen Bildungssystem" gezählt. Die Institution Volkshochschule der SBZ/DDR liegt quer zu den Institutionen des allgemeinbildenden Schulsystems und des beruflichen Weiterbildungssystems. Ihr werden bildungspolitische und volkswirtschaftliche Aufgaben per Gesetz übertragen und sie wird somit für ideologische und ökonomische Zwecke instrumentalisiert. Sie hat von Anfang an einen Erziehungsauftrag zu erfüllen. In den Versuch der sozialistischen Diktatur, bildungspolitisch „neue sozialistische Menschen" zu schaffen, ist auch die Volkshochschule einbezogen.

Die Arbeit der Volkshochschule in der SBZ/DDR richtet sich in den Nachkriegsjahren auf die Qualifizierung und Umerziehung der Bevölkerung. Von ihr geht der Transformationsprozess der beruflichen Erwachsenenbildung, also des Weiterbildungssystems der DDR aus, woraus sich die Bedeutsamkeit eines staatlichen Weiterbildungssystems erklärt. Das ausdifferenzierte Weiterbildungssystem der DDR ist ins staatliche Bildungssystem integriert, weist gleichzeitig eine hohe Betriebsnähe auf und ist als Zweiter Bildungsweg im Sinne einer „Abendschule für Erwachsene" organisiert. Die Vorstellung vom lebenslangen Lernen bleibt explizit ausgeführtes Konzept (vgl. Dietrich 1991, S. 432ff.; Weiß 1992; Meier 1991, S. 184ff.). Als Teil des einheitlichen sozialistischen Bildungssystems ist die Volkshochschule im wahrsten Sinne des Wortes „Schule". Alle Interpretationen gehen bisher dahin, die Volkshochschule auf den Zweiten Bildungsweg zu reduzieren (vgl. Siebert 1970). Neben dem „Zweiten Bildungsweg" vertritt die Volkshochschule der DDR generell ihre klassischen Programmangebote „Sprachen", „Stenographie/Maschinenschreiben", „Kunst und Kultur", „Naturwissenschaften". Sowohl 1946 als auch 1990, unmittelbar nach den gesellschaftlichen Umbrüchen, bietet die Volkshochschule massenhaft gesellschaftspolitische und naturwissenschaftlich-technische Kurse an. Die Kontinuität des Programmangebotes kennzeichnen Sprachkurse, Stenographie und Maschinenschreibkurse, Kurse über Literatur, Kunst, Theater, Ballett, Musik, Malerei und mathematisch-naturwissenschaftliche Kurse. Auch die Professionsentwicklung folgt einer Kontinuität. Dozenten, Direktoren und Funktionäre werden größtenteils, wie nach jedem Machtwechsel, das erste Mal bis 1948, das zweite Mal unmittelbar nach 1990, „ausgewechselt". Hier würden Fallanalysen weiteren Aufschluss erbringen. Die traditionellen erwachsenenpädagogischen Theorien bleiben unberücksichtigt. Die Kontinuität der Institutionalisierung zeigt sich auch in der Tatsache, dass das DDR-System die Volkshochschule benutzt, um wirtschaftspolitische Aufgaben zu lösen, denn diese Institution verspricht als „Hilfssystem" Seriosität und hohe Flexibilität. Ihre Kontinuität liegt in ihrer Traditionsgebundenheit. Neben aller staatlichen Reglementierung erhalten sich in einzelnen Regionen konzeptionelle Freiräume, die schon bei den Volkshochschulen in der Weimarer Republik den institutionellen Charakter bestimmten. Auch das Lehr- und Lernklima in der Volkshochschule unterscheidet sich deutlich vom Schulsystem der DDR durch liberale, dem einzelnen Teilnehmer gegenüber aufgeschlossene Umgangs- und Arbeitsformen. Die Teilnahme an der Volkshochschule hat einen größeren

Freiwilligkeitsgrad als die betrieblichen Weiterbildung. Als Institution wird die DDR-Volkshochschule zeitweise diskriminiert, indem man sie nicht bei ihrem Namen nennt.

Die bedeutsamste Transformationsleistung der Volkshochschule in der SBZ/DDR ist die Institutionalisierung der beruflichen Weiterbildung. Die Volkshochschule führt bereits 1946 berufliche Schulungs-, Qualifizierungs- und Bildungsmaßnahmen durch, weil es dafür keine anderen Institutionen gibt. Der Institutionalisierungsprozess der beruflichen Erwachsenenbildung beginnt im Jahr 1946 mit der Gründung von Betriebsvolkshochschulen und Außenstellen in Betrieben. Im Jahr 1948 ändert sich deren Status: Sie werden selbstständige Einrichtungen der Betriebe und werden im Jahr 1953 in Technische Betriebsschulen umgewandelt. Damit wird der „Mutter-Institution" Volkshochschule in der DDR per Gesetz die berufliche Bildung entzogen. Die Gründung der ersten Betriebsakademien beginnt 1959 aus den technischen Betriebsschulen heraus. Mit der Verstaatlichung der Betriebsakademien im Jahr 1962 ist der Institutionalisierungsprozess der beruflichen Weiterbildung abgeschlossen. Auch der Institutionalisierungsprozess der „Gesellschaft zur Verbreitung wissenschaftlicher Kenntnisse" geht auf die Volkshochschule zurück, weil diese ihren vermeintlichen Erziehungsauftrag nicht nachhaltig genug wahrgenommen hat. Deshalb entzieht man der Volkshochschule 1954 das Vortragswesen und überträgt es der eigens dafür gegründeten Gesellschaft in der Hoffnung, dass die neue Organisation politisch-ideologisch wirksamer sein wird als die Volkshochschule. Weitere Bildungs- und Qualifizierungsangebote, derer sich die Volkshochschule in den Nachkriegsjahren annimmt, sind die Gesundheitshelferausbildung und die Krankenpflegekurse, die 1947 an das betriebliche Gesundheitswesen und 1952 an die Gesellschaft „Deutsches Rotes Kreuz" übergeben werden. Die Elternseminare werden 1949 von der Volkshochschule initiiert, 1951 vom Demokratische Frauenbund Deutschlands (DFD) übernommen und 1965 an die Urania weitergegeben. Die Mitschurin-Lehrgänge auf dem Lande übernehmen 1956 die „MTS-Schulen" von der Volkshochschule und überführen sie 1958 in die Dorfakademien. Die Lehrgänge für Kulturfunktionäre und für Leihbibliothekare übernehmen im Jahr 1954 die Kulturhäuser. Einzig beim Erwerb der Hochschulzugangsberechtigung über den „Zweiten Bildungsweg" gibt es eine Umkehr. Die Arbeiter- und Bauernfakultäten werden bis auf drei Einrichtungen im Jahr 1960 aufgelöst. Die Volkshochschule bleibt als alleinige Institution neben den Oberschulen im regulären Schulsystem für den Erwerb der Hochschulzugangsberechtigung zuständig. Die Volkshochschule, die als Transformationsinstitution wirkt, nimmt die unterschiedlichsten Bildungsbewegungen auf und trägt zu deren Institutionalisierung bei. Man kann die Volkshochschule zu Recht als „Mutter-Institution" bezeichnen, weil sie bildungspolitische Initiativen solange „nährt", bis sie ein „Eigenleben" führen und selbstständige Institutionalformen bilden können.

Die Gründung neuer Subsysteme (Institutionen und Organisationen) erfolgt nicht zufällig, wie Zeittafeln zur DDR-Geschichte (vgl. Akademie der

Staats und Rechtswissenschaften der DDR 1989) vermuten lassen. Sie ist in jedem Fall eine strukturelle Entscheidung, weil die Verflechtungen zwischen Politik, Wirtschaft und Bildungssystem darauf gerichtet sind, „neue Menschen" für ein neues System zu schaffen. Besonders nach 1970 und mit dem Volkshochschulgesetz von 1982 wird versucht, die verfehlten bildungspolitischen Entwicklungen mit Angeboten der Volkshochschule zu kompensieren. Die Volkshochschule wirkt sozusagen als Seismograph der gesellschaftlichen Entwicklung der DDR und ist der „Nothelfer" im Bildungssystem. Nach der Vereinigung Deutschlands haben wir es mit der paradoxen Situation zu tun, dass die Weiterbildung aus dem integrierten Bildungswesen herausgenommen wird, obwohl sie, im Unterschied zur alten Bundesrepublik, Subsysteme (Betriebsvolkshochschulen, Betriebsakademien, Volkshochschulen, Kulturhäuser) herausgebildet hat. Die Subsystembildung in der Weiterbildung der DDR (Volkshochschule im Sinne von Abendschule für Erwachsene und betrieblicher Weiterbildung) fällt aber nach der Vereinigung Deutschlands wieder einer Partikularisierung anheim. Die berufliche Weiterbildung wird privatisiert und ökonomisiert. Auch die Volkshochschulen im Osten ändern ihren Status. Sie sind mit Teilaufgaben, wie dem Zweiten Bildungsweg, nicht mehr dem Schulsystem zugeordnet, sie sind nicht mehr vorrangig „Abendschule für Erwachsene", sondern eine vom neuen Bildungssystem unabhängige Bildungsinstitution, die in freie Trägerschaft übergegangen ist oder teilweise von Kommunen finanziert wird. Allerdings gibt es seit dem gesellschaftlichen Systemwechsel 1990 auch keine staatliche oder ländergesetzliche Garantie mehr für ein kontinuierliches Weiterbildungsangebot. Eine mögliche institutionelle Entwicklung in der Erwachsenenbildung/Weiterbildung ist damit über Angleichungsprozesse an den Westen zurückgenommen worden.

Am Ende dieser Darstellungen sind drei Fragen zu beantworten.

1) Weshalb wird der enorme Aufwand an Quellenarbeit betrieben, ohne die Quellen explizit zu interpretieren?
2) Weshalb sind das „Bildungssystem" und drei „Massenorganisationen" so ausführlich beschrieben?
3) Worin liegt der Erkenntnisgewinn dieser Untersuchung gegenüber der Arbeit von Horst Siebert aus dem Jahr 1970?

Die Erschließung der Quellen erfolgte in mehreren Bearbeitungsschritten. Die Quellensammlung zu Beginn der Untersuchung war eng und unmittelbar an die Volkhochschule angelegt gewesen. Als Ergebnis liegt zwar ein breit gefächertes, sehr diffizil und differenziertes Material vor, aus dem allein sich die Logik der Volkshochschule allerdings nicht erschließen lässt, weil sie in das politische und ökonomische System einbezogen ist. Die Archivalien und die unveröffentlichten Quellen lassen sich jedoch nach zwei Richtungen auslegen. Zum einen offenbaren sie die Interna einzelner Volkshochschulen, zum anderen belegen sie die strukturelle Anbindung der Institution Volkshochschule nach außen, also ihre Verortung im Gesellschaftssystem.

Ein Problem, das sich späterhin als Erkenntnisfortschritt erwies, liegt darin, dass die Archivalien Lücken im Entwicklungsverlauf der Institution Volkshochschule aufdecken. Immer dann, wenn keine Quellen aufzufinden sind, liegt eine Unterbrechung in der Struktur vor. Dann gilt es, diese Lücken mit offiziellen, veröffentlichten Dokumenten auszuleuchten, um die bis dahin blinden Stellen zu erkennen. Um zu wissen, wie die Volkshochschule neben einer Vielzahl von sonstigen Verflechtungen auch in das Schulsystem der SBZ/DDR integriert worden ist, muss auf offizielle Dokumente wie Gesetzblätter, Verfügungen und Mitteilungen, Beschlüsse der SED usw. zurückgegriffen werden. Die Verflechtung mit dem Schulsystem ist eng, weil die Volkshochschule die Lehrpläne der Mittel- und Oberschule (Polytechnische Oberschule und Erweiterte Oberschule) nahezu eins zu eins übernimmt für das Nachholen von Schulabschlüssen für Erwachsene, für das sie fast 30 Jahre lang zuständig ist. Alle bildungspolitischen Entscheidungen, unmittelbar das Schulsystem betreffend, haben stets auch Auswirkungen auf die Arbeit der Volkshochschule. So ist zu erklären, weshalb allein die Analyse der Archivalien nicht zur Kennzeichnung ihrer Stellung im Gesellschaftssystem der SBZ/DDR ausreicht. Auch die offiziellen und veröffentlichten Dokumente allein vermitteln kein vollständiges Bild. Nur durch Perspektivverschränkung zwischen Archivalienanalyse und Analyse veröffentlichter Dokumente gelingt es, die Volkshochschulentwicklung der SBZ/DDR zu durchschauen und zu beschreiben. In allen ökonomischen und bildungspolitischen Entwicklungen spielt die Volkshochschule die ihr zugewiesene Rolle. Sie soll die Bevölkerungskreise für die Teilnahme an Weiterbildung gewinnen, die nicht anderweitig institutionell gebunden werden können, sei es über das berufliche Weiterbildungssystem, das System der Universitäten, Hoch- und Fachschulen oder das Schulungssystem der Parteien und Massenorganisationen.

In den Jahre 1946 bis 1948 hat die Volkshochschule antifaschistische Erziehungs- und Propagandaarbeit zu leisten, insbesondere aber führt sie Stenographie-, Maschinenschreib- und Buchführungskurse durch. Wenn die DDR-Literatur diese Zeit als die „Anfänge der Demokratie" bezeichnet und die Volkshochschule massenhaft buchhalterische Fertigkeiten vermittelt, geht es doch eher darum, den Menschen Qualifikationen zu vermitteln, die sie zur Beherrschung des neuen Staatsaufbaus brauchen. In den ersten Nachkriegsjahren sind die Verflechtungen mit den gesellschaftlichen Organisationen, dem Ministerium für Arbeit und dem Ministerium für Kultur bemerkenswert. Die Archivmaterialien verweisen darauf, dass die Volkshochschule in den Jahren 1949 bis 1953, in enger Zusammenarbeit mit dem FDGB, vor allem beruflich-qualifizierende Kurse durchführt und dazu beiträgt, ein staatliches berufliches Weiterbildungssystem aufzubauen. Aus diesem Grund sind in die hier vorliegende Forschungsarbeit auch Veröffentlichungen und Quellen zur Berufsbildung einbezogen. Die Kennzeichnung der institutionellen, inhaltlichen, personellen, organisatorischen und zeitlichen Verflechtungen führt zu einer großen Menge an Quellenmaterial, das wiederum die strukturelle Erkenntnis der unterschiedlichsten bildungspolitischen Aufgaben für die Volkshochschule zu unterschiedlichen Zeiten in der sowjetischen Besatzungszone und in der DDR ermöglicht. Aus diesem Grund sind dem Bildungssystem und den Massenorganisationen FDGB, Kulturbund und Gesellschaft zur Verbreitung wissenschaftlicher Kenntnisse besonders umfangreiche Kapitel gewidmet.

Von 1954 bis 1956 gehört die Volkshochschule zum Ministerium für Kultur, wo sie „kulturelle Massenarbeit" leistet. Die Umwandlung der Volkshochschule in eine „Abendoberschule für Erwachsene" mit dem Schwerpunkt des Nachholens von Schulabschlüssen erfolgt von 1956 bis 1958. Dieser bildungspolitische Auftrag ist Mitte der 1970er Jahre weitestgehend abgeschlossen, die Lehrgänge sind rückläufig. In dieser Zeit bekommt die Volkshochschule den Auftrag, kurzfristige allgemeinbildende Kurse in großer Breite anzubieten. Betrachtet man allein die Volkshochschule, ist nicht erkennbar, dass diese bildungspolitische Kampagne darauf abzielt, Allgemeinbildung zur Verfügung zu stellen, die für die berufliche Weiterbildung notwendig ist. Die Wirtschaft der DDR ist ab 1971 nicht länger bereit, die hohe Allgemeinbildung, die mit der Einführung der neuen Berufsbilder 1968 eingefordert wird, zu finanzieren. Diese komplementäre Aufgabe wird der Volkshochschule übertragen. Sie soll die allgemeine Erwachsenenbildung forcieren, um die Wissensdefizite im Weiterbildungssektor zu kompensieren. Eine durchgängige Transformationsleistung der Volkshochschule ist sozusagen eine Kompensation der beruflichen Bildung mit Allgemeinbildung.

Ende der 1970er Jahre beginnt ein „rasanter Stillstand". Die Volkshochschule arbeitet zwar auf Hochtouren, allerdings gibt es keine neuen Entwicklungen mehr. Da neue Initiativen ausbleiben, befasst sich die Institution mit sich selbst. Sie übt seit dieser Zeit keine Transformationsfunktion mehr aus, sondern beschäftigt sich mit der Kontrolle und Reglementierung ihrer eigenen Mitarbeiter und ihrer eigenen Leitungstätigkeit. Auf dem Tiefpunkt des Stillstandes wird 1982 ein Volkshochschulgesetz erlassen. Rückblickend ist festzustellen, dass auch die SED-Parteitage keine neuen Initiativen und Bewegungen auslösen, sondern nur der gesellschaftlichen Entwicklung, die ihren eigenen Verlauf nimmt, folgen und versuchen, bestimmte Entwicklungen zu korrigieren, rückgängig zu machen, ihnen eine andere Richtung zu geben und sie dadurch zu legitimieren. Auf jeden Fall sind SED-Parteitage nicht, wie man glauben machen wollte, wegweisend für neue Etappen und neue Ziele. Betrachtet man die SED-Dokumente, entsteht der Eindruck vom Gegenteil. Immer dann, wenn Entwicklungen ausbleiben, wenn Stillstand eintritt, treten Qualitäts- und Zertifizierungsfragen und statistische Erhebungen in den Vordergrund und die Akteure werden kontrolliert und verstärkt reglementiert. Sieht man sich die gesellschaftliche Entwicklung der DDR an, ist rückwirkend festzustellen, dass gesellschaftliche und politische Entwicklungen, die im System ohnehin anstanden, nicht von der Volkshochschule forciert werden und auch neue Bewegungen nicht von ihr ausgehen. Die Volkshochschule als flexible Institution wird vom System benutzt, um bildungspolitische Aufträge zu erfüllen, die bereits überfällig sind. Auch die den gesamten Bildungsbereich tangierende Gesetzgebung erfolgt zu solchen Zeiten, in denen gesellschaftliche Entwicklungen stagnierten oder einen Tiefpunkt erreichten.

Die Analyse des Bildungssystems innerhalb des Gesellschaftssystems ist im Text verarbeitet durch die folgenden Begriffsbildungen

1945-1948	Antifaschismus und Demokratie
1949-1958	Sowjetisierung und Zentralisierung
1959-1967	Polytechnisierung und Qualifizierung
1968-1979	Einheitlichkeit und Stillstand
1980-1990	Opposition und Kapitulation.

Die Kategorien sind das Resultat der Verschränkung unterschiedlicher Betrachtungsperspektiven: zum einen die Sicht unterschiedlichster Quellen und Publikationen, zum anderen die Sicht der Autorin als Zeugin der Zeit vor und nach dem Systemwechsel. Ein noch nicht im Text verarbeitetes Analyseergebnis für die Volkshochschulentwicklung der SBZ/DDR, analog und parallel zur Gesellschaftsentwicklung der SBZ/DDR, kann hier am Ende dieser Untersuchung präsentiert werden:

1946-1948	Umerziehung und Buchführung
1949-1955	Fachkurse und Kultur
1956-1970	Schulabschlüsse
1971-1980	Allgemeinbildung und Spezialisierung
1981-1990	Tradition und Klassik.

Die vorliegende Arbeit geht über den Forschungsstand, der von Horst Siebert bis zum Jahr 1970 am umfangreichsten nachgezeichnet wurde, in einem weiteren Punkt hinaus. Die DDR selbst proklamierte den Zeitraum 1956 bis 1970 bildungspolitisch als die Zeit des Nachholens von Schulabschlüssen. Horst Siebert nennt ihn nur folgerichtig den Höhepunkt des „Zweiten Bildungsweges" in der DDR. Das ist insofern zutreffend, als alle veröffentlichten Dokumente der DDR so angelegt sind, dass genau dieser Eindruck entstehen muss. Von offiziellen DDR-Dokumente nicht ausgewiesen, aber mit einer Vielzahl von Archivmaterialien belegbar ist die Tatsache, dass die Volkshochschule zu allen Zeiten neben dem Zweiten Bildungsweg ihr klassisches Kernangebot behalten hat, ihre traditionellen Programminhalte, die bereits zur Zeit der Weimarer Republik bestanden. Dieser Fakt wird in der DDR nicht thematisiert und nicht popularisiert. Auch mit der Auslegung von Statistiken wird ab 1959 der Eindruck erweckt, dass die Volkshochschule allein für das Nachholen von Schulabschlüssen zuständig ist. Mit der enormen Erhöhung der Zahl der allgemeinbildenden Kurse in den 1970er Jahren wird die Volkshochschule praktisch ihrem klassischen Programmangebot wieder gerecht, was die DDR-Führung befürwortet, da ihre bildungspolitische Vision in der Schaffung einer allseitig und umfassend gebildeten sozialistischen Persönlichkeit besteht. Man muss sich allerdings fragen, ob es den VolkshochschulvertreterInnen an historischem Wissen über die Weimarer Zeit mangelte oder ob sie wussten, dass sie mit diesen Beschlüssen die Volkshochschule wieder auf ihre klassisches Angebotsprofil hinlenkten. Wenn diese Frage überhaupt nicht anstand, dann ist das ein Beleg dafür, dass der Volkshochschule als modernster Erwachsenenbildungsinstitution (vgl. Gieseke 1996) ein eigenes Institutionalkonzept innewohnt, dem sie folgt.

Die Forcierung der allgemeinen Erwachsenenbildung in der Volkshochschule setzt dann wieder ein, als im System alle Entwicklungen stagnieren. Die neuen Initiativen bekommen den Namen „Einführung kurzfristiger allgemeinbildender Kurse", was inhaltlich dem Programmangebot der Weimarer Republik entspricht. Paradox ist, dass die Volkshochschule, auch nachdem sie sich von ihren Traditionen abgewandt hat – in seiner Untersuchung zeichnet Siebert explizit nach, wann und auf welche Art und Weise das in der Sowjetischen Besatzungszone geschieht –, ihr klassisches Programm zu allen Zeiten nebenher auch in der SBZ/DDR beibehält. Etwa ab Mitte der 1970er Jahre greift sie, weil neue gesellschaftliche Entwicklungen in der DDR ausgeblieben sind, deren Transformation sie hätte übernehmen können, ausschließlich auf ihr klassisches traditionelles Programm zurück, ohne sich ihren Traditionen verpflichtet zu fühlen. Eigentümlich ist, dass die Institution Volkshochschule selbst in der DDR ihren Eigensinn behält, obwohl bildungspolitisch nichts unversucht bleibt, ihre traditionellen Wurzeln zu kappen.

Die Haupterkenntnis der vorliegenden Untersuchung lautet: Die Volkshochschule ist eine „Mutter-Institution", die Bildungsbewegungen aufnehmen und solange „nähren" kann, bis sie ein institutionelles Eigenleben führen können. Am eindrucksvollsten ist diese Transformationsaufgabe der Volkshochschule an der Etablierung des beruflichen Weiterbildungssystems der DDR ersichtlich. Durch die Volkshochschulentwicklung hat sozusagen die gesamte Weiterbildung der DDR erst ihre Struktur erhalten. Auch die Gründung der „Gesellschaft zur Verbreitung wissenschaftlicher Kenntnisse" erfolgt aus der Volkshochschule heraus. Jede neue Institutionalform wird hier zunächst mit Vorlaufkursen erprobt und dann verselbstständigt. Eine weitere Erkenntnis lautet: Die Volkshochschule wird zu keiner Zeit vollkommen vom Ministerium für Volksbildung in das Schulsystem vereinnahmt. Zwar scheint die Vermittlung von Allgemeinbildung die Zuordnung zum Schulsystem zu rechtfertigen. Das gilt aber immer nur bezogen auf den Zweiten Bildungsweg. Es gibt an der Volkshochschule zu allen Zeiten über den Zweiten Bildungsweg hinausgehende Angebote, die der allgemeinen Erwachsenenbildung zuzurechnen sind. Sie unterliegen zwar auch der staatlichen Kontrolle, jedoch nie der alleinigen Kontrolle des Ministeriums für Volksbildung. Durch die sogenannte „Dreiobrigkeit" wird selbst in der DDR die Zuordnung der Volkshochschule zum Schulsystem und zum Erwachsenenbildungssystem nie eindeutig vorgenommen. Die Volkshochschule erweist sich als die flexibelste Institution und überlebt dadurch den gesellschaftlichen Systemwechsel.

Die Vielzahl veröffentlichter und unveröffentlichter Quellen zeigt, dass die Entwicklung einzelner Volkshochschulen ganz und gar uneinheitlich verläuft und dass das, was offiziell verkündet wird, mit dem, was in den einzelnen Institutionen tatsächlich stattfindet, nicht zwingend in Übereinstimmung gestanden hat. Obwohl eine Strukturanalyse der SBZ/DDR-Volkshochschule anhand von historischem Quellenmaterial erstellt worden ist, kann man davon ausgehen, dass die einzelnen Volkshochschulen ihre jeweils ganz eigene Entwicklung durchlaufen haben. Inwieweit einzelne Volkshochschulen von den staatlichen Reglementierungen abweichen konnten, müssen weitere Forschungen klären. Das reichhaltige Quellenmaterial gibt keine Auskunft über das, was in den einzelnen Volkshochschulen tatsächlich an Erziehungs-, Bildungs- und Qualifizierungsarbeit geleistet wurde. Anhand der Quellen und Dokumente wird eine strukturelle Ebene abgebildet, in die die Institution Volkshochschule eingebunden ist, um gesellschaftliche Aufgaben zu erfüllen. Rückblickend heißt das, dass ohne das Auffinden der Quellen und ohne das Suchen in den unterschiedlichen Feldern nach der Verflechtung der Volkshochschule mit dem politischen und ökonomischen System das Ziel dieser Arbeit nicht einzulösen gewesen wäre. Die Erarbeitung einer Strukturanalyse der Volkshochschule der SBZ/DDR ist bis dato noch nicht geleistet worden.

Strukturmodell der Volkshochschule der SBZ/DDR von 1946-1990

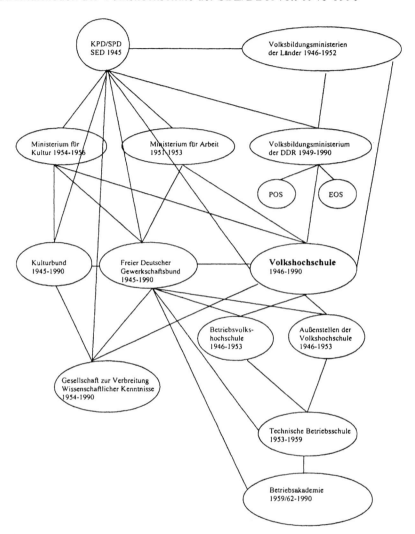

Literaturverzeichnis

Abusch, A.: Mit dem Vorwärtsschreiten der Wissenschaft und Kunst der Sowjetunion sich schöpferisch verbinden. Rede auf der erweiterten Tagung des Präsidialrates des Deutschen Kulturbundes am 1 .12.1962. In: Sonntag 16 (1962-12-24) 52, S. 9-10

Akademie für Gesellschaftswissenschaften beim ZK der SED Berlin, Inst. f. marxistisch-leninistische Kultur- und Kunstwissenschaften (Hrsg.): Unsere Kultur. DDR-Zeittafel 1945-1987. Berlin 1987

Akademie für Staats- und Rechtswissenschaft der DDR (Hrsg.): Unser Staat. DDR-Zeittafel 1949-1988. Berlin 1989

Alt, R.: Zur gesellschaftlichen Begründung der neuen Schule. In: Pädagogik 1 (1946) 1, S. 12

Anweiler, O. u.a. (Hrsg.): Bildungsgeschichte in der DDR 1963-1976. Wiesbaden 1991

Anweiler, O. u.a.: Bildungspolitik in Deutschland 1945-1990. Ein historisch vergleichender Quellenband. Opladen 1992

Anweiler, O.: Schulpolitik und Schulsystem in der DDR. Opladen 1988

Arlt, F.: Der Zweite Bildungsweg. München 1958

Aspekte der beruflichen Bildung in der ehemaligen DDR. Münster 1996

Ausschuß für Deutsche Einheit (Hrsg.): 250 Fragen-250 Antworten über die DDR. Berlin 1954

Badstübner, R.; Heitzer, H. (Hrsg.): Die DDR in der Übergangsperiode. Studien zur Vorgeschichte und Geschichte der DDR 1945-1961. Berlin 1979

Badstübner, R.: Geschichte der DDR. Berlin 1984

Balser, F.: Die Anfänge der Erwachsenenbildung in Deutschland in der ersten Hälfte des 19. Jahrhunderts. Stuttgart 1959

Balser, F.: Nachruf für Reinhard Buchwald. In: Hessische Blätter für Volksbildung 33 (1983) 1, S. 69-70

Barning, A.: Der 17. Juni 1953. Stuttgart 1983

Baske, S.; Engelbert, M.: Zwei Jahrzehnte Bildungspolitik in der Sowjetzone Deutschlands. Erziehungswissenschaftliche Veröffentlichung des Osteuropa Instituts an der Freien Univ. Berlin, Teil . Berlin 1966

Bauer, M.: Die Entwicklung der Volkshochschulen der Deutschen Demokratischen Republik im Zeitraum der sozialistischen Umgestaltung des Schulwesens. Hrsg. von der Akademie der Pädagogischen Wissenschaften der DDR. Berlin 1973, Diss. A

Bauer, M.: Konstituierende Tagung des Wissenschaftlichen Beirates für Volkshochschulforschung. In: Pädagogik 43 (1988) 5, S. 428-430

Bauer, M.: Zur Entwicklung der Allgemeinbildung an den Volkshochschulen der DDR. In: Akademie der Pädagogischen Wissenschaften der DDR (Hrsg.): Jahrbuch 1981. Berlin 1982

Becher, J. R.: Einen Schritt weiter! In: Publizistik 1 (1956) 4, S. 42-54

Becher, J. R.: Zur Strukturveränderung im Kulturbund. In: Neues Deutschland 7 (1952-02-28) 50, S. 6

Benner, D.; Schriewer, J.; Tenorth H.-E. (Hrsg.): Strukturwandel deutscher Bildungswirklichkeit. Berlin 1993

Benner, D.; Schriewer, J.; Tenorth, H.-E. (Hrsg.): Deutsche Bildungsgeschichte seit 1945. Erziehungsverhältnisse und pädagogische Reflexion in SBZ und DDR, Westzonen und Bundesrepublik. Berlin 1993

Benner, D.; Schriewer, J.; Tenorth, H.-E. (Hrsg.): Erziehungsstaaten. Weinheim 1998

Benner, D.; Sladek, H.: Das Erziehungsprogramm von 1947. Seine kontroversen Diskussionen und das allmähliche Entstehen der Staatspädagogik in der SBZ/DDR. In: Zeitschrift für Pädagogik 41 (1995) 1, S. 63-79

Benner, D.; Sladek, H.: Das Gesetz zur Demokratisierung der deutschen Schule und die unterschiedliche Auslegung seiner harmonistischen Annahmen zum Verhältnis von Begabung und Bestimmung in den Jahren 1946/47. In: Krüger, H.-H.; Marotzki, W. (Hrsg.): Pädagogik und Erziehungsalltag in der DDR. Opladen 1994

Benner, D.; Sladek, H.: Die Erziehungs- und Bildungsziele der SBZ und DDR von 1946/47-1968. In: Benner, D.; Schriewer, J.; Tenorth, H.-E. (Hrsg.): Erziehungsstaaten. Weinheim 1998, S. 195-251

Berger, J. (Hrsg.): Die Moderne – Kontinuitäten und Zäsuren. Göttingen 1986

Bildungswerk Sachsen-Anhalt e.V. (Hrsg.): Erwachsenenbildung in der DDR unter besonderer Berücksichtigung des Territoriums des Bundeslandes Sachsen-Anhalt. Textband. Haldensleben 2003

Bildungswerk Sachsen-Anhalt e.V. (Hrsg.): Erwachsenenbildung in der DDR unter besonderer Berücksichtigung des Territoriums des Bundeslandes Sachsen-Anhalt. Dokumentenband. Haldensleben 2003

Das Bildungswesen in der Deutschen Demokratischen Republik. Berlin 1979

Birkenfeld, W.: Chancen zum Weiterkommen für jedermann. In.: Weiterbildung 2 (1989) 3, S. 44-47

Bittel, K.: Vom Potsdamer Abkommen zur Viermächte-Konferenz. Berlin 1953

Blaschke, D.; Sturzbecher, A.: DDR-Aufbruch in eine neue Zeit. In: Neues Deutschland 44 (1989-12-31) 310, S. 11

Bley, H.: Zum System der Qualifizierung der Werktätigen. In: Berufsbildung. Berlin 14 (1960) 1, S. 3-23

Borinski, F.: Der Weg zum Mitbürger. Die politische Aufgabe der freien Erwachsenenbildung in Deutschland. Düsseldorf/Köln 1954

Borowski, P.; Vogel, B.; Wunder, H.: Einführung in die Geschichtswissenschaft I. Opladen 1989

Bruhns, Annette: Die Wiedergründung der Volkshochschule Leipzig 1945/46. Leipzig, Univ. Leipzig 2002. Diplomarbeit.

Brüning, G.: Fortbildungsangebote in der beruflichen Weiterbildung an den VHS in den neuen Bundesländern. In: vhs Kurs- und Lehrgangsdienst. 36. Lieferung, (1992) IV, Blatt 424. Frankfurt/Main 1992

Buchwald, R.; Herrmann, U.: Miterlebte Geschichte. Lebenserinnerungen 1848-1930. Köln u.a. 1992

Buhr, M.; Klaus, G. (Hrsg.): Philosophisches Wörterbuch. Leipzig 1976

Bundesministerium für gesamtdeutsche Fragen (Hrsg.): SBZ von A bis Z. 6. überarbeitete Auflage. Bonn 1960

Bundesministerium für innerdeutsche Beziehungen (Hrsg.): Vergleich von Bildung und Erziehung in der Bundesrepublik Deutschland und in der Deutschen Demokratischen Republik. Köln 1990

Bundesvorstand des FDGB (Hrsg.): Aus Bundesvorstand des FDGB (Hrsg.): Bericht des Bundesvorstandes des FDGB an den 6. FDGB-Kongreß 1959-1963. Berlin 1963 der Arbeit des FDGB 1947-1949. Berlin 1950

Bundesvorstand des FDGB (Hrsg.): Bericht des Bundesvorstandes des FDGB an den 8. FDGB-Kongreß. Kultur und Bildungsarbeit der Gewerkschaften. Berlin 1972

244

Bundesvorstand des FDGB (Hrsg.): Bericht des Bundesvorstandes des FDGB an den 9. FDGB-Kongreß. Für ein reiches geistig-kulturelles Leben der Werktätigen. Berlin 1977

Bundesvorstand des FDGB (Hrsg.): Die wichtigsten Aufgaben der Gewerkschaften zur Erfüllung des Fünfjahrplanes. Referat R. Kirchner auf dem 7. Plenum des Bundesvorstandes des FDGB vom 28.-30.11.1951. Berlin 1951

Bundesvorstand des FDGB (sowjetisch besetzte Zone) (Hrsg.): Entschließung über die kulturellen Aufgaben des FDGB. In: Protokoll des 2. FDGB-Kongresses vom 17.-19.04.1947. Berlin 1947

Buschner, G.: Die Rolle der Kindergärten beim Aufbau der antifaschistisch-demokratischen Ordnung im Kreis Rochlitz. Berlin, Humboldt-Univ., Pädagogische Fakultät 1964, Dokumentenband, 30 Blatt, (Masch.),

Ciupke, P; Jelich, F.-J. (Hrsg.): Bewegungen, Gemeinschaftsbildung und pädagogische Institutionalisierung. Erwachsenenbildungsprojekte in der Weimarer Republik. Essen 1996

Deutsches Institut für Zeitgeschichte in Verbindung mit dem Verlag Die Wirtschaft (Hrsg.): Jahrbuch der DDR. Berlin 1957

Die deutsche demokratische Schule im Aufbau. Berlin/Leipzig 1949

Diehl, B. (Hrsg.): Revolutionäre deutsche Parteiprogramme. Berlin 1964

Dietrich, R.: Das System beruflicher Erwachsenenbildung in der ehemaligen DDR mit Ausblick auf künftige Strukturprobleme in den neuen Bundesländern. In: Mitteilungen aus der Arbeitsmarkt- und Berufsforschung 24 (1991) 2, S. 432-439

Döbert, H.: Das Bildungswesen der DDR in Stichworten. Neuwied 1996

Doernberg, S.: Die Geburt des neuen Deutschland 1945-1949. Berlin 1959

Döge, K.; Griese, H. (Hrsg.): Erwachsenenbildung in der DDR – im Umbruch. Hohengehren 1991

Dokumente und Materialien zur Geschichte der deutschen Arbeiterbewegung. Reihe III, Bd. I., Berlin 1959

Dokumente zur Geschichte der FDJ. Bd. I., Berlin 1960

Dokumente zur Geschichte des Schulwesens in der Deutschen Demokratischen Republik. Teil I: 1945-1955. (Monumenta Paedagogica, Bd. 6) Berlin 1970

Dokumente zur Geschichte des Schulwesens in der Deutschen Demokratischen Republik. Teil II: 1956-1967/68, 1. Halbband. (Monument Paedagogica, Bd. 7/1) Berlin 1969

Dönhoff, M. v.: Um der Ehre willen. Berlin 1996

Dönhoff, M. v.: Im Wartesaal der Geschichte. München 1997

Dorst, W.: Die Entwicklung der Oberschule. In: Die deutsche demokratische Schule im Aufbau. Berlin 1955

Dräger, H.: Die Erwachsenenbildung der Neuen Richtung in ordnungspolitischer Perspektive. In: Literatur- und Forschungsreport Weiterbildung, Frankfurt/Main (1993) 31, S. 47-52

Dräger, H.: Die Gesellschaft für Verbreitung von Volksbildung. Stuttgart 1975

Dräger, H.: Volksbildung in Deutschland im 19. Jahrhundert, Bd. 2. Bad Heilbrunn/Obb. 1984

Dudek, P.; Tenorth, H.-E.: Transformationen der deutschen Bildungslandschaft. In: Zeitschrift für Pädagogik (1993) 30. Beiheft, S. 301-328

Düsseldorf, K.: Untersuchungen zur beruflichen Weiterbildung in der Transformation vom Plan zum Markt. Bochum 1997

Dutschke, G.: Wir hatten ein barbarisch schönes Leben – Rudi Dutschke. Eine Biographie. 4. Aufl. Köln 1996

Eckelmann, W.; Hertle, H.-H.; Weinert, R.: FDGB intern. Innenansichten einer Massenorganisation der SED. Berlin 1990

Emmerling, E.: Bibliographie der Erwachsenenbildung. Das von 1945-1953 in Deutschland erschienene Schrifttum in Auswahl unter besonderer Berücksichtigung des Volkshochschulwesens. Halle 1954

1.Sonderheft: Müller, A.: Die Volkshochschule im Goethejahr.

Heft 1: Brunk, W.: Drei Jahre Volkshochschularbeit in Sachsen-Anhalt.

Heft 2: Emmerling, E.: Wesen, Aufgaben und bisherige Arbeit der Landesvolkshochschule Sachsen-Anhalt.

Heft 3: Emmerling, E.: Aufmerksamkeit und Aufnahmefähigkeit in der Erwachsenenbildung.

Heft 4a: Dube, W.; Heinke, G.: Bibliographie der Erwachsenenbildung unter besonderer Berücksichtigung des Volkshochschulwesens, Teil 1.

Heft 5: Voß, K.: Deutsche Literaturkunde an Volkshochschulen.Heft 6: Hiebsch, H.: Das Lehrgespräch in der Erwachsenenbildung.

Emmerling, E.: Fünfzig Jahre Volkshochschule in Deutschland. Ein Beitrag zur Geschichte der Erwachsenenbildung. Berlin 1958

Engler, W.: Die Ostdeutschen. Berlin 1999

Faulstich, P.: Weiterbildung in den „fünf neuen Ländern" und Berlin. (Graue Reihe, Neue Folge, Nr. 55). Düsseldorf 1993

Feidel-Mertz, H.: Erwachsenenbildung seit 1945. Ausgangsbedingungen und Entwicklungstendenzen in der Bundesrepublik. Köln 1975

Fiedler, H.: Blick zurück – aus der Perspektive der VHS-Arbeit in der ehemaligen DDR. In: Erwachsenenbildung im Übergang. (Berichte. Materialien. Planungshilfen). PAS des DVV, Frankfurt/M. 1992

Fischer, A.: Das Bildungssystem der DDR. Entwicklung, Umbruch und Neugestaltung seit 1989. Darmstadt 1992

Flacke, M. (Hrsg.): Auftrag Kunst. 1949-1990. Bildende Künstler in der DDR zwischen Ästhetik und Politik. München 1995

Friedenthal-Haase, M. (Hrsg.): Erwachsenenbildung im Kontext. Bad Heilbrunn/Obb. 1991

Friedenthal-Haase, M.: Institution und Idee. Zum geistigen Profil der Volkshochschulbewegung in der Weimarer Republik. In: 75 Jahre Volkshochschule Rudolstadt 1919-1994. VHS Rudolstadt (Hrsg.). Bad Blankenburg 1994, S. 12-32

Fuchs, J.: Magdalena. MfS. Memfisblues. Stasi. Die Firma. VEB Horch & Guck – ein Roman. Reinbek 1999

Geiger, T.: Erwachsenenbildung aus Distanz und Verpflichtung. Heilbrunn 1984

Geißler, G.; Wiegmann, U.: Pädagogik und Herrschaft in der DDR. Frankfurt/Main 1996

Geißler, G.; Wiegmann, U.: Schule und Erziehung in der DDR. Neuwied 1995

Geschichte der Deutschen Arbeiterbewegung. Band VI. Berlin 1953

Geschichte der Deutschen Arbeiterbewegung. Chronik. Bd. III. Berlin 1967

Geschichte der Deutschen Arbeiterjugendbewegung. Abriß. Band II. Berlin 1966

Geschichte der Sozialistischen Einheitspartei Deutschlands. Abriß. Berlin 1978

Gesellschaft zur Verbreitung wissenschaftlicher Kenntnisse (Hrsg.): Chronik der Gesellschaft zur Verbreitung wissenschaftlicher Kenntnisse/Urania 1954-1981. Leipzig/Jena/Berlin 1986

Gesellschaft zur Verbreitung wissenschaftlicher Kenntnisse (Hrsg.): Erklärung der Gesellschaft zur Verbreitung wissenschaftlicher Kenntnisse zur sozialistischen Bildung der Nation. Berlin 1961

Geulen, D.: Politische Sozialisation der staatsnahen Intelligenz in der DDR. In: Aus Politik und Zeitgeschichte (1999) Beilage 12, S. 3-14

Gewerkschaftshochschule „Fritz Heckert" beim Bundesvorstand des FDGB (Hrsg.): Chronik. 1945-1986. Berlin 1987

Gieseke, W.: Der Erwachsenenpädagoge. In: Lenzen, D. (Hrsg.): Erziehungswissenschaft. Ein Grundkurs. Reinbek 1994, S. 282-313

Gieseke, W.: Die „Wenden" im Spiegel der Professionsgeschichte. In: Person und Sache: zum 70. Geburtstag von H. Tietgens. Hrsg. von E. Nuissl. Bad Heilbrunn/Obb. 1992, S. 23-33

Gieseke, W.: Erwachsenenbildung in den neuen Bundesländern – aktuelle Aufgaben in der Gesellschaft im Umbruch. In: Hessische Blätter für Volksbildung 44 (1994) 4, S. 42-43

Gieseke, W.: Professionalisierung in der Erwachsenenbildung/ Weiterbildung. In: Tippelt, R. (Hrsg.): Handbuch der Erwachsenenbildung/Weiterbildung. Opladen 1994, S. 372-383

Gieseke, W.: Rezeptionsgeschichtliche Anmerkungen zum Erwachsenenbildungsberuf. In: Tietgens, H. (Hrsg.): Zugänge zur Geschichte der Erwachsenenbildung. Bad Heilbrunn/Obb. 1985, S. 163-174

Gieseke, W.: Verschiebungen auf dem Weiterbildungsmarkt. Wie berufliche Bildung immer allgemeiner wird. In: Zeitschrift für Pädagogik. (1996) 35. Beiheft, S. 67-87

Gieseke, W.: Weiterbildung in den neuen Bundesländern. In: Kaiser, A.; Feuchthofen, J.; Güttler, R. (Hrsg.): Europahandbuch Weiterbildung. Neuwied 1994. Teil A, 25.30.220, S. 1-12

Gieseke, W.: Wie beeinflussen frühere Erfahrungen das Bildungsverhalten ostdeutscher Teilnehmer/innen? Vortrag vom 02.12.1992. Fachtagung Freie Univ. Berlin und Berliner Volkshochschulen in Berlin-Adlershof

Gieseke, W.; Opelt, K.: Erwachsenenbildung in politischen Umbrüchen. Programmforschung Volkshochschule Dresden 1945-1995. Opladen 2003

Glaeßner, G.-J. (Hrsg.): Die DDR in der Ära Honecker. Politik-Kultur-Gesellschaft. Opladen 1988

Gläser, L.; Lost, C. (Hrsg.): Zur Entwicklung des Volksbildungswesens in der Deutschen Demokratischen Republik in den Jahren 1956-1958. (Monumenta Paedagogica Bd. 14) Berlin 1981

Goldhagen, D. J.: Hitlers willige Vollstrecker. Berlin 1996

Grimm, B: 10 Millionen in Abendkursen. Umfangreiches Lehrprogramm für Werktätige an den 220 Volkshochschulen der DDR. In: Neues Deutschland, Ausg. B. 34 (1979-10-30) 254, S. 2

Grundsätze der Erziehung in der deutschen demokratischen Schule. Gebilligt vom II. Pädagogischen Kongreß am 10.09.1947. Berlin/Leipzig 1947

Grunenberg, A.: Aufbruch der inneren Mauer. Politik und Kultur in der DDR 1971-1990. Bremen 1990

Günther, K.-H.; Uhlig, G.: Die Entwicklung des Volksbildungswesens auf dem Gebiet der Deutschen Demokratischen Republik 1946-1949. (Berlin) ca. 1962. 325 S., Manuskript

Günther, K.-H.; Uhlig, G.: Geschichte der Schule in der Deutschen Demokratischen Republik 1945-1968. Berlin 1969

Günther, K.-H.; G. Uhlig: Zur Entwicklung des Volksbildungswesens auf dem Gebiet der Deutschen Demokratischen Republik 1946-1949. (Monumenta Paedagogica; 3) Berlin 1968

Gutsche, H.: Die Erwachsenenbildung in der Sowjetischen Besatzungszone. Bd. I. Textteil. In: Bonner Berichte aus Mittel und Ostdeutschland. (Hrsg. vom Bundesministerium für gesamtdeutsche Fragen). Bonn 1958

Gutsche, H.: Die Erwachsenenbildung in der Sowjetischen Besatzungszone. Bd. II. Anlagenteil. In: Bonner Berichte aus Mittel und Ostdeutschland. (Hrsg. vom Bundesministerium für gesamtdeutsche Fragen). Bonn 1958

Gutsche, H.: Einheit von Kultur, Schulung und Produktion. Teil I. In: Kulturarbeit 17 (1965) 7

Gutsche, H.: Einheit von Kultur, Schulung und Produktion. Teil II. In: Kulturarbeit 17 (1965) 8

Habermas, J.: Die neue Unübersichtlichkeit. Frankfurt/Main 1985

Hager, K.: Zu Fragen der Kulturpolitik der SED. Berlin 1972

Hamburger Volkshochschule (Hrsg.): 75 Jahre Hamburger Volkshochschule. Demokratie braucht Bildung. 1919-1994. Hamburg 1994

Harke, E. (Hrsg.): Beiträge zur Erwachsenenqualifizierung. Berlin 1973

Harke, E.: Einige Ergebnisse einer Untersuchung zu den Besonderheiten erwachsener Teilnehmer im Unterricht an der Volkshochschule Halle (Saale). In: Literatur- und Forschungsreport Weiterbildung, Frankfurt/Main (1993) 31, S. 74-80

Harke, E.: Pädagogische und psychologische Probleme der Erwachsenenbildung. Leipzig 1966

Heger, B.: Weiterbildungsinteressen und Weiterbildungsmöglichkeiten in mittelständischen Unternehmen. Eine empirische Untersuchung in nordhessischen Betrieben. Frankfurt/Main 1996

Heider, M.: Politik-Kultur-Kulturbund. Köln 1993

Heitzer, H.: DDR – Geschichtlicher Überblick. Berlin 1979

Henningsen, J.: Die Neue Richtung in der Weimarer Zeit. Stuttgart 1960

Hering, S.; Lützenkirchen; H.-G. (Hrsg.): Anders werden: Die Anfänge der politischen Erwachsenenbildung in der DDR. Berlin 1995

Herrmann, U.; Buchwald, R. (Mitarbeiter): Wandel der Lebensformen, politische Umbrüche und die Aufgaben der Erwachsenenbildung. In: Friedenthal-Haase, M. (Hrsg.): Erwachsenenbildung im Kontext. Bad Heilbrunn/Obb. 1991

Das Hochschulwesen der Deutschen Demokratischen Republik. Berlin 1980

Hoffmann, D.; Langewand, A.; Niemeyer, C. (Hrsg.): Begründungsformen der Pädagogik in der Moderne. Weinheim 1992

Hohlfeld, B.: „Kommunisten-Lümmel" oder „Propagandisten des gesellschaftlichen Fortschritts"? Die Neulehrer in der SBZ/DDR 1945-1953. In: Tenorth, H.-E.; Häder, S. (Hrsg.): Bildungsgeschichte einer Diktatur. Weinheim 1997, S. 257-274

Hohlfeld, B.: Die Neulehrer in der SBZ/DDR 1945-1953. Weinheim 1992

Honecker, E.: Bericht des Politbüros an die 11. Tagung des Zentralkomitees der SED (15.-18.12.1965). Berlin 1966

Honecker, M.: Unser sozialistisches Bildungssystem. Wandlungen. Erfolge. Neue Horizonte. In: Bulletin zum IX. Pädagogischen Kongreß der DDR, Berlin 1989, Manuskript

Hörnigk, T.: Entwicklungslinien der sozialistischen Kulturrevolution am Ende der Übergangsperiode. In: Badstübner, R.; Heitzer, H. (Hrsg.): Die DDR in der Übergangsperiode. Berlin 1979

Horodam, B. v.: Das Thüringische Hauptstaatsarchiv Weimar. Eine Fundgrube für die historische Erwachsenenbildungsforschung. In: Erwachsenenbildung in den neuen Bundesländern. PAS-DVV Frankfurt/Main 1993, S. 27-36

Institut für Erwachsenenbildung Leipzig (Hrsg.): Beiträge zur sozialistischen Erwachsenenbildung. Anläßlich des 65. Geburtstages von Herbert Schaller. Leipzig 1964

Institut für Zeitgeschichte (Hrsg.): Inventar der Befehle des Obersten Chefs der Sowjetischen Militäradministration in Deutschland (SMAD) 1945-1949. München 1995

Jacobs, P.: Ein bißchen unter Naturschutz. Victor Klemperers Leben in der SBZ und in der DDR. In: Berliner Zeitung 54 (1998-03-28/29) 74, S. IV

Jahnke, W.: Weiterbildung an Volkshochschulen. In: Deutsche Lehrerzeitung 26 (1979) 34, S. 13

Jessipow, A.; Gontscharow, W.: Pädagogik. Berlin/Leipzig 1948

Judt, M. (Hrsg.): DDR-Geschichte in Dokumenten. Berlin 1997

Kade, S.; Nittel, D.; Nolda, S.: „Werte Bürgerinnen und Bürger! Liebe Teilnehmerinnen und Teilnehmer!" Institutionelle Selbstbeschreibungen von Volkshochschulen in politischen Veränderungssituationen. In: Zeitschrift für Pädagogik 39 (1993) 3, S. 409-426

Kaelble, H.; Kocka, J.; Zwahr; H (Hrsg.): Sozialgeschichte der DDR. Stuttgart 1994

Kaffenberger, H.: Volkshochschule und Universitätsausdehnung in Thüringen am Beispiel der Volkshochschule Jena. Arbeitskreis zur Aufarbeitung Historischer Quellen der Erwachsenenbildung (Hrsg.): Bonn 1991

Kaminski, K.: Kultur der Arbeit – Kultur der Umwelt: Über das Kolloquium des Deutschen Kulturbundes zu Entwicklungsproblemen der sozialistischen Kultur in den siebziger Jahren. In: Sonntag 24 (1970-07-19) 29, S. 3-5

Kemnitz, H., Tenorth, H.-E., Horn, K.-P.: Der Ort des Pädagogischen. In: Zeitschrift für Pädagogik, 44 (1998) 1, S. 127-147

Kieselbach, T; Voigt, P (Hrsg.): Systemumbruch, Arbeitslosigkeit und individuelle Bewältigung in der Ex-DDR. Weinheim 1993

Killiches, H.: Hauptzüge der Entwicklung der Fachschulen auf dem Territorium der DDR in der Periode der antifaschistisch-demokratischen Umwälzung. Berlin, Humboldt-Univ., Paed. Diss. 1964, 545 S., masch.

Kipp, M.; u.a. (Hrsg.): Paradoxien in der beruflichen Aus- und Weiterbildung. Zur Kritik ihrer Modernitätskrisen. Frankfurt/Main 1992

Klassenkampf-Tradition-Sozialismus. Von den Anfängen der Geschichte des Deutschen Volkes bis zur Gestaltung der entwickelten sozialistischen Gesellschaft in der DDR. Grundriß. Berlin 1974

Kleine pädagogische Enzyklopädie. Berlin 1961

Klemperer, V.: Ich will Zeugnis ablegen bis zum letzten. Tagebücher 1933-1941. (Hrsg. von Walter Nowojski unter Mitarbeit von Hadwig Klemperer). Berlin 1995

Klemperer, V.: LTI. Notizbuch eines Philologen. Leipzig 1996

Klemperer, V: So sitze ich denn zwischen allen Stühlen. Tagebücher 1945-1949. (Hrsg. von Walter Nowojski unter Mitarbeit von Christian Löser). Berlin 1999

Klemperer, V.: So sitze ich denn zwischen allen Stühlen. Tagebücher 1950-1959. (Hrsg. von Walter Nowojski unter Mitarbeit von Christian Löser). Berlin 1999

Klemperer, V.: Über die Aufgaben der VHS. In: Pädagogik, 2 (1947) 1, S. 10-22

Klemperer, V.: Und so ist alles schwankend. Victor Klemperers Aufzeichnungen im Anschluß an die Tagebücher 1933-1945 „Ich will Zeugnis ablegen bis zum letzten". (Hrsg. von G. Jäckel unter Mitarbeit von Hadwig Klemperer). Berlin 1996

Kleßmann, C.: Die deutsche Volksdemokratie, Geschichte, Theorie und Rezeption des Begriffs in der SBZ/DDR. In: Deutsches Archiv (Bonn) 8 (1975), S. 375-389

Knierim, A.; Schneider, J.: Anfänge und Entwicklungstendenzen des Volkshochschulwesens nach dem 2. Weltkrieg (1945-1951). Stuttgart 1978

Kocka, J. (Hrsg.): Sozialgeschichte im internationalen Überblick. Darmstadt 1989

Kreisvolkshochschule Altenburg (Hrsg.): 50 Jahre Kreisvolkshochschule Altenburg 1945-1995. Altenburg 1995

Kreuziger, M.: Rechenschaftsbericht über das zweite Jahr der demokratischen Einheitsschule. Berlin/Leipzig 1948

Krüger, H.-H.; Marotzki, W. (Hrsg.): Pädagogik und Erziehungsalltag in der DDR. Opladen 1994

Kuczynski, J.: Nicht ohne Einfluß. Macht und Ohnmacht der Intellektuellen. Köln 1993

Kügelgen, B. v.: Zur rechten Zeit: (Zum Beschluß des Präsidiums des Deutschen Kulturbundes über die Gestaltung des geistig-kulturellen Lebens in den städtischen Wohngebieten vom 13.10.1970). n: Sonntag 24 (1970-11-08) 45, S. 1

Kuhnert, G.: Erwachsenenspiele. München 1997

Kulturbund der DDR (Hrsg.): Der VIII. Pädagogische Kongreß und die Probleme des geistigen Lebens. Referat von G. Neuner. Berlin 1979

Kulturbund der DDR (Hrsg.): Kulturbund. Weg und Wirken. Berlin 1982

Kulturbund zur demokratischen Erneuerung Deutschlands (Hrsg.): Änderung der Struktur des Kulturbundes. In: Zehn Jahre Kulturbund zur demokratischen Erneuerung Deutschlands 1945-1955 Berlin 1955

Kulturbund zur demokratischen Erneuerung Deutschlands (Hrsg.): Der Kulturbund in Berlin. Eine Denkschrift. Berlin 1948

Kulturbund zur demokratischen Erneuerung Deutschlands (Hrsg.): Fünfjahrplan und Intelligenz. Material für die Vorbereitung des III. Bundestages in Berlin. Berlin 1951

Kulturbund zur demokratischen Erneuerung Deutschlands (Hrsg.): III. Bundestag des Kulturbundes zur demokratischen Erneuerung Deutschlands am 19.05.1951 im Neuen Rathaus zu Leipzig. Berlin 1951

Kümmerle, M.: Neuprofilierung der Umweltbildung in der ehemaligen DDR. In.: vhs Kurs- und Lehrgangsdienst 34. Lieferung (1991) IV, Blatt 401

Kunath, P.: Historische Skizze über die Entwicklung der Zusammenarbeit zwischen Schule und Elternhaus in der DDR von 1945-1959. In: Wiss. Zeitschr. d. Dt. Hochschule f. Körperkultur Leipzig, (1959/60) 1, S. 13

Kurella, A.: Vom neuen Lebensstil (Referat). In: Greif zur Feder Kumpel, die sozialistische deutsche Nationalkultur braucht dich. Protokoll der Autorenkonferenz des Mitteldeutschen Verlages Halle (Saale). Halle (Saale) 1959

Küttler, W.: Nach dem Umbruch: Historischer Systemvergleich und marxistische Ansätze heute. In: Geschichte und Gesellschaft 19 (1993) 1, S. 54-68

Laack, F.: Das Zwischenspiel freier Erwachsenenbildung. Heilbrunn 1984

Landesvolkshochschule Sachsen-Anhalt (Hrsg.) unter Leitung von E. Emmerling. (Schriftenreihe zu Fragen der Erwachsenenbildung). Halle 1989

Landtag des Landes Brandenburg, Sekretariat des Präsidenten (Hrsg.): Gesetz über Volkshochschulen vom 05.12.1947. In: Brandenburgische Gesetzessammlung 1945/1947. Potsdam 1948

Langewiesche, D.; Tenorth, H.-E. (Hrsg.): Handbuch der deutschen Bildungsgeschichte. Bd. 5 (1918-1945): Die Weimarer Republik und die nationalsozialistische Diktatur. München 1989

Lehrprogramm der Volkshochschule Dresden Stadt. Lehrabschnitt September-Dezember 1957. Nossen 1957

Lehrprogramm der Volkshochschulen. Schuljahr 1978/79. Berlin Hauptstadt der DDR. (Hrsg.) Magistrat von Berlin, Hauptstadt der DDR, Abt. Volksbildung. Berlin 1978

Leitsätze des Kongresses. In: Zweiter Berufspädagogischer Kongreß. Berlin 19./21.10.1948. Berlin/Leipzig 1949

Lenin, W. I.: VIII. Gesamtrussischer Sowjetkongreß. In: Lenin, Werke Bd. 31. Berlin 1959

Leonhard, W.: Die Revolution entläßt ihre Kinder. Köln 1997

Leschinsky, A.; Kluchert, G.: Zwischen zwei Diktaturen. Weinheim 1997

Lexikon der Wirtschaft: Arbeit. Bildung. Soziales. Berlin 1982

Lexikon der Wirtschaft: Berufsbildung. Berlin 1977

Lindenthal, K.: Die Entstehung und Entwicklung der Betriebsakademien in der DDR (1959-1963). Berlin, Humboldt-Univ., Sektion Geschichte, 1977, Diplomarbeit, masch.

Löwe, H.: Einführung in die Lernpsychologie des Erwachsenenalters. Berlin 1970

Lundgreen, P.: Sozialgeschichte der deutschen Schule im Überblick. Teil II: 1918-1980. Göttingen 1981

Mader, W.: Zehn Jahre Erwachsenenbildungswissenschaft. Hrsg. von der PAS des DVV. Bad Heilbrunn/Obb. 1991

Mädicke, H.: Für allseitige Bildung der Werktätigen. In: Tägliche Rundschau. Berlin (1955-06-18), S. 3

Mädicke, H.: Der Verantwortung bewußt. In: Mitteilungsblatt der Gesellschaft zur Verbreitung wissenschaftlicher Kenntnisse, 4 (1957) 7, S. 10

Mählert, U.: Die Instrumentalisierung des Antifaschismusbegriffes durch die KPD/SED. In: Geschichte, Erziehung, Politik 4 (1993) 7/8, S. 441-452

Maier, G.: Die Wende in der DDR. Bundeszentrale für politische Bildung. Kontrovers. Berlin 1991

Markert, W.: Erwachsenenbildung und Ideologie. München 1973

Maschke, W.: Bildungs- und Kulturarbeit der Gewerkschaften. Berlin 1947

Mayer, M.: Was man den Bürgern zu sprechen gab. Victor Klemperer und die Sprache des III. Reiches. In: Berliner Zeitung. Feuilleton 53 (1997-09-17) 217, S.13

Mebus, S.: Zur Entwicklung der Lehrerausbildung in der SBZ/DDR 1945-1959 am Beispiel Dresdens. Frankfurt/Main 1999

Meier, A.: Lernort Betrieb – was blieb? Umbruch der ostdeutschen Weiterbildung. In: Grundlagen der Weiterbildung 2 (1991) 4, S. 184-187

Meinel, K.: Jenaer Stadtgeschichtliche Beiträge. Beiträge zur Jenaer Stadtgeschichte. Bd. 1., Jena 1993

Meuchel, S.: Legitimation und Parteiherrschaft in der DDR. Frankfurt/Main 1992

Ministerium für Auswärtige Angelegenheiten der DDR und Minister für Auswärtige Angelegenheiten der UdSSR (Hrsg.): Um ein antifaschistisch-demokratisches Deutschland. Dokumente 1945-1949. Berlin 1968

Ministerium für Volksbildung der DDR (Hrsg.): Die sozialistische Schule. Eine Zusammenstellung der wichtigsten gesetzlichen Bestimmungen und Dokumente. Berlin 1964

Ministerium für Volksbildung der DDR (Hrsg.): Der 4. Pädagogische Kongreß vom 23.-25.08.1949. Berlin/Leipzig 1949

Ministerium für Volksbildung und Bundesvorstand des FDGB (Hrsg.): Grundsätze zur weiteren Entwicklung des Systems der Berufsbildung in der DDR vom 30.06.1960. In: Der Siebenjahrplan und die Bedeutung der Berufsausbildung in der DDR. Berlin 1960

Mockrauer, F. (Hrsg.): 10 Jahre Sächsische Volkshochschule. Dresden: Volkshochschule Sachsen 1929

Nath, A.: Die Studienratskarriere im Dritten Reich. Frankfurt/Main 1988

Naumann, W.: Einführung in die Pädagogik. Berlin 1975

Neubert, E.: Geschichte der Opposition in der DDR 1949-1989. (Hrsg. von der Bundeszentrale für politische Bildung). Berlin 1997

Der neue Weg zum gemeinsamen Kampf aller Werktätigen (12.12.1935). In: Diehl, B. (Hrsg.): Revolutionäre deutsche Parteiprogramme. Berlin 1964, S. 129-154

Niehuis, E.: Analyse der Erwachsenenbildung in der BRD und der DDR. Heidelberg 1973

Niethammer, L.: Die Mitläuferfabrik: Die Entnazifizierung am Beispiel Bayerns. Bonn 1982

Niethammer, L; Plato, A. v.; Wierling, D.: Die volkseigene Erfahrung. Berlin 1991

Nitz, J.: Länderspiel. Ein Insider-Report. Berlin 1995

Nolda, S.; Pehl, K.; Tietgens, H.: Programmanalysen. Programme der Erwachsenenbildung als Forschungsprojekte. DIE, Frankfurt/Main 1998

Nuissl, E.: Grundlagen der Weiterbildung. Neuwied 2000

Oelkers, J.: Erziehung als Paradoxie der Moderne. Weinheim 1991

Ogorodnikow, I.-T.; Schimbirjew, P.-N: Lehrbuch der Pädagogik. Berlin 1949

Opelt, K.: Die Volkshochschule Jena in den Jahren 1949-1990. In: Volkshochschule Jena (Hrsg.). 75 Jahre Volkshochschule Jena 1994, S. 273-289

Opelt, K.: Weiterbildungsmotivation in den neuen Bundesländern. In: Hessische Blätter für Volksbildung. 43 (1993) 3, S. 213-218

Opelt, K: Erwachsenenbildung in der DDR. Perspektiven von Zeitzeugen. Berlin 1999, Manuskript

Opelt, K.: Volkshochschule unter gesellschaftlichen Umbrüchen. In: Gieseke, W. (Hrsg.): Institutionelle Innenansichten der Weiterbildung. Bielefeld 2003, S. 27-45

Oppermann, D.: Erwachsenenbildung als Nische? In: Volkshochschule im Westen, (1989) 2, S. 40-45

Oppermann, D.; Röhrig, P. (Hrsg.): 75 Jahre Volkshochschule. Bad Heilbrunn/Obb. 1995

Oser, F. (Hrsg.): Transformation und Entwicklung. Frankfurt/Main 1986

Pädagogisches Wörterbuch. Berlin 1987

Parsons, T.: Das System moderner Gesellschaften. Weinheim 1985

Pfaffe, H.: Lehren des XIX. Parteitages der KPdSU für die Arbeit der Volkshochschulen in der DDR. In: Mitteilungen für die Arbeit der kulturellen Aufklärungsinstitutionen der DDR. Hrsg. vom Ministerium für Volksbildung. Berlin 1/1953

Picaper, J.-P.: Kommunikation und Propaganda in der DDR. Stuttgart 1976

Plato, A. v.; Leh, A.: „Ein unglaublicher Frühling". Erfahrene Geschichten im Nachkriegs-deutschland 1945-1948. Bonn 1997

Pöggeler, F. (Hrsg.): Erwachsenenbildung im Wandel der Gesellschaft. Frankfurt/Main 1971

Pongratz, L.-A.: Pädagogik im Prozeß der Moderne. Studien zur Sozial- und Theoriege-schichte der Schule. Weinheim 1989

Präsidium des Kulturbundes der DDR; Ministerium für Gesundheitswesen der DDR (Hrsg.): Beratung über die Mitarbeit von Medizinern im Kulturbund der DDR am 04.04.1975 in Berlin. Berlin 1975

Prokop, S. (Hrsg.): Die kurze Zeit der Utopie. Die „zweite DDR" im vergessenen Jahr 1989/90. Berlin 1994

Prokop, S.: Übergang zum Sozialismus in der DDR. Entwicklungslinien und Probleme der Geschichte der DDR in der Endphase der Übergangspe-riode vom Kapitalismus zum Sozialismus und beim umfassenden Aufbau (1958-1963). Berlin 1986

Richter, W.: Aufgaben der Volkshochschulen im Rahmen des Zweijahrplanes. In: Volks-hochschule 12 (1948) 2, S. 366-376

Roesler, J.: Planwirtschaft und Produktionspropaganda. In: Parteiauftrag ein neues Deutschland. Hrsg. von D. Vorsteher: Buch zur Ausstellung des Deutschen Histori-schen Museums Berlin. München 1996

Rohrwasser, M.: „Ich speichere und frage nicht viel...". In: Die Tageszeitung, 21 (1999-06-08) 5854, S. 17

Rytlewski, R.; Opp de Hipt, M.: Die Deutsche Demokratische Republik in Zahlen 1945/49-1980. München 1987

SBZ-Handbuch. Staatliche Verwaltungen, Parteien, gesellschaftliche Organisationen und ihre Führungskräfte in der sowjetischen Besatzungszone Deutschlands von 1945-1949. München 1990

Schäfer, H.-P.: Berufliche Weiterbildung in der DDR. In: Vergleich von Bildung und Er-ziehung in der Bundesrepublik Deutschland und in der Deutschen Demokratischen Republik. Hrsg. vom Bundesministerium für Innerdeutsche Angelegenheiten. Köln 1990, S. 377-393

Scheler, W.: Zur Rolle der Wissenschaften im Kulturleben der DDR. Referat auf der Ta-gung des Präsidialrates des Kulturbundes der DDR vom 23.06.1978. Berlin 1978

Schlenker W.: Das kulturelle Erbe in der DDR. Gesellschaftliche Entwicklung und Kultur-politik 1945-1965. Stuttgart 1977

Schmittke, J.: Mißbrauchte Wissenschaft. In: SBZ-Archiv, 8 (1957) 5/6, S. 80

Schmitz, M.: Wendestress. Berlin 1995

Schneider, G. (Hrsg.): Erwachsenenbildung. Berlin 1988

Schneider; M.: Bildung für neue Eliten. Gründung der Arbeiter und Bauernfakultäten in der SBZ/DDR. Berlin 1997

Schulmeister, K.-H.: Die Aufgaben des Kulturbundes in der entwickelten sozialistischen Gesellschaft der DDR. Referat auf der zentralen Konferenz vom 16.-18.11.1978 in Magdeburg. (Arbeitsmaterial für den Kulturbund der DDR). Berlin 1979, 43 S.

Schulze, G.: Institut für Erwachsenenbildung an der Universität Leipzig. In: Volkshoch-schule 7/8 (1947) 1, S. 185-192

Schwarzer, A.: Marion Dönhoff. Ein widerständiges Leben. Köln 1996

Seyfarth, I.: Wir werden unser Wort einlösen. Erweiterte Präsidialratstagung des Kultur-bundes zu Fragen der jungen Intelligenz. In: Sonntag 35 (1981-02-15) 7, S. 8

Der Siebenjahrplan und die Aufgaben der Berufsbildung in der Deutschen Demokratischen Republik. Berlin 1960

Siebert, H.: Das Wagnis der Einheit. Stuttgart 1992

Siebert, H.: Die Volksbildung der Weimarer Zeit in ihrer Bedeutung für die heutige Erwachsenenbildung. In: Pädagogische Rundschau 21 (1967) 6, S. 395-406

Siebert, H.: Erwachsenenbildung in der Erziehungsgesellschaft der DDR. Düsseldorf 1970

Siebert, H.: Erwachsenenbildung. In: Handbuch der deutschen Bildungsgeschichte. Bd. VI. (1945 bis zur Gegenwart). Zweiter Teilband. Deutsche Demokratische Republik und neue Bundesländer. München 1998, S. 317-340

Siebert, H.: Problembereich der Weiterbildungsforschung. Hagen 1984

Siebert, H.: Universität und Erwachsenenbildung in der DDR. In.: Hessische Blätter für Volksbildung 18 (1968) 1. S. 89-96

Siebert, H: Geschichtsschreibung angesichts von Postmoderne und Konstruktivismus. In: Literatur- und Forschungsreport Weiterbildung, Frankfurt/Main (1993) 31, S. 58-64

Siebert, H.: Neue Lehrer im Kampf um die Erfüllung des Zweijahrplanes. Berlin/Leipzig 1949

Siebert, H.: Bildungspraxis in Deutschland. Schule und Erwachsenenbildung der BRD und DDR im Vergleich. Düsseldorf 1971

Sladek, H.: Das Erziehungsprogramm von 1947, seine kontroversen Diskussionen und das allmähliche Entstehen der Staatspädagogik in der SBZ/DDR. In: Deutsche Bildungsgeschichte seit 1945. Erziehungsverhältnisse und pädagogische Reflexion in der SBZ und DDR, Westzonen und Bundesrepublik. Berlin 1993

Staatliche Zentralverwaltung für Statistik der DDR (Hrsg.):Statistisches Jahrbuch der DDR von 1955. Erster Jahrgang. Berlin 1956

Staatssekretariat für Berufsbildung beim Ministerrat der DDR (Hrsg.): Erwachsenenbildung in der Deutschen Demokratischen Republik. Berlin 1978

Stahr, U.; Arnold, J.: Volkshochschulen in den neuen Bundesländern entwickeln sich zunehmend mehr zu Bildungsstätten für eine praktische Lebenshilfe aller Bevölkerungsgruppen. In: Hochschule & Weiterbildung. AUE Informationsdienst 29 (1992) 1

Staritz, D.: Die Geschichte der DDR 1945-1985. Frankfurt/Main 1985

Staritz, D.: Die Gründung der DDR. Von der sowjetischen Besatzungsherrschaft zum sozialistischen Staat. München 1987

Statistik des Schulwesens der sowjetischen Besatzungszone. In: Die deutsche demokratische Schule im Aufbau. Berlin/Leipzig 1949

Steindorf, G.: Von den Anfängen der Volkshochschule in Deutschland. Osnabrück 1968

Storch, K.: Der zweite Bildungsweg. Chance oder Illusion?. Frankfurt/Main 1974

Strzelewicz, W.; Raapke, H.-D.; Schulenberg, W.: Bildung und gesellschaftliches Bewußtsein. Stuttgart 1966

Tenorth, H.-E.: Geschichte der Erziehung. Einführung in die Grundzüge ihrer neuzeitlichen Entwicklung. Weinheim 1988

Tenorth, H.-E.: Pädagogisches Denken. In: Handbuch der deutschen Bildungsgeschichte. Bd. 5 (1918-1945): Langewiesche, D.; Tenorth, H.-E. (Hrsg.): Die Weimarer Republik und die nationalsozialistische Diktatur. München 1989, S. 111-153

Tenorth, H.-E.: System, Profession, Region. In: Zeitschrift für Pädagogik 39 (1993) 4, S. 679-695

Tenorth, H.-E.: Zur deutschen Bildungsgeschichte 1918-1945. Köln 1985

Tenorth, H.-E.; Häder, S. (Hrsg.): Bildungsgeschichte einer Diktatur. Weinheim 1997

Tenorth, H.-E.; Kudella, S.; Paetz, A.: Politisierung im Schulalltag der DDR. Durchsetzen und Scheitern einer Erziehungsambition. Bd. 1 Erziehungsstaaten. Weinheim 1996, S. 245-277

Thomas, M. (Hrsg.): Abbruch und Aufbruch. Berlin 1992

Tietgens, H.: Die Volkshochschule in der Weimarer Republik. In: Volkshochschule im Westen 14 (1962) 3, S. 135-136

Tietgens, H. (Hrsg.): Erwachsenenbildung zwischen Romantik und Aufklärung. Göttingen 1969

Tietgens, H.: Einleitung in die Erwachsenenbildung. (Grundfragen der Erziehungswissenschaften) München 1981

Tietgens, H.: Erwachsenenbildung als Suchbewegung. Hrsg. von der PAS des DVV. Bad Heilbrunn/Obb. 1986

Tietgens, H.: Das gestörte Verhältnis der Erwachsenenbildung zu ihrer Geschichte. In: Literatur- und Forschungsreport Weiterbildung, Frankfurt/Main (1993) 31, S. 65-69

Tillmann, K.-J.: Staatlicher Zusammenbruch und schulischer Wandel. In: Zeitschrift für Pädagogik (1993) 30. Beiheft, S. 29-36

Titze, H.: Der Akademikerzyklus. Göttingen 1990

Tonkonogaja, E. P. (Hrsg.): Unterricht mit Erwachsenen. Berlin 1978

Trier, M.: Lernangebote und Lernverhalten in der betrieblichen Erwachsenenbildung. In: Literatur- und Forschungsreport Weiterbildung, Frankfurt/Main (1992) 29, S. 18-26

Ulbricht, W.: Der Fünfjahrplan und die Perspektiven der Volkswirtschaft. Berlin 1950

Ulbricht, W.: Der neue Kurs und die Aufgaben der Partei. Berlin 1953

Ulbricht, W.: Der Siebenjahrplan des Friedens, des Wohlstandes und des Glücks des Volkes. Berlin 1959

Ulbricht, W.: Die gesellschaftliche Entwicklung in der DDR bis zur Vollendung des Sozialismus. Berlin 1967

Ulbricht, W.: Fragen der politischen Ökonomie der DDR. Berlin 1954

Ulbricht, W.: Gewerkschaften und Zweijahrplan. Berlin 1948

Ulbricht, W.: Zur Geschichte der deutschen Arbeiterbewegung, Band III. Berlin 1953

Verfassung der Deutschen Demokratischen Republik. Berlin 1949

Verfassung der Deutschen Demokratischen Republik vom 06.04.1968 in der Fassung des Gesetzes vom 07.10.1974. Berlin 1976

VIII: Gesamtrussischer Sowjetkongreß. In: Lenin, W. I., Werke, Bd. 31. Berlin 1959

Vogt, H.: DDR. Zur Sache Bildung. Theorie und Praxis der Lehrplanrevision in der DDR. München 1972

Volker, T.: ... und Lehrer griffen zur Schere. (Hrsg. von der Bundeszentrale für politische Bildung). In: Politik und Zeitgeschichte (1999-03) 97, S. 40

Die Volkshochschule. Handbuch für die Praxis der Leiter und Mitarbeiter. 20. Lieferung. Dez. 1987. Frankfurt/Main: PAS des DVV. S. 80.507

Volkshochschule der Stadt Jena (Hrsg.): 75 Jahre Volkshochschule Jena. 1919-1994. Rudolstadt/Jena 1994

Volkshochschule e.V. „Prof. Victor Klemperer" (Hrsg.): 75 Jahre Volkshochschule Dresden. Dresden 1994

Volkshochschule Leipzig. Stadt Leipzig (Hrsg.): 75 Jahre Volkshochschule Leipzig 1922-1997. Leipzig 1997

Volkshochschule Rudolstadt (Hrsg.): 75 Jahre Volkshochschule Rudolstadt 1919-1994. Bad Blankenburg 1994

Walter, W.: Die 12-Jahres-Schule. In: Die neue Schule, Berlin 2 (1947) 10, S. 496-499

Wandel, P.: Der neue Lehrer in der neuen demokratischen Schule. Ein politisch denkender und handelnder Mensch. Leipzig/Berlin 1948

Wandel, P.: Die demokratische Einheitsschule. Rede auf dem 2. Pädagogischen Kongreß 1947. Berlin/Leipzig 1947

Waterkamp, D.: Das Einheitsprinzip im Bildungswesen der DDR. Köln 1985

Weber, H.: Die DDR 1945-1990. 2. überarb. und erw. Aufl. (Oldenbourg-Grundriß der Geschichte; 20) München 1993.

Weber, H.: Geschichte der DDR. München 1985

Weber, H.: Geschichte der DDR. Aktual. u. erw. Neuausgabe. München 1999

Wedell, H.: Zur Pädagogik des Zweiten Bildungsweges. In: Hessische Blätter für Volks-
bildung 43 (1993) 1, S. 289-296
Weihrich, M.: Alltägliche Lebensführung im ostdeutschen Transformationsprozeß. In: Aus
Politik und Zeitgeschichte, (1999) Beilage 12, S. 15-26
Weinitschke, H.: Die Aufgaben des Kulturbundes auf dem Gebiet der sozialistischen Lan-
deskultur. In: Mitteilungsblatt der Kulturbundes (1977) 1/2, S. 2-12
Weiß, R.: Innovations- und Integrationsfaktor: Berufliche Weiterbildung. In: Göbel, U.;
Schlaffke, W. (Hrsg.): Bildungssituation und Bildungsaufgaben in den neuen Bun-
desländern. Köln 1991
Welsch, W. (Hrsg.): Wege aus der Moderne. Schlüsseltexte der Postmoderne-Diskussion.
Weinheim 1988
Wigger, L.: Die Wende der DDR-Pädagogik. In: Zeitschrift für Pädagogik (1993) 30. Bei-
heft, S. 161-180
Wilhelmi, B. (Hrsg.): Unterricht an Volkshochschulen. Jena 1987
Wolle, S.: Die heile Welt der Diktatur. Alltag und Herrschaft in der DDR 1971-1989.
(Hrsg. von der Bundeszentrale für politische Bildung). Berlin 1998, S. 13-55
Wörterbuch der Ökonomie des Sozialismus. Berlin 1989
Zehn Jahre Kulturbund zur demokratischen Erneuerung Deutschlands 1945-1955. Berlin
1955
Zentralinstitut für Berufsbildung der DDR (Hrsg.): Berufliche Erwachsenenbildung. Abriß
zur Aus- und Weiterbildung der Facharbeiter und Meister. Berlin 1982
Zentralinstitut für Hochschulbildung Berlin (Hrsg.): Geschichte des Hochschulwesens der
DDR (1961-1980). Ein Überblick. Teil 1/2. Berlin 1987
Zentralvorstandes der Gewerkschaft Wissenschaft (Hrsg.): Gewerkschaft Wissenschaft im
FDGB. Chronik 1952-1987. Berlin 1987
Zillmann, C.: FDJ und Kulturbund: Voraussetzungen und Erwartungen. In: Sonntag 28
(1974-06-23) 25, S. 2
Zillmann, C.: Zur Arbeit des Kulturbundes mit der Jugend und für die Jugend: Referat auf
der Tagung des Präsidialrates vom 31.10.1975. In: Mitteilungsblatt (1975) 4, S. 7-12
Zweiter Berufspädagogischer Kongreß. Berlin 19./21.10.1948. Berlin/Leipzig 1949